HISTOIRE
DU JOURNAL
LA MODE

HISTOIRE

du Journal

LA MODE

PAR

LE VICOMTE E. DE GRENVILLE

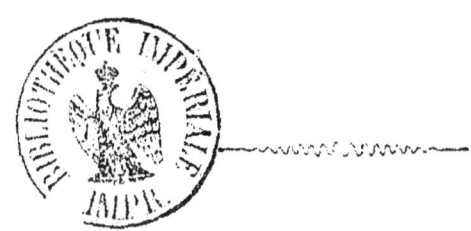

PARIS

AU BUREAU DU JOURNAL *LA MODE NOUVELLE*

rue Ste-Anne, 63

ET CHEZ LES PRINCIPAUX LIBRAIRES

—

1861

1862

A LA MÉMOIRE

DU VÉNÉRÉ VICOMTE JOSEPH WALSH

HOMMAGE

DE RESPECTUEUSE ET PROFONDE SYMPATHIE.

A M. le Directeur de la *MODE NOUVELLE*.

Juin 1860.

Mon cher Directeur,

Vous souvenez-vous de cette douce et chaude matinée du dernier jour d'avril, qui fit, pour un instant, contraste avec la rigueur tout-à-fait exceptionnelle de ce dernier printemps, et que nous passâmes ensemble dans votre jolie Thébaïde du bois de Boulogne? Nous étions, l'un et l'autre, accoudés sur le balcon de votre gracieux cottage, et nous admirions les gros bourgeons des marronniers prêts à partir, sous vos fenêtres, et tout emmaillotés encore dans cette molle enveloppe résineuse qui doit si vite laisser sortir de si belles feuilles et de si grandes fleurs.

Ce jour-là nous avions le cœur bien triste, et la vue de cette belle nature, qui s'apprêtait à développer devant nous ses magnificences, ne suffisait pas à arracher de nos esprits de sombres préoccupations. C'était, vous vous le rappelez, au lendemain de la fameuse annexion qui dépouillait de ses États le jeune prince appelé à grandir à Parme, sous l'aile tutélaire d'une des plus nobles femmes qui soit au monde,

—la femme forte dont parle l'Évangile ! — C'était quelques semaines avant le départ de Garibaldi pour la Sicile. Nous n'en étions plus, vous et moi, à nous faire illusion sur le sort de l'Italie, et nous nous demandions, avec amertume, si le bon Dieu, qui laisse faire ainsi le mal, n'oublie pas quelque peu ceux qui demeurent fidèles au bien ! Savez-vous ce que vous me répondîtes alors? Un seul mot, mot d'incertitude et de mélancolie, que madame George Sand met à plusieurs reprises dans la bouche de sa Daniella, dans le roman de ce nom, et qui est caractéristique en Italie : *Chi lo sa?*

— Qui sait ? me dîtes-vous.

Il y eut un silence entre nous.

Mais bientôt je repris notre conversation interrompue, et j'ajoutai, comme répondant à votre dernier mot : *qui sait?*

— Mais, moi, *qui sais* où tout cela mène, et qui me demande chaque matin et chaque soir, en ouvrant les journaux, si la Providence n'est pas trop occupée de ce qui se passe au Japon ou en Chine, pour bien faire attention à ce qui arrive en Italie et... ailleurs?

— Mon ami, me dîtes-vous avec beaucoup de gravité, ce que vous avancez là serait parole impie, si vous ajoutiez la moindre foi à ce qui sort en ce moment de vos lèvres. Au fond du cœur, vous savez bien que Dieu n'oublie jamais ceux qui *font bien;* seulement, il paraît souvent aux impatients et aux faibles, à ceux dont la foi est mal assurée, — je ne vous range pas parmi ces derniers, croyez-le bien, — que le moment du triomphe est lent à venir, et que la justification n'arrive pas. Voyez pourtant ce qui se passe en Europe depuis plus de soixante et dix ans. Dites-moi si vous ne voyez pas là de grandes leçons et de terribles exemples? Est-ce que toujours d'un mal un bien n'est pas sorti ? Tenez, les hommes de sens et d'un esprit vraiment supérieur, les hommes véritablement intelligents de notre époque reviennent aujourd'hui, en matière religieuse surtout, à d'autres sentiments que ceux de leur jeunesse. Ne présentent-ils pas au monde un exemple édifiant ? Ne font-ils pas un peu, comme fit, il y a quelques années, M. Laffitte, demandant pardon à Dieu et aux hommes d'avoir pris part à la révolution de juillet ?... Ceci est un indice. Encore un peu de temps, et, la démocratie aidant, vous verrez cet instinct de retour vers des idées plus saines, se réveiller chez les masses, qui seront éclairées à leur tour, et alors...

— Et alors l'âge d'or reviendra ?...

— Oui et non, fîtes-vous, sans vous arrêter au sens ironique de mon interruption ; oui, s'il entre dans les desseins de Dieu de ne pas faire retourner à la barbarie, sous le nom de socialisme, la vieille Europe ; non, si nous avons lassé la patience divine, et si notre monde moderne, ayant fait son temps, doit s'abîmer dans la ruine et l'oubli !.

Et comme je restais silencieux, et que vos paroles trouvaient un certain écho dans mon cœur, vous vous prîtes à déplorer le sort de ceux qui, après avoir lutté pendant toute une vie de dévouement et de labeur, meurent comme notre regrettable et vénéré vicomte Walsh, avant d'avoir vu le triomphe d'une seule de leurs idées.

— Ah ! ceux-là, me dites-vous, ont le droit de se plaindre : ils luttent et succombent...

— Sans profit, interrompis-je, mais non sans honneur !

— Soit, mais il faut du courage, à une époque où l'on ne fait plus de martyrs, pour les imiter... et puis, le monde oublie si vite les services rendus à la cause sacrée du devoir, de la religion et de l'honneur : les mauvais journaux ont tant de chances de se produire, et les bons si peu...

Je ne disais mot.

— Tenez, ajoutâtes-vous, il y aurait une curieuse étude à faire : ce serait celle des luttes et des revers qu'ont eu à essuyer, à la chute de la Restauration, les hommes qui, comme nous, en France, ont un culte pour le passé, et redoutent surtout les incertitudes de l'avenir!... La génération présente oublie trop, hélas! les services qui furent rendus par la bonne presse? Savez-vous un journal qui ait droit, beaucoup plus que *la Mode*, à la reconnaissance de nos amis? Eh bien! le passé de *la Mode* est un livre ouvert à tous ceux qui voudraient sonder ce passé déjà loin de nous ; mais comme ce passé est triste! Déboires, luttes, procès, prison, amendes, voilà le bilan de cette pauvre *Mode*, sous un gouvernement qui ne s'était établi qu'en vue et au nom de la liberté de la presse!... Or, voyez la puissance des idées droites : cherchez, parmi les anciens hommes de *la Mode*, les oublieux ou les ingrats? vous ne les trouverez pas : tous ceux qui vivent aujourd'hui,—car la mort a éclairci les rangs,—luttent encore, dans la presse, dans de modestes carrières, ou sous le simple abri du foyer domestique, pour des principes qui ont été ceux de toute leur vie... Plusieurs végètent cependant, et les heureux du jour, qui passent dédaigneusement à leurs côtés, sans les connaître, ne savent pas tout ce qu'il y a de courage et de dignité sous ces modestes habits qui recouvrent de nobles cœurs!...

— Mais, interrompis-je, vous me donnez là une idée que je veux mettre à exécution : je veux écrire l'histoire de *la Mode*. Je vous l'offrirai, mon cher directeur, et si vous trouvez que j'ai su l'entourer d'assez de réserve et de convenances, pour que mon récit ne choque personne, vous la livrerez à vos lecteurs, qu'elle instruira peut-être, et qui ne pourront manquer de faire d'utiles réflexions sur le sort digne d'intérêt de certaines choses de ce monde, et des journaux dévoués, en particulier.

— Soit, me dîtes-vous ; écrivez l'histoire de *la Mode* ; c'est à Garibaldi que nos amis la devront, puisqu'aussi bien notre conversation a dévoyé de lui jusqu'à notre chère Revue. Laissez-moi mettre à votre disposition sa collection toute entière... Lisez-là, instruisez-nous, semez d'anecdotes le récit que vous ferez, soyez amusant, tout en tâchant de rester sérieux...

— Mais, hasardai-je, vous voulez donc me détourner de mon projet en me donnant à exécuter un pareil cahier de charges?... Je ferai de mon mieux, mon ami, ne m'en demandez pas plus!

Et voici, mon cher directeur, comment il se fit que, rentré chez moi, je me mis à dévorer les quarante et quelques gros volumes qui forment la collection de *la Mode*. Je vous adresse aujourd'hui le premier chapitre de cette histoire, que je me suis permis d'intituler: l'*Histoire d'un Journal* : et je la place avec confiance sous le patronage du vénérable doyen que nous venons de perdre!

Vicomte E. DE GRENVILLE.

HISTOIRE
du Journal
LA MODE

I

Fondation de *la Mode*. — MM. de Girardin et Lautour-Mézeray. — Les principaux collaborateurs. — L'article : *Modes*. — Considérations générales sur la toilette en France à la fin de la Restauration. — Le premier numéro. — Vers de M. de Resseguier. — S. A. R. Madame, duchesse de Berry.

La Mode, mon cher ami, fut créée en 1829, par un homme qui a consacré depuis sa vie au journalisme, M. Émile de Girardin. Elle ne fut pas d'abord politique, et son véritable passé, — ses beaux jours, si vous le voulez, — ne datent que du mois de juin 1831, époque où elle fut cédée à deux de nos amis les plus dévoués, MM. Alfred Dufougerais et de Bermond, qui en confièrent la gérance à M. Théodore Muret.

Toutefois comme, dès les premiers jours de son existence, elle refléta, jusqu'à un certain point, les tendances élégantes et aristocratiques de la plus exquise société qui fût alors en Europe, personnifiée dans la cour du roi Charles X, j'ai cru bien faire en suivant, dès le début, les premiers pas de ce recueil, qui s'intitulait en sous-

titre : *Revue des Modes,* — *Galerie des Mœurs,* — *Album des Salons.*
Nous le prendrons, si vous le voulez bien, à son premier numéro.

M. Émile de Girardin était fort jeune alors, si jeune qu'il avait désiré s'adjoindre un homme d'infiniment d'esprit, M. Lautour-Mézeray, longtemps reconnaissable, à Paris, à l'énorme camélia blanc qu'il avait pour habitude de porter à sa boutonnière, et ami des Romieu, des Harel, des Latour-Maubourg, d'autres viveurs encore, qui représentaient alors une sorte de monde à part dans le monde parisien, et qui tous, après avoir fait partie de cette loge infernale qui fit trembler, à l'Opéra, tant de puissances éphémères, trouvèrent moyen de se créer, plus tard, d'excellentes positions dans l'administration, dans l'armée, au théâtre, dans la littérature et les beaux-arts.

M. Lautour-Mézeray, — en dernier lieu préfet d'Alger, — s'était adjoint à son tour, dans la collaboration du journal nouveau, des noms littéraires qu'on a vu briller depuis d'un grand lustre, et qui tentèrent dans *la Mode,* alors simple revue du monde élégant, leurs premiers pas et leurs essais. Indépendamment de la gracieuse madame de Girardin, qui ne s'appelait alors que Delphine Gay, on comptait parmi les rédacteurs habituels de la Revue, Charles Nodier, qui flottait, en ce temps-là, indécis entre les réalités de *Jean Sbogar* et les hallucinations de *la Fée aux miettes;* Jules de Resseguier, dont les jolis vers étaient empreints d'une touchante mélancolie ; Jules Janin, qui débutait alors dans la littérature, venait de terminer *l'Ane mort et la Femme guillotinée,* et préparait *Barnave;* Eugène Sue, qu'on disait royaliste à cette époque, et qui a donné, dans *la Mode,* les plus remarquables extraits de ses meilleures œuvres : *Atar-Gull, Plick et Plock,* etc.; Victor Hugo, le poëte aux accents inspirés, l'un de ceux qui devaient le plus vite renier leur passé et devenir, après

1830, l'objet des moqueries de *la Mode*; Audibert, l'aimable et spirituel causeur, le secrétaire général de M. de Chateaubriand, pendant son ministère aux affaires étrangères, le préféré de Mlle Mars; Castil-Blaze, père de l'amusant conteur, l'un des hommes qui ont écrit les meilleures choses qui se puissent lire sur la musique et les musiciens, en France et dans l'Europe entière; Balzac enfin, qui voyait luire, après tant d'années de luttes et de souffrances, d'efforts et de revers, un avenir brillant pour son immense talent, et qui, après s'être caché longtemps sous le pseudonyme de Saint-Aubin, abordait la critique en face, et signait, de son vrai nom, dans *la Mode*, des œuvres de courte haleine, mais empreintes d'un charme exquis, comme *Adieu, el Vertugo, Études de Femmes*, etc., etc.

La Mode, vous le voyez, chasse de bonne race, et les écrivains qui, dès le début, concoururent à son succès, donnaient un bel exemple à suivre à leurs successeurs. Toutefois, la vie manquait à ce journal, condamné, par l'exiguité de son cadre, à se tenir dans les puérilités des questions de toilettes, et qui, à deux pas des luttes ardentes du *Drapeau blanc*, de *la Gazette de France*, du *Figaro*, du *Constitutionnel*, consacrait aux articles de modes, proprement dits, des pages qu'il eût été préférable de voir autrement remplies.

Mais on se ferait difficilement une idée de l'importance que la société d'alors accordait aux questions de toilette. C'était le beau temps des fournisseurs en vogue : la province mettait Paris à contribution, et Staub, comme tailleur, Normandin, comme habile coiffeur; Mignot, Lubin, Chardin, dans la parfumerie; Palmyre pour les robes, Herbault pour les chapeaux, étaient alors de vraies puissances. Les hommes, plus encore que les femmes peut-être, exigeaient, à cette époque, qu'on les tînt au courant de ce qui se créait de nouveau chez les faiseurs en vogue. La grande question à l'ordre du jour, dans les boudoirs de nos élégants de 1828, était la coupe, la forme, la nuance, le plus ou moins d'ampleur de leurs vêtements. On connaît le mot de Charles X, à propos d'un pantalon collant : « Je ne le prends pas si j'entre dedans ! » avait dit le roi (1). Tous les hommes jeunes et à la mode, le vicomte Sosthènes de Larochefoucauld en tête, partageaient un peu le goût du roi-gentilhomme pour les élégances de la mise. En ce temps-là, du reste, les hommes se respectaient encore assez, et respectaient surtout encore assez les femmes, pour ne pas paraître dans leurs salons avec le même costume qu'ils avaient mis le matin pour descendre à l'écurie ; la sévérité, dans la tenue, était une des plus inflexibles exigences de l'étiquette d'alors.

Et l'on aurait tort de blâmer cette exagération, peut-être outrée de la part de certains hommes, des plus minutieux détails de leur toilette ! De nos jours, en effet, le reproche contraire pourrait être à bon droit adressé aux jeunes membres de nos clubs. Travers pour travers, j'aime encore mieux celui de 1828.

D'ailleurs, en jetant un coup d'œil sur les gravures de modes de cette époque, on voit, non sans quelque surprise, que l'exagération de la toilette des femmes avait un caractère beaucoup plus prononcé que celle des hommes. Ce que les dames parvenaient alors à se mettre sur la tête, indépendamment de leurs cheveux généralement relevés en pyramides, est inconcevable, et nous devons admirer nos mères d'avoir osé porter de semblables forteresses ! N'ai-je pas ouï raconter à la mienne qu'un jour, en province, devant se rendre à un bal le samedi soir, elle avait dû se faire coiffer dès le vendredi à deux heures, le seul coiffeur à la mode que renfermât la ville n'ayant pu que partager son temps entre toutes ses aristocratiques clientes, sans avoir

(1) Nos lecteurs savent que le mot fut dit à une époque bien antérieure à celle de 1828.

pu se donner, hélas! le don de l'ubiquité? Madame de Saint-P.., qui se rendait un jour à une réception de la cour, fit mieux encore : ayant tenu à être coiffée par son coiffeur ordinaire, elle monta en chaise de poste la veille du jour fixé pour sa présentation, et fit un voyage de cinquante lieues pour ne pas perdre les avantages de cette coiffure.

Les hommes, au contraire, avaient une mise excessivement soignée, mais qui n'avait rien de ridicule. A part l'ampleur des cravates, qui, loin de dégager le cou, le rendait prisonnier, leurs habits, leurs gilets, leurs pantalons demi-collants n'avaient rien que d'élégant ; un homme du monde ne pouvait être confondu alors avec le plus humble commis-voyageur, et la distinction qui résultait, pour beaucoup des élégants de l'époque, de leur rigide soumission aux lois de la mode, n'était certes pas à dédaigner.

S'il y avait quelque chose de répréhensible dans la toilette de ces messieurs, c'était peut-être le manque de goût dans l'assemblage des nuances : on portait des pantalons *cuisse de nymphe,* des gilets *prune de Monsieur,* des habits *bleu-zéphir.* Le premier article de modes *signé,* dans le journal dont nous écrivons l'histoire, l'est d'un nom qui ne dédaignait pas de descendre alors jusqu'à de pareilles minuties : celui de Jules Janin. Le futur auteur de *Barnave* se tient, à la vérité, dans cet article, dans des généralités, mais c'est à quelques numéros de distance que *la Mode* présente gravement, comme toilette recherchée d'un homme élégant, la mise que voici :

« Toilette généralement adoptée pour le bal par les hommes
» dont l'élégance n'affecte point la recherche : Habit de drap noir
» avec le collet et les revers doublés entièrement en velours ; cravate
» empesée, de mousseline des Indes ; gilet en piqué blanc avec
» boutons en or et platine ciselés; pantalon juste en casimir noir;
» bas noirs unis en gaze de soie ; chapeau claque, forme ronde. »

Voilà, en vérité, un costume qui serait parfaitement accepté de nos jours; mais attendez; *la Mode* ajoute :

« Les hommes qui ont une prétention plus marquée à l'élégance
» se font distinguer par la toilette suivante : — Habit de drap marron
» vif à reflet sanguin, — collet et revers doublés en velours assorti,
» — boutons en drap pareil, avec dessins d'or en relief ; — cravate
» en satin blanc ; — gilet de velours blanc à boutons peints de diffé-
» rentes couleurs, avec six boutons en pierreries ; — culotte de ca-
» simir noir, et, par exception, pantalon juste ; — toque en velours
» noir avec torsade en or ou argent ; — souliers en cuir verni avec
» petites boucles d'or. »

Vraiment, mon cher ami, au risque de passer pour un voltigeur de Coblentz, je préfère ces mises à celles de notre temps. Notre éternel habit noir est un costume d'enterrement, et les grosses bottes que certains élégants trouvent moyen de porter, même au bal, luttent désavantageusement avec ces jolis souliers « à petites boucles d'or » dont le nom seul fait venir l'eau à la bouche.

Les dames, à la même époque, portaient, si j'en crois les gravures de *la Mode*, des robes de satin *vieux laque*, des manches de crêpe *peintes en or*, des bérets et des turbans ornés de plumes d'oiseau de Paradis, des manches à la *Caroline*, à la *Henri III* et à l'*Evêque!* Que celles de nos aimables lectrices qui nous font la grâce de nous lire, mon cher directeur, après avoir porté ces belles toilettes, veuillent bien s'y reconnaître; quant à moi, je me récuse complètement, et je me déclare absolument indigne d'avoir voix au chapitre!

Mais revenons au premier numéro de *la Mode*: le voici qui s'annonce sous d'heureux auspices *L'Hôtel de Rambouillet*, tel est le titre de l'article de tête. Puis vient une dissertation assez courte sur le costume des femmes dans l'antiquité et dans les temps modernes, et enfin de jolis vers de M. Jules de Resseguier, sur *la femme à la mode.*

Cette femme à la mode se plaint, en termes amers, de l'abandon de la moins belle partie du genre humain : la tribune, la politique, les élections, dit-elle, absorbent tous les moments de ces messieurs :

> On parle de crédit, de commerce, de guerre,
> Et de nous, hors du bal, on ne s'occupe guère.
> Les femmes aujourd'hui, dans un appartement,
> Ne sont qu'une parure et qu'un riche ornement,
> Comme les beaux tissus qu'agite le zéphire,
> Ces frêles monuments d'émail ou de porphyre,
> Ces vases précieux, aux brillantes couleurs,
> Et qu'une main habile a couronnés de fleurs.

Hélas! qu'aurait-elle dit, la malheureuse, si elle avait vécu de nos jours?

Une lettre inédite de madame de Staël à Talma vient ensuite, et toujours dans le même numéro. La fille de Necker y donne des conseils au grand tragédien, et lui insinue de jouer Tancrède et Orosmane, *dans le naturel.* Qu'est-ce à dire? Talma ne les jouait donc pas ainsi?

De jolies *pensées* détachées d'un album, dans le genre de celles que vous donne quelquefois notre collaborateur et ami, le vicomte de Nugent, terminent, avec deux articles de modes, ce numéro d'essai. Une de ces pensées m'a frappé, la voici :

« On est guéri de l'ennui dès qu'on ne se croit plus obligé de s'a-
» muser. »

Ce numéro eut un grand succès : les journaux spécialement consacrés aux modes, ne s'écartaient guère de la ligne qu'ils s'étaient tracée : tout au plus faisaient-ils, de loin en loin, quelques excursions dans le domaine du théâtre ; mais un journal qui, en dehors de ces questions futiles, venait tracer hardiment un sillon plus large, en ouvrant à la littérature de nouveaux horizons, était quelque chose d'assez piquant et surtout d'assez neuf pour qu'on y accordât quelque attention. A la cour, à la ville, on parla de *la Mode*, qui de suite et de prime abord, obtint droit de cité dans le meilleur monde Parisien. S. A. R. MADAME, duchesse de Berry, daigna lui accorder son haut patronage, et nous verrons, dans un prochain chapitre, comment cette protection enviée vint un jour à manquer au journal élégant, et, par suite de quel oubli des convenances, le secrétaire des commandements de MADAME fut obligé d'intervenir dans un affaire où l'honneur et peut-être l'avenir de la Revue étaient engagés.

« Du Pavillon Marsan, avait écrit M. Jules Janin, nous est venu le
» signal des nouveaux progrès que nous avions à faire encore : notre
» tâche est maintenant tracée; nous tenterons à force de goût et de
» décence, de travail et de zèle, de nous montrer dignes du haut et
» gracieux patronage de MADAME. »

Vous verrez tout à l'heure, mon cher ami, que ce fut le contraire qui eut lieu, et que, pour n'avoir pas voulu sacrifier un article spirituel et mordant, le journal, dès son début, fut placé à deux doigts de sa perte.

II

Premiers succès de *la Mode*. — Vers de Delphine Gay. — Les théâtres en 1829 : l'Opéra, les Bouffons, la Comédie-Française, les Variétés, le Théâtre de Madame. — Idées de M. Émile de Girardin sur le mariage. — On devient sérieux. — La dernière Saint-Charles de la Restauration. — *Mademoiselle* au théâtre des Champs-Élysées. — Première inconséquence de *la Mode*. — L'Assemblée législative de *la Mode*. — Dangers d'un article irréfléchi. — Lettre de M. le duc de Lévis. — On s'explique. — M. de Lamartine. — Sa nomination à l'Académie Française. — Madame Malibran.

Avant d'entreprendre le récit de la fâcheuse inconséquence de *la Mode*, qu'il me soit permis, mon cher directeur, de reprendre les choses de plus haut, et de parcourir avec vous les premiers numéros de la nouvelle Revue, dont le succès, j'ai eu l'occasion de vous le dire, ne fut pas douteux.

La Mode paraissait alors tous les samedis, par cahiers de vingt-quatre pages et dans le même format que *la Mode nouvelle*. C'était véritablement un recueil élégamment édité, et digne, même par ce temps de splendides éditions, sorties des ateliers des Furne, des Lefèvre, des frères Didot, des Ladvocat, du public d'élite auquel il s'adressait. Le caractère était soigné, le texte des plus lisibles, le papier très-fort et en tout supérieur à celui que le malheur des temps nous force, aujourd'hui, à envoyer aux lecteurs de *la Mode nouvelle*. Que voulez-vous, cher ami, *la Mode*, alors, était le journal de la cour; aujourd'hui les temps sont bien changés!

J'ouvre le quatrième numéro. J'y trouve de charmants vers de cette aimable Delphine Gay, qui devait bientôt unir son sort à celui du jeune *Émile*, — comme on appelait alors le directeur de *la Mode*, — dont l'origine était pour beaucoup un mystère. Je ne puis résister au plaisir d'en citer trois strophes; d'autant mieux que ces vers furent mis en musique par la gracieuse Pauline Duchambge, — une autre aimable femme de ce temps, qui vient récemment de nous être enlevée, — et que je me souviens d'avoir entendu ma mère les chanter. C'est un des meilleurs souvenirs de mon enfance. Le titre est: *le Pêcheur de Sorrente*. Le pêcheur aime, il est aimé, et rien ne l'occupe dans la vie, si ce n'est son amour; écoutez:

> Sorrente, doux rivage,
> Espoir des matelots,
> Les parfums de ta plage
> Nous gardent sur les flots.
> Consultez les étoiles,
> Vous, qu'attend le danger,
> Moi, je guide mes voiles
> 'Où fleurit l'oranger!

> Que Nisida m'enchante!
> Qu'elle est blanche sa main!
> Que sa voix est touchante,
> Quand elle dit: Demain!
> Chacun cherche à lui plaire,
> Moi, seul, suis écouté:
> Tous craignent sa colère,
> Je ris de sa fierté!

>   Rien ne me fait envie,
>   Tout rajeunit mon cœur,
>   Et j'ai fait de la vie
>   Un long jour de bonheur !
>   Jamais je ne prolonge
>   Les heures du sommeil ;
>   Il n'est point d'heureux songe
>   Qui vaille mon réveil !

Cette simplicité touchante, qui faisait le fond de la poésie d'alors, ne vaut-elle pas les exagérations rimées de certains de nos poëtes modernes ? Les *Odes funambulesques* de M. de Banville n'étaient pas même pressenties à cette époque : heureusement, dirons-nous ; en revanche, on récitait partout les iambes harmonieux du chantre d'Elvire ; ou bien, le soir, dans les salons, on écoutait, avec une émotion mal contenue, les beaux vers de Victor Hugo, notamment l'ode immortelle à Louis XVII, qui commence ainsi :

>   En ces temps-là, du ciel les portes d'or s'ouvrirent,
>   Du saint des saints ému les feux se découvrirent ;
>   Tous les cieux, un moment, brillèrent dévoilés,
>   Et les élus voyaient, lumineuses phalanges,
>   Venir une jeune âme, entre de jeunes anges,
>   Sous les portiques étoilés !

C'était le beau temps de la poésie en France ; jamais on ne fera mieux. Mais n'anticipons pas sur les événements : le coup de *tam tam* de la révolution de juillet va sonner ; le romantisme, dans les vers, aussi bien que dans la prose, fera son *pronunciamento*, et après le demi-succès d'*Hernani*, nous aurons le triomphe du *Roi s'amuse !*

Les théâtres étaient fort suivis en 1829. Il est incontestable que ce genre de distraction a le don de plaire, en France, à tout le monde. Dès cette époque, l'Odéon avait le singulier privilége de servir de but aux plaisanteries des journalistes. « On parle de tout, excepté de l'Odéon, écrivait M. Lautour-Mézeray dans une de ses Causeries de *la Mode*, car on peut arriver de partout, hormis de ce théâtre. »

La Comédie-Française était loin d'avoir son ancienne vogue. La tragédie n'intéressait plus : l'empire, hélas ! nous ayant trop donné de réalités tragiques, et d'ailleurs Talma venait de mourir ! La bonne comédie de genre avait seule le privilége d'attirer la cour et la ville, comme on disait encore dans ces belles et heureuses dernières années de la Restauration, qui portèrent à son comble le bonheur et le renom de la France. Mlle Mars, Firmin et Monrose étaient les acteurs aimés : on parlait déjà des heureuses dispositions de deux charmants comédiens, dont l'un s'appelait Samson et l'autre se nommait Provost.

Les Italiens, — les Bouffons alors, — attiraient la cour, l'aristocratie, le vrai grand monde parisien : c'était le théâtre à la mode. Quel temps d'ailleurs que celui où des talents ayant noms la Pasta, la Malibran, Mlle Sontag, Mme Fodor, se trouvaient réunis sur la même scène chantante ! La gloire de Rossini date de là : c'est, grâce à ce merveilleux concours de talents, que le sien doit d'être connu et admiré en France !

Aux Variétés, au Gymnase dramatique, — alors Théâtre de Madame,—au Vaudeville, on applaudissait Potier, Odry, Vernet, des gloires aujourd'hui disparues, mais qu'il a été donné à la génération présente de connaître et d'apprécier.

Quand à l'Académie de Musique, qui avait Mlle Taglioni à la tête de ses danseuses, et Mme Damoreau-Cinti comme première chanteuse, voici ce qu'en dit *la Mode* de 1829 :

« A l'Académie royale de Musique, vaste galerie où viennent af-
» fluer tous les étrangers qui débordent des salons du quartier Saint-

» Honoré, se rencontrent les plus importants diplomates, tout l'é-
» tat-major des ambassades, et à leur suite deux ou trois duchesses ;
» on ne s'explique pas comment le public de ce théâtre, qui semble
» se renouveler incessamment, est cependant, au fond, toujours le
» même? »

N'en est-il pas encore ainsi de nos jours, et ne croirait-on pas cet article écrit d'hier? De tous temps, ce sont les riches étrangers qui ont fait vivre l'Opéra... et aussi un peu sa riche subvention!

Cependant M. Emile de Girardin prenait une part active à la rédaction du nouveau journal. Un article signé de lui, que nous trouvons dans le premier volume de *la Mode*, présente un vrai plaidoyer en faveur des mariages d'amour, et une vigoureuse protestation contre les mariages de simple convenance. « Je vous en donne ma
» parole d'honneur! s'écrie M. Émile de Girardin, dans un noble
» élan d'enthousiasme,—il avait vingt ans alors;—je serais follement
» amoureux de la plus jolie femme, de la plus ravissante, que je me
» brûlerais la cervelle plutôt que de l'épouser pour être adoré d'elle...
» par amour de l'ordre légal! »

M. Lautour-Mézeray, lui aussi, lançait dans la Revue de fort piquantes boutades. Dans un article de genre qui nous tombe sous les yeux, il signale, en termes assez vifs, l'envahissement des salons par le clan des raisonneurs et des gens à système : « Les formes de
» notre gouvernement, dit-il, ont fait naître la manie du caractère ;
» on fait du caractère en tout : on avait réussi jusqu'ici, par l'impor-
» tance, par la fatuité, même par l'impertinence, aujourd'hui *le*
» *caractère* est devenu à la mode : chaque salon a ses Royer-Collard,
» et l'amour, ses doctrinaires! »

Hélas! ce sont pourtant ces insupportables raisonneurs de salon qui ont fait le malheur de notre pays, volontairement ou non, et c'est pour avoir manqué de caractère, au milieu de gens qui en avaient trop, que le noble et malheureux roi Charles X prit, à quelques semaines de là, le chemin de l'exil!

Nous voici, en effet, à la dernière Saint-Charles de la Restauration, le 4 novembre 1829. Ce jour-là, des réjouissances publiques avaient été ordonnées, et des théâtres populaires s'élevaient dans les Champs-Élysées. La foule, malgré le temps assez maussade, emplissait ces théâtres en plein vent. L'un d'eux représentait une scène de la guerre de Morée. Au moment où le rideau se levait, on vit arriver, conduites par leurs gouvernantes, deux jolies petites filles, dont l'une pouvait avoir dix ans et l'autre huit à peine. Tout le monde se dérange, les yeux se fixent avec un touchant intérêt sur les nouvelles venues :

— C'est MADEMOISELLE ! dit-on dans la foule.

C'était vous, en effet, noble fille du duc de Berry, pauvre orpheline de père, prédestinée à subir la mauvaise fortune de tous ceux de votre race, dans des temps d'iniquité, et qui venez de nous donner à Parme, pendant cinq années de régence, la mesure de toutes les grandeurs et des vertus héréditaires chez les princesses de la maison de Bourbon ! Dès ce temps-là, Madame, votre cœur était vraiment français ! Savez-vous ce que *la Mode* raconte de votre présence au théâtre des Champs-Élysées, en ce jour de saint Charles, fête de votre aïeul, dont nous parlons? daignez nous permettre de vous le redire.

Vous aviez à vos côtés mademoiselle Louisa de Dalmas, votre jeune compagne. Vous assistiez, l'une et l'autre, non sans un extrême intérêt, à la lutte des Turcs et des Grecs; mais il y avait aussi sur le théâtre des soldats français.

— Moi, je voudrais bien que les Turcs soient vainqueurs, dit mademoiselle de Dalmas.

— Comment! qu'est-ce que vous dites donc là, Louisa? vous écriâtes-vous avec un accent indigné. Moi, je voudrais que ce soient les Grecs!...

Et bientôt, vous reprenant avec une étrange vivacité :

— Non, dites-vous, les Français d'abord! les Français toujours!...

Le public vous applaudit bien fort. Vous ne vous en rappelez plus, Madame? Mais vous obtîntes, ce jour-là, une sorte de petit triomphe! Hélas! vos joies ont été si rares; il est bien permis de les rappeler!

Mais revenons à notre histoire.

Je vous ai dit, cher directeur, que *la Mode*, après avoir obtenu l'auguste patronage de Madame, avait eu le grand tort de ne pas savoir s'en rendre digne : laissez-moi vous raconter dans quelles circonstances ce malheur arriva. Depuis, hélas! et dans des jours de tristesse que nous avons connus, la protection de la princesse pour sa fidèle Revue a été trop marquée, pour que les *fredaines* des premiers temps ne soient pas aujourd'hui complétement pardonnées et oubliées!

Le 1ᵉʳ décembre 1829, *la Mode* publia sous ce titre : *Assemblée législative de la Mode*, un article d'un goût douteux, qui avait le grand tort de faire de la personnalité, et qui mettait en scène les dames de la cour, du rang le plus élevé après les princesses. Dans cet article, qui n'avait de répréhensible que la forme, on supposait qu'une chambre de *représentantes* venait d'être nommée pour décréter les lois de la toilette et de la souveraine élégance. Les détails de l'organisation et de la réunion de cette chambre d'une nouvelle espèce, permettaient, à la verve de l'auteur, de s'égayer au détriment de la coquette assemblée, et aussi, peut-être un peu, de la vraie Chambre.

C'est ainsi que la présidence ayant dû être naturellement dévolue à la doyenne d'âge, une contestation s'était élevée, à cette occasion, entre madame la princesse de Ch..., madame Ham... et madame la comtesse de C... « A l'égard de la première, disait *la Mode*, quelques
» membres de la gauche assurent, d'une manière positive, qu'elle
» a eu vingt-cinq ans en thermidor de l'an XI ; mais une lettre de la
» princesse, s'excusant, pour cause d'une grossesse avancée, de ne
» pouvoir se rendre à la séance, est venue calmer les craintes. »

L'impossibilité de pouvoir se procurer des notions exactes sur l'âge des membres susceptibles d'être appelées à la présidence, avait forcé l'assemblée, toujours d'après *la Mode*, à recourir à un moyen terme, celui de donner la présidence à la plus jolie... Mais, finalement, on s'était encore ravisé, et on avait imaginé, pour éviter de nouveaux débats, d'acclamer la *représentante* la plus jeune. « La question,
» ajoutait galamment *la Mode*, a été quelque temps indécise entre
» mesdemoiselles de Béarn, de Beauvilliers, de Lapanouze et Cécile
» de Noailles ; mais cette dernière, avec une modestie, un enthou-
» siasme dignes des plus grands éloges, a proposé d'offrir le fauteuil
» à mademoiselle Delphine Gay. » C'était, on le voit, un gracieux hommage rendu par l'amoureux directeur à celle dont il était épris.

Quoiqu'il en soit, toujours d'après notre Revue, l'ouverture de la fameuse session avait lieu, non sans un discours de la couronne, et la Mode personnifiant la souveraine, était reçue, à son arrivée dans la salle, par une députation de dix dames et de dix chevaliers. Les premières étaient mesdames la duchesse de Guiche, la duchesse d'Istrie, la comtesse Arthur de la Bourdonnaye, la marquise Victor de

Caraman, la marquise de la Ferté-Meun, de Thorigny, la baronne Inguerland, Alphée de Vatry, Joseph Périer et la duchesse d'Otrante.

Les seconds étaient MM. le prince de Léon, Henri de Noailles, le duc de Guiche, Alfred d'Orsay, Walewski, le comte de Montron, Alfred Desvoisins, le prince de la Moskowa, le comte Charles de Mornay, Hope.

Malheureusement le compte-rendu de la séance contenait des allusions blessantes au récent discours de la couronne à la Chambre des députés; on y parodiait, sans grand esprit du reste, et beaucoup trop longuement pour que nous puissions ici rappeler l'article, les procédés parlementaires de la chambre législative; on finissait par nommer une double commission de l'*adresse* et des *pétitions*, qui comprenait les noms, fort honorablement traités d'ailleurs, de mesdames la marquise de Bellissen, la comtesse de Crillon, de Marcellus, la duchesse de Dino, la comtesse Merlin, de Sampayan, la duchesse de Valençay, de Laroche-Rousseau, la comtesse Henry de Sassenay, la marquise de Podenas, la duchesse de Rauzan, la princesse de la Moskowa, la comtesse de Boignes, la baronne Mallet, etc., etc., etc.

Cet article finissait par l'énumération des mesures adoptées par l'assemblée, et l'on y décrétait notamment les... manches courtes.

Le surlendemain, une lettre de M. le duc de Levis, adressée à MM. de Girardin et Lautour-Mézeray, parvenait à ces messieurs, et contenait ce qui suit :

« Lorsque vous avez, Messieurs, réclamé pour votre journal le
» patronage de Son Altesse Royale Madame, duchesse de Berry, il
» était bien entendu que cet écrit périodique se montrerait, autant
» par la forme que par les principes, digne de cette haute protection.
» Je me plais à vous rendre cette justice, qu'il a été, jusqu'ici, ré-
» digé dans un excellent esprit. Pourquoi donc faut-il que, — sans

» doute par inadvertance, — vous ayez laissé insérer, dans votre der-
» nier numéro, un article qui blesse toutes les convenances, non-
» seulement en parodiant la plus auguste de nos institutions, mais
» en faisant jouer un rôle ridicule à des personnes de la haute so-
» ciété, dont le nom ne devrait jamais être prononcé sans leur aveu.
» Madame la duchesse de Berry ne peut qu'improuver un tel scan-
» dale, et c'est à regret que j'ai à vous annoncer, de sa part, qu'elle
» retire l'autorisation qu'elle vous avait donnée de faire paraître *la*
» *Mode*, sous ses auspices.

» Je vous renouvelle, Messieurs, l'assurance de ma considération
» distinguée,

» Le duc DE LEVIS. »

MM. de Girardin et Lautour-Mézeray répondirent une lettre d'ex-
cuses : ils alléguèrent que l'article était « insignifiant, » et leur numéro du 18 décembre contenait la note que voici :

« La maligne interprétation donnée à un article de notre dernière
» livraison, où l'on a voulu découvrir une parodie offensante de
» nos institutions, nous décide, en cet instant qu'elles ont à triom-
» pher des attaques les plus vives, de proroger indéfiniment les
» séances de l'*Assemblée législative de la Mode*. La chambre est dis-
» soute. »

Puis, ces MM. publiaient sous ce titre : *Refus de mademoiselle Delphine Gay de la présidence*, de charmants vers, qui finissaient ainsi :

... Non, si j'acceptais cet élégant fauteuil,
De plus d'un orateur j'affermirais l'orgueil ;
J'oserais préférer la grâce à l'opulence,
Les dons de la nature aux prestiges de l'art,
  Et ma sonnette, sans égard,
  A la sottise imposerait silence ;
Je perdrais en un jour ma popularité.
L'esprit, là, comme ailleurs, serait ma seule idole,

> Et, dans ma partialité,
> Vous auriez toujours la parole.

Ce gracieux compliment adressé à deux hommes d'esprit, terminait heureusement le débat. Toutefois, on parla longtemps de cet incident, qui valut à *la Mode* une recrudescence de vogue. Le nombre des abonnés était déjà fort grand : il augmenta de plus d'un tiers, dans le mois qui suivit le récit de l'ouverture de la malencontreuse *Assemblée*. En France, il en est toujours ainsi; faites du bruit, du tapage, et vous obtiendrez incontestablement la popularité. On sut bientôt, par son propre aveu, que l'auteur de l'article était M. Auger. Dans un numéro subséquent, il avoua que de simples raisons de modestie l'avaient empêché de mettre son nom au bas de ce qu'il nommait un jeu d'esprit bien inoffensif. En essayant ensuite de se justifier plus longuement et de prolonger une discussion tranchée contre *la Mode* par tous les gens de goût, il eut tort, et ne sut pas mettre à profit cet axiome : qu'en ce monde, quand on a fait une sottise, le mieux est de n'en pas parler.

Cependant M. de Lamartine, dont la gloire brillante avait bien vite atteint son apogée, venait d'être nommé membre de l'Académie Française. Le plus vif engouement régnait alors dans les salons pour le chantre inspiré des *Harmonies poëtiques*. Les cercles littéraires ne juraient que par lui, ou bien encore par M. Victor Hugo, ou le comte Alfred de Vigny.

A l'occasion de cette élection, *la Mode* disait : « M. Alphonse de
» Lamartine s'est toujours isolé des coteries, disons des *écoles*, pour
» leur donner le nom du jour ; c'est peut-être à ce dédain de leurs
» intrigues qu'il faut attribuer le long retard de sa nomination ;
» enfin l'Académie Française vient de l'admettre au privilége de la
» compléter. »

Ceci se passait au mois de novembre 1829, et M. de Lamartine fut nommé à la majorité de 19 voix, contre 14 données à son concurrent, M. Philippe de Ségur. On le voit, l'élément bonapartiste dominait encore en ce moment assez, à l'Académie, pour faire hésiter les immortels, entre un émule fort éloigné de Tacite et notre Orphée moderne.

Ce jour-là même, madame Malibran rentrait dans la *Gazza Ladra*, et ces deux événements formaient l'objet de toutes les causeries des salons.

III

1830. — L'année commence mal. — Hiver rigoureux. — *La Mode* et le buste de madame de Staël. — Les souhaits de bonne année. — *Une fête sous Néron.* — MM. Alexandre Soumet et Belmontet. — *Fra-Diavolo* — Mariage du roi d'Espagne. — Marie-Christine. — Les hommes ne dansent plus. — Proposition de *la Mode*. — Mort de Lauwrence. — Bruits des salons au commencement de 1830. — Les traîneaux. — *Clovis.* — *Le Moqueur amoureux.* — Don Miguel. — *La Physiologie du mariage.* — Léopold de Saxe-Cobourg. — Mademoiselle Mars. — Les bals de MADAME. — Les cannes au bal. — Fête à l'Opéra. — Réponse d'une chanteuse à un grand seigneur. — *Hernani.* — Victor Hugo. — Les classiques et les romantiques. — Réception académique de M. de Lamartine. — M. de Fortia. — La duchesse de Plaisance.

Je crois en avoir à peu près fini avec l'année 1829, qui vit la création de *la Mode*. Cette année se terminait au milieu des plus incontestables développements du luxe, de l'industrie, des beaux-arts, et pourtant son dernier jour allait sonner le glas de la dernière année de la monarchie !

Le premier volume de *la Mode* comprend les trois mois d'octobre, de novembre et de décembre 1829. Je me suis appliqué jusqu'ici à vous donner une idée des plus petits faits qui survinrent alors dans le monde parisien, et je crois ne rien avoir oublié des choses qui intéressent plus particulièrement nos lecteurs.

J'ai omis cependant de vous parler du bruit qui se fit à la fin de 1829, autour du nom et de la mémoire de madame de Staël, morte, vous le savez, en 1827. *La Mode* consacra un article fort bien fait, signé de Benjamin Constant, à la louange de l'auteur des *Considérations sur l'Allemagne ;* elle fit plus, et eut la singulière idée, — d'autant plus singulière alors que l'usage des *primes* pour les journaux n'existait pas et qu'il date de là,— d'offrir, à ses abonnés, des billets de loterie dont les lots n'étaient autres que cinq bustes de la fille de Necker, sculptés par Flatters.

Madame de Staël, cher directeur,— malgré *Corinne,* — ne m'a jamais été sympathique : permettez-moi de m'abstenir de toutes considérations sur son compte, et feuilletons, si vous le voulez bien, les volumes suivants de notre chère *Mode.*

Ce chiffre fatal, 1830, inscrit au fronton du quatrième volume, ne laisse pas cependant, mon cher ami, de me causer une grande tristesse. Comment aborder de sang-froid cette date, à jamais néfaste dans notre histoire? Ce soleil de juillet, si l'on y réfléchit bien, n'a vraiment éclairé que des ruines, il est temps de le dire; d'ailleurs, de tous les monuments sociaux qu'il a minés, le plus regrettable est ce beau temple d'autorité, sans lequel aucun gouvernement n'est possible, et dont la génération présente, grâce à tous les bouleversements qui ont dérivé de 1830, ne connaît plus le prestige évanoui !

Hélas ! je le dis du fond du cœur, cette année 1830 doit être vouée à l'exécration ; c'est une année maudite ! Jetez un regard en arrière avec moi, cher directeur, et demandez-vous si jamais une révolution eût moins raison d'être qu'à cette époque fortunée de la Restauration qui rendit à la France toutes ses libertés ?

Ces Bourbons, que tant de gens injustes se plaisent à calomnier, étaient les meilleurs des rois ; leur retour, quoiqu'on pense d'eux, quoiqu'on ait dit, quoiqu'on dise encore, avait été salué par les acclamations unanimes d'un pays enthousiaste! Les hommes mêmes qui sont les moins suspects en matière d'éloges à adresser au gouvernement de la Restauration, les hommes de l'Empire, ne l'ont-ils pas reconnu eux-mêmes depuis? Ouvrez les *Mémoires du duc de Raguse*, vous y lirez ces belles paroles que j'ai retenues et qui sont l'expression la plus fidèle de la vérité :

« Je dois dire ici l'impression personnelle que la vue des Bourbons, à leur retour, me fit éprouver. Les sentiments de mon enfance et de ma première jeunesse se réveillèrent dans toute leur force, et parlèrent puissamment à mon imagination. Une sorte de prestige accompagnait cette race illustre. Dès l'antiquité la plus reculée, l'origine de sa grandeur est inconnue. La transmission de son sang marque de génération en génération les époques de notre histoire et sert à les reconnaitre. Son nom est lié à tout ce qui s'est fait de grand dans notre pays. Cette descendance d'un saint déjà, il y a six cents ans, homme supérieur et grand roi, lui donne une auréole particulière. Toutes ces considérations agirent puissamment sur mon esprit. J'avais vécu dans la familiarité d'un souverain puissant, mais son élévation était notre ouvrage. Il avait été notre égal à tous. Je lui portais les sentiments que comporte ce titre, ceux dérivant de la nature de mes relations anciennes et en rapport avec l'admiration que j'avais éprouvée pour ses hautes qualités ; mais ce chef était un homme comme moi avant qu'il fût devenu mon supérieur, tandis que celui qui apparaissait en ce moment devant moi semblait appartenir au emps et à la destinée (1). »

(1) *Mémoires du Duc de Raguse*, tome VII, page 18.

Ces lignes ne résument-elles pas les idées du plus grand nombre? Qui oserait le nier aujourd'hui? Je le répète, c'est de la révolution de 1830 que datent tous nos malheurs ; de cette date fatale découleront sans doute les malheurs de l'Europe entière !

L'hiver s'annonçait sous l'aspect le plus triste. Il fit, en cette année 1830, un froid des plus rigoureux : la neige dura des mois ; les malheureux souffraient. Rien ne sert les événements politiques comme les circonstances de temps, de froidure et de cherté de la vie : les mauvaises passions sont habiles à s'en servir ! Les libéraux surent, à cette époque, les exploiter habilement contre un trône séculaire, où se tenait un vieillard, — le plus doux des princes, — avec un enfant sur ses genoux.

Cette sorte de complicité des éléments contre le pouvoir, fut une des causes qui augmentèrent le mécontentement : le froid, la faim, conseillent mal ; les gens qui souffrent rendent volontiers responsables de leurs malheurs les riches et les puissants de la terre ; les oreilles sont attentives aux insinuations de la haine et de l'esprit de parti quand les cœurs sont aigris. Les hommes du mouvement le savaient; aussi allaient-ils partout répétant que la disette succéderait à cette température de Sibérie.

Personne cependant ne croyait sérieusement à la possibilité d'une révolution : les bals, les fêtes s'annonçaient chaque jour plus nombreux, et le commerce en profitait. Ceux-là même qui désiraient des changements, n'admettaient guère l'imminence d'une crise gouvernementale. On faisait de l'opposition, dans la foule, pour le plaisir d'en faire, — comme il convient à des Français, dans tous les temps et sous tous les gouvernements ; — mais, personne, si ce n'est de mauvais cœurs, qui jouaient dans l'ombre la triste comédie de quinze ans, ne croyait à un bouleversement.

On a beaucoup cité le mot de M. de Salvandy, au bal du Palais-Royal : « Nous dansons sur un volcan. » D'abord, ce mot est-il authentique? Ce serait une première question à trancher. Ensuite, le fût-il, que le lieu même où il aurait été prononcé prouverait assez qu'une préoccupation d'un ordre tout particulier animait son auteur. Oui, c'était sur un volcan qu'on dansait au Palais-Royal ; parce que là trouvaient asile, bon accueil et poignées de main tous les hommes qui appartenaient, par un point quelconque, à l'opposition. Ce palais de la maison d'Orléans était alors le seul point de réunion de tous les adversaires de la monarchie. Ailleurs on ne conspirait pas. Nous ne sommes point encore arrivés à l'époque de ce bal, qui ne fut donné qu'au mois de juin 1830, pour fêter la présence à Paris du roi et de la reine de Naples; les événements vont parler d'eux-mêmes, attendons-les; nous y reviendrons : Nous avons d'ici là un coup d'œil rétrospectif à jeter, avec *la Mode*, sur les principaux faits qui signalèrent les premiers mois de l'année 1830.

Le 1er janvier, les réceptions ordinaires eurent lieu à la cour. On vit, pour la dernière fois, le vieux roi Charles X, recevant, dans ces royales Tuileries, les compliments et les hommages des membres de sa famille, des chefs d'administration, des grands corps de l'État. Hélas ! combien peu devaient valoir ces protestations de dévouement ! *La Mode* nous redira, le 1er janvier 1831, le bilan exact de ces paroles de courtisans ; mais elle ajoutera aussi, non sans orgueil, que bien peu de bouches se rouvrirent alors pour chanter les louanges du pouvoir nouveau ; les autres, et ce fut le plus grand nombre, se déclarèrent closes pour jamais : elles le sont encore.

Le sort de ce palais des Tuileries est d'avoir vu passer bien des rois, mais de n'en avoir su jamais garder aucun. A part Louis XVIII, en effet, pas un prince, depuis plus d'un siècle, n'a terminé ses jours dans le vieux palais de nos rois. Aux uns, c'est la révolution qui s'est chargée de trouver une tombe, comme pour Louis XVI, comme pour Marie-Antoinette, comme pour l'enfant roi, qui fut martyr sous le nom de Louis XVII; aux autres, le sol même de la patrie a manqué pour recouvrir leurs restes, comme pour Napoléon, mort sur un rocher, à Sainte-Hélène, comme pour le chevaleresque Charles X, dont le corps repose aux Franciscains de Goritz, à côté des corps de son fils et de la sainte Marie-Thérèse, comme pour le duc de Reichstadt, comme pour Louis-Philippe, oublié à Claremont!... Et les femmes aussi, n'ont pas eu la consolation de rendre leur âme à Dieu dans ce palais des Tuileries, témoin de leurs grandeurs : aucune n'y est morte, ni l'impératrice Joséphine, ni Marie-Louise d'Autriche, ni la duchesse d'Orléans, ni la duchesse de Nemours, ni cette grande image de la douleur faite femme sur la terre, qu'on a nommée la duchesse d'Angoulême!...

Mais quittons ce triste sujet.

La Mode, pour étrennes, offrait à ses abonnés, dans son numéro du 1ᵉʳ janvier 1830, un joli proverbe, publié sous ce titre : *Le 1ᵉʳ de l'an, ou les petits cadeaux entretiennent l'amitié*, qui obtint un très-grand succès. Cette œuvre sans prétention fut excessivement goûtée, au point que le journal dut ordonner un second tirage, ce qui ne s'était pas encore vu depuis la création de la Revue.

On parla beaucoup, à la même époque, d'une pièce de théâtre qui obtint, sur la scène de l'Odéon, un succès légitime. Le 28 décembre, avait eu lieu, sur cette terre classique de la tragédie, la première représentation d'*une Fête de Néron*, pièce où se rencontraient des beautés de premier ordre, et qui avait pour auteurs Alexandre Soumet et un jeune poëte dont les œuvres subséquentes n'ont pas tenu les espérances qu'il promettait alors, M. Louis Belmontet.

Cette tragédie était magnifiquement interprétée : Ligier faisait Néron, et mademoiselle Georges personnifiait Agrippine. Un incident comique, que nous voulons relever, parce qu'il justifie nos précédentes réflexions sur l'importance que les hommes de cette époque attachaient aux questions de toilette, se produisit à la fin de la représentation. Quand le régisseur vint auprès de la rampe pour proclamer les noms des auteurs, il fut outrageusement sifflé, à cause de sa tenue : « En effet, dit *la Mode*, on ne comprend pas qu'un homme, appelé par la nature de son emploi à s'adresser au public, ose se présenter devant lui en bottes et dans un costume négligé. »

Une Fête de Néron est certainement la meilleure œuvre dramatique d'Alexandre Soumet. Quant à M. Belmontet, les hauteurs poétiques sur lesquelles il lui a plu, depuis, de se tenir, sont tout à fait au-dessus de notre portée, et nous n'insisterons pas sur un genre de littérature qui n'est plus de notre ressort.

Nous venons de prononcer le nom de mademoiselle Georges. Ce grand talent jetait alors d'admirables feux. Cette femme qui, disait-on, avait eu la gloire de voir à ses pieds, dans la même journée, deux empereurs et un roi, personnifiait véritablement le drame autant que la tragédie. C'était assurément la seule comédienne à même d'interpréter Corneille, Racine, Voltaire et nos modernes tragiques. Certains rôles, comme celui d'Agrippine d'*une Fête de Néron*, mourront avec elle. Arrivée aujourd'hui à un âge qui ne lui permet plus d'aborder la scène, mademoiselle Georges a eu, comme mademoiselle Mars, une carrière dramatique des mieux remplies. Commencée avec le siècle, cette longue et brillante carrière ne s'est terminée que de nos jours. La grande tragédienne, qui a vu passer Rachel, assiste maintenant, seule et délaissée, à la décadence irréparable qui frappe l'art tragique en France. Mademoiselle Georges interprétait, avec une égale supériorité, les grands rôles de l'ancien répertoire et les drames sinistres de nos modernes dramaturges. Longtemps, on peut le dire, elle a tenu la balance indécise entre les deux genres dits romantique et classique, qui se disputèrent la prééminence littéraire, aux alentours de 1830. Aussi grande et pathétique était-elle, un jour, dans *Athalie*, dans *Macbeth* ou dans *Britannicus*, telle la retrouvait-on, imposante, noble et passionnée dans *Lucrèce Borgia*, dans *Marie Tudor*, ou dans *la Tour de Nesle!*

Ce souvenir de mademoiselle Georges est un des plus vivants de notre jeunesse : il ne nous a été donné de la voir qu'à son déclin, — celui de l'âge, car, chez elle, la fougue et le talent croissaient au lieu de diminuer ; — mais jamais aucune femme, si ce n'est Rachel, la plus noble personnification, pour nous, de l'art tragique, ne nous a fait plus d'impression.

Ne quittons pas le théâtre sans parler de l'immense succès de *Fra-Diavolo*, d'Auber, qui fut représenté, à l'Opéra-Comique, quelques jours après *une Fête de Néron*. C'est de là que date l'immense vogue de ce théâtre qui, dès 1825, avec *la Dame Blanche*, avait été mis fort à la mode, et qui a su conserver depuis et à travers toutes ses vicissitudes, les faveurs du public.

Cependant il n'était bruit à la cour, dans les salons, dans les cercles et dans les conversations du meilleur monde parisien, que du mariage de Marie-Christine des Deux-Siciles, sœur de Madame, avec le roi d'Espagne. L'amoureux monarque avait eu grande hâte de connaître sa fiancée, car on racontait de lui une réponse au duc d'Hijar, bien digne d'un amant épris. Il s'agissait de se rendre le plus vite possible au château d'Aranjuez.

— Combien de temps mettait Charles III pour aller à Aranjuez? avait demandé Ferdinand VII.

— Deux heures et demie, sire, avait répondu le duc d'Hijar.
— Combien de relais?
— Trois, sire.
— Qu'on en mette cinq, et que j'aille en moins de deux heures.

L'entrée, à Madrid, du roi et de la reine de Naples, eut lieu le 11 janvier, par un ciel couvert et un froid très-vif : on ne se croyait plus en Espagne. L'accueil fait à la jeune reine fut des plus enthousiastes : le peuple entier acclama sa nouvelle souveraine... Mais les acclamations des peuples, pour combien, de notre temps, faut-il les compter, cher directeur? Vous en connaissez, comme moi, la valeur. Marie-Christine de Naples a porté malheur à la monarchie espagnole ; c'est encore un de ces noms qu'il nous est impossible de ne pas prononcer sans amertume, et nous songeons au jugement de l'histoire, qui sera sévère pour cette princesse.

Revenons à notre *Mode*. Les hommes, paraît-il, mon cher ami, commençaient, dès cette époque, à n'avoir qu'un goût très-modéré pour la danse. Depuis, vous le savez, cette indifférence pour le grand art de Terpsicore n'a fait qu'augmenter ; mais nous devons penser qu'elle était déjà fort sensible en 1830, puisque *la Mode*, dans un de ses numéros de janvier, publie le singulier avis que nous allons transcrire :

« Attendu les circonstances graves et le dédain qu'affectent, cette
» année, pour la danse, les hommes les plus agréables (on avait à
» cette époque des expressions uniques) et dans l'espoir que la
» courtoisie française tant renommée ne permettra pas à un homme
» poli de refuser la prière d'une femme, les femmes devront à l'a-
» venir, choisir et inviter elles-mêmes leurs danseurs. »

Comme corollaire de cette déclaration, *la Mode* proposait du ton le plus sérieux, un prix de deux mille francs à l'auteur du meilleur mémoire en prose ou en vers, qui aurait démontré que l'adoption de cette mesure serait un progrès pour les mœurs constitutionnelles. Malheureusement les dames du temps mirent une certaine mollesse à faire triompher une mesure aussi radicale; personne ne déposa de mémoire aux bureaux de *la Mode*, et les choses demeurèrent comme par le passé, au grand désespoir de cette classe de danseuses qui ont pour habitude de rester sur leurs banquettes pendant une partie du bal, et dont on dit, fort peu galamment selon nous, qu'elles font *tapisserie*.

A peu près vers la fin de janvier, Lauwrence, le grand peintre anglais, dont la réputation avait depuis longtemps passé le détroit, vint à mourir. On parla beaucoup du talent et des œuvres de ce gracieux portraitiste. Personne n'ignore que le beau portrait en pied du roi Charles X, qui décore tant de demeures royalistes, est signé du nom de ce maître. Notre collaborateur, M. de Pesquidoux, a redit, dans un volume intéressant sur les *Peintres anglais*, que vous fûtes l'un des premiers à vanter, mon cher directeur, et qui obtint, l'an dernier, un légitime succès, l'histoire de ce Lauwrence, dont la vie fut semée d'incidents bizarres, et dont la fortune est étrange. Né d'un simple baladin, Lauwrence conquit la vogue, en Angleterre, avec une rapidité que n'a jamais été égalée par aucun peintre. Ses toiles faisaient fureur; il devint à Londres, en moins de quelques années, ce qu'on nommait alors, — nous sommes encore à nous demander pourquoi, — la *coqueluche* de toutes les ladies; on prétendait même qu'il avait été assez heureux pour obtenir les bonnes grâces de cette trop fameuse princesse de Galles, répudiée avant d'avoir été mariée, dont la vie est un roman, le roman une honte, et dont le scandaleux procès fut alors un grand déshonneur pour la royale famille d'Angleterre.

Voulez-vous maintenant, mon cher directeur, savoir les nouvelles dont on se préoccupait surtout dans les salons du grand monde, à

Paris, au commencement de 1830. Voici quelques *faits divers* que je crois utile de relever dans *la Mode* : ils sont extraits des numéros de janvier et de février :

« Les traîneaux font fureur. » — L'hiver était si froid !

« La reprise de *Clovis* de M. Népomucène Lemercier, est tombée à plat. » — C'est une si triste tragédie !

« Le *Moqueur amoureux*, par madame Sophie Gay, vient de paraître, c'est l'ouvrage en vogue. » — A trente années de distance, personne ne se souvient plus de ce livre, signé du nom d'un écrivain charmant.

« Don Miguel a demandé la main de la princesse de Kaunitz. » — Nous reparlerons de don Miguel.

« *La Physiologie du mariage* de Balzac est un livre nouveau dont le succès fait scandale. » — Pourquoi? parce que l'auteur y dit évidemment de grandes vérités ! Il est cependant fâcheux que la lecture de ce volume soit à peu près interdite à toutes les jeunes femmes !

« Au Palais-Royal, il est question de l'alliance du prince Léopold de Saxe-Cobourg (lisez le futur roi des Belges) avec S. A. R. la fille aînée du duc d'Orléans : on s'intéresse beaucoup à ce mariage. » —Ces d'Orléans sont *si bons!...*

« Mademoiselle Mars, assure-t-on, abandonne au premier avril, le Théâtre-Français. » — On sait que cette menace resta suspendue pendant des années encore sur la maison de Molière, et que mademoiselle Mars ne quitta définitivement le théâtre qu'en 1840.

« Le bal donné lundi par S. A. R. Madame, a été suivi d'une quête. » — Il en était toujours ainsi dans les temps de misère : la noble et généreuse princesse ne donnait-elle pas un jour ses bijoux, en plein bal, pour acheter du bois aux malheureux ?

« L'importation des cannes dans les bals ne réussit pas. » — C'était le vicomte Sosthène de la Rochefoucauld qui avait eu la première idée de cette innovation, à laquelle d'ailleurs il resta toujours fidèle.

« Aucune réunion de cet hiver n'avait peut-être encore offert un aspect aussi brillant que celle de S. Exc. l'ambassadeur d'Autriche. » — Qui ne se souvient des ravissants raouts de la gracieuse comtesse Appony?

« Le bal au profit des indigents donné à l'Opéra le 15 février, sous le patronage du Roi, a duré depuis huit heures du soir, jusqu'à dix heures du matin : la recette a dépassé 150,000 francs. » — Il est probable qu'à celui-là les messieurs ont dansé; de nos jours on ne fait plus d'aussi belles recettes !

« Un de nos modernes grands seigneurs les plus riches a sollicité dernièrement une entrevue d'une de nos plus célèbres cantatrices, y mettant le prix de 40,000 fr.; une demi-heure après il a reçu la réponse suivante : « Si j'étais à vendre, j'aurais trouvé cent fois ce que » vous m'offrez, et si je voulais me vendre, je chercherais quelqu'un » qui valût cent fois ce que vous valez. » On commente cette réponse. » — *La Mode* ne nommait personne, mais chacun prononçait tout bas les noms propres, et les rieurs étaient du côté de la chanteuse. C'est par pure réserve que nous observerons aujourd'hui encore la même discrétion que *la Mode*.

« Les journaux et la coterie qui s'est intitulée *la Nouvelle école*, ont fait grand bruit de la représentation d'*Hernani*, drame commun et emphatique, qui n'a pas eu le pouvoir d'atteindre l'immobilité des salons : *la Mode* fera comme les salons, elle ne s'occupera pas de ce drame, contre lequel le public a pu enfin protester à la troisième représentation, qui de fait était la première. Déjà l'on parle de vingt-quatre parodies d'*Hernani*, la meilleure sera le manuscrit imprimé. »

Ici *la Mode* se trompait : une œuvre dont on fait une parodie, et à plus forte raison vingt-quatre parodies — si tant est que cette exagération soit exacte,—ne saurait être une œuvre ordinaire.

Au surplus, cher directeur, permettez-moi de quitter un instant les *bruits de salons* de notre Revue, pour parler de la première représentation de cette œuvre dramatique de Victor Hugo, qui fut un coup de tonnerre pour la littérature dite *classique.*

Cette représentation eut lieu, au Théâtre-Français, le 25 février 1830, époque à laquelle nous sommes arrivés dans la revue rétrospective que nous faisons ici, des faits, des hommes et des choses, dont eut à s'occuper notre journal.

Cromwell avait bien paru en 1827, mais cette première œuvre dramatique de l'auteur des *Odes* et *Poëmes* n'avait pas été représentée ; elle n'avait point d'ailleurs été évidemment écrite en vue de la scène. Toutefois un bruit étrange s'était fait autour de cette pièce, et surtout autour du nom de son auteur. M. Victor Hugo personnifiait alors ce que la *Mode* nommait tout à l'heure, fort opportunément, *la jeune école.* Je craindrais d'abuser ici de votre patience, mon cher directeur, si j'entreprenais de vous raconter les luttes étranges qui s'accomplirent alors dans la littérature et sur les marches des théâtres, entre les champions du romantisme et ceux qui tenaient pour les classiques. Ces temps-là ne sont pas assez loin de nous pour que vous n'en ayez, comme moi et tous nos lecteurs, une idée encore présente à l'esprit. *Hernani* était la première œuvre que le poëte, qui à tort ou à raison personnifiait alors le romantisme pur, parvenait à faire jouer sur la scène française. Cette représentation eut un retentissement extraordinaire, qui s'accrut encore lors de la reprise qui en fut faite après la révolution de juillet, et surtout après l'apparition de *Marion Delorme*, la seconde pièce de Victor Hugo, dont, si je ne me trompe, la représentation eut lieu vers 1831.

Hernani avait pour interprètes, Michelot, qui faisait Don Carlos ; Firmin, à qui était échu le rôle d'Hernani ; Joanny, qui représentait Don Ruy Gomez ; enfin, Mlle Mars qui n'était rien moins qu'une incomparable Dona Sol ! Ce fut au jeu excessivement habile des acteurs, et à la cabale des amis du poëte, ainsi que de tous les *romantiques*, que cette œuvre, une des plus faibles à notre sens, de Victor Hugo, dut de ne pas être, dès le premier jour, retirée de la scène. On se battit bien quelque peu, au parterre, pendant les premières représentations, on brisa bien quelques banquettes à l'orchestre, mais la curiosité aidant, beaucoup de gens voulurent voir l'œuvre nouvelle, et le succès fut *enlevé*, comme on dit au théâtre. Il fut bientôt couronné par les parodies qui ne manquèrent pas de se produire, et nous pouvons citer parmi ces dernières, *N-i-ni, c'est fini*, ou le *Danger des Castilles*, admirable bouffonnerie dont on peut dire que c'est la mieux réussie de ces critiques grotesques d'œuvres sérieuses, qu'on nomme des parodies.

Pendant que ces choses se passaient, la réception de M. de Lamartine à l'Académie française avait lieu le 25 mars, au milieu d'une affluence énorme de littérateurs, de gens du monde, et surtout de femmes élégantes ; la société la plus essentiellement aristocratique assistait à cette solennité.

M. de Lamartine, vous le savez, mon cher directeur, vous qui aujourd'hui encore êtes si sympathique à la cause de l'auteur du *Cours familier de littérature*, était à cette époque l'idole de toutes les femmes. Beau de cette beauté idéale, qui chez l'homme se personnifie dans le regard, dans un port majestueux, dans une rare distinction ; choyé, applaudi, porté aux nues par toutes les nuances littéraires d'alors ; faisant avec une facilité surprenante des vers sublimes, dans lesquels la richesse de l'idée le disputait à la grâce du rythme ; ayant de plus pour lui, le prestige de la jeunesse, l'appui du clergé, les encouragements de la cour, le grand poëte traversait alors la phase la plus brillante de cette existence, qui devait être couronnée par tant d'infortune! On ne trouvait pas une seule femme en ce temps qui ne fût enthousiaste du chantre d'Elvire! Combien eurent la prétention d'être les Béatrix de ce nouveau Dante, qui promenait ses vers sous les portiques étoilés du beau paradis bleu, au lieu de les traîner sous les cercles infernaux? Personne ne le saura jamais. M. de Lamartine eut cette rare bonne fortune de connaître à cette époque, comme poëte et comme homme, les plus doux triomphes. A Paris, aussi bien qu'au fond des provinces, on en faisait une sorte de demi-dieu, descendu de cet Olympe moderne où figurait déjà Ossian et Byron. C'était un inconcevable engouement.

Son discours académique auquel, dit la *Mode* « il ne manque que des rimes pour être une nouvelle et admirable *Méditation*, » obtint un immense succès. Toutefois, ses considérations au moins fort hasardées et si peu justifiées depuis, sur l'avenir littéraire de la France, ne furent pas du goût de tout le monde. Ce discours avait reçu un grand lustre de la pâleur de celui du directeur de l'Académie, qui, en recevant M. de Lamartine, « semblait, dit *la Mode*, tenir un encensoir agité, mais vide d'encens. »

Cette même semaine vit la publication des *Scènes de la Vie privée*, les plus admirables études qu'ait faites Balzac, et qui resteront comme un modèle de finesse et de profonde observation du cœur humain.

Un nom bien effacé depuis par les gloires des Dufresne, des Jullien et des Musard, brillait alors de tout son éclat dans les salons de Paris : un homme du monde, compositeur distingué, M. de Fortia, avait su, pour ainsi dire, poétiser la musique de danse. Ses contre-danses, dès 1824, avaient obtenu une succès fou, qui avait été chaque jour en grandissant. Nos mères ont toutes, plus ou moins, joué cette musique brillante, qui faisait, de simples quadrilles, de véritables morceaux d'exécution : c'est pour elles que j'évoque un souvenir que me rappelle *la Mode*.

A cette époque, on parlait encore beaucoup des Grecs, et le nombre des philellènes était considérable. Une femme, appartenant par sa naissance et son mariage à l'époque du Directoire, la duchesse de Plaisance, fille de Barbé-Marbois et belle-fille de Lebrun, l'ex-archichancelier, poussait à ses dernières limites cet amour de la Grèce. Les salons parisiens apprirent un jour, non sans étonnement, que cette dame s'était éprise des descendants des héros spartiates, au point de donner sa fille en mariage à l'un d'eux. *La Mode* en parla. La duchesse de Plaisance vivait, quant à elle, séparée de son mari, et son enthousiaste entraînement pour tout ce qui se rapportait aux souvenirs de l'antiquité grecque, n'avait d'égal que son amour pour la Grèce moderne.

Cette duchesse de Plaisance finit par se fixer dans les environs d'Athènes, derrière l'Hymète, où elle avait fait construire à grands frais une maison à la grecque, décorée par elle du nom pompeux de Castel-Rododaphné. C'est là que, dans un voyage que nous fîmes en Grèce, il y a près de quinze ans, nous eûmes l'honneur de lui être présenté. Son ameublement était grec, ses habillements aussi, et l'habitude qu'elle avait de sortir dans les environs du mont Hymète, vêtue à la manière antique, d'une longue robe blanche rappelant, par sa coupe, l'ancienne tunique des filles d'Argos, ne laissait pas que de lui attirer les regards curieux de tous ceux qui la rencontraient, d'autant mieux que ses cheveux, relevés à l'antique, n'étaient retenus que par un cercle d'or, et que son âge rendait ce costume extrêmement peu avantageux. Ajoutez encore, cher directeur, que madame la duchesse de Plaisance avait le goût des chiens, et se faisait habituellement accompagner, soit à pied, soit même dans ses promenades en voiture, de quatre magnifiques lévriers blancs, — de cette belle espèce dont M. de Lamartine passe pour avoir importé la race en France, — ce qui achevait de la faire remarquer par tous les polissons de l'Argolide, implacables en Grèce comme dans tous les autres pays de la terre.

Cette dame n'est morte, m'a-t-on dit, qu'il y a peu d'années, et le seul souvenir que les Grecs du Péloponèse aient gardé de son séjour en Grèce, à part celui de sa bienfaisance, qui était grande, c'est que la pauvre femme était folle.

IV

Fin de l'hiver de 1829-1830. — Les Champs-Élysées. — La place de la Concorde. — Les mots nouveaux. — Nouveaux vers de M. de Lamartine. — Arrivée du roi et de la reine de Naples. — Fête au Palais-Royal. — On danse sur un volcan. — Expédition d'Alger. — Lord Stuart et le baron d'Haussez. — Mort de Georges IV, roi d'Angleterre. — Potier. — Tivoli. — Réceptions académiques de MM. de Ségur et de Pongerville. — L'orage gronde. — Paris au commencement de juillet 1830.

Nous voici arrivés à la fin de cet hiver de 1829 qui devait précéder de bien peu de temps la révolution de juillet 1830. Jetons un coup d'œil, avec notre cicérone adoptif, *la Mode*, sur les tendances parisiennes, au commencement de cette même année 1830 : je ne parle pas seulement des tendances politiques, mais bien de celles d'une toute autre nature, qui se manifestaient alors dans les goûts, dans les habitudes, dans les idées, dans la manière de faire, de parler et d'écrire, des habitants de la moderne Athènes.

Le faubourg Saint-Germain était toujours considéré comme le quartier fashionable par excellence : tout ce qui portait alors un nom connu dans l'aristocratie, les sciences, les académies, tenait à demeurer là ; le morcellement des fortunes et l'abus du luxe n'avaient pas encore forcé certaines grandes familles à se défaire de leurs hôtels héréditaires, et on voyait, dans cette partie de Paris, de vastes et beaux jardins, qui, depuis, hélas! ont disparu, ou tendent chaque jour à disparaître!

La Chaussée-d'Antin, qui finissait alors, à proprement parler, à la rue du Mont-Blanc, — aujourd'hui rue de la Chaussée-d'Antin, et destinée, dit-on, à reprendre demain son ancien nom, — était spécialement habitée par la finance : les rues de Provence, de la Victoire, Saint-Lazare, en formaient le centre, et les hauteurs de *Breda-Square*, qui n'étaient pas encore découvertes, ou plutôt couvertes de maisons de plâtre, par les hardis constructeurs de la grande entreprise parisienne, ne consistaient alors qu'en d'immenses terrains vagues.

Les Champs-Élysées étaient loin d'avoir, à cette époque, la vogue qu'ils ont obtenue depuis. On se ferait difficilement une idée du discrédit qui frappait ce quartier; c'est ce qui explique la facilité avec laquelle des propriétaires de terrains achetés à vil prix sous l'empire et la restauration, ont fait depuis des fortunes colossales. Nous connaissons un hôtel qui, construit vers 1816, sur un terrain sans valeur, s'est vendu 32,000 fr. en 1834, a été acheté 80,000 fr. en 1850, s'est encore revendu 125,000 fr. en 1858, et vaut aujourd'hui plus de 150,000 fr. Un simple terrain, qui est aujourd'hui encore à vendre, rue de Ponthieu, et pour lequel on demande 82,000 fr., a été acheté 900 fr. sous le Directoire !

Personne, en 1830, ne voulait aller demeurer de ce côté. A part quelques maisons d'une renommée douteuse, et cinq à six vieux hôtels qui avaient servi jadis de maisons de plaisir à de riches seigneurs de la cour de Louis XV, ou à des fermiers-généraux du temps de Louis XVI, il n'y avait véritablement dans ce grand désert des

Champs-Élysées que des ateliers, des cabarets et des mâsures. On commençait à construire sur les anciens terrains des parcs de MM. de Beaujon et de Marbeuf; mais les maisons nouvelles ne trouvaient à se louer que fort difficilement, et pas du tout à se vendre.

Tous les jours, à certaines heures, l'été surtout, l'avenue des Champs-Élysées s'animait de la venue des cavaliers et des promeneurs en équipage qui se rendaient au bois de Boulogne; mais, à part ces heures favorisées, l'immense étendue qui se trouve entre la Seine, le faubourg Saint-Honoré, la place de la Concorde et le bois de Boulogne, ressemblait à un désert. Le soir venu, ce quartier n'était vraiment plus habitable : on y détroussait les passants, mieux encore que dans la forêt de Bondy, et la fameuse allée des veuves passait pour un des coupe-gorge les mieux favorisés de Paris. Les gens de la cour ne comprenaient pas qu'il se trouvât des personnes de bonne volonté pour aller habiter cette Thébaïde. C'était, à leurs yeux, une véritable folie!

D'un autre côté, le goût de l'intrigue, qui avait jeté, sous le Directoire et au début de la Restauration, ses derniers feux, tendait à disparaître complétement; déjà s'annonçait cette bienheureuse époque, — qui est la nôtre, — où les hommes ne se donnent plus la peine de faire la cour aux femmes et désirent rencontrer des aventures toutes faites et ouvertement tarifées. Les derniers libertins de l'époque révolutionnaire, qui avaient eu longtemps leurs petites maisons dans les Champs-Élysées, ou bien avaient changé de manière de vivre, ou bien avaient transporté au Palais-Royal, la scène de leurs exploits surannés : les derniers *temples* des Champs-Élysées, avaient été fermés. — « Quand on pense, dit *la Mode*, dans son premier numéro d'avril 1830, qu'aux Champs-Élysées, entre le bois de Boulogne et la rivière, d'innocents amateurs du temps passé ont construit des maisons à rez-de-chaussée, enterrées entre deux tertres, sombres, basses, sourdes, éloignées de la route, faibles de jour, petites portes, grandes serrures, petit boudoir, et que tout cela est à louer, que personne n'en veut pour rien, et que nos hommes élégants passent à cheval sans daigner y jeter les yeux !... »

Et cela, mon cher directeur, s'écrivait il y a trente ans, à si peu de distance de nous ! Quel changement ! La moindre de ces maisons basses, à rez-de-chaussée, est devenue un palais, et vaut aujourd'hui une fortune ! De magnifiques demeures, de splendides hôtels s'élèvent aujourd'hui à la place de ces ateliers, de ces cabarets et de ces mâsures ! Cette grande, belle et magnifique avenue des Champs-Elysées est devenue le plus beau quartier de Paris, le centre le plus élégant de la fashion européenne ; que dis-je ? le bois de Boulogne, avant dix ans, sera dans Paris ! N'y est-il pas déjà par les jolies maisons qui s'élèvent à droite, à gauche, en avant, par derrière de ses beaux taillis, dans les anciennes communes de Passy, de Neuilly, de Boulogne et d'Auteuil, dont l'existence sera bientôt devenue apocryphe, tout comme l'est aujourd'hui celle de Chaillot, qui ne fait cependant partie que depuis peu de temps de la grande ville.

La place de la Concorde elle-même, malgré le percement des rues Royale et de Rivoli, malgré la Madeleine qui s'élevait alors, entourée du côté du nord, par des terrains vagues, était loin d'avoir l'aspect grandiose qu'elle garde aujourd'hui. Cette place, dont le sort a été de servir de lieu d'exécution sous la Terreur, ne date en réalité que de 1830. C'était, à l'époque de la Révolution, un immense cloaque, dans lequel les piétons ne se hasardaient qu'avec des précautions infinies ; d'ailleurs, la boue de ce sol humide avait été mêlée au sang pur des victimes de la guillotine, et la génération d'alors ne passait sur cette place qu'avec une émotion bien naturelle, et une extrême répugnance. Qui donc, à Paris, n'avait pas eu, en ce temps-là, des parents, des amis, un frère, une mère, traînés par la Révolution à l'ignominieuse boucherie? Tous ceux qui passaient croyaient apercevoir sur le sol, comme des veines de sang ou des larmes mal séchées; tant de nobles têtes étaient tombées là, que la terre en paraissait meurtrie !

Sous l'Empire et sous la Restauration, des travaux de nivellement et d'assainissement furent commencés, et plusieurs fois repris et abandonnés, de 1804 à 1830. A cette dernière époque, la place de la Concorde, qui s'était successivement appelée place de la Révolution, place de la Paix, place Royale, place Louis XV, était débarrassée de ses immondices et de ses inégalités de terrain, mais elle était loin d'avoir la magnifique régularité qu'elle conserve aujourd'hui : les petits quinconces de tilleuls, plantés dans d'assez vastes tranchées, qui ont disparu depuis, mais que tout le monde se souvient d'avoir vus, datent de ce moment.

Quant à moi, mon cher Directeur, je ne passe jamais sur cette place de la Concorde, sans faire de tristes réflexions sur les inconséquences de l'esprit humain. Voilà un lieu sinistre, témoin des plus abominables excès dont l'histoire d'un pays ait gardé la mémoire; voilà la place où la tête de Louis XVI est tombée; voilà l'endroit même où l'on a traîné à l'échafaud la noble Marie-Antoinette, la sainte Madame Élisabeth, tant d'autres martyrs, des prêtres, des nobles, des artisans, des femmes, des vieillards, des soldats, des enfants : il n'est personne de nous qui ne le sache, qui n'ait eu là un parent, un ami, un aïeul, victime de la brutalité d'ignobles assassins... et nous passons tous, indifférents, joyeux, riant aux éclats !... et nos chapeaux ne se soulèvent même pas devant cette fontaine, où, comme on l'a dit, l'eau pure lave éternellement les traces du sang !... et des femmes élégamment parées, qui chaque jour traversent cette place pour se rendre au bois de Boulogne, ne songent même pas que ce seraient des vêtements de deuil qu'elles devraient porter là, plutôt que des robes roses !

Il fallait entourer cette place de la Révolution d'un vaste rideau de cyprès, en faire, en apparence du moins, un cimetière, à la manière de ceux qui se trouvent à Constantinople, et qu'on nomme les champs des morts : on n'y aurait enterré personne ; mais sur d'immenses dalles noires, recouvrant la place entière, on aurait gravé le nom des plus nobles victimes de la Terreur. Peut-être, alors, le peuple qui oublie tout, en France, se serait-il rappelé mieux qu'il ne l'a fait que les révolutions ne servent jamais à rien, et que les hontes qui en découlent sont éternelles!

La crise politique qui allait éclater en juillet 1830, n'était pas encore arrivée à sa dernière phase, que déjà une sorte de révolution s'était faite dans le langage : on parlait alors beaucoup des *mots nouveaux* qui tendaient chaque jour à forcer, sinon le dictionnaire de l'Académie, du moins celui des gens du monde, à leur donner droit de cité. A toutes les époques de transitions, en France notamment, il en a été ainsi. Il fut de mode, sous le Directoire exécutif, de ne prononcer que la moitié des mots qu'on employait, et surtout, de ne jamais, sous aucun prétexte, articuler les *r* : on disait à un ami, *viens deeûné avé moi*, et l'on ajoutait : *j'en seai vaimént chamé*. En 1830, ce n'était plus ce travers qu'on préconisait, c'en était un autre : on affichait l'étrange manie de créer des mots nouveaux ; *la Mode* va nous le prouver : « Un homme au courant des *mots nouveaux*, dit-elle, se trouve armé aujourd'hui d'un pouvoir immense ; il a le droit de toiser impertinemment le niais qui lui demande la signification d'un mot. »

Citons quelques exemples : ils paraîtront de peu d'importance aujourd'hui, car ces *mots* ont presque tous obtenu de l'habitude le droit d'être admis dans les meilleurs salons ; mais, en 1830, ces nouveautés commençaient à se produire, et la mode voulant qu'on les adoptât, on voyait des personnes du meilleur monde, occupées à les colporter de salons en salons, aussitôt qu'elles avaient été assez heureuses pour saisir au hasard, ou créer même un de ces *mots*.

C'est ainsi qu'on disait et qu'on a dit depuis que telle personne avait une conversation *distinguée*; que tel livre avait de *l'actualité*; qu'une pensée était *providentielle*; que certaines personnes *gâtaient* leur existence; que telle actrice avait été *remarquablement* amusante; que M. un tel était *étourdissant*; que Monrose avait un *galbe* spirituel; que M. X était un homme *cassant*, mais qu'il avait nonobstant beaucoup de goût pour l'*agencement* de sa cravate; que madame X... n'était pas *logique*; que s'il y avait de la *poésie* dans la danse de Taglioni, il y avait encore plus de *drame* dans les œuvres de Victor Hugo, mais que l'on pouvait en tous cas affirmer du tableau de tel peintre en renom que : *c'était nature !...*

Tous ces mots, et d'autres encore que nous pourrions citer, stupéfiaient les vieux académiciens de l'Empire : ils jetaient l'anathème sur les jeunes imprudents de la *nouvelle école* qui les propageaient. L'antipathie qu'ils ressentirent dès les premiers temps pour le talent de Victor Hugo, date de là : personne, en effet, plus que l'auteur d'*Hernani*, et ses imitateurs, n'a concouru à cette importation dans notre langue des expressions dites *figuratives*. Aujourd'hui, nous le répétons, tout le monde se sert de ces mots et de bien d'autres encore; nos jeunes *sportmens*, et surtout nos artistes, emploient un jargon semi-anglais et moitié argot, qui devient par instant difficile à comprendre. Finirons-nous, en France, par adopter généralement ce nouveau langage? Rien n'est plus probable, puisque nous vivons dans un temps où les choses les plus extraordinaires s'accomplissent sous nos yeux, sans choquer personne, si ce n'est peut-être de vieux fous comme les lecteurs de la MODE NOUVELLE !

Toutefois, la différence est notable entre ce qui se passe de nos jours et ce qui se passait en 1830. La bonne société repousse aujourd'hui, — faiblement à la vérité, mais enfin repousse, — ces innovations de mauvais goût, qui sentent l'écurie ou les coulisses d'une lieue, et qui passant par les boulevards, la Bourse et les champs de courses, ne parviennent qu'avec de déplorables enjolivements dans les boudoirs parisiens. Tout au contraire, à l'époque dont nous écrivons l'histoire, c'était le meilleur monde qui se plaisait à employer ces nouveautés ; on mettait une singulière affectation à se donner ce ridicule, et tout au plus les mots d'alors, empreints d'une exagération outrée, n'étaient-ils pas grossiers, comme ceux que nous entendons tous les jours.

Mais suivons notre pérégrination à travers le premier volume de l'ancienne *Mode*. Nous voici arrivés, mon cher ami, à l'époque où notre Revue publia cette belle pièce de Lamartine qui commence ainsi :

> Sur la plage sonore où la mer de Sorrente
> Déroule ses flots bleus, au pied de l'oranger,
> Il est près du sentier, sous la haie odorante,
> Une pierre, petite, étroite, indifférente,
>   Au pas de l'étranger !
>
> La giroflée y cache un seul nom sous ses gerbes,
> Un nom que nul écho n'a jamais répété !
> Quelquefois seulement le passant arrêté,
> Lisant l'âge et la date, en écartant les herbes,
> Et sentant dans ses yeux quelques larmes courir,
> Dit : elle avait seize ans ! c'est bientôt pour mourir !
> Mais pourquoi m'entraîner vers ces scènes passées ?
> Laissons le vent gémir et le flot murmurer ;
> Revenez, revenez, ô mes tristes pensées !
>   Je veux rêver et non pleurer !

Toute la pièce est sublime, et c'est une des plus belles pages de l'auteur des *Méditations poétiques*.

Avec quel amertume le poëte, si malheureux aujourd'hui, ne

doit-il pas redire, en songeant aux tristes jours que le sort lui a faits, la strophe finale de ce *Dernier amour* :

> Remontez, remontez, à ces heures passées !
> Vos tristes souvenirs m'aident à soupirer !
> Allez où va mon âme ! allez, ô mes pensées,
> Mon cœur est plein, je veux pleurer !

Nous avons déjà dit qu'il n'était bruit, à Paris, que de la prochaine arrivée du roi de Naples. Ce prince revenait d'Espagne, où il avait été conduire lui-même sa fille, récemment unie au roi Ferdinand VII. Les journaux de la cour annonçaient que, sa présence devant durer plusieurs semaines, des fêtes splendides seraient données à cette occasion.

Le roi de Naples était accompagné de son frère, le prince de Salerne, et de la reine.

François Ier, roi des Deux-Siciles, avait succédé depuis peu d'années, en 1825, à ce roi surnommé *Nasone* par son peuple, qui l'adorait, et à qui l'histoire donne le nom de Ferdinand Ier. Celui-ci avait eu un règne presque aussi long que Louis XIV en France : né en 1753, proclamé roi de Naples à six ans, en 1759, il n'était mort qu'en 1825, après avoir occupé le trône des Deux-Siciles pendant soixante-six ans.

Son fils lui avait succédé. Il ne devait pas avoir un aussi long règne, car, dès 1832, il laissait sa couronne à son fils, Ferdinand II, père du roi de Naples actuel, prince outrageusement calomnié par l'esprit de parti, et dont nous avons eu occasion de dire ailleurs qu'il avait été, avec le duc de Modène et l'empereur Nicolas, les seuls monarques, en Europe, qui, depuis trente années, aient su remplir leur métier de rois !

Quoi qu'il en soit, le roi et la reine de Naples furent accueillis à

Paris avec le plus vif enthousiasme, lorsqu'ils s'y rendirent en 1830. Le peuple avait pour S. A. R. Madame les sympathies les plus vives, et chacun tenait à fêter le père de cette aimable princesse. D'ailleurs, les rois, à cette époque, ne se dérangeaient pas aussi facilement qu'aujourd'hui, et les visites de souverains à souverains constituaient des événements extrêmement rares.

Leurs Majestés siciliennes arrivèrent à Paris au commencement de mai. Les plus belles fêtes furent données en leur honneur. Une représentation splendide du *Comte Ory* et de *la Belle au bois dormant*, par les acteurs de l'Opéra, eut lieu aux Tuileries. Un admirable concert, où Nourrit se fit entendre, fut donné au Conservatoire: hélas! à quelques années de là, ce pauvre Nourrit devait aller finir bien tristement sa vie à Naples, dans le pays même du roi qu'il concourait à fêter! De brillantes courses de chevaux furent organisées; des réunions eurent lieu à Rosny,—chez Madame,—à Trianon, ailleurs encore; un admirable bal, à l'ambassade d'Espagne, fut cité; mais la fête qui dépassa en magnificence tout ce qu'on put organiser, fut le bal splendide offert au roi de Naples, au Palais-Royal, par le duc d'Orléans.

Laissons parler *la Mode*, qui s'exprime ainsi à propos de cette fête:

« Ce n'était pas la première fois que le Palais-Royal devenait le théâtre de fêtes données à des rois.

» Le mariage d'Henriette d'Angleterre y avait attiré Louis XIV et sa cour. En 1717, le régent y reçut, avec magnificence, Pierre le Grand, mais sans lui donner de bal: le czar n'aimait pas la danse. En 1768, Louis-Philippe, duc d'Orléans, y offrit un bal à Christian VII, roi de Danemarck.

» Mais aux diverses époques dont nous venons de parler, le Palais-Royal était loin d'avoir acquis ce degré de splendeur où l'ont porté les talents des plus célèbres artistes de nos jours, et les somptueuses dépenses du prince qui l'habite. Il n'y avait point, comme aujourd'hui, cette longue suite de salons, parés des plus riches produits de l'industrie nationale, ces vastes galeries ornées de chefs-d'œuvre dus à notre école moderne de peinture ; ces immenses colonnades, ces toits de verre qui, étincelant de mille feux, apparaissaient, au milieu de la nuit la plus belle, comme une féerie.

» La première salle était destinée aux gardes-du-corps qui avaient mission d'accompagner le roi. A droite, un salon, où l'on remarquait un brillant amphithéâtre de fleurs, servait d'introduction à la galerie dite de *Psyché*, où était installé un premier orchestre. Un second orchestre était placé dans la *Salle du Conseil*, où les yeux s'arrêtaient, avec souvenir, sur les batailles de Jemmapes et de Valmy, chefs-d'œuvre d'Horace Vernet. Un troisième animait la grande galerie de *la Chapelle*; puis venait ensuite le *Salon des Bijoux*, où était préparée la table de jeu du roi. Enfin, la galerie où sont placés les sujets qui retracent l'histoire du Palais-Royal, terminait cette suite de salons de bal, que relevaient encore l'éclat de mille bougies, la beauté des femmes et l'élégance de leur parure, la variété et la richesse du costume des hommes. Grâce à la sérénité du ciel, on avait pu laisser ouvertes toutes les terrasses qui, chargées d'orangers en fleurs et décorées de guirlandes en verres de couleur, avaient quelque chose de magique et d'oriental.

» Le duc d'Orléans avait convié deux rois à sa fête. Le roi de Naples est arrivé à huit heures et demie précises, le roi de France à neuf heures. Pendant que LL. MM. traversaient les appartements, tous les orchestres ont fait entendre l'air du *Triomphe de la Muette*; sur la terrasse, la musique de la garde royale a joué les airs chéris de la cour, et les rois ont été accueillis par les nombreuses acclamations de la foule rassemblée dans l'intérieur du jardin. Lorsque LL. MM. ont été rentrées dans les appartements, une contredanse a été formée sous les yeux de Madame, qui dansait avec M. le comte Anatole de Montesquiou, et la princesse Louise d'Orléans avec M. le marquis de Brézé.

» Le roi de Naples paraissait un peu fatigué : il s'est retiré de bonne heure, avec la reine ; le roi de France n'a pas voulu partir sans voir les salles préparées pour un souper de six cents couverts. Une table avait été dressée pour S. M. ; mais obligée de retourner le soir même à Saint-Cloud, elle n'a pu y prendre place. Le départ de Madame la Dauphine a suivi de près celui du Roi. Madame est restée, et, pendant toute la nuit, elle s'est mêlée avec autant de grâce que de gaîté aux contredanses, aux valses, aux galops; S. A. R. a même daigné figurer dans le *Cotillon final*, qui a duré depuis quatre heures jusqu'à plus de cinq heures du matin. C'était alors curieux de voir les premiers rayons du soleil reluire à travers les verres de couleur. Rien n'a troublé la tranquillité de cette fête, la plus belle qui ait été donnée depuis la Restauration.

» M. le duc d'Orléans avait appelé dans son palais toutes les notabilités, sans distinction d'opinions. Les hommes étaient en uniformes ou en habits habillés de fantaisie. Madame la duchesse d'Orléans, si belle de ses huit enfants, a su trouver, avec sa bonté habituelle, des mots gracieux pour tout le monde. »

Tel est le récit de *la Mode*.

Hélas ! pourquoi faut-il pe... qu'au moment où cette fête fut donnée, déjà certain mot d'ordre avait été transmis par les coryphées du parti prétendu libéral, et que le bruit de la musique ne servait qu'à mieux cacher les chuchotements de l'intrigue ! Tous les hommes qui se vantaient de faire de l'opposition au gouvernement du Roi étaient là en effet, et le mot de M. de Salvandy, s'il a été prononcé, ne voulait dire que ceci : « Nous sommes entourés d'ennemis. »

Oui, on dansait cette nuit-là sur un volcan ; mais le roi de France et bien d'autres, se faisaient une étrange illusion sur le compte de ce Palais-Royal, qui ne recélait que de faux-frères. Pourquoi faut-il que l'explosion de ce feu souterrain n'ait pu être comprimée assez à temps pour empêcher le trône séculaire de Charles X de crouler, et, pour l'honneur du duc d'Orléans, pourquoi la violence du choc a-t-elle suffi à transporter, en trois jours, un prince du sang, du Palais-Royal aux Tuileries !

Ah ! il est impossible d'aborder le récit de cette révolution à jamais déplorable de juillet 1830, sans éprouver une indicible tristesse et un amer serrement de cœur ! Partout ailleurs, quand une révolution éclate, c'est un hardi chef de bande, comme fait Garibaldi en Sicile, qui vient à main armée porter le désordre, le pillage et la ruine dans un pays régulièrement constitué ; c'est un peuple, comme en Pologne, en Hongrie, qui réclame sa nationalité. Ces bouleversements ont alors leur raison d'être, on peut les déplorer ou les absoudre, on les comprend !... Mais, en France, rien de pareil n'eut lieu en 1830. On vit simplement un parent coupable, oublier le plus saint de ses devoirs, et prendre la place du plus vertueux des rois. L'enseignement qui ressort de là est accablant : il dure encore !

Mais n'anticipons pas sur les événements. Nous ne sommes pas arrivés encore aux jours des *grandes douleurs*, à ces trois chiffres des 27, 28, 29 juillet 1830, véritables *Mane, Thecel, Phares*, de la Révolution, qui depuis trente ans tiennent, en Europe, la révolte en permanence. La Restauration, avant de tomber, tenait à doter la France de la plus belle de nos modernes conquêtes, l'Algérie.

L'expédition d'Alger venait d'être décidée. La flotte était partie. On se préoccupait beaucoup, à Paris, du succès probable de nos armes, sur cette terre d'Afrique, qui devait un jour nous devenir si précieuse. Les rapports avec l'Algérie étaient nuls alors ; grâce aux pirates qui infestaient les côtes barbaresques, notre commerce n'avait jamais osé se tourner de ce côté de la Méditerranée.

Les Parisiens considéraient Alger comme une sorte de repaire de brigands,—et c'était vrai,—plus éloigné de la France, de ses idées, de ses mœurs, de ses coutumes, que Pékin ou Bagdad. En quelques semaines cependant la côte africaine devait être envahie, le Dey expulsé, la France vengée, le drapeau blanc arboré sur tous les minarets de la ville, et une nouvelle province ajoutée, comme un fleuron de plus, à toutes les conquêtes de la France !

L'Angleterre cependant avait voulu dès le principe s'opposer au succès de nos armes ; mais le gouvernement de la Restauration avait nettement laissé voir à notre éternelle rivale qu'il n'entendait recevoir de conseils de personne, et à plus fortes raisons de défenses. On ignore aujourd'hui ces choses-là, on est injuste, et on devient ingrat pour un gouvernement qui porta plus haut que pas un le prestige et la dignité de la France.

Lord Stuart, ambassadeur d'Angleterre, était venu réclamer auprès du ministre de la marine, et insister pour que l'expédition d'Alger n'eût pas lieu.

— Le roi, mon maître, veut qu'elle se fasse, elle se fera, avait dit le baron d'Haussez

— Mais si l'on s'y oppose? avait repris Lord Stuart.

— Qui l'oserait?

— Nous!

— Monsieur l'ambassadeur, avait alors répondu notre courageux ministre, je tiens à vous instruire de la marche de l'expédition, afin que si vous avez réellement le courage de vous y opposer, vous puissiez agir en connaissance de cause. Dites à votre souverain que notre flotte, déjà réunie à Toulon, appareillera dans les premiers jours de juin, qu'elle s'arrêtera aux îles Baléares pour se rallier, et que l'intention du gouvernement français est de lui faire opérer son débarquement du côté ouest d'Alger... Cette flotte, si la fantaisie vous en prend, vous pouvez la rencontrer, mais je vous en porte le défi, car je ne crois pas que l'Angleterre soit en mesure de le tenter.

C'étaient là de fières paroles, bien dignes d'un gouvernement jaloux, avant tout, de l'honneur national, et que les libéraux du temps allaient renverser pour lui substituer un ordre de choses dont, à quelques années de là, lord Palmerston devait dire en pleine tribune, devant les chambres d'Angleterre : « Je me fais fort de faire passer la France par le trou d'une aiguille ! »

La flotte, partie de Toulon le 25 mai, arborait le drapeau blanc sur la Casauba d'Alger le 5 juillet. Et cette guerre ne coûtait pas un sou à la France, et ne lui rapportait que de la gloire, puisque les cinquante-deux millions, trouvés dans le trésor du Dey, dédommageaient le pays, et au-delà, des sacrifices qu'il avait faits !

Mais, puisque nous devons constater les moindres causes qui occupèrent l'attention publique, consignons ici, mon cher directeur, la date de la mort du roi Georges IV d'Angleterre, qui arriva, peu de semaines avant la catastrophe de 1830 : *la Mode* nous en parle longuement.

Georges IV était fils du roi Georges III, mort peu d'années auparavant, en 1820, à 82 ans, après une existence douloureusement semée d'accès de folie, qui avaient porté le plus grave préjudice au gouvernement britannique. Georges IV, longtemps prince de Galles, avait toujours respecté l'état mental de son père, au point de vouloir ne s'opposer à ses folles idées, que lorsqu'il était véritablement impossible d'en tolérer l'accomplissement. Il n'avait pas eu la même réserve dans ses tristes dissentiments conjugaux, et le souvenir du scandale qui suivit son mariage avec la princesse Caroline de Brunswick, vit encore en Angleterre.

L'histoire n'est point fixée sur les faits qui se produisirent alors dans le ménage du prince de Galles : la vérité sans doute ne sera jamais connue ; toujours est-il que l'opinion publique qui s'était d'abord montrée fort sévère, pour la princesse Caroline, lui devint ensuite des plus favorable, quand à la mort de Georges III, cette princesse répudiée de fait par son mari, vint à Londres, réclamer son titre de reine, et fut acclamée par le peuple. Ce que personne ne comprit dans cette affaire, c'est l'insistance avec laquelle le prince de Galles, plus tard Georges IV, révéla des faits intimes, qui tout en flétrissant la conduite d'une femme, dont la culpabilité n'a jamais pu être prouvée, flétrissent également le caractère britannique.

Georges IV mourut en juin 1830, laissant pour héritier de sa couronne le dernier survivant de ses frères, qui fut proclamé roi, et régna quelques années sous le nom de Guillaume IV. Comme ce dernier n'avait pas d'enfants, tout le monde savait dès lors, qu'à sa mort, le trône d'Angleterre reviendrait à cette jeune princesse Victoria qui aujourd'hui règne à Londres, et qui, fille du duc de Kent,—second frère de Georges IV et de Guillaume IV, — mort en 1820, était née la même année, six mois seulement avant la mort de son père.

Potier, l'acteur aimé du public parisien, l'inimitable comique de nos théâtres de genre, était à Londres au moment de la mort du roi d'Angleterre. Il revint à Paris et reparut dans deux pièces où jamais personne ne l'égalera : *le jeune Werther* et *les Petites Danaïdes*. Aucun acteur n'obtint une plus grande vogue que Potier. Tout Paris voulait le voir, et la province aussi. On riait avant d'entrer dans la salle au souvenir de sa bonne figure, et de la manière niaise dont il lançait ses mots, on riait en sortant du théâtre, en le revoyant en imagination ; on riait bien plus encore pendant la représentation de ses pièces.

Citons enfin, comme une des merveilles du Paris de 1830, le beau jardin de Tivoli, aujourd'hui détruit, et entièrement remplacé par des rues et des maisons. Ce bel établissement, qui n'avait rien de commun avec les jardins, qui, de nos jours, attirent un public fort mêlé, où les honnêtes femmes ne peuvent pénétrer, et où le vice effronté s'étale aux mille feux du gaz, était situé dans le quartier qui s'intitule aujourd'hui quartier de l'Europe, et qui comprend nombre de rues, portant les noms des principales villes du vieux monde. C'était alors le rendez-vous de personnes appartenant à toutes les classes de la société. On y portait bien, de temps à autres, quelques coups de canif dans les contrats conjugaux, mais tout s'y passait, en apparence du moins, d'une manière convenable : beaucoup de gens s'y amusaient franchement, et la plus aimable gaîté régnait dans ce séjour, qu'on qualifiait alors d'enchanté ! Le gaz, cependant, cet émule inséparable de toutes nos fêtes d'été, n'existait pas encore, et de maigres quinquets suffisaient à éclairer ces fêtes de nuit. Ah! que de fois nous avons entendu des hommes de ce temps, regretter Tivoli, ses beaux ombrages, ses jeux, ses chaumières, son devin, la décence de ses quadrilles, son caractère de bonne et franche gaîté !

L'Académie française eut encore à nommer deux membres dans le courant de ce même été, 1830 : ses choix s'arrêtèrent sur MM. de Ségur et Pongerville.

M. Philippe de Ségur, auteur d'une histoire de *la Campagne de Russie*, succédait à M. le duc de Lévis, écrivain d'un esprit fin et ingénieux. Son discours de réception ne fut guère qu'une longue et acerbe diatribe contre le *Romantisme*. « Cette attaque, dit malicieusement la *Mode*, a causé de l'étonnement de la part de M. de Ségur, dont la manière d'écrire l'histoire, est assurément nouvelle. » M. Arnault, chargé de recevoir le nouvel académicien, abonda dans le même sens : leurs discours furent peu goûtés.

Quant à M. de Pongerville, qui avait à faire l'éloge de son prédécesseur, M. de Lally-Tolendal, il réussit beaucoup moins encore à captiver les bonnes grâces de la docte assemblée, et surtout du public qui assistait à la séance. « M. de Pongerville, dit encore la *Mode*, est venu renouveler l'attaque. Cette redite du traducteur de Lucrèce a été fortement improuvée, quand ses titres littéraires à l'Institut, étaient si controversables et de si médiocre valeur. »

Le fait est, cher directeur, que nous ne nous sommes guère jamais expliqué, et nous ne nous expliquons pas encore la nomination de M. de Pongerville à l'Académie française : nous lui en demandons fort humblement pardon, mais c'est la *Mode* de 1830, qui nous fournit l'occasion de consigner ici une vérité qui nous tient au cœur.

Cette double réception académique, — car elle avait lieu le même jour, — fut complétée par un discours de M. de Jouy. C'en était trop, paraît-il, car la *Mode* ajoute, à propos du concours nouveau apporté par ce quatrième orateur, au camp des classiques, les lignes qui vont suivre :

« La redite de M. Pongerville a été reprise par M. de Jouy. L'assemblée a exprimé alors sa fatigue par son impatience; on se sauvait en désordre comme d'un péril. La *Mode*, miroir fidèle de l'esprit de son temps, n'a pas la prétention de le diriger, elle s'est résignée à la tâche active de refléter ses travers ou ses ridicules, et en cette occasion, elle a dû consigner la mauvaise impression produite sur les personnes les plus indépendantes et les moins partiales, par la persécution puérile exercée par un corps illustre, que l'on se plaît à proclamer depuis longtemps le premier de l'Europe. »

Et pendant que cette chère *Mode* se posait ainsi résolument en interprète semi-officiel de l'opinion littéraire d'alors, elle voyait, non sans orgueil, le nombre de ses abonnés augmenter tous les jours. A propos d'une assertion erronée, publiée par un petit journal du temps, le gérant de la Revue, déclara dans une lettre, qu'au mois de juin 1830, le tirage de la *Mode* s'élevait à 2625 exemplaires. Ce chiffre représentait bien 2500 abonnés, et non-seulement il n'a jamais été égalé depuis, mais aucune revue que nous sachions, ne le possède aujourd'hui, sauf la *Revue des Deux-Mondes*, qui tout intéressante qu'elle puisse être, doit son succès à des causes exceptionnelles, et n'est certainement ni la meilleure ni la plus digne d'être louée de nos revues actuelles.

V

Les Mémoires de la Contemporaine. — Malitourne et l'éditeur Ladvocat. — Révolution de juillet. — Saint-Simon et ses disciples. — M. Dupin. — Garibaldi en 1830.

L'un des plus grands succès de librairie de la Restauration, fut assurément la publication, par l'éditeur Ladvocat, des *Mémoires de la Contemporaine.* Il ne sera pas sans intérêt, mon cher Directeur, de relater ici la vogue extraordinaire de ce livre, dont *la Mode* eut à parler, comme toutes les Revues du temps.

Ida de Saint-Edme, dite *la Veuve de la grande armée*, n'était point un personnage fictif : elle existait réellement ; mais ses prétendus *Mémoires*, n'émanent pas d'elle : tout au plus, en fournit-elle le canevas, à l'aide de notes et de souvenirs qu'elle avait su conserver au milieu d'une carrière des plus aventureuses. Ida servit de prête-nom à un homme d'infiniment d'esprit, Malitourne, ancien collaborateur de *la Quotidienne*, qui écrivit, à la demande de Ladvocat, cette singulière compilation, et prêta les mains, sans s'en douter, à une œuvre bonapartiste.

Ce pauvre Malitourne est mort fou, vous le savez, mon cher ami, et à une époque toute récente; nous avons donc une double raison de lui pardonner un livre qui, malgré son peu de mérite littéraire, obtint des libéraux du temps les honneurs de l'ovation. Les *Mémoires de la Contemporaine* furent exploités par l'esprit de parti, en haine des Bourbons, et justement parce qu'ils évoquaient les souvenirs de l'Empire; on s'en servit, comme on s'était servi des chansons de Béranger, pour entretenir dans les masses l'idée et les sympathies impériales.

Cette Ida Saint-Edme avait réellement connu les hommes les plus en vue de l'époque du Directoire et de l'Empire. Le récit de ses faiblesses pour les héros de notre moderne Illiade, le prouve surabondamment. En admettant qu'elle ait exagéré les faits, et n'ait mérité qu'à demi son surnom de *Veuve de la grande armée*, il est incontestable qu'elle eut avec Moreau, notamment, les rapports les plus intimes. Les anecdotes qu'elle raconte ont toujours un côté véridique, qui peut, jusqu'à un certain point, faire pardonner à l'écrivain la partie fictive de son récit. Ladvocat, un des hommes les plus intelligents de son époque, avait compris le parti qu'il pouvait tirer d'une pareille femme; d'ailleurs, et depuis longtemps, l'idée d'une publication de ce genre le tentait: il lui manquait des matériaux et un nom à exploiter; le hasard les lui fournit en le mettant en rapport avec la Contemporaine. Celle-ci donna des notes, rassembla ses souvenirs, et vendit le tout à l'habile libraire, qui, disons-le bien vite, ne chercha pas à abuser de la position alors fort précaire d'Ida, et les lui paya largement.

Ladvocat avait senti que ce bizarre assemblage de notes et de correspondances, écrites dans un style de caserne, et la plupart du temps sans orthographe, ne pouvait être publié qu'après avoir été retouché, et pour ainsi dire refondu par une main habile. Ce fut alors qu'il jeta les yeux sur Malitourne, et s'entendit avec lui pour qu'il rédigeât et mît en ordre les fameux Mémoires. Malitourne vivait de sa plume, de plus il était fort paresseux et n'écrivait qu'à ses heures et lorsqu'il y était, pour ainsi dire, forcé. On rapporte que Ladvocat fut obligé de le séquestrer, pendant de longs mois, pour obtenir, les uns après les autres, les chapitres des *Mémoires de la Contemporaine*. Les deux amis étaient mutuellement engagés : ils avaient fait un pacte combiné de telle sorte, que l'éditeur se trouvait en droit de ne rendre la liberté à l'auteur que de loin en loin, à certaines heures, et en échange de paquets plus ou moins volumineux de son manuscrit.

Quoiqu'il en soit, les fameux *Mémoires* virent enfin le jour, et, chose extraordinaire, malgré le peu d'intérêt qu'ils présentent, se vendirent à un nombre considérable d'exemplaires. Cette affaire fut une des meilleures du libraire Ladvocat, et, si nous en croyons *la Mode*, les huit gros volumes d'Ida Saint-Edme étaient arrivés au commencement de 1830, à leur sixième édition !

Si j'ai tenu à relever ce détail, mon cher Directeur, c'est que beaucoup de nos amis se rappellent la grande vogue qu'obtint ce livre ; mais que la plupart d'entre eux ignorent certainement le nom du véritable auteur des *Mémoires de la Contemporaine*.

Cependant la révolution de juillet venait d'éclater. Ce ne serait ici ni le lieu ni le moment de raconter les péripéties de ce drame, qui allait changer la face du vieux monde monarchique en Europe. J'ai dit ailleurs, au début de ces souvenirs, ma manière de voir et de penser sur cette triste révolution, dont les conséquences dureront longtemps encore : je ne me sens ni le courage ni la volonté de refaire ici son histoire, dix fois faite.

Les événements, comme on disait alors dans notre monde, s'accomplirent avec une rapidité inouïe : ce fut un coup de foudre ; la révolution triomphait sur toute la ligne. Seulement, la boîte de Pandore était ouverte : tous les maux allaient en sortir !

Ce que je tiens à constater, mon cher ami, c'est la dignité avec laquelle tomba ce gouvernement de la Restauration, qui représentait la plus antique monarchie qui fût au monde. Charles X quitta la France en roi, et l'histoire dira que ce fut pour épargner le sang de ses sujets que le chevaleresque monarque se retira d'abord à Rambouillet, pour gagner ensuite la rade de Cherbourg. Il est facile, à distance, de dire qu'avec un peu plus d'énergie, la révolution eût été vaincue : nous ne le croyons pas, pour notre part ; la révolution était alors beaucoup plutôt dans les idées que dans les faits, elle suivait son cours. Charles X faisant le sacrifice de sa personne à certaines idées dont on ne voulait plus, abdiquait en faveur d'un enfant qui s'appelait Henri V... La grande, l'irrémissible faute du roi, fut de croire à l'honnêteté d'un homme, et de jouer la couronne de son petit-fils sur une seule carte, la fidélité du lieutenant-général du royaume !...

Elle manqua au jeune roi, comme à l'aïeul.

Ce fait, les pages de notre histoire ont dû l'enregistrer, à l'éternelle douleur des cœurs généreux ; il est l'unique cause du succès des hommes de juillet et l'explication du rapide départ pour l'Écosse, de trois générations de rois !

Mais ce que l'histoire a aussi recueilli, en face de certaines félonies, c'est le dévouement de tous les vrais serviteurs de la monarchie ; c'est le deuil général, dont fut frappé le pays entier ; ce sont ces démissions en masses, offertes, au lendemain de la victoire, par ceux qui ne voulurent pas servir le gouvernement nouveau ; ce sont ces refus de serments, qui dans l'armée, dans la magistrature, dans tous les services publics, honoreront à jamais ceux qui les formulèrent, et qui furent si nombreux, au lendemain des journées de juillet qu'on put compter, pour ainsi dire, les anciens fonctionnaires de la monarchie qui prêtèrent foi et hommage au nouvel ordre de choses !

Ces faits-là, l'histoire, nous le répétons, les a inscrits sur les feuillets de son grand livre d'honneur; ils sont consignés là, à la gloire de la dignité humaine comme à celle de la France. Ils seront l'éternelle justification du gouvernement de la Restauration. Nos amis, en tombant, vaincus mais fidèles, ont pu du moins s'écrier avec l'héroïque François de France : Tout est perdu, fors l'honneur!

Un des mille faits qui caractérisèrent le mieux au lendemain de juillet, les tendances nouvelles, fut la recrudescence de vogue qu'obtinrent à Paris, les idées Saint-Simoniennes. C'est encore un des souvenirs de ce temps que je tiens à réveiller, et que la *Mode* va me donner l'occasion d'évoquer. Toutefois, mon cher directeur, je suis obligé de reprendre les choses de plus haut, et de redire ici, pour ceux de vos lecteurs qui pourraient l'ignorer, ce qu'étaient les Saints-Simoniens, ce que fut, surtout, leur apôtre Saint-Simon, et ce que devinrent ses disciples.

Cette digression me sera pardonnée : on compte aujourd'hui encore des adeptes de la doctrine Saint-Simonienne ; il est bon que nos amis sachent que les modernes théologiens du *Siècle* et de l'*Opinion nationale*, voire même du *Journal des Débats*, ne sont autres, pour la plupart, que d'anciens défroqués de l'église de Ménilmontant. Quelques-uns d'entre eux ont le bon esprit de chercher à se faire oublier : nous n'en parlerons pas; mais d'autres, comme M. Guéroult, affectent encore, de notre temps, certaines réminiscences Saint-Simoniennes qu'il est bon de ne pas laisser dans l'ombre. N'est-ce pas, ce même M. Guéroult qui écrivait naguère dans l'*Opinion nationale* : « Saint-Simon est certainement le plus grand penseur de ce siècle, un homme qui a laissé, derrière lui, une longue trace de sentiments généreux et d'idées élevées. »

Voyons ce qu'il peut y avoir de vrai dans ce jugement du disciple sur le maître.

Le comte Henri de Saint-Simon, fondateur de la secte qui porte son nom, était bien le parent de l'auteur des *Mémoires*. « Né à Paris, en 1760, dit la *Mode*, il avait reçu une éducation toute philosophique. » Nous le croyons sans peine. Ce que *la Mode* ne dit pas, c'est que Saint-Simon avait été élève de d'Alembert. Sa vie, hélas ! a été loin d'être exemplaire, et nous allons l'exquisser en quelques lignes.

Saint-Simon, dès sa plus grande jeunesse, était d'un caractère altier, orgueilleux et pédant tout à la fois ; il avait de lui-même, la plus haute idée. C'est lui qui avait exigé, — et nous trouvons le fait consigné dans *la Biographie universelle*, — que son domestique vînt en l'éveillant, chaque matin, le saluer de ces paroles : « Levez-vous, M. le comte, vous avez de grandes choses à faire ! »

Après avoir mené une existence luxueuse et débauchée, pendant les années qui précédèrent la révolution de 1789, il se mit, au plus fort de la Terreur, à spéculer sur les fonds publics, ou du moins sur les biens nationaux, et, uni au trop fameux Redern et à sa bande noire, finit par gagner une fortune colossale, dans des tripotages indignes d'un gentilhomme.

Plus tard, il se ruina complétement et ne reparut guère sur la scène qu'en 1814. A cette époque, si nous en croyons l'*Encyclopédie du* xixe *siècle*, « il alla jusqu'à Lyon au devant de la duchesse d'Orléans, dont il désirait devenir chevalier d'honneur. En même temps, il fit des démarches inutiles pour entrer à la Chambre des pairs. Dédaigné des savants et des politiques, Saint-Simon s'adressa aux puissances de l'industrie et de la banque; il avait repris son titre, grand moyen d'influence auprès des libéraux, et obtint l'appui de MM. Laffitte, Ternaux et de plusieurs autres banquiers... »

Un beau jour il se réveilla prophète et eut l'idée de faire école. Ce fut alors qu'il composa son *Nouveau christianisme*, dont personne ne se doute aujourd'hui, et qui lui amena quelques adeptes. Dans ce résumé, qui n'est autre qu'un acte d'accusation, bien en règle, contre toutes les communions chrétiennes qu'il accuse d'hérésies, pour s'être écartées de la loi de charité, Saint-Simon développe ses hautes doctrines sur l'économie sociale.

Tout le système de Saint-Simon a été renouvelé depuis sur une large échelle, et mis en œuvre par Cabet, et jusqu'à un certain point aussi par les Fouriéristes. A d'assez minimes différences près, leurs théories se valent. C'est toujours le même unitarisme que développent en ce moment encore, aux applaudissements de l'Europe, nos modernes entrepreneurs de révolutions, qui doivent bien rire dans leur barbe, en voyant comme certains chefs d'État sont leurs dupes. Seulement ce que Garibaldi et M. de Cavour appliquent aux États et aux peuples, Saint-Simon l'appliquait à la famille et à la propriété.

Du reste, il lui avait fallu de longues années pour produire et développer son système. Les rois, qui se défendaient alors, ne craignaient pas de combattre les utopistes et les ambitieux; persuadés que le souverain Maître de qui émane toute grandeur en ce monde, ne leur avait départi la puissance que pour le bien moral et matériel de leurs sujets, ils couraient sus aux théoriciens et aux pirates. Saint-Simon n'obtint donc de son vivant qu'un succès fort contesté, et ses théories eurent d'autant plus de peine à se produire que la police avait l'œil sur elles.

A sa mort, qui arriva en 1825, ses disciples imaginèrent d'en faire un dieu ou du moins un sauveur. « Dieu est tout ce qui est, disait M. Enfantin, tout est en lui, tout est par lui ; nul de nous n'est libre de lui, mais aucun de nous n'est lui. Le monde attendait un sauveur : Saint-Simon a paru. — Moïse, Orphée, Numa ont organisé les travaux matériels ; Jésus-Christ a organisé les travaux spirituels ; Saint-Simon a organisé les travaux religieux : donc Saint-Simon a résumé Moïse et Jésus-Christ. Moïse est le chef du culte, Jésus-Christ le chef du dogme, Saint-Simon le chef de la religion, le pape !... »

Il y en avait, comme on voit, pour tous les goûts. Quoiqu'il en soit, c'est de l'époque de sa mort que date la gloire de Saint-Simon, si on peut appeler gloire, l'alternative qui, pour cet idéologue, réside dans ce dilemme, ou d'avoir été un habile imposteur, ou un songe-creux.

Toutefois, ses disciples se recrutaient dans un monde de jeunes gens qui n'étaient pas sans valeur. On comptait parmi eux des hommes intelligents qui, depuis, ont suivi des routes bien diverses. M. Enfantin, — aujourd'hui honnête chef de division de je ne sais plus qu'elle administration, — était qualifié de père, et avait, avec M. Bazard, la direction de la nouvelle Église. M. Michel-Chevalier, le grand économiste *des Débats*, était un des grands-prêtres, et avait pour acolytes, MM. Guéroult, Eugène Bareste, Jourdan, Félicien David ; *le Globe* était le moniteur officiel de la secte nouvelle. Il comptait parmi ses rédacteurs des écrivains d'un talent réel.

Parmi les autres ex-Saint-Simoniens, dont les noms sont restés, nous citerons encore M. Lechevallier, qui avait commis l'impardonnable faute d'enrégimenter, dans la nouvelle église, ses sœurs,—deux charmantes femmes, bien désabusées depuis sans doute, de leur rêve Saint-Simonien ; — M. Saint-Cheron, qui, depuis, est devenu et est resté bon royaliste ; M. de Broë, ancien rédacteur du *Journal des Débats*, aujourd'hui secrétaire-général d'une de nos lignes de fer les plus importantes ; MM. Pereire, d'Eichtal, Olinde Rodrigues, qu'il suffit de nommer pour être facilement convaincu qu'ils ne sont plus Saint-Simoniens ; M. Charles Duveyrier, auteur dramatique et journaliste ; M. Barrault, écrivain politique, qui fut nommé représentant de l'Algérie en 1849 ; M. Ernest Alby, homme de lettres, et bien d'autres encore.

Grâce à l'indulgence des parquets, sous le gouvernement *oppresseur* de ce roi Charles X, que les libéraux du temps,—nantis aujourd'hui d'excellentes places, — sont loin de regretter, *le Globe* pouvait développer, tout au long, les inconcevables théories de l'école : tant qu'on ne joignait pas la pratique à ces théories, le gouvernement laissait faire. Bientôt il advint que les Saint-Simoniens, à la faveur de la Révolution de juillet, se crurent en droit de lever complétement la tête. Ce fut ce qui les perdit. Il appartenait à cette bienheureuse époque de liberté, de faire fermer l'église du nouveau Mahomet. Voici ce qui était arrivé.

Aidé de tous les adeptes du culte, le père Enfantin avait d'abord réuni ses croyants, dans une salle noire et enfumée du quartier de la Cité, la salle du *Prado*, qui vient récemment de disparaître pour faire place aux embellissements du nouveau Paris. C'était un lieu des plus profanes, qui servait de salle de danse aux étudiants les lundis et les dimanches, mais qui, pendant le reste de la semaine, retentissait des paroles éloquentes prononcées par les prédicants de la religion de Saint-Simon. Enfantin comprit bientôt que ce local était indigne des enseignements du Maître, et engagea ses amis à se cotiser pour faire élever le joli temple de la rue Taitbout, dont vous avez certainement entendu parler, mon cher directeur, car il fit courir, pendant plusieurs mois, tout le Paris curieux et désœuvré.

On se ferait, en effet, difficilement une idée de la curiosité qu'excitèrent alors, de 1830 à 1833, les Saint Simoniens. Tout le monde voulait les voir, les connaître et les entendre : c'était un universel engouement. Les étrangers se rendaient au temple de la rue Taitbout comme à un monument public; on allait là comme on allait à Versailles, au Louvre ou au Jardin-des-Plantes. Les dames elles-mêmes, alléchées par le programme Saint-Simonien qui, disait-on, leur était des plus favorable, se rendaient, avec une curiosité fiévreuse, à ce prêche d'une nouvelle espèce : d'excellentes catholiques s'y rendirent, malgré les représentations de leurs curés : c'était la curiosité du jour.

Disons cependant, pour être vrais, que les Saint-Simoniens ne prêchaient pas, comme on l'a souvent prétendu, la communauté des femmes. Non, ils proclamaient seulement la régénération de la femme en la déclarant l'égale de l'homme. A ce compte, beaucoup d'honnêtes esprits, faibles ou exaltés, se laissèrent tenter, et nous pourrions citer ici certains noms de femmes fort connues, qui embrassèrent alors la doctrine Saint-Simonienne : elles ont toutes, depuis, abjuré leurs tendances, lorsqu'elles virent le ridicule s'attacher à leurs noms. En France, tout ce qui est nouveau a chance de réussir, au moins pendant un temps; c'est ce qui explique certains succès.

Les Saint-Simoniens trouvèrent bientôt que le temple de la rue Taitbout ne leur suffisait plus; ils allèrent s'installer beaucoup plus en grand, à Ménilmontant, à deux pas de la barrière.

C'est là que les parquets de la révolution de Juillet, — qu'ils avaient appelée de tous leurs vœux, mais dont ils ne s'attendaient certes pas à recevoir le coup de la mort, — commencèrent à les traquer. MM. Dupin et Mauguin, — deux grands et honnêtes libéraux cependant, — avaient abordé la question à la tribune de la chambre des députés : ils avaient parlé en termes assez peu favorables « de cette secte dont se préoccupait tout Paris, et qui prêchait la communauté des biens et la communauté des femmes. » M. Dupin qui, dès ce moment sans doute, n'aimait pas les congrégations *non autorisées*, obtint gain de cause devant l'opinion, malgré les protestations des Saint-Simoniens qui, dans une réponse imprimée, s'inscrivirent en faux contre ses principales assertions.

Quoi qu'il en soit, la police fit un jour une descente à Ménilmontant, et pria le père Enfantin de renoncer à ses prédications. « En effet, dit *la Mode*, la secte passant de la théorie du maître à la pratique, prêchait une hiérarchie nouvelle, proclamait l'égalité absolue de l'homme et de la femme, prétendait modifier le mariage, abolir l'hérédité, et dénaturer la famille. »

Traduite devant les tribunaux de Louis-Philippe, comme coupable d'attentat à la morale publique, la secte Saint-Simonienne fut, par arrêt de 1833, mise en demeure de se dissoudre.

Or, voyez, cher directeur, à quoi tiennent les grandeurs de ce monde. Il n'est guère resté, dans le peuple, d'autres souvenirs des Saint-Simoniens que le nom d'une danse fort animée, qui a remplacé, dans nos quadrilles, la figure finale. Ce qui prouve une fois de plus, qu'en France, tout finit par des chansons, et, au besoin, par des contredanses!

J'ai nommé M. Dupin, qui fut chargé de requérir contre les Saint-Simoniens. Il circulait alors sur son compte de petits vers fort méchants. On affirmait qu'un jour, dans les derniers temps de la Restauration, M. Dupin, s'étant rendu comme président de je ne sais quelle œuvre, à Saint-Acheul, pour faire acte de présence à une cérémonie religieuse, avait été invité par les bons pères à porter l'un des bras du dais. Le diable l'avait aperçu et s'en était quelque peu étonné. L'auteur des vers dont je parle rappelait fort habilement cette circonstance :

> On dit qu'à Saint-Acheul, sous la noire livrée,
> Le diable, un jour rôdant dans l'enceinte sacrée,
> Trouva *Du pain* béni. Honteux et confondu,
> Quel dommage, dit-il, voilà *Du pain* perdu !

Faisant ensuite allusion à une phase de la vie de M. Dupin, beaucoup moins prouvée que la précédente, l'auteur des petits vers ajoutait :

> Jadis dans une cave, au jour des glorieuses,
> Dupin était caché. Les foules furieuses
> Criaient : *Du pain, Du pain !*... Quant il parut au jour,
> Chacun voulut avoir *Du pain* sortant du four.

> Mais trop aigre au palais, trop amer à la bouche,
> *Du pain* si corrompu gâte tout ce qu'il touche ;
> Peut-être, en le formant, certain esprit malin,
> Fit *Du pain* sans levain, mais non pas sans venin (1) !

Ne dirait-on pas ces strophes écrites d'hier ?

Avant d'en finir avec les Saint-Simoniens, laissez-moi encore, mon cher directeur, vous rappeler une circonstance de leur départ, assez peu connue, et qui emprunte aux événements actuels un intérêt particulier. Lorsque le père Enfantin, Félicien David, MM. Jourdan, Guéroult, Chevalier et autres, fuyant la police correctionnelle, quittèrent la France pour aller en Égypte, à la recherche de la femme libre, ils frétèrent un petit bâtiment qui faisait le cabotage entre

(1) Ces vers n'ont jamais été publiés.

Marseille et l'Orient. Savez-vous quel était le capitaine de cette gabarre?... Garibaldi, mon cher directeur, le héros moderne de l'Italie, l'homme type de notre temps!... Je n'affirme pas que tous ces messieurs aient fait le voyage avec lui, mais Enfantin et sa troupe prirent passage à bord du petit bâtiment de Garibaldi ; ce fait est incontestable. Ce dernier ne se doutait pas alors qu'un jour viendrait où ces enfants perdus de la doctrine Saint-Simonienne, fiers d'être Français et de diriger l'opinion en France, l'un dans le *Siècle*, l'autre dans les *Débats*, le troisième enfin dans l'*Opinion nationale*, lui prêteraient leur concours, et, comme le lion de la fable, se souviendraient des services du rat.

On a souvent besoin d'un plus petit que soi!

VI

Premiers coups d'épingles de *la Mode*. — Les opinions du journal se dessinent. — Les chapeaux de carton. — Gavarni. — Modes de septembre 1830. — Le roi quitte la France. — Départ de Cherbourg. — Le capitaine Dumont-Durville. — Adhésion des députés au nouveau gouvernement. — Plus de *Monseigneurs*. — Mise en accusation des ministres. — Le Panthéon. — Mort du duc de Bourbon. — Madame de Feuchères. — La croix de Saint-Leu. —Situation. — *Le Rouge et le Noir*, de Stendhal. — Casimir Delavigne. — Un mot de lui à Louis-Philippe. — L'Opéra. — M. de Lubbert. — M. Véron.

Peut-être, vos fidèles lecteurs, mon cher ami, s'étonneront-ils du peu de part que sembla prendre *la Mode* aux événements de 1830. *La Mode*, alors, faisait un peu comme tout le monde : elle ne croyait que médiocrement à la durée du nouvel établissement. D'ailleurs, j'ai déjà eu, je crois, l'occasion de le dire, notre *Revue* n'avait pas, à cette époque, de couleur politique. C'était un simple journal de salons, s'occupant de modes, de littérature, de beaux-arts, et pas du tout des affaires publiques. Ce ne fut que plus tard, en 1831, lorsque des hommes d'action se chargèrent de sa direction et de sa gérance, qu'elle prit une éclatante revanche, et se dédommagea amplement de son silence des premiers mois. *La Mode* devint alors, pour le gouvernement de Juillet, un adversaire avec lequel il fallut compter. Bientôt nous verrons ses opinions se dessiner, ses tendances s'afficher, et sa réputation grandir.

MM. de Girardin et Lautour-Mézeray n'étaient point royalistes. Ce ne fut qu'à titre de simples particuliers, choqués dans leurs idées, et leurs sympathies peut-être, qu'ils imprimèrent, dès les derniers mois de 1830, des insinuations sinon hostiles, du moins malveillantes contre le nouvel ordre de chose; leurs abonnés étaient aburis : ils le sentaient, ils le voyaient; l'élément principal de leur Revue, l'élégance dans les formes, dans les dires, dans les mises, leur manquait de tous côtés. Il était pour ainsi dire admis d'afficher une sorte de laisser-aller de mauvais ton, qui ne rappelait en rien la vieille urbanité française. Existait-il encore une cour? c'était une question qu'on pouvait bien s'adresser, mais qu'on n'était pas sûr de résoudre : tout croulait, tout changeait pour le moins ; c'était une phase embarrassante, et assurément difficile à traverser pour les directeurs d'une Revue comme la *Mode*, qui ne s'adressait qu'au beau monde. On vit donc percer, dès les premiers jours, le mauvais vouloir de notre journal, pour les hommes et les choses du temps. Voici ce que je relève, dans ses premiers numéros, après juillet :

.*.

« Dans la confusion d'accidents que ces jours ont fait naître, les intérêts d'intimité ont été dispersés, et l'on pourrait croire que les vanités de salon ont fui à jamais, si les intrigues de l'active ambition qui fermente à Paris, n'étaient déjà le présage infaillible de leur retour prochain. »

.*.

« Cette semaine a consacré une expression nouvelle. Les *libéraux*, depuis qu'ils ne représentent plus l'opposition, ont changé de nom : ils s'intitulent les *nationaux*. »

∴

« La nouvelle famille royale se fait remarquer par une simplicité extérieure, qui dépasse de beaucoup celle des cours étrangères, les moins cérémonieuses. Les regards ont besoin de s'accoutumer à cet aspect nouveau qui les choque. »

∴

« La suppression de la Grande-Vénerie était chose conséquente avec les habitudes de la cour nouvelle; mais l'adjudication publique des chasses!.. les chevreuils à l'enchère?... On a ri de cela douloureusement, comme d'une humiliation qu'on s'efforce de détourner! »

∴

Ces boutades, je le répète, n'annonçaient guère que de la mauvaise humeur, et pas encore d'hostilité. Mais attendons quelques mois, mon bien cher directeur, et nous verrons la *Mode* donner de sanglants coups d'étrivières à ces anciens *libéraux*, métamorphosés d'abord en *nationaux* et ensuite en *conservateurs*, — le jour où il n'y avait plus rien à perdre et tout à conserver. La *Mode*, alors, mon cher ami, ne se contentera plus de signaler les ventes de chevreuils ou de faisans; elle ne s'indignera plus seulement de la mise aux enchères des beaux raisins des treilles de Fontainebleau : elle indiquera hautement d'autres marchés, et taxera le prix des consciences!

Il paraît qu'à cette bienheureuse époque de 1830, les modes de femmes avaient décidément atteint le comble du ridicule. On venait d'adopter pour les chapeaux des formes impossibles, et le suprême bon ton voulait que ces chapeaux fussent en carton, ornés de fleurs peintes. Écoutons les arrêts de la mode, formulés en ces termes, — non par notre Revue, qui semblait même peu disposée à passer ce Rubicon du mauvais goût, mais par un journal plus pratique encore, celui *des Dames et des Demoiselles* — :

« Beaucoup d'élégantes mettent des chapeaux de carton, imitant
» la paille, sur lesquels elles ont peint des fleurs. Les grands cha-
» peaux ronds en paille, imités de ceux des faneuses, ont autant
» vieilli que ceux des bergères de Florian : les petites filles mêmes
» n'en veulent plus porter. »

Comment, Mesdames *les élégantes* de 1830, vous aviez le tort de dédaigner ces jolis chapeaux florentins, qui tombent si gracieusement autour d'une tête de femme, qui ondulent avec tant de souplesse sur les épaules, qui encadrent si admirablement le visage; et vous leur préfériez d'ignobles clochers de carton, ornés de fleurs peintes!... et vous aviez le courage de porter ces fleurs imitées, en face de la belle nature, à deux pas des roses naturelles du bon Dieu!... Est-ce bien possible? Et, malgré les mille voix de nos mères que j'entends d'ici me crier . C'était la mode! est-ce croyable?...

Hélas! en matière de ridicules, dans les questions de toilettes, notre époque, mon cher directeur, ne semble pas avoir beaucoup à envier à celle de 1830. Nos neveux, — si nous en avons, — comprendront-ils jamais l'inconcevable vogue de nos cages modernes? Il faut nous incliner devant la volonté souveraine, qui rend les arrêts de la mode obligatoires; mais il nous sera du moins permis de déclarer ici que bien souvent les belles choses qu'elle ordonne... sont bien laides!

Rien n'est plus vrai. Nos mères ont été admirées, fêtées, courtisées sous ces ridicules chapeaux de carton. Que dis-je, ces temps ne sont pas encore assez loin de nous, pour que des femmes de notre génération n'aient reçu peut-être nos hommages d'adolescents, sous ces atours surannés!.. C'est la tête ornée de ces belles choses, que les *objets* de nos premières flammes ont reçu nos aveux et nos lettres d'amour... Elles s'en croyaient parées, quand avec un doux air de reproche, elles nous disaient en minaudant, que nous étions des enfants!.. Vraiment, cher directeur, c'est à n'y pas croire, et à en rire, aujourd'hui encore, qu'on ne rit plus guère de rien, en France, et pour cause!

Ce fut Gavarni, dont le talent original et vrai se révéla plus tard sous un jour nouveau, — qui devait faire sa double réputation de philosophe et de peintre, — qui fut chargé par la *Mode* de dessiner ces abominables toilettes. Il s'en tira avec une rare habileté. Aujourd'hui encore, quand on jette un coup-d'œil sur ces gravures de modes de 1830, on reconnaît, même au milieu des exagérations de la mise, la main habile de l'artiste : si les vêtements sont ridicules de formes, les poses, les têtes, ne manquent ni de vérité, ni d'élégance.

Toutefois, — hâtons-nous de le dire, — c'était un travail, peu digne à tous égards, du grand talent de Gavarni.

—

La France était en deuil.

Comme il arrive toujours après les grandes crises politiques, les hommes du mouvement étaient eux-mêmes débordés. Chacun considérait avec effroi le chemin parcouru en trois jours, et bien des gens avaient peur! Là, où ils avaient pensé obtenir une simple réforme, ils entrevoyaient l'ombre menaçante d'une révolution! L'avenir apparaissait à tous, sombre et incertain!

M. de Lamartine a récemment apprécié cette révolution de 1830, en des termes qu'il faut retracer ici ; il n'en ressort que trop d'enseignements :

« La révolution de juillet, dit-il, avait proscrit un berceau plein d'innocence ; elle avait donné le trône de l'infortuné Louis XVI, victime de ses vertus, au fils d'un prince qui avait démérité de son sang ; cette odieuse rétribution de la Providence révoltait et révolte encore la justice innée en moi. Que la France ne rendit pas responsable le fils irréprochable du duc d'Orléans du vote de son père, je le concevais ; mais que la France fît de ce malheur un titre au trône, c'était trop criant pour mon cœur. Mieux valait un million de fois la République, héritière légitime de tous les trônes en déshérence, que cette rémunération de l'iniquité, par la couronne. Tels étaient mes sentiments et tels ils sont encore, quand j'y pense, envers le changement contre nature et contre justice de dynastie en 1830. » (1)

Ces sentiments, mon cher directeur, ai-je besoin de vous dire qu'ils sont aussi les miens?

Charles X quitta le sol français le 17 août : il emportait avec lui le bonheur, et peut-être la grandeur de la France. Son âme chevaleresque n'avait pas un instant hésité à sacrifier sa personnalité à la paix de son pays.

Le voyage de Paris à Cherbourg fut des plus tristes, mais aussi des plus dignes. Le Roi cheminait entre ses fidèles gardes du corps et les commissaires que le nouveau gouvernement avait cru devoir désigner pour l'accompagner jusqu'à la frontière. Entre l'Aigle et Argentan, dans la journée du 6 août, un des hommes les plus influents de la Vendée, le comte d'H..., vint offrir au prince exilé, au nom de la fidèle province, un soulèvement et une prise d'armes. — « Non, Monsieur, répondit tristement le vieux Roi, assez de sang français a déjà coulé pour moi! »

(1) 50ᵉ *Entretien littéraire*, sur madame Récamier, page 92.

Cette noble réponse épargnait à la France une nouvelle guerre civile, mais elle compromettait peut-être la fortune de Charles X. Combien d'autres, à sa place, n'eussent pas refusé la proposition du comte d'H...? Si ce fut une faute, ce fut aussi un noble effort de générosité, dont personne n'a tenu compte au malheureux monarque exilé.

Partout, sur le passage du convoi, les populations se montrèrent respectueuses et tristes. Cette antique province de Normandie, que traversait le dernier Roi de France, avait toujours montré pour la cause monarchique un attachement profond : c'était les larmes aux yeux qu'elle voyait passer, le long de ses belles routes verdoyantes, ce cortége de la royauté, conduit par un prince chevaleresque, qui emmenait, vers les plages perdues de l'exil, un enfant, — l'espoir de la France, avait-on dit, peu d'années auparavant!... — Le peuple a souvent plus de bon sens que les grands : il ne s'explique pas toujours comment ce qui est bien la veille, devient mal le lendemain. Qu'avait de commun l'innocence du duc de Bordeaux et l'existence de sa dynastie, avec les ordonnances et les fautes de son aïeul?... L'enfant du miracle n'était donc plus l'unique gage de salut pour notre pays? Ce qui était vrai en 1820, ne l'était donc plus en 1830?...

A Valognes, le Roi reçut les étendards des fidèles gardes du corps, qui ne voulurent les déposer qu'à ses pieds. Des larmes amères coulaient de bien des yeux. — « Mes amis, dit Charles X, d'une voix profondément émue, je les reçois de vos mains, ces étendards que vous me remettez purs et sans tache... Un jour, je l'espère, mon petit-fils vous les rendra de même... »

Le soir, on vit la nuit arriver avec une sorte d'appréhension. Cherbourg n'était plus qu'à une journée de marche. C'était la dernière veille monarchique de ces fidèles soldats du devoir et de l'honneur!

Un ordre du jour, signé du Roi, fut nominativement adressé à chaque garde. En vérité, je ne crois pas, mon cher ami, qu'un plus beau titre d'honneur ait jamais pu être donné à une famille : toutes celles qui obtinrent alors ce noble brevet de fidélité, l'ont conservé religieusement... Cette suprême faveur sera le plus beau fleuron de gloire de tous ceux qui l'auront reçu.

Le lendemain, le cortége, en arrivant à Cherbourg, se dirigea vers le port d'embarquement, sans demeurer dans la ville. Deux bâtiments américains, frêtés pour la famille royale, le *Great-Britannia* et le *Charles-Coroll* s'y faisaient seuls apercevoir : au loin, dans la rade, on distinguait deux frégates destinées à servir d'escorte au Roi. On a dit que l'une d'elles avait reçu l'ordre de couler bas le navire qui portait Charles X, si la moindre tentative de débarquement sur un point quelconque de la Bretagne était tentée, pendant le voyage, en faveur de ce prince. Pour l'honneur de notre pays, nous ne voulons pas croire qu'il se soit trouvé un homme, en France, pour donner un pareil ordre, et un capitaine de navire français pour l'accepter!

Le jour des adieux était arrivé.

Les gardes du corps se formèrent en bataille sur le quai.

Le Roi s'avança...

Ah ! qu'il était grand alors, et que cette majesté de l'infortune était bien plus imposante que celle qu'il avait toujours gardée sur le trône, dans les royaux appartements des Tuileries ou de Versailles!

Le malheur grandit tout.

Une circonstance navrante se présenta. Un jeune homme, Louis de Bonnechose, qui devait bientôt mourir, à vingt ans, en Vendée, pour la cause royaliste, se précipita aux genoux de Charles X, en s'écriant : « O mon Roi ! ô mon Roi ! je ne veux pas vous abandonner ! »

Il fallut l'écarter.

L'embarquement se fit au milieu d'un religieux silence ; seulement, par instant, un sanglot se faisait entendre dans les rangs des gardes, et le descendant de Louis XIV, tournant ses yeux voilés de ce côté, semblait remercier du regard ceux qui ne l'avaient pas abandonné, même à la dernière heure ; le Roi reportant sa pensée vers la France, semblait lui dire un éternel adieu...

Enfin, le signal du départ fut donné.

Le navire s'agita.

On partit.

. . . .

Au milieu de ces témoignages du respect général, une seule tache apparut. Un officier, qui avait longtemps porté les épaulettes de capitaine, sous le gouvernement du Roi, M. Dumont-Durville, commandant du *Great-Britannia*, ne crut pas devoir soulever son chapeau, quand le royal exilé mit le pied sur son bord. M. le comte de Chambord s'est noblement vengé de cet oubli des dernières convenances. Lorsqu'on lui écrivit, il y a peu d'années, pour lui demander de souscrire en faveur du monument que son pays natal voulait élever à Dumont-Durville, ancien commandant de l'*Astrolabe*, il répondit simplement qu'il s'associait volontiers à cet hommage rendu à une des gloires de la France, et envoya cinq cents francs.

Il n'y a que les Bourbons, pour rendre ainsi le bien pour le mal !

Mais suivons *la Mode*, dans l'espèce de bilan qu'elle va nous donner, assez laconiquement du reste, des faits, — hauts et bas, — du nouveau gouvernement, et revenons à Paris.

Le 7 août, Louis-Philippe avait prêté serment à la Constitution :

« Plus de procès à la presse, » avait-il dit. *La Mode*, qui a payé sous son règne, 82,000 fr. d'amende et subi huit années de prison, dans la personne de ses gérants, sait à quoi s'en tenir sur la valeur de cette promesse.

Le 11 août, 261 députés adhérèrent au nouveau pacte constitutionnel, et, malgré les héroïques protestations de MM. de la Bourdonnaye, de Conny, Berryer, Pas de Beaulieu et de Cormenin, qui disaient : « Nous n'avons pas reçu du peuple un mandat constituant, nous sommes absolument sans pouvoir pour faire un roi, une charte, un serment, » passèrent à l'ordre du jour. La Charte, on peut le dire, fut *bâclée* ce jour-là ; on ne la proclama cependant que le 14.

Le 13 août, parut une ordonnance du *Roi* qui supprimait la qualification de *monseigneur* donnée aux ministres.

On le voit, on marchait vite.

Le 20, la chambre autorisa les poursuites des anciens ministres, à la majorité de 186 voix sur 279 votants. Grâce aux démissions de beaucoup d'hommes de cœur et à l'abstention de certains députés, ce fatal procès des ministres put être ordonné. Nous aurons occasion de revenir sur cet acte inique. On vit alors la félonie et la trahison faire le procès à l'honneur et à la fidélité au devoir!

Le 26 août, une ordonnance déclara qu'à l'avenir l'église Sainte-Geneviève ne serait plus livrée au culte, mais servirait de lieu de repos aux grands citoyens ; de là la fameuse inscription : AUX GRANDS HOMMES LA PATRIE RECONNAISSANTE.

Voltaire, Marat et Mirabeau ont leurs tombeaux là !

Le 27 enfin, l'annonce de la mort du duc de Bourbon vint, comme un coup de foudre, stupéfier les plus indifférents. Cette mort est un mystère sur lequel l'histoire n'a pas dit son dernier mot. Il ne nous convient pas de soulever le voile qui plane sur cet événement. Relatons simplement des faits.

Le duc de Bourbon, vieillard octogénaire, était le dernier des Condés. Son fils, le duc d'Enghien, avait péri sous des balles françaises, dans les fossés de Vincennes : c'était une autre horrible histoire qui était venue, sous l'empire, frapper cette famille de héros !

M. le duc de Bourbon avait une immense fortune, et possédait notamment le magnifique domaine de Chantilly. Il habitait le château de Saint-Leu, aujourd'hui détruit.

Les relations de M. le duc de Bourbon, vieillard débile et sans énergie, avec une femme astucieuse, madame la baronne de Feuchères, n'étaient un mystère pour personne. Cette femme habile avait su prendre, sur l'esprit du prince, un fatal ascendant. Malheureusement, elle entretenait, avait la famille d'Orléans, des relations assez suivies, et c'était, à la vive sollicitation des princes de cette maison, qu'elle avait obtenu, non sans peine, dans les dernières années de la Restauration, d'être présentée à la Cour. Ces relations étonnaient bien du monde.

Le 29 août 1829, M. le duc de Bourbon, à la suite, paraît-il, de vives et instantes demandes, fréquemment renouvelées, mais toujours jusqu'alors repoussées par lui, signait un testament par lequel, changeant de précédentes dispositions favorables au duc de Bordeaux et à sa sœur, qu'il affectionnait particulièrement, il créait l'un des jeunes fils du nouveau roi, le duc d'Aumale, son légataire universel. Par le même testament, il assurait à la baronne de Feuchères, soit en terres, soit en argent, un legs d'environ dix millions.

M. Louis Blanc, dans son *Histoire de dix ans*, prétend qu'une scène des plus violentes avait eu lieu, la veille, dans la salle du billard du château, entre le vieux duc de Bourbon et madame de Feuchères, et, qu'attiré par le bruit, un aide de camp, M. de Surval, aurait reçu du prince les paroles suivantes : « C'est une chose épouvantable que de me mettre ainsi le couteau sous la gorge pour me faire faire un acte pour lequel on connaît ma répugnance ! »

Le 27 août 1830, au matin, M. le duc de Bourbon fut trouvé pendu à l'espagnolette de la croisée de sa chambre à coucher, et, du rapport des médecins aussi bien que du témoignage des personnes qui assistèrent à la levée du corps, il résulte, la preuve positive, qu'il est impossible d'admettre que le prince se soit pendu lui-même. Son grand âge, d'une part, ses sentiments de piété, son manque de force, et surtout le défaut d'usage qu'il avait d'un de ses bras, rendent cette supposition absolument inadmissible.

L'histoire a tiré de ces faits une conclusion qu'il ne nous appartient pas de rapporter ici. Nous pensons, quant à nous, que les Bourbons, comme les Condés, meurent sur les champs de bataille, mais ne s'avilissent pas dans des morts déshonorantes.

Nous verrons, plus tard, mon cher directeur, quel scandale causa, dans le monde de juillet, la souscription qu'ouvrit *la Mode*, à quelques années de là, pour faire élever une croix funéraire à la mémoire du dernier des Condés, et cela sur l'emplacement même de la chambre à coucher du château, qu'un ordre du nouveau propriétaire avait fait raser.

Cette croix existe : nous sommes allés, avec d'autres, nous agenouiller sur sa pierre.

Notre conviction profonde est qu'elle rappelle un grand crime.

Par qui fut-il conseillé? quelle main le tenta? quel bras l'accomplit? c'est ce que Dieu seul, qui sait tout, a dû connaître...

Madame de Feuchères fut reçue, même après ce désastre, à la cour de Louis-Philippe. Elle n'est morte qu'il y a peu d'années, mais son mari s'est honoré en refusant sa succession.

Cependant le futur carnaval de 1831 s'annonçait sous les plus fâcheux auspices. Le grand monde avait quitté Paris. Certaines familles illustres avaient manifesté l'intention formelle de ne plus reparaître à la ville, tant que durerait l'absence du Roi. — Ceci se disait alors. — Elles avaient pris leurs quartiers d'hiver dans leurs châteaux, au fond de leurs terres, et ne parlaient pas de les quitter de longtemps. Des événements graves se préparaient. L'annonce du procès des ministres avait attéré tout ce qui portait au fond du cœur des sentiments honnêtes : on savait que ce procès serait un immense scandale : la vengeance et l'esprit de parti s'apprêtaient à en diriger les phases.

La Mode était aux abois; la position d'un journal de cette nature n'était vraiment plus tenable. Que restait-t-il à dire à des lecteurs frivoles, affamés de nouvelles et de bruits de salons, — alors qu'il n'y avait plus de salons ouverts, — quand on avait annoncé gravement que Leurs Majestés citoyennes avaient été vues, se promenant bourgeoisement aux Tuileries, sous l'œil de gardes nationaux béats, ou bien que, tel autre jour, on s'était mortellement ennuyé à une soirée du château.

Voici quelques réflexions que nous trouvons, à cette date, dans notre chère Revue, et qui peignent assez exactement la situation du moment. C'est à ce titre que nous les relevons?

« Les lecteurs de *la Mode* ont tort de se plaindre de ce qu'elle ne
» les entretient plus des petits intérêts du monde, des discussions
» et du parlage des salons. S'imagineraient-ils qu'il y a encore un
» monde et des salons?... Ces élégantes réunions, éclatantes de

» femmes parées, où tout faisait événement, la prise d'Alger aussi
» bien que la robe de Madame ; ces cercles intimes, où l'esprit est
» plus de mise que la toilette, mais où la prétention n'est pas moin-
» dre, tout cela a disparu : les beaux du faubourg Saint-Germain,
» les élégants de la Chaussée-d'Antin, sont dispersés, le monde n'est
» plus.

» Ce n'est pas qu'il y ait encore quelques salons ouverts, quelques
» boudoirs trop éclairés, où l'on admet des intimes ; mais tout cela
» n'est pas du monde. Que voulez-vous que nous vous racontions de
» ces réceptions ministérielles, où se ruent, en habits mal faits, en
» gros souliers et en bas de soie noire, une tourbe de solliciteurs, gens
» qui ont encore la cocarde tricolore à la boutonnière ! Ils parlent
» haut, ils ont toutes sortes d'accents : picard, gascon, normand, bas-
» breton ; ils demandent, sollicitent, quêtent un regard, un mot, et
» le ministre, à minuit, imagine qu'il a reçu, qu'il a eu du monde !

» Si vous cherchez ce qui a gardé quelque allure primitive dans
» cette révolution inouïe, il faut aller aux avocats. Ils parlent d'eux
» et pour eux ; ils prennent, gardent et dévorent. Cela peut bien s'ap-
» peler gouverner la France, mais être du monde, pas encore, et pre-
» nez garde, gens d'hier, vous n'êtes qu'arrivés au pouvoir... Un seul
» monde est resté debout, et celui-là a grandi de toute la hauteur
» de ses places conquises !... »

Un des plus tristes livres de notre temps, *le Rouge et le Noir*, de Stendhal, parut à cette époque. Stendhal, autrement Henry Bayle, avait, bien avant nos modernes *réalistes*, écrit l'histoire de nos monstruosités sociales. Ses livres sont, à notre sens, les plus mauvais et les plus dangereux qui soient au monde. De pareilles œuvres, qui semblent affecter une haute portée philosophique, font mille fois plus de mal que les *Fanny* et les *madame Bovary*. Ces derniers ouvrages souillent les oreilles délicates et blessent la décence ; mais les autres font pis que cela, ils portent en eux-mêmes un germe infâme et corrupteur, bien autrement dangereux pour les masses, justement parce qu'il détruit les croyances, sape la hiérarchie et l'autorité, ruine la foi dans les cœurs, et flétrit ce qu'il touche comme d'une sorte de venin révolutionnaire et athée.

La Mode, qui annonçait, en 1830, la publication de ce livre de Stendhal, ne l'avait certainement pas lu, puisqu'au lieu de le flageller, elle s'amusait simplement à faire un jeu de mots sur cette publication : « Un roman de M. de Stendhal vient de paraître, disait-elle, *le Rouge et le Noir* : quoi qu'il en soit, félicitons l'auteur de n'avoir pas fait un livre rouge, bleu et blanc, car la révolution nous poursuit de toutes parts. Qui nous en sauvera !... »

Cependant quelques caractères s'honoraient, même au sein de la nouvelle cour, par des refus de faveurs, dignes d'un meilleur temps. Casimir Delavigne, l'auteur de *la Parisienne*, — que je n'ai pas lieu d'aimer plus que vous, mon bien cher directeur, — fit à cette époque, et à l'occasion de son mariage, — qui eut lieu, si je ne me trompe, le même jour que celui de son frère, Germain Delavigne, — une réponse digne d'être conservée. Elle honore un homme de lettres, qui, pour n'avoir pas eu nos opinions, ne s'est pas moins toujours montré fort jaloux de sa dignité.

Louis-Philippe qui affectionnait particulièrement Casimir Delavigne, lui offrait comme cadeau de noces, un emploi des plus élevés.

— Sire, répondit le chantre des *Messéniennes*, j'ai l'honneur d'être depuis longtemps votre ami, j'aurai souvent l'occasion de faire votre éloge, je ne veux pas qu'on puisse dire que je suis payé pour cela !

N'est-ce pas le cas, mon cher ami, d'entonner ici, la chanson de Zéphirine, dans les *Saltimbanques* et de dire en chœur, mais en substituant scrupuleusement le mot *fonctionnaires* au mot *femmes* :

<blockquote>
Combien de <i>fonctionnaires,</i> dans le monde,
Ne pourraient pas en dire autant !...
</blockquote>

L'Opéra était alors dirigé par un homme fort intelligent, M. de Lubbert, qui n'est mort que l'an dernier. C'était un royaliste, et tout faisait présager que sa place allait lui être enlevée. On lui doit la réforme musicale, qui se fit à l'Académie royale de musique vers la fin de la Restauration, et l'état de prospérité qui en fut la suite. Bien des gens, parlaient de son futur remplacement, par un personnage, que nous voyons apparaître ici, pour la première fois, mais dont nous aurons occasion de reparler : M. Véron, qui venait de créer la *Revue de Paris*, et qui brûlait, disait-on, de monter sur une plus vaste scène ; — ceci soit dit sans jeu de mots.

Docteur selon les uns, simple marchand de pâte de jujube selon les autres, homme d'infiniment de jugement au dire du plus grand nombre, homme d'esprit après tout, M. Véron eut du moins le grand mérite de savoir réussir. L'héritage de M. de Lubbert allait bientôt lui arriver, et le temps n'était pas loin, où la représentation de *Robert-le-Diable* achèverait la fortune de l'associé des frères Régnauld. Nous retrouverons M. Véron dans bien d'autres circonstances, et nous ne faillirons pas à rendre au *Bourgeois de Paris*, l'hommage qu'en notre temps, chacun doit, — bon gré mal gré, — au succès, à l'heureuse chance et à l'habileté.

VII

Mort de Benjamin Constant. — Procès des derniers ministres du roi Charles X. — Le grand monde boude. — Bal de l'Opéra, le 22 janvier 1831. — Bal au Palais-Royal. — Réflexions de *la Mode*. — *Le juste-milieu* défini. — Les événements marchent. — Procès de l'*Avenir*.

Mon cher directeur, plus j'avance dans le récit des faits qui suivirent la catastrophe de 1830, plus je voudrais me tenir dans une certaine réserve et n'aborder, qu'avec les plus grandes précautions, le terrain politique. Malheureusement, l'*Histoire de la Mode*, après la révolution de juillet, est si intimement liée aux événements qui s'accomplirent alors en France, — et qui eurent en Europe un immense retentissement, — que je ne puis omettre certains détails de premier ordre, qui font évidemment partie intégrante de l'histoire très-véridique de notre chère Revue. De ce nombre, sont les troubles de Paris, les dévastations sacriléges de Saint-Germain-l'Auxerrois et de l'Archevêché, le procès des derniers ministres de Charles X, et la mort de Benjamin Constant.

Celle-ci suivit de bien près la chute de la Restauration : elle précéda cependant les abominations dont nous allons avoir à parler.

Benjamin Constant, méritait peu, selon moi, la réputation faite à son talent comme à son nom. C'était un caractère sans consistance, avec toute l'apparence de l'énergie. La manière scandaleuse avec laquelle il fit volte-face, et à plusieurs reprises, dans le cours de sa vie politique, ne lui fait pas honneur à mes yeux.

Le jugement de l'histoire sur ce personnage n'est pas encore formulé. Les uns se sont montrés beaucoup trop indulgents pour Benjamin Constant, les autres trop sévères. Il avait de très-éminentes qualités, mais aussi des défauts : ce qui lui a surtout manqué, c'est le sens moral appliqué aux choses de la politique, comme aux choses du cœur : celles-là, il les possédait parfaitement.

Benjamin Constant n'est ni un homme ordinaire, ni un grand homme : les caractères de cette trempe ne peuvent rien pour le salut des empires; tout au plus peuvent-ils quelquefois les compromettre, rarement ils leur sont utiles.

Benjamin Constant appartenait à cette école brillante par le mérite de ses écrivains, qui avait difficilement subi le joug des persécutions, sous l'Empire, et dont madame de Staël était le chef : seulement, le caractère mobile et ardent de l'auteur d'*Adolphe*, en faisait un soldat indiscipliné. Son esprit était fin, délicat, élégant, caustique; mais, chez lui, tout était plutôt ingénieux que pratique, l'éloquence comme les idées, les aspirations comme le style. Sa popularité fut un moment extrême. Il avait publié son livre *De l'Esprit de conquête et d'usurpation*, contre les idées impériales et en vue de la Restauration; le succès de ce volume fut immense. Plus tard, on le vit chargé, par les gens de son parti, de rédiger, à l'occasion de la Charte de 1814, une sorte de manifeste de leurs principes et de leurs idées, et ces *flexions sur les Constitutions* obtinrent encore des applaudissements de circonstance. On était alors déshabitué de tout ce qui ressemblait à une discussion ou à une manifestation des idées, et le pays acclamait ceux qui, les premiers, rompaient le silence. La mort de Benjamin Constant fut un grand deuil pour ses amis. Elle arriva juste au moment où les fidèles de l'école de Genève comptaient le plus sur les exploits de leur chef. Elle fut, d'ailleurs, des plus imprévues. « Le 17 novembre, dit *la Mode*, Benjamin Constant n'avait pu parvenir à faire voter, par la Chambre, une proposition tendant à rendre libre la profession d'imprimeur et de libraire, » et le 8 décembre, il expirait, avant même d'avoir vu se terminer l'année où s'étaient accomplis des faits qui devaient jeter une si grande perturbation dans les affaires de la France et de l'Europe.

Cet événement causa dans Paris une certaine émotion, mais elle fut bientôt dissipée par l'ouverture du procès des ministres, commencé à quelques jours de là, et qui passionna la ville entière. Ce procès, ouvert le 15 décembre, ne se termina que le 23, par une déplorable condamnation.

Le ministère de M. de Polignac avait succédé, le 8 août 1829, à celui de M. de Martignac. Que cette circonstance ait eu pour notre pays des conséquences fatales, en raison peut-être des idées par trop absolues du prince Jules, et surtout de son impéritie, nous ne le nions pas; mais la chute même du gouvernement, n'était-elle pas pour le chef du ministère une assez grande punition de ses fautes, — si toutefois ces fautes étaient admises, — et devait-on le traîner, lui et ses collègues, à la barre d'une Chambre des Pairs, dont les membres, pour les deux tiers au moins, auraient dû, par simple convenance, se récuser ou s'abstenir?

En admettant que le prince de Polignac ait entraîné le Roi dans une voie inconstitutionnelle, — ce qu'il était en droit de contester d'une manière absolue, l'article 14 de la Charte en mains, — il restait à prouver que les ministres n'avaient pas été de bonne foi. En matière criminelle, la préméditation est tout : or, Charles X et M. de Polignac, — c'est un fait qui n'est aujourd'hui contesté par personne, — étaient de bonne foi.

En admettant que certains ministres, comme M. le baron d'Haussez, aient eu le don d'entrevoir le danger, ses collègues et lui se croyaient, en tous cas, très-fermement dans les limites de la constitution, en signant les ordonnances. D'ailleurs, comme on l'a dit dans la défense, qu'avait à faire ici la responsabilité ministérielle, du moment qu'on n'avait pas respecté l'inviolabilité royale?

Ce procès était donc un acte inique, en même temps qu'une mesure impolitique. Était-ce bien au moment où les passions étaient encore surexcitées à un point que nous ne trouverions pas d'expression pour qualifier, qu'il convenait de donner un aliment de plus à l'esprit de désordre et de rancune, entraînant à la barre d'un tribunal exceptionnel les signataires des ordonnances, alors surtout que chaque ministre, pris individuellement, était tenu pour un galant homme?

D'ailleurs, l'opinion publique s'était franchement déclarée pour eux dans les rangs élevés de la société : la bourgeoisie parisienne, dont la manière de voir étroite et mesquine est proverbiale, se prononçait seule contre les ministres, et ameutait la foule contre eux. A la nouvelle Cour même, tous ceux qui, après avoir déploré les événements de juillet, s'étaient ralliés au nouveau gouvernement, pour des raisons qu'il ne nous appartient pas d'apprécier, redoutaient ce malencontreux procès et le blâmaient hautement. Quant aux royalistes, ils n'avaient pas assez de voix pour qualifier du nom le plus sévère la conduite des accusateurs.

A vrai dire, et à quelque point de vue qu'on veuille se placer, la Chambre des Pairs n'était pas en position de juger les ministres. C'était une étrange anomalie, — et en même temps une honte, — que le spectacle qu'allait présenter cette Chambre, encore retentissante des protestations de dévouement au roi Charles X et à son gouvernement, revêtant la robe de justice pour juger des hommes à qui l'on ne pouvait reprocher d'autres crimes qu'un excessif attachement aux principes monarchiques, et aussi un dévouement sans bornes. Les vainqueurs ne doivent jamais être appelés à prononcer sur le sort des vaincus; à plus forte raison ceux qui n'ont pas pris part à la bataille, et qui ne se sont rattachés aux vainqueurs que par un mesquin intérêt personnel. Engagé à six mois de là, ce procès eût été odieux : son issue n'était plus douteuse, les ministres eussent été acquittés ; commencé et suivi sous la pression des circonstances, en face de l'émeute triomphante, il devait leur être fatal. D'un autre côté, le malheur voulut que le gouvernement préférât donner satisfaction aux criailleries de la rue, plutôt qu'à l'expression non équivoque des sentiments de la majorité honnête et bien pensante du pays.

Ce n'était pas la première fois que la chambre haute,—comme on l'appelait alors, ironiquement sans doute,—allait être appelée à faire l'essai de son omnipotence judiciaire. Un noble cœur, l'héroïque comte de Kergorlay, avait été traduit devant elle, bien que pair lui-même, pour avoir publiquement reproché aux députés leur usurpation du pouvoir souverain, pour avoir contesté au roi nouveau son avènement à la couronne et pour avoir reproché leur félonie à ses collègues. Ces derniers avaient eu le triste courage de condamner M. de Kergorlay à 500 francs d'amende et à six mois de prison.

C'était une bien autre peine qui attendait les derniers ministres du roi Charles X.

La Chambre des Pairs était loin de ressembler alors à ce qu'elle était au lendemain des ordonnances, et beaucoup de ses membres s'étaient honorés, en envoyant au nouveau gouvernement leur démission plus ou moins motivée ; de plus, une ordonnance du 7 août avait éliminé cinquante-huit pairs dont on contestait la nomination.

La Mode nous a conservé les noms de ceux qui offrirent leur démission et de ceux à qui l'on évita le soin de la donner : je crois, mon cher directeur, que ces deux listes peuvent trouver place ici.

Les pairs démissionnaires étaient : MM. les ducs de Narbonne, de Damas-Cruz, d'Havré, de Lorges et d'Uzès ; les marquis de Vibraye, de Rosambo, de Latour-Maubourg, de la Rochejaquelein, de Juigné ; les comtes d'Arjuzon, de Mailly, de Saint-Roman, de Sèze, de Talleyrand, de Villefranche ; les vicomtes Dambray et de Chateaubriand.

Les pairs éliminés étaient : MM. les ducs de Cereste, de Levis-Mirepoix et d'Esclignac ; les marquis d'Albon, d'Andlau, de Bailly, de Beaurepaire, de Calvière, de Civrac, de Colbert, de Conflans, de Dampierre, de Forbin des Issarts, de Froissard, de Lancosmes, de Mac-Mahon, de Monteynard, des Moustiers de Mérinville, de Radepont, Rioult de Neuville, de Saint-Mauris, de Tourzel, de Tramécourt ; les comtes de Vogué, de Villèle, d'Urre, de Tocqueville, de Suzannet, de Sainte-Aldegonde, de Quinsonnas, de Pazzis, de Peyronnet, de Panisse, de Nansouty, de Mostuéjouls, de Pontgibaud, de Maquillé, de Lur-Saluces, de la Fruglaye, de Kergorlay, de Kergariou, d'Imécourt, d'Effiat, d'Hoffelize, de Corbière, de Choiseul, de Bouillé ; les vicomtes de Causans, de Castelbajac, de Sainte-Maure ; les barons de Vitrolles, de Fressilly et de Coussergues ; enfin le prince de Montmorency, le prince d'Aremberg et M. Ravez.

Combien de ces noms, mon cher directeur, figurent encore aujourd'hui sur vos listes d'abonnement? C'est une des gloires de *la Mode nouvelle*, d'être lue, comme sa devancière *la Mode*, en excellente compagnie. Il semble, en vérité, que la plupart de ces fidèles défenseurs des grands principes, tiennent à mettre en pratique la belle devise que vous aimez tant : *Etiamsi omnes, ego, non!*

L'esprit et la majorité de la chambre des pairs étaient donc profondément modifiés, au lendemain de juillet, par ces démissions et ces éliminations.

Le procès eut lieu, du 15 au 23 décembre 1830.

En cette même année, qui avait vu s'accomplir, à l'aide des barricades, une révolution faite au nom et en vue de la liberté, on put assister à cet étrange spectacle d'un procès politique, où les accusés primaient de toute la hauteur de leur dignité, des juges, la veille encore, et pour la plupart, leurs adulateurs. Ces nobles accusés durent rougir parfois de honte en franchissant le seuil de cette chambre, rougir non pour eux, mais pour leurs adversaires. On les vit conserver, pendant toute la durée du débat, une fière et courageuse inflexibilité : tous se sentaient supérieurs à leurs juges.

Parmi les anciens ministres, quatre seulement comparaissaient devant la chambre : MM. de Polignac, de Chantelauze, de Peyronnet et de Guernon-Ranville. Les trois autres, MM. Capelle, de Montbel et d'Haussez, étaient contumaces, ayant été assez heureux pour pouvoir se soustraire aux recherches de la police.

On vit s'avancer, à la barre de la Chambre, les quatre accusés présents; ces nobles vaincus avaient l'attitude imposante et digne qui convient à des consciences pures. M. de Chantelauze était souffrant, au point de ne pouvoir, le premier jour, prendre une part, même indirecte, aux débats ; M. de Guernon-Ranville affectait une indifférence qui ressemblait à du dédain; M. de Peyronnet jetait à ses juges des regards de mépris ; seul, M. de Polignac paraissait sûr d'un acquittement, et conservait sa sérénité.

Aucun ne chercha à s'excuser et ne voulut puiser, dans les circonstances, des moyens de défense jugés par eux indignes de leur position d'opprimés. Tous avouèrent franchement qu'ils avaient pris part aux ordonnances, qu'ils s'étaient crus en droit de les conseiller, qu'ils en assumaient la responsabilité. On vit même l'un de ces grands caractères, M. de Chantelauze, dernier garde-des-sceaux de la Restauration, homme antique, revendiquer pour lui seul une part de faits qu'il pouvait facilement mettre à la charge de ses co-accusés. Il avait pour défenseur un jeune avocat plein d'avenir, du barreau de Lyon, M. Sauzet,—dont les opinions alors étaient loin de cadrer avec les siennes, — mais qui avait tenu à honneur d'assister son généreux compatriote, et de prendre soin de le défendre.

L'arrêt de la chambre surprit tout le monde et ne satisfit personne : il prononçait la peine de *la détention à vie* contre les accusés.

Les hordes populaires, qui hurlaient autour du Luxembourg, auraient voulu qu'on leur jetât la tête des ministres ; les hommes d'ordre espéraient un acquittement : les uns et les autres ne se rendirent pas compte d'un arrêt qu'ils trouvaient trop sévère ou trop doux. La France eut la douleur de voir le plus grand corps de l'État prononcer une peine infamante, contre des hommes honorables que chacun eût été fier de compter au nombre de ses parents ou de ses amis, et qui n'avaient fait, après tout, que ce que tous les gens de cœur eussent fait à leur place. De pareils faits sont graves ; ils prouvent à quel degré d'ingratitude les hommes arrivent parfois. **La Révolution de 1848 a** été plus noble en ne faisant pas asseoir sur la sellette des criminels d'État les ministres de Louis-Philippe. Toutefois le verdict de la Chambre des Pairs, du 23 décembre 1830, a pu être inscrit au *Moniteur*, mais n'a pas été ratifié par la France! (1).

Cet événement acheva de jeter le plus complet désarroi dans les salons du vrai monde, encore ouverts à Paris, à la fin de 1830. La *Mode* nous dépeint, en termes très vifs, la stupeur générale, à la nouvelle de la condamnation des anciens ministres. Les dernières maisons ouvertes se fermèrent. Les condamnés appartenaient d'ailleurs à d'illustres familles honorablement placées : tous leurs parents, leurs amis, leurs proches, voulurent porter le deuil de l'arrêt qui les frappait. On vit des femmes du plus grand monde, déclarer qu'elles ne rouvriraient pas leurs salons avant la mise en liberté de ces victimes du devoir, de la générosité et de l'honneur. On colportait dans les réunions intimes, les moindres mots, les plus petits détails relatifs à ce scandaleux procès. On citait une touchante réponse de M. le baron d'Haussez, celui-là même qui avait tout récemment repoussé avec tant de noblesse les prétentions de l'Angleterre à propos de l'expédition d'Alger.

— Sire, avait-il dit, à Charles X, au moment d'apposer sa signature au bas des ordonnances, j'hésite...

Et ses regards s'étaient portés vers un tableau représentant une des scènes les plus pathétiques de l'histoire d'Angleterre.

— Qu'attendez-vous donc, avait dit le Roi.

— Sire, je regarde le portrait de Straffort, avait repris le baron d'Haussez.

Puis il avait signé.

(1) Ce ne fut que plus tard, le 11 avril 1831, que la Chambre des Pairs se prononçant sur les contumaces des trois autres ministres, les condamna à la prison perpétuelle.

M. de Peyronnet, homme d'esprit et de talent, d'un courage peu ordinaire, avait honoré son passage dans les affaires par la manière dont il avait composé les tribunaux. Bien des gens le méconnaissaient ; aussi, puisait-il dans le peu de justice qu'on lui rendait, un mépris de l'opinion qui le portait à la braver, souvent plus qu'il n'aurait dû.

M. le comte de Montbel était, sans contredit, le meilleur, le plus honnête, le plus dévoué, le plus instruit des hommes. C'était aussi une âme pieuse, incapable d'une action simplement répréhensible. Dieu semble l'avoir choisi, pour présenter à M. le comte de Chambord, auprès duquel il réside à Frohsdorff, l'exemple continuel et vivant de toutes les vertus de ce monde.

M. de Guernon-Ranville,—comme M. de Chantelauze,—n'avait accepté qu'à contre-cœur le poste où l'avait appelé la confiance du Roi. C'était un de ces esprits droits, qui traversent, avec honneur, toutes les situations délicates dans lesquelles ils peuvent se trouver. M. de Chantelauze, M. le baron d'Haussez et lui, personnifiaient la modération politique : il semblait impossible que leur acquittement ne fût pas prononcé.

Quant à M. le baron Capelle, qui n'était entré dans le ministère que bien postérieurement à sa formation, au mois d'avril, et à la suite de la démission de MM. de Chabrol et de Courvoisier, c'était un de ces hommes probes, honnêtes, simples et dévoués, dont toute la vie répond, avant comme après un désastre, de la loyauté, de la franchise et de la noblesse d'âme.

Tous furent sacrifiés : M. le prince de Polignac fut déclaré mort civilement ; le ministère public, dans la personne de M. Persil, obtint gain de cause sur tous les points.

Nous retrouverons M. Persil, mon cher directeur, et la *Mode* se chargera de venger cruellement M. de Peyronnet des attaques de cet accusateur attitré, qui ne craignit pas de mettre, au nombre des griefs articulés par lui, une circulaire antérieure d'un mois à la nomination de M. de Peyronnet comme ministre, ce qui lui valut de la part de ce dernier cette accablante interruption : « Vous provoquez de grands châtiments, Monsieur, et si la vérité est pour nous un droit, elle est pour vous un devoir !... »

Ce procès des ministres fut une des premières et des plus grandes fautes de l'établissement de Juillet ; aidé de notre cicérone, la *Mode*, nous verrons bientôt ce gouvernement, issu des barricades, renier son origine et en commettre bien d'autres !

L'une de celles qui choqua le plus vivement l'opinion publique, — dans un ordre d'idées moins grave assurément, mais tout aussi répréhensible, — fut le choix des 22 et 24 janvier fait par la nouvelle Cour, pour donner, à l'Opéra et au Palais-Royal, les deux premières grandes fêtes officielles du gouvernement nouveau.

A cette époque, l'horreur de la date à jamais néfaste du 21 janvier était dans tous les cœurs. La Restauration ne s'était pas contentée de faire élever un monument expiatoire à la mémoire de Louis XVI et de Marie-Antoinette ; elle avait décidé que le jour funèbre, rappelant l'assassinat juridique du Roi, serait un jour de deuil pour la France, et que le pays le consacrerait, — comme on fait en Angleterre à l'occasion de l'anniversaire de la mort de Charles Ier, — à des prières publiques.

Choisir une pareille date, ou du moins son lendemain, pour donner une fête officielle, c'était vouloir montrer à quel point on se mettait au-dessus du qu'en dira-t-on, et surtout, des plus simples convenances. Certes, si l'on ne devait pas danser quelque part le jour de ce funeste anniversaire, c'était bien au Palais-Royal ! Ces deux fêtes, données à si peu de distance, le lendemain du 21 janvier, dont on venait d'abolir le grand deuil, et avec une affectation qui ne pouvait échapper à personne, semblaient une insulte gratuite à la mémoire de l'auguste victime de 1793. C'était ou un inexplicable manque de tact, ou un déplorable oubli : dans l'un comme dans l'autre cas, l'idée du bal en elle-même était des plus tristes. On ne s'expliquerait plus, même aujourd'hui, de pareils faits.

Quoi qu'il en soit, les deux bals eurent lieu, et les princesses d'Orléans y parurent éblouissantes de grâce et de toilette : — la joie seule, sans doute, faisait défaut !

« *La reine*, dit *la Mode*, portait à l'Opéra une robe lilas mauve très-clair, brochée d'argent, un béret relevé par des chaînons de diamants, un diadème de diamants, trois plumes blanches et une parure de diamants magnifique. »

Puis viennent les descriptions des toilettes des deux princesses Louise et Marie, qui devaient l'une et l'autre quitter notre terre bien avant le temps ; la première adorée, avouons-le, du peuple belge dont elle était devenue la reine ; l'autre artiste et poëte, et qui a su attacher son nom à celui de Jeanne-d'Arc, dont elle fit une image que tout le monde admire.

Quant à Louis-Philippe, il portait ce costume ingrat d'officier de la garde nationale, qui a, nous ne savons trop pourquoi, le don de plaire à la bourgeoisie, et qui est bien le plus triste uniforme qu'on puisse imaginer, — triste par la forme, triste aussi, hélas ! par les souvenirs qu'il rappelle.

A propos de ces deux bals, *la Mode* cite un journal de l'époque, *le Temps*, — journal avancé cependant, — qui ne semble en être que médiocrement satisfait, et dont voici l'article :

« Au bal du Palais-Royal, la cohue patricienne avait toute la
» simplicité d'une fête bourgeoise; à l'Opéra, on pouvait remarquer
» quelques caricatures politiques, qui voulaient trancher du cheva-
» leresque. Au Palais-Royal, l'ostentation était l'économie. Il y avait,
» à l'Opéra, des bouchers, en aiguillettes d'argent : il y avait chez le
» *Roi*, des Pairs, en épaulettes rouges. »

N'en déplaise au *Temps*, nous aimons mieux encore les bouchers, en aiguillettes d'argent, que les Pairs de France en épaulettes *rouges!*

A l'occasion de ce triste et nauséabond carnaval de 1831, qui venait de commencer par une fête, donnée le 22 janvier, et qui devait se terminer les 14 et 15 février, par le pillage de l'Archevêché, en pleins jours gras, *la Mode*, qui n'oubliait jamais son titre, publia deux ravissants costumes de travestissements, qui seraient encore aujourd'hui du meilleur goût; car, hélas! de toutes les choses de ce monde, les déguisements sont les seuls dont on puisse dire qu'ils sont toujours de mode... Le premier de ces costumes représente une délicieuse Pierrette, cerise et blanche, tout à fait en dehors de ce qui se fait communément, et l'autre, est un merveilleux costume de déesse infernale, de Proserpine sans doute, qui doit produire un magnifique effet. — Avis, mon cher ami, à celles de vos gracieuses lectrices, dont la fidèle bibliothèque conserve religieusement la collection entière de notre Revue!

Un entrefilet de *la Mode*, contient à cette même date du 22 janvier 1831, la nouvelle suivante :

« Le premier acte de la mère de Henri V, a été de placer son fils dans les bras de Chateaubriand. »

Ce n'était rien et c'était beaucoup.

On appelait alors le gouvernement nouveau, — nous ne savons trop pourquoi, — le *juste milieu*. Quelque abonné curieux, avait sans doute demandé à *la Mode* la définition du mot, car la spirituelle Revue en prenait occasion pour donner trois définitions distinctes : « Le juste milieu du drapeau tricolore, disait-elle, c'est le blanc! » Mais, hélas! elle ajoutait : « Le juste milieu, entre l'Hôtel-de-Ville et les Tuileries, c'est le Palais-Royal! » Enfin, comme animée du désir de satisfaire les exigeants qui demandent que tous les bons discours, même les moins longs, soient formulés en trois points, elle ajoutait encore : « Le juste milieu, entre le mensonge et la vérité, c'est une Charte! »

Nous verrons bientôt, mon cher ami, ce qu'il pouvait y avoir de vrai dans cette dernière assertion. *La Mode*, vous le savez, a trop chèrement acheté le droit de constater le fait, pour qu'il ne lui soit pas permis de donner son avis au débat.

Le temps des procès allait arriver pour la presse. Les hommes de juillet n'étaient pas encore assez solidement établis, sur le sol mouvant des pavés de la rue, pour oser les tenter. Le premier qui fut fait à un journal important, l'*Avenir*, remonte à la date à laquelle nous sommes arrivés. Je n'en dirai que deux mots, surtout parce qu'il rappelle les noms de deux hommes illustres, dont l'un a tristement fini, et dont l'autre porte aujourd'hui la robe de Saint-Dominique : MM. de Lamennais et Lacordaire.

Ils rédigeaient alors l'*Avenir*, qui, « déplorant les écrits de Bossuet, et attaquant, dans le gallicanisme, une doctrine qui n'avait jamais donné qu'à la tyrannie des rois ce qu'elle prétendait enlever à la haute tutelle des papes, prétendait régénérer l'Eglise (1). »

(1) *Histoire de dix ans*, par M. Louis Blanc, tome 1, page 270.

Le journal fut saisi, au commencement de février 1831, pour un article où le gouvernement, qui allait laisser piller l'archevêché, crut voir une attaque à la religion. Défendu, avec éloquence, par M. Janvier, l'*Avenir* fut acquitté ; mais le pli était pris, et les procès aux journaux allaient se succéder bientôt avec une rapidité tout-à-fait digne de la fameuse parole royale : « Plus de procès à la presse ! »

Mais le temps de parler des rigueurs qui vinrent à de si fréquentes reprises frapper *la Mode*, n'est pas encore arrivé. Il nous faut, auparavant, traverser les abominables saturnales des 15 et 16 février 1831, les dévastations de l'église Saint-Germain-l'Auxerrois, le pillage de l'archevêché. C'est ce qui fera, si vous le voulez bien, mon cher directeur, l'objet d'un chapitre subséquent.

VIII

Boutade de *la Mode*. — Le 14 février. — Les royalistes. — Saint-Germain-l'Auxerrois — Troubles à Paris. — Scandales. — Pillage de l'archevêché. — M. Arago. — M. Thiers. — Nomination de M. Véron à la direction de l'Opéra. — La caricature. — Les coups de crayon.

« Les anciens rois de France, lorsqu'ils étaient proclamés, étaient élevés sur un pavois ; les progrès de la civilisation ont dénaturé quelque peu cet usage : c'est sur un pavé maintenant qu'on les exhausse ! »

Telle est la boutade que nous trouvons en tête du numéro de février 1831, de notre Revue, mon cher directeur : sa mauvaise humeur commence ainsi à se déclarer, et nous voyons *la Mode* s'écrier quelques lignes plus bas :

« Allons-nous donc encore une fois revenir à la mode des Car-
» magnoles et des tuniques romaines ? Voilà déjà que les arrestations
» arbitraires, les inquisitions vexatoires, les visites domiciliaires,

» reprennent faveur, et que toutes les oreilles s'ouvrent avidement
» aux calomnies terribles, aux dénonciations et aux conjectures si-
» nistres, qui livrent joyeusement les suspects à la mort;—un préfet
» de police, qui a payé de sa place cet aveu naïf, ne nous a-t-il pas
» déclaré, il y a moins de huit jours, que les prisons étaient à ce point
» encombrées, qu'un grand nombre de prévenus avaient été relâ-
» chés faute de place! »

Et cela, mon cher ami, six mois à peine après cette ère de liberté inaugurée en France à la suite des *glorieuses* journées des
27, 28 et 29 juillet 1830! Glorieuses? en vérité notre langue se
prête à de singulières complaisances : voici des journées de deuil, de
massacre, de félonie, de pillage, de sang, et l'on a trouvé moyen
d'appeler ces belles dates, des glorieuses journées, parce qu'on
avait chassé de son palais, un vieux roi, qui ne s'était pas défendu,
parce qu'on avait pris sa couronne à un enfant, parce que des
hommes comme M. de Lafayette, — la honte et le ridicule d'un
parti, selon nous, lui, son cheval blanc, ses belles théories et sa
meilleure des Républiques, — avaient ameuté le peuple, contre une
dynastie de huit siècles ! On s'étonne véritablement, quand, à trente
années de distance, on se rappelle ces choses-là, et qu'il faut bien
les admettre comme de l'histoire !

De ces prisons encombrées, il fallut relâcher bien du monde :
des hommes à figures sinistres se laissèrent voir dans Paris ; de
nouvelles émeutes ne devaient pas longtemps se faire attendre ! Ne
faut-il pas un aliment à ce peuple de Paris, qui de loin en loin est
jeté, par une révolution, hors de ses voies, et qui sentant sa force,
veut la prouver?

Le 13 février 1831, jour anniversaire de la mort du duc de Berry,
les journaux royalistes publièrent que, le lendemain 14, selon

l'usage, une messe noire serait dite en l'église Saint-Germain-l'Auxerrois, pour le repos de l'âme du prince. L'annonce de cette cérémonie déplut au pouvoir nouveau, qui voyait avec une certaine appréhension les manifestations royalistes éclater sur bien des points. A Rhodez, pendant la nuit, on avait récemment arraché l'arbre de la liberté ; à Collioure, on avait déployé le drapeau blanc dans beaucoup de contrées on avait crié vive Henri V. C'en était assez; pour que le gouvernement de juillet voulût à tout prix empêcher le service funèbre de Saint-Germain-l'Auxerrois. Parfois les morts eux aussi, font peur aux vivants ! On fit savoir au curé de Saint-Roch qu'il y aurait danger à ouvrir son église ce jour-là : il la tint fermée. Mais le vénérable prêtre qui dirigeait Saint-Germain-l'Auxerrois était celui-là même qui, d'une fenêtre de la rue Saint-Honoré, avait donné la bénédiction suprême à la noble Marie-Antoinette se rendant à l'échafaud ; il crut devoir répondre que ne refusant jamais ses prières aux morts, il laisserait s'accomplir le service.

La cérémonie avait attiré tous les plus grands noms de l'ancienne cour : l'église était pleine ; on fit une quête, pendant la messe, en faveur des blessés de la garde royale. A peine l'absoute avait-elle eu lieu qu'on vit un jeune homme s'avancer vers le catafalque et placer le portrait du duc de Bordeaux devant le cercueil de son père ; il tenait à la main une couronne d'immortelles qu'il déposa sur le sol de l'église.

Cette circonstance fut-elle connue de la foule qui au dehors attendait la sortie des assistants, ou bien, faut-il supposer que l'émeute préparée d'avance avait été organisée en vue de ce service : c'est ce que personne n'a pu savoir au juste; toujours est-il, qu'à peine le flot des assistants à la messe funèbre eut-il commencé à déborder sur la place de Saint-Germain-l'Auxerrois, qu'on vit des hommes à mine patibulaire, évidemment soudoyés, envahir le porche en poussant des vociférations. Chose étrange, ces émeutiers d'avant-garde, furent bientôt remplacés par d'autres hommes à la mise plus soignée et aux dehors évidemment bourgeois. L'émeute qui se préparait devait être en effet une émeute en habits noirs. Écoutons M. Louis Blanc : « C'était le gouvernement de la bourgeoisie que les carlistes venaient de menacer, dit cet écrivain, bien instruit de la vérité (1); aussi l'émeute dans cette circonstance n'avait-elle pas la physionomie exclusivement populaire du mouvement insurrectionnel de décembre. Les autorités elles-mêmes encourageaient au mal par l'affectation de leur indifférence et le scandale de leur apathie. Ce fut sur l'ordre d'un magistrat qu'on abattit la croix qui surmontait l'église. Les troupes semblaient se cacher, tout pouvoir était absent ; la garde nationale, si ardente à protéger les boutiques, laissait libre la route qui allait conduire la multitude à la dévastation d'un temple! »

Laissons à M. Louis Blanc la responsabilité de ces graves paroles ; d'autres que lui les ont recueillies : l'évidence prouve, en tous cas, que si le gouvernement d'alors ne fut pas l'instigateur de l'émeute, il ne fit rien du moins pour l'empêcher, et en profita.

Ces choses se passaient, M. Baude étant préfet de police. On rapporte qu'étant à dîner ce jour-là, au Palais-Royal, il fut engagé à circonscrire l'émeute. « Faites la part du feu, Monsieur, lui avait dit un personnage haut placé : ne songez qu'au Palais-Royal (2) ; » parole fort triste, que l'histoire a recueillie !

L'église Saint-Germain-l'Auxerrois fut mise à sac : le pillage de la sacristie, des chapelles, des ornements fut exécuté en un instant :

---

(1) M. Louis Blanc, *Histoire de Dix ans.*—(2) *Idem.*

l'émeute se répandit dans les quartiers voisins. Pendant le reste de la journée Paris fut en proie au désordre le plus violent.

Mais le lendemain d'autres excès attendaient la population : le point de mire des dévastateurs était l'archevêché et l'église Notre-Dame : dès le matin du 15, qui était le mardi-gras, on vit des groupes menaçants se diriger vers les quais.

Les hommes du pouvoir assumèrent ce jour-là une responsabilité bien grande ; elle dure encore. On ne peut lire sans indignation, dans les journaux de l'époque, le récit de cette abominable journée, qui vit un peuple en délire se ruer sur un monument public, le saccager de fond en comble, se livrer à toutes les plus abominables saturnales, sans qu'une mesure ait été prise, sans qu'un ordre ait été donné pour arrêter le mal. Seul, M. Arago, qui commandait la 12° légion de la garde nationale, montra vis-à-vis de l'émeute la plus louable énergie ; sans lui le plus bel édifice chrétien de cette ville de Paris, dont les monuments font l'admiration des étrangers, pouvait être détruit, tant la fureur des assaillants était extrême et leur rage indicible : ce fut, dit-on, au seul sang-froid, au courage de ce personnage, qu'on dut alors sa précieuse conservation ; par deux fois il fit demander des secours au commandant général de la garde nationale ; son envoyé, qui n'était autre que le propre frère de M. de Montalivet, ne reparut pas. On rapporte encore, et le fait semble authentique, que M. Arago se précipitant alors au devant d'hommes du peuple occupés à abattre une croix, en reçut cette réponse : « Nous avons des ordres ! » Ils lui montraient en effet un ordre signé d'un maire d'arrondissement !

Ah ! pour l'honneur de notre pays, où l'honneur est héréditaire, espérons que c'est le même homme qui eut le cruel courage de faire afficher dans Paris, quelques mois plus tard, à l'époque du choléra, que c'était Madame la duchesse de Berry qui avait fait empoisonner les fontaines, et que deux magistrats municipaux ne se seront pas rencontrés à notre époque pour commettre d'aussi lâches infamies.

Citons encore M. Louis Blanc, dont l'autorité en pareille matière ne saurait être récusée, car tous les hommes du mouvement s'entendaient alors ; — ce ne fut que plus tard, en 1848, sur les marches de l'Hôtel-de-Ville, au Luxembourg et au Palais-Bourbon, que tous ces Messieurs ne parvinrent plus à régler leurs comptes.

« M. Arago frémissait de son impuissance et comme savant et comme citoyen. Convaincu enfin qu'il y avait parti pris de la part du pouvoir, de favoriser l'émeute, il allait donner ordre à son bataillon d'avancer, décidé à tout plutôt qu'à une résignation passive, lorsqu'on vint l'avertir que quelques personnages importants mêlés aux gardes nationaux, les engageaient à laisser faire. On lui cita particulièrement M. Thiers, sous-secrétaire d'État au ministère des finances ; il l'aperçut, en effet, se promenant devant ces ruines avec un visage satisfait et le sourire aux lèvres. »

Il ne fut pas le seul, mon cher directeur, des hommes du pouvoir qu'on vit ce jour-là, paraître en amateur sur la scène du désastre : d'autres, dont un sentiment de charité et de miséricordieuse politique, m'empêche de citer les noms, vinrent aussi assister de bon cœur aux danses du mardi-gras, *du clergé, des carlistes, et du parti prêtre.*

Ce mot a été dit, je puis vous le garantir, et celui qui l'a prononcé, après avoir occupé de hautes places dans l'administration de juillet, vit aujourd'hui dans la retraite, honteux, je pense, et repentant de son passé, mais toujours rebelle à certaines idées de justice et de réparation, qui, dans ces derniers temps, ont singulièrement honoré ses anciens amis politiques

Pendant toute cette horrible journée, on vit la Seine charrier dans son lit bourbeux, des débris de croix, des vases sacrés, des ornements souillés, des linges en lambeaux, et chose plus triste à dire, des statues de saints, des livres rares, de magnifiques broderies. Ce qui se perdit ce jour-là, de choses précieuses, est incalculable. Hélas! ce qui est plus navrant encore, c'est l'outrage que reçut alors la religion ; les rires et les insultes accompagnaient le pillage : on vit des masques s'affubler de costumes sacerdotaux et danser sur les ponts de Paris d'abominables farandoles.

M. Dupin, M. de Montalivet, ministre de l'intérieur, M. Baude, préfet de police, M. de Lafayette, M. Laffitte, vinrent aigrement se reprocher à la tribune la part que chacun d'eux pouvait avoir dans les désordres de la rue : tous, hélas! s'expliquèrent de façon à laisser voir que tous avaient quelque chose à se reprocher.

Ce fut au lendemain de ces actes de dévastation, qu'une ordonnance fut insérée au *Moniteur*, annonçant que les fleurs de lys disparaîtraient du sceau de l'État. M. Chambolle rapporte à cette occasion, que Casimir Périer lui aurait dit : — « Quelle faute! le roi sacrifie ses armoiries : c'était le lendemain de la révolution qu'il fallait s'y résoudre! Mais non, il ne voulait pas alors qu'on les effaçât, ces fleurs de lys, auxquelles il tient plus encore que ses aînés. Maintenant, l'émeute passe sous ses fenêtres, et le voilà qui jette son écusson dans le ruisseau! »

La Mode, mon cher ami, se garda bien d'en faire autant : elle continua à placer au bas de ses gravures, le noble écusson fleurdelysé, qui d'un côté porte les armes de France, — trois belles fleurs de lys d'or, — de l'autre, les armes de Naples, celles de MADAME. Ce ne fut que beaucoup plus tard, et presque de notre temps, qu'elle dut les retirer, sous le coup d'une défense formelle de les laisser paraître, et qu'il lui fallut, comme disent les marins, *amener son pavillon!*

Quelques jours après, M. Véron fut nommé directeur de l'Opéra, en remplacement de M. de Lubbert. Il existait alors à l'Académie royale de musique un abus criant. Toutes les places, non retenues d'avance, étaient frappées, à l'heure de la représentation, d'une augmentation d'un tiers dans leur prix. C'était un grand mal. « C'est une remise, au contraire, disait *la Mode,* qu'il faut s'empresser d'accorder sur le prix de toutes les places retenues à l'avance, et plus particulièrement encore sur les abonnements de loges et de stalles. »

L'adoption d'un tarif uniforme fut une des premières et excellentes mesures, par lesquelles se signala l'administration de M. Véron : elle eut pour conséquence de constituer bien vite un public d'habitués, et ceux-ci aidèrent singulièrement au développement des grandeurs de notre première scène lyrique. A cette époque, le prix d'une loge de face de six places, était de 60 fr.

La nouvelle direction fit savoir à ses confidents, que bien d'autres améliorations seraient obtenues, mais, qu'en tout état de cause, les plaisirs du public ne seraient jamais sacrifiés : les noms de Rossini, de Taglioni, de Nourrit, de madame Damoreau continueraient à faire le succès du théâtre : on annonçait même trois concerts de Paganini, qui devaient avoir lieu dans le courant de l'année.

Ce fut à peu près vers la même époque, qu'un journal, issu comme tant d'autres des barricades de juillet, la *Caricature,* à qui *la Mode* devait parfois emprunter ses crayons, commença à faire parler de lui, et vit sa réputation grandir. Le ministère Laffitte allait tomber, et avec lui la Chambre des députés. La *Caricature* publia une série de planches extra-bouffonnes, sous ce titre : *Les honorables se cramponnant après leurs bancs.* On appelait alors, mon cher ami, *honorables*, messieurs les *députés*. Beaucoup l'étaient certainement, mais quelques-uns ne l'étaient guère.

La *Caricature* fut, avec *la Mode*, le journal qui fit certainement le plus de mal au gouvernement de Juillet : l'esprit de l'un résidait dans des articles d'un piquant extrême; l'autre l'avait dans ses crayons. Citons, pour mémoire, les titres des gravures qui obtinrent alors la vogue : ces titres en diront plus que bien des paroles ; les amateurs qui les recherchent aujourd'hui, savent qu'elles sont devenues fort rares. C'étaient *les grands Sauteurs*, de Decamps; l'*Inamovible*, d'Henry Monnier; *le Jeudi gras populaire au 30 juillet*, de Victor Adam ; *la Liberté mise au poteau* (pour y être, disait-on, marquée du timbre royal); *le Carnaval politique;* et surtout *la meilleure des Républiques, pour la bagatelle de 18 millions!*

Toutes ces caricatures obtinrent un succès fou : elles fustigeaient avec esprit les travers et les hommes de l'époque. Toutefois, mon cher directeur, je ne suis pas de ceux qui croient qu'un gouvernement peut vivre avec ces inexorables coups de crayons : rien ne tue comme le ridicule, et dans le pays de la caricature, le ridicule est roi.

IX

Paganini. — *Notre-Dame de Paris.* — Livres nouveaux. — La barque à Caron. — Mouvement littéraire. — Décidément nous avons une Cour. — La croix de juillet. — Situation de l'Europe. — Voyage de Louis-Philippe à Metz. — M. Casimir Périer et le maréchal Soult. — M. Jules Janin. — *Barnave.* — Le théâtre de la Montansier. — M. Dormeuil. — M. de Chateaubriand. — Les *bêtes noires* de *la Mode* : MM. Persil, de Montalivet, Sébastiani. — Premières attaques. — Delisle. — La Bouquetière. — Pensée de la comtesse Merlin. — *Le juge et le héros de juillet.* — Pamphlets licencieux.

J'ai prononcé tout à l'heure le nom de Paganini : le nom de cet homme vivra comme celui du plus extraordinaire instrumentiste que les temps modernes auront connu. Ses fameuses variations exécutées sur une seule corde de violon, dépassent l'imagination : en voici, dit-on, l'origine.

Paganini avait eu de longues années de détention à subir. Pour quel motif? l'histoire se tait sur ce point. Toujours est-il que son seul consolateur, dans sa prison, avait été son violon. Successivement, les cordes de cet instrument avaient toutes cassé, hormis une seule : il avait bien fallu s'en contenter, l'inexorable geôlier n'ayant pas voulu en fournir d'autres. Paganini avait alors suppléé par de l'adresse et un rare instinct musical, aux cordes qui lui manquaient. A force de soin, d'art et de temps, il était parvenu à exécuter sur cette seule corde, des morceaux, que bien d'autres violonistes n'auraient pu jouer sur un violon ordinaire. Si cette histoire est vraie, quel supplice n'a pas dû endurer le malheureux prisonnier, à la pensée que cette seule corde de son violon, pourrait, elle aussi, se briser?

Longtemps, l'existence de Paganini fut mise en doute en Europe. On le considérait comme un être légendaire. Sa réputation date de la publication d'études sur le violon, qui sont venues révéler au monde les plus inexplicables singularités, en matière de composition et d'exécution musicale : la plupart des traits semblent impossibles à rendre. Le succès de Paganini, en France comme partout ailleurs, fut immense. Jamais artiste plus extraordinaire ne s'était fait entendre. Aussi, *la Mode*, dans un paroxisme d'admiration, qui ne sait comment se traduire, nous dit-elle : « Paganini est un de ces hommes, que de cinquante lieues de distance, il faut venir voir et entendre! » Les chemins de fer alors n'existaient pas, sans quoi, cette superfétation assez plate d'éloges n'aurait eu qu'un mince mérite.

Cependant, un livre venait de paraître, qui achevait de placer M. Victor Hugo au premier rang de l'école romantique : c'était sa *Notre-Dame de Paris* : « Quand la politique a englouti ses hommes, nous dit *la Mode*, faisant allusion à la chute du premier ministère du gouvernement de Juillet, la littérature produit les siens. »

En effet, ce n'était pas seulement la *Notre-Dame de Paris* dont on annonçait la publication, c'était encore celle de *Vergniaud*, par M. Jules Janin, livre qui parut définitivement sous le titre de *Barnave*, et dont nous reparlerons. C'était encore la publication de *la Peau de chagrin*, œuvre étrange, qui fit définitivement la fortune,

— au figuré, bien entendu, — du premier romancier de notre temps, de Balzac ; puis celle du *Roi des Ribauds*, par un homme dont la réputation a été surfaite, et qui a le tort de ne pas savoir se faire lire, le bibliophile Jacob ; celle encore de *Plick et Plock*, d'Eugène Sue, dont divers extraits avaient paru dans *la Mode ;* celle enfin des *Malheurs d'un amant heureux*, par madame Sophie Gay, dont le nom, j'ai déjà eu occasion de le dire, est aujourd'hui, fort oublié !

Ces livres dénotaient, — à part le dernier, qui suit les sentiers battus, — l'effervescence qui régnait alors dans les esprits. Tout ce qui avait trait à la nouveauté, à la bizarrerie, à l'extraordinaire, plaisait alors, au-delà de toute expression : la révolution, en littérature comme en toute autre chose, était à l'ordre du jour.

Chaque matin, des centaines de jeunes étudiants, guettaient la sortie de M. Victor Hugo pour lui faire une ovation : on le reconduisait ensuite jusqu'aux ponts, qui semblaient mettre, entre sa demeure et ses enthousiastes admirateurs, une limite naturelle.

Ce ne fut pas ainsi que l'entendit un jour cette même jeunesse des écoles, qui après une séance orageuse de l'Académie de Médecine, reconduisait, avec force huées et injures, un jeune professeur, homme d'infiniment d'esprit, M. Hippolyte Royer-Collard, lequel ne s'était par comporté selon ses désirs.

Arrivé au pont des Arts, ce dernier, qui se voyait suivi par une centaine d'étudiants, jeta dédaigneusement une pièce de 5 francs sur le comptoir de l'invalide, et se tournant vers ces insulteurs :

— Ces messieurs sont avec moi, dit-il.

Personne ne passa.

Rien n'est nouveau sous le soleil, mon cher directeur. Je ne sais si M. Hippolyte Royer-Collard avait lu Roucher, l'infortuné poète qui monta sur l'échafaud, le même jour qu'André Chénier; mais voici la spirituelle épigramme qu'il avait improvisée d'avance, à Saint-Lazare, à propos de la mort de Danton et de ses amis. La réponse que j'ai relatée, plus haut, en est une sorte de réminiscence :

> Lorsque arrivés au bord du fleuve Phlégéton,
> Camille Desmoulins, d'Eglantine et Danton,
> Payèrent pour passer cet endroit redoutable,
> Le nautonnier Caron, citoyen équitable,
> A nos trois passagers voulut remettre en mains
> L'excédant de la taxe imposée aux humains :
> « Garde, lui dit Danton, la somme tout entière,
> » Je paye pour Couthon, Saint-Just et Robespierre. »

Le *Courrier français* et *la Quotidienne* publièrent, à la fin de mars 1831, une lettre des plus curieuses, signée d'un honnête garde national, sur les tendances de la cour. *La Mode* la reproduisit, et nous voulons la rappeler ici, ne fût-ce que pour constater les tendances du gouvernement des barricades, huit mois après son élévation.

« Monsieur,

« Le grand mot est lâché : nous avons une *cour*. Avant-hier, le
» *Journal des Débats* annonçait que la *cour* irait passer à Saint-Cloud
» les mois d'avril et de mai. Hier, tous les journaux, sur une note qui
» sans doute leur avait été communiquée, parlaient du dernier concert
» de la *cour*. Il y a donc encore une *cour*, en France ! Autrefois qui
» disait *cour* disait *courtisans*, disait conspiration permanente contre
» le peuple, conciliabule élégant de nobles oisifs incessamment ligués
» pour empêcher les *travailleurs* de s'élever jusqu'à l'oisiveté, et pour
» maintenir le bon ordre, je veux dire un ordre de choses qui leur
» assurait la paisible jouissance de tous les abus. En sera-t-il de
» même aujourd'hui, ou bien aurons-nous une *cour* sans *courtisans*?

» Il n'était point escorté d'une *cour*, ce *prince-citoyen* qui, s'avançant
» au milieu des barricades, porté, escorté par le peuple jusqu'à l'Hôtel-
» de-Ville, venait se jeter dans les bras de notre Lafayette, et recevait
» de ses compatriotes le beau titre de *roi-citoyen*. Ses vertus et l'hon-
» neur des Français, voilà la pompe, la splendeur de son trône. Garde
» national, j'aurais été volontiers, avec ma femme et ma fille, en-
» tendre de bonne musique au Palais-Royal ; mais puis-je aller à la
» *cour*, moi, simple et bon bourgeois ? Quelle figure un marchand de
» draps peut-il faire à la *cour* ? Je vous prie, M. le journaliste, de me
» dire ce que vous en pensez ? »

Cette lettre était une des mille plaisanteries qui conviennent si bien au caractère frondeur de nous autres Français, et qui, chaque jour, vinrent au début du gouvernement de Juillet, lui rappeler son origine, ses tendances et ses travers. Nous verrons plus tard, mon cher ami, lors des fameux procès de presse dont nous allons avoir à dérouler la liste, quel parti savaient tirer des circonstances les journaux de l'opposition. Beaucoup de ces journaux avaient combattu le gouvernement de Charles X par tous les moyens en leur pouvoir, mais ils n'avaient jamais cessé de l'estimer. Tout au contraire, ceux-là même qui, sous le nouvel ordre de choses, se rapprochaient le plus par leurs idées et leurs tendances du système de Juillet, se faisaient un jeu de le torturer en le raillant, car ils ne l'estimaient pas.

Le moment semblait venu, mon cher directeur, de récompenser les héros des *glorieuses journées*. En attendant qu'on leur dressât cette déplaisante colonne de la place de la Bastille, — véritable monument élevé *au plus saint des devoirs* et à l'insurrection triomphante, — il fallait bien trouver une récompense plus en rapport avec les circonstances : la cour, — puisque déjà nous avions une cour, — n'imagina rien de mieux que de créer ce fameux ruban de Juillet, que personne aujourd'hui ne porte plus.

Toutefois une difficulté se présentait : comment allait-on conférer cette décoration? sur quels états de service? à quel titre? sous quelles réserves?... La nouvelle s'étant répandue que le gouvernement avait l'intention d'entourer la croix d'une légende ainsi conçue : *Donnée par le roi*, les murmures les plus significatifs s'élevèrent de tous côtés. On allait donc revenir à l'ancien système de la monarchie : « Tout pour le roi et par le roi?... » Beaucoup de républicains de la veille, décorés du lendemain, refusaient énergiquement de prêter serment à Louis-Philippe.

Le 16 avril 1831, il y eut à ce propos, dans Paris, une sorte d'émeute. Elle fut heureusement réprimée ; mais le gouvernement eut le dessous dans la question du ruban : il fut décidé que chacun serait libre de porter la décoration à sa guise, sans être astreint à aucun serment; ce fut, après tout, la première défaite du ministère de Casimir Périer.

Les choses allaient en France au gré des révolutionnaires ; il en était de même en Europe, dans beaucoup de pays ébranlés par le contre-coup de la révolution de Juillet. La question polonaise menaçait de prendre les proportions les plus graves, et le Saint-Siége avait à lutter contre le déchaînement des plus mauvaises passions. C'est à cette époque du printemps de 1831, qu'on vit deux jeunes gens, dont l'un devait succomber à la peine, et l'autre arriver un jour à la fortune la plus inespérée, les fils de l'ancien roi de Hollande, Louis et Louis-Napoléon Bonaparte, prendre part à la levée d'armes des Ventes italiennes et combattre avec elles dans les Romagnes, pour ce que l'on appelait alors, et ce qu'on nomme encore de nos jours, — en forçant évidemment le sens des mots, — le principe de la nationalité italienne. Singulière nationalité en effet que celle-là, qui se compose de sept à huit nationalités au moins, qui toutes, à Rome, à Naples, à Florence, à Modène, à Parme, en Lombardie, à Venise, à Gênes, ont leur vie propre et leur histoire parfaitement distincte de l'histoire générale de l'Italie!

Ce fut encore dans le même temps que s'accomplit le malencontreux voyage de Louis-Philippe à Metz, voyage dont parle la *Mode*, et qui ne prouve que trop à quel point la désaffection pour le nouveau gouvernement était déjà manifeste. Sur une centaine d'officiers de la garde nationale de Metz, invités au repas du roi, un seul se présenta; la colère de M. Casimir Périer ne connut pas de bornes : « Si cela continue, écrivait-il au maréchal Soult, chargé d'accompagner Louis-Philippe dans son voyage, et de chauffer l'enthousiasme, je vous brise comme verre! » Le mot, — bien que prononcé à une époque parlementaire, — ne l'était guère.

Tout cela n'empêchait pas la *Mode* de déclarer, en terminant son sixième volume, qu'elle était aux abois : « La *Mode*, ainsi que
» tous les recueils littéraires, disait-elle, ainsi que tous les inté-
» rêts du monde, a dû se ressentir, pendant le trimestre qui vient
» de s'écouler, de la flagrance d'une polémique inquiète, de l'absence
» des fêtes, des bals et des plaisirs dont les descriptions, il y a une
» année, animaient ses pages. Nous nous plaisons à croire que beau-
» coup d'intérêts menacés seront prochainement rassurés, et que
» les beaux jours dissiperont tous les nuages, ceux qui obscurcissent
» le ciel et ceux qui assombrissent les esprits. »

Vain espoir! pendant bien des trimestres encore, l'horizon politique devait être chargé de nuages : plusieurs même se fondirent en orages d'une telle violence que la *Mode* faillit y perdre la vie. Nous allons bientôt la voir devenir politique, et monter au rang de puissance; mais parlons auparavant d'un livre dont la réputation a grandi de nos jours, au point de donner à son auteur un regain de succès :

nous voulons parler de *Barnave*, par M. Jules Janin. L'apparition de ce livre, en 1834, produisit une sensation profonde, aussi bien dans le monde politique que dans le monde des lettres : c'était à la fois une œuvre de circonstance, une œuvre de talent et une œuvre de courage ; on se passionna pour cet écrit ; son auteur méritait à tous égards la vogue qui lui venait.

M. Jules Janin était alors un jeune homme presque inconnu. La *Mode* l'avait accueilli dès son début, et ses premiers pas littéraires avaient eu lieu dans notre Revue. Le succès de *l'Ane mort* avait pu être contesté par les gens de goût ; *Barnave*, au contraire, promettait au parti royaliste un vigoureux champion de plus pour la défense des idées et des principes monarchiques.

Doué de beaucoup de chaleur, d'un esprit étincelant, d'un style qu'il a depuis à peu près dénaturé en l'émaillant outre mesure de périphrases et de circonlocutions, d'une facilité d'écrire qui l'a rendu trop souvent prodigue d'idées, d'images et de parenthèses, M. Jules Janin se plaçait, par la publication de *Barnave*, au rang de nos premiers écrivains. Une sorte d'engouement que les royalistes éprouvèrent pour son livre, lui valut de leur part les plus doux triomphes ; on ne parlait que de son *Barnave*, on portait aux nues le livre et l'auteur ; personne n'avait assez de louanges pour vanter le courage, l'énergie et la mâle vigueur déployés par le jeune écrivain dans la préface.

Cette préface de *Barnave*, — un instant attribuée à M. Becquet, — est assurément ce qui s'est écrit de plus fort contre la famille d'Orléans. M. Jules Janin ne pensait pas, alors qu'il l'écrivait dans un noble et chaleureux élan d'indignation, qu'un jour viendrait où les princes de cette maison le combleraient de bontés. Ne lui disputons pas cependant ses opinions du lendemain et celles de la veille, — voire même celles qu'il peut avoir aujourd'hui, — car il appartient à un journal qu'on a spirituellement et sagement nommé le *Journal des Palinodies*, ou plutôt *des Débacles*, et M. Jules Janin a su garder quelque dignité dans ses évolutions politiques. Aussi, dans la nouvelle préface de *Barnave*, édition de 1860, il s'explique, non sans une certaine franchise, sur ce point délicat; peut-être eût-il mieux fait, cependant, de laisser subsister dans son entier l'ancien et magnifique avant-propos de son livre, car c'est un chef-d'œuvre !

Dans cet ouvrage aussi sainement pensé que brillamment écrit, — et qui le fut dit-on, en moins d'une semaine, — M. Jules Janin tonne avec raison, et d'un accent indigné, contre la société du xviii° siècle, « qui s'endormit un soir au sein des plaisirs, pour ne se réveiller que sur les marches de l'échafaud ! » Mirabeau et Barnave sont les deux grandes figures qui dominent le livre; c'est un étrange contraste. La poésie de l'ouvrage se retrouve ensuite dans la peinture de cet amour d'un fou pour la reine de France, qui a perdu la raison parce qu'un jour Marie-Antoinette lui a fait grâce de la vie, après une condamnation inique prononcée contre lui !

Ce livre, écrit de verve, est magnifique. Vous voudrez bien considérer mon éloge comme d'autant moins suspect, mon cher directeur, que souvent vous m'avez entendu exprimer ma manière de voir sur le compte de M. Jules Janin, avec une franchise non exempte de sévérité; c'est une raison pour me montrer juste aujourd'hui.

Ce qui est admirable dans *Barnave*, c'est le noble entraînement de l'auteur pour une cause généreuse : il la développe avec feu dans certains passages, et son style devient véritablement magique quand il nous dit ces belles paroles, qui vengent à jamais l'ancienne monarchie de toutes les calomnies de l'histoire :

« Si vous saviez, dit-il, combien c'était un pays calme et réglé, la

» France! Ancienne et poétique patrie, où vivaient en chrétiens
» des hommes simples et bons! Chaque heure, en ce vaste royaume,
» était une heure de travail; le royaume s'endormait à la même
» heure, il se réveillait et priait à la même heure. Trente millions
» d'hommes passaient leur vie à l'ombre d'un château ou d'une
» abbaye; la cloche de leur baptême était aussi la cloche de leurs
» funérailles. On parle beaucoup de l'esprit de la France. En fait de
» bel esprit, à cette époque, il n'y eut jamais en France que Paris
» même, et non-seulement Paris avait gardé tout l'esprit, mais
» encore (et comme cela était juste) tous les vices de la France et
» tous ses vertiges; la France ne se perdit que le jour où Paris eut
» trop d'esprit. Alors il jeta son superflu sur les provinces et la
» contagion gagnant les extrémités, tout fut perdu. »

La publication de *Barnave* et l'immense retentissement qu'obtint l'ouvrage, ne doivent pas étonner; chaque fois qu'une idée saine en France est développée avec talent, elle émeut tous les cœurs et au besoin les passionne.

On rapporte que l'œuvre de M. Jules Janin inspira deux auteurs dramatiques, qui, à quelques jours de là, se présentaient au nouveau théâtre du Palais-Royal, offrant au directeur, M. Dormeuil, une pièce intitulée : *Barnave*; ils la lui livrèrent et obtinrent de sa part les plus chaleureuses félicitations. Le soir, M. Dormeuil rencontrant dans les coulisses de son théâtre un de ses meilleurs pensionnaires, Lepeintre aîné, lui dit :

— On m'a lu, ce matin, une pièce dans laquelle il y a un rôle bien beau pour toi!

— Tant mieux, répondit l'acteur.

— Non, répliqua M. Dormeuil, parce que je ne la jouerai pas...

— Pourquoi?

— Tu es charmant : est-ce que tu crois que j'ai envie qu'on mette le feu à mon théâtre?

Cette pièce, en effet, n'était autre, au dire de M. Théodore Anne, qui a raconté l'anecdote, qu'une œuvre de sanglante réaction contre une époque, des idées, des tendances et un temps que ne rappelaient que trop les hommes et les choses de juillet.

Ce théâtre du Palais-Royal, mon cher ami, dont je viens de prononcer le nom, s'ouvrit en effet au commencement de 1831. Il prenait possession de l'ancienne salle Montansier, qu'il occupe encore aujourd'hui. *La Mode*, qui annonçait, à cette époque la prochaine inauguration de la salle, publiait les noms des principaux acteurs de M. Dormeuil; nous y remarquons ceux de Bernard-Léon, de Lepeintre aîné et de Samson, les deux premiers, morts depuis si tristement et si prématurément; l'autre, Samson, aujourd'hui, le plus intelligent et le meilleur de nos comédiens modernes.

Un nouvel événement, véritable coup de foudre politique et littéraire, ne tarda pas à éclater : ce fut l'apparition de la fameuse brochure de M. de Chateaubriand : *de la Restauration et de la Monarchie élective*. Rarement, le sublime défenseur de la légitimité s'était élevé plus haut. Sa conclusion était que le pouvoir nouveau n'avait chance de vie, — et les événements ne l'ont que trop prouvé, — qu'en reniant son origine : « Né de la presse, disait la brochure, le gouvernement de Juillet tuera sa mère ! »

Dans un autre passage, M. de Chateaubriand répondant à d'injustes insinuations de ses adversaires, qui l'accusaient, lui et tout le parti royaliste, de pactiser avec l'étranger, s'écriait avec l'accent le plus chaleureux : « Aujourd'hui, je sacrifierais ma vie à l'enfant du

» malheur. Demain, si mes paroles avaient quelque puissance, je les
» emploierais à rallier les Français contre l'étranger qui ramènerait
» Henri V dans ses bras ! »

Ah ! il y avait donc encore, à cette époque d'effacement des consciences et d'ingratitude politique, de nobles cœurs et de généreux écrivains pour défendre les causes saintes !

Les attaques les plus vives trouvaient alors à se produire contre les personnages du monde officiel. On imagina un mot pour exprimer les dédains des journaux de l'opposition à l'égard des hommes du pouvoir. Harcelés continuellement par la petite presse, ces derniers furent qualifiés de *bêtes noires*.

Les *bêtes noires* de *la Mode* furent, au début : MM. Persil, Sébastiani, de Montalivet, Casimir Périer, d'autres encore, qui, au lendemain des glorieuses journées, occupèrent le premier plan sur le terrain politique ; ils eurent à essuyer, de la part de notre Revue, d'incessantes attaques.

Les jeux de mots s'en mêlaient. A propos de la nomination du nouveau ministère, la mordante Revue disait : « La terreur des va-nu-
» pieds et des sans-culottes est si grande au Palais-Royal, que le mi-
» nistère a été doublé de *Casimir* ; le gouvernement n'ose plus faire
» un pas sans des bottes de *Persil*. »

Quant à M. Sébastiani, qui passait pour être le fils d'un simple tonnelier de Bastia, et dont les prétentions à l'élégance et à la coquetterie surannée prêtaient quelque peu aux plaisanteries, voici ce que *la Mode* en disait : « M. le comte Sébastiani se croit un Apollon, parce
» qu'il est fils de *Latone* ! »

Nous avons eu occasion de relever, mon cher directeur, les spirituelles définitions données par *la Mode*, du *juste-milieu* gouvernemental. Ce juste-milieu semblait alors, à bien des gens, la panacée universelle : on s'en servait comme d'un remède à tous les maux ; on ne se disait plus libéral, républicain, national ou conservateur, on se proclamait *juste-milieu* : cela disait tout, et cela ne disait rien. *La Mode* avait trouvé une nouvelle et sanglante interprétation de ce juste-milieu : « C'est, disait-elle, la liberté de faire aux autres ce » qu'on ne voudrait pas qu'ils vous fissent ! » Et elle ajoutait, avec une profonde vérité : « Dans le juste-milieu, sont placés les hommes » qui hésitent entre leurs opinions et leurs intérêts, qui ont surtout » trop de vanité pour abandonner les unes et trop d'expérience pour » sacrifier les autres ! »

En avril 1831, se place encore un fait d'une importance relativement minime, mais qui fut aussi un événement ; il intéressera certainement vos lectrices, car il s'agit de l'ouverture d'un des plus fameux magasins de l'élégance parisienne : le magasin de Delisle, qui vint s'installer, à cette époque, au beau milieu de la rue de Choiseul, qu'il quitte aujourd'hui, l'ingrat, pour courir où va la foule, sur les boulevards.

L'importance du nom d'un fournisseur était alors extrême : j'ai déjà eu l'occasion de le dire. Un élégant devait nécessairement porter des habits sortant de telle maison à la mode, et cela au risque d'être perdu de réputation dans le jeune monde de la fashion, — mot nouveau, qui date aussi de 1830 ; — une femme à la mode, en revanche, ne pouvait aller acheter ses étoffes que chez *Delisle*, ou *au Page*. La réputation du magasin de Delisle prit, dès les premiers jours, une proportion telle, que jamais assurément pareil succès ne s'était vu dans les fastes du monde commercial. Les temps n'étaient pas venus encore où les industriels de notre époque, imaginant de faire concurrence aux anciennes halles et aux marchés de nos pères, déposeraient leurs marchandises dans d'immenses villes, à plusieurs quartiers, comme *aux Villes de France, à la Ville de Paris, à la Ville de Lyon*, etc., et réuniraient dans un seul et même magasin toutes les richesses et tous les genres de nos industries nationales.

J'ai promis de parler à peu près, de tout ce qui éveilla à cette époque, l'attention des salons : je dois parler, des romances qui étaient alors fort à la mode.

La Bouquetière, jolie romance, paroles du comte Jules de Rességuier, musique de madame Pauline Duchambge, parut presque en même temps que *la Leçon tyrolienne* et *la Voix de ce qu'on aime*, musique et paroles d'Amédée de Beauplan, qu'interprétait alors le talent inimitable de madame Malibran. Ces trois romances eurent un immense succès. J'évoque ces souvenirs pour nos mères, mon cher directeur, qui, toutes, ont chanté ces jolies compositions, en même temps que celles de notre aimable et toujours jeune collaborateur, M. Ulric Guttinguer. C'est encore, hélas! une tendance aujourd'hui disparue, que celle du goût de la romance dans nos salons. On trouve plus commode de faire venir, du théâtre voisin, des artistes qu'on récompense largement, et personne, dans le monde, n'ose plus se risquer à côté de ces grands talents ; et puis, nos jeunes filles et nos jeunes femmes ont-elles le temps, entre les fatigues des trois bals de la veille et celles des six raouts du lendemain, d'étudier la musique et de chanter des romances? Non. Mais, à l'époque de la Restauration, et dans les premières années qui suivirent sa chute, on se plaisait encore, dans la société, et surtout en province à ces plaisirs gracieux qui faisaient, d'un concert de salon, une petite fête recherchée. Je me souviens d'avoir entendu de bien gracieuses voix, moduler cette *Bouquetière*, dont je ne citerai que quatre strophes :

Je vends anémone,
Jacinthe, lilas;
Mon cœur, je le donne,
Et ne le vends pas.

C'est la bouquetière
Qui se tait toujours,
Et qui, la première,
Connaît vos amours!

L'amant qui, la veille,
Choisit de sa main
Toute ma corbeille
Viendra-t-il demain?

Pour tous, quand j'arrange
L'œillet blanc, uni
A la fleur d'orange,
Je dis! c'est fini!

Tout cela avait son charme : les plaisirs de l'esprit, les émotions du cœur, trouvaient ainsi à se produire, même dans les salons : l'ennui, ce grand mal de notre époque, n'y était pas connu ; on savait encore s'amuser : hélas! on ne le sait plus aujourd'hui! Au lieu d'apprendre aux jeunes filles à chanter, on leur apprend à compter. Devenues femmes, elles s'occupent presque exclusivement de colifichets, font courir, jouent à la bourse, et n'ont plus le temps de s'occuper de romances. Hélas! trois fois hélas! comment, avec cela, faire cadrer le bonheur?

Voici une délicieuse pensée de la comtesse Merlin, que nous trouvons dans *la Mode* de 1831, et qui va nous venir en aide pour prouver, une fois de plus, que les esprits délicats savent seuls faire vibrer les cordes du sentiment : « Pour cultiver les fleurs, dit cette aimable

» femme, — enlevée trop tôt, elle aussi, à l'affection et à l'estime de
» tous,—dans quelque position qu'on se trouve, il faut avoir, à part
» soi, un petit grain de bonheur. »

La nouvelle Chambre des députés venait de se réunir : un homme d'esprit, M. Desmarres, publia, dans *la Mode*, la fable qu'on va lire : c'était à la fois, la peinture et la critique de tout le système nouveau ; le titre était : *le Juge et le Héros de juillet :*

<pre>
            S'étant battu pour notre liberté,
                    Cet été,
      Un héros de juillet, tronqué par la mitraille,
              De tout se trouva dépourvu
              Lorsque décembre fut venu.
      C'est pitié de le voir, étendu sur la paille,
              Sans pain, sans travail, demi-nu ;
              Il alla donc crier famine
              Auprès d'une *Chambre* voisine,
              Priant à haute voix Dupin
      De lui donner du travail ou du pain.
              A ce prix, bornant sa colère,
                 Il promettait de payer
                 Bien exactement son loyer
      D'une *Chambre*, aux Français si chère.

      On l'arrête : Persil qui ne pardonne guère,
              — Et c'est là son moindre défaut, —
      Le fait mander, et voit sans peur de l'échafaud,
      Aux trous de son manteau passer la République ;
      Il l'interroge alors d'une manière oblique :
              — Que faisiez-vous à la belle saison ?
              — Je me battais, ne vous déplaise.
              — Vous vous battiez ? j'en suis fort aise,
              Allez maintenant en prison !
</pre>

C'était une cruelle allusion à toutes ces incarcérations d'émeutiers, dont on s'était d'abord servi, et qu'on jetait dans les prisons du juste-milieu : on avait bien voulu de leur concours pour allumer l'incendie, on ne voulait plus d'eux maintenant qu'il s'agissait de l'éteindre, avant qu'il n'entourât de flammes le trône mal assis des barricades! Les sévérités des parquets étaient réservées pour ces malheureux, égarés plutôt que coupables, qui expiaient durement, dans les cachots du nouvel ordre de choses, leurs illusions des premiers jours. En revanche, on tolérait dans les rues de Paris, et à l'étalage des marchands d'estampes, d'ignobles gravures ou des pamphlets plus dégoûtants encore, dans lesquels la moquerie et le ridicule étaient déversés sur ce qui, en ce monde, est le plus digne de respect, le malheur immérité. Les plus basses calomnies, répétées sous le couvert de l'anonyme, dans ces abominables productions, inondaient Paris. Ce que j'ai le moins pardonné pour ma part, mon cher directeur, au gouvernement de 1830,—et je vous prie de croire que, du fond du cœur, je lui ai pardonné bien des griefs depuis sa chute, — c'est sa conduite inqualifiable vis-à-vis de la branche aînée des Bourbons, dans les premiers mois qui suivirent 1830.

Il y a toujours de la noblesse, pour un gouvernement, à ne pas laisser insulter un adversaire tombé. Jamais les honnêtes gens ne pardonneront à Louis-Philippe d'avoir laissé crier dans les rues de Paris : *l'Histoire des amours de l'archevêque de Paris et de la duchesse d'Angoulême.*

Le seul énoncé de ce titre infâme me fait refluer le sang au cœur, et je me demande, en vérité, comment j'ai eu le courage de l'écrire.

X

Le Salon de 1831. — Ary Scheffer. — Paul Delaroche. — Delacroix. — Léopold Robert. — Camille Roqueplan. — Gudin. — Decamps. — Horace Vernet. — M. Daguerre. — M. de Lubbert à l'Opéra-Comique. — *Zampa*. — Vente de *la Mode*. — MM. Alfred Dufougerais et de Bermond. — Où est la mode? — La garde nationale. — Lettre de M. Lachassagne. — La statue d'Henri IV et le drapeau tricolore. — *La meilleure des républiques*. — Les héros de juillet. — Mort de l'abbé Grégoire. — Refus de sépulture ecclésiastique. — Encore le ruban de juillet. — Rouget Delisle et *la Marseillaise*. — Modes du temps. — *Les infidèles*. — Le duc d'Orléans au bal. — Il est porteur d'un emblème séditieux.

Le Salon venait d'ouvrir.

On donnait ce nom aux expositions de peinture, depuis le jour où, pour la première fois, l'une d'elles s'était ouverte dans le grand salon carré du Louvre.

Après un intervalle de trois ans et le contre-coup d'une révolution qui avait surpris tout le monde, on se demandait, non sans un sentiment de vive curiosité, ce qu'allait être la nouvelle exposition de tableaux. Les novateurs du monde artistique auraient-ils imité ceux de la littérature, en abandonnant comme eux les routes battues pour courir vers les champs de l'inconnu, ou bien seraient-ils demeurés fidèles aux grandes lois de l'art antique? C'est ce que chacun se demandait.

Ce Salon de 1831, hâtons-nous de le dire, fut un des plus remarquables dont les vrais amateurs aient gardé la mémoire. L'élan donné aux arts, sous la Restauration, et aussi les encouragements prodigués aux artistes par la liste civile du roi Charles X, étaient évidemment pour beaucoup dans ce résultat. Certains génies venaient d'éclore, qui devaient vite grandir, et qu'il nous a été donné de voir arriver depuis à l'apogée de leur gloire : tels les beaux talents d'Ary Scheffer, de Paul Delaroche, de Léopold Robert, de Delacroix, de Camille Roqueplan, de Gudin, de Decamps, d'Horace Vernet. A trente années de distance, les noms de ces grands peintres sont aujourd'hui acceptés par tous les gens de goût. Il n'en était point ainsi en 1831.

On discutait alors, et beaucoup plus sérieusement que de nos jours, le vrai mérite des artistes exposants : de véritables luttes, entre amateurs et connaisseurs, avaient lieu chaque jour devant les toiles exposées par ces futurs maîtres. Les peintures d'Eugène Delacroix et de Paul Delaroche étaient surtout l'objet de vives critiques. Leur genre, après tout, avait-il bien cette vraie grandeur qui mène à la postérité le nom d'un artiste? Nous le croyons ; d'autres ne le pensaient pas.

Paul Delaroche avait exposé son admirable tableau de *Cromwel allant soulever le couvercle du cercueil de Charles Ier*, et sa non moins admirable composition des *Enfants d'Édouard à la tour de Londres*. Tout le monde connaît ces deux chefs-d'œuvre, aujourd'hui la gloire du maître. Paul Delaroche avait, dit-on, copié la tête de Cromwell d'après un masque moulé d'après nature, sur la figure même du protecteur, après sa mort. C'était cependant l'expression de cette tête que lui contestaient le plus les critiques de 1831. Nous qui trouvons, pour notre part, le tableau irréprochable, nous nous garderons bien de les imiter. Paul Delaroche avait encore exposé ses deux admirables toiles de *Richelieu* et de *Mazarin*, que la gravure a également reproduites, et que tout le monde connaît.

Eugène Delacroix s'était cru sans doute obligé de faire la part des circonstances ; il avait soumis au jury, qui s'était hâté de l'accepter, son fameux tableau de *la Liberté*, où l'on voit le peuple de Paris dans tout son beau, — ou plutôt, hélas ! dans tout son laid.

Cette toile, entourée de nombreux portraits de Louis-Philippe, ne rappelait que trop comment la couronne était montée de la rue et des mains de tout ce peuple en délire, sur la tête d'un prince du sang.

Léopold Robert, — ce frais talent enlevé trop tôt et si malheureusement aux arts, — avait exposé ses fameux *Moissonneurs* : il n'est personne qui n'ait vu et admiré ce tableau, l'un de ceux que la gravure moderne a le plus souvent reproduits. Léopold Robert sera certainement une des gloires de notre école française moderne.

Horace Vernet avait exposé, entre autres portraits, celui de sa fille, — celle qui devait, à peu de temps de là, devenir la femme de Paul Delaroche, et qui lui a tout récemment fermé les yeux.

Gudin voyait la foule s'arrêter avec une curiosité mêlée d'admiration devant ses inimitables marines, qui se paient aujourd'hui au poids de l'or. Gudin avait vu, avec le plus grand regret, la chute de la dynastie de Charles X ; plus d'une fois il avait eu occasion de reconnaître les bontés du Roi ; son admiration pour ce prince chevaleresque n'avait d'égale que sa reconnaissance. On prétend qu'il regrette toujours ce beau temps de la Restauration qui vit ses débuts, sa gloire et ses succès.

Camille Roqueplan qui, lui aussi, nous a été enlevé, comme Léopold Robert, bien avant l'âge, avait de délicieuses toiles à cette exposition de 1831. Mais le grand succès du Musée fut pour Ary Scheffer. Hélas! la mort implacable nous a encore ravi, il y a peu de mois, ce grand talent, cette main puissante, qui a signé tant de magnifiques créations.

Ary Scheffer avait exposé son *Faust* et sa *Marguerite*, ses deux toiles les plus célèbres, celles qui résument le mieux, à notre avis — différent peut-être de celui de certains critiques, — sa grâce inimitable, la rare énergie de son pinceau, son chaud coloris, sa merveilleuse puissance de touche. Celui qui n'a pas vu les tableaux de *Faust* et de *Marguerite*, d'Ary Scheffer, ne comprendra jamais l'attrait que peuvent produire des couleurs sur une toile; c'est, pour nous, le sublime du genre. Mais à quoi bon nous étendre sur ce sujet? il n'est personne de vos lecteurs, mon cher ami, qui, soit en 1831, soit tout dernièrement, à l'exposition qui fut faite de tous ceux de ses tableaux qu'on put réunir après la mort d'Ary Scheffer, qui n'ait partagé l'admiration que je ressens moi-même pour ces deux compositions sans pareilles. C'est la Russie qui les possède, paraît-il, et la France, sans doute, ne les reverra plus!...

Les peintres de l'ancienne école, — les gloires de l'empire, comme on les nommait, — Ingres, Gérard, Gros, se voyaient dépassés. On était injuste pour eux, on allait bientôt se montrer ingrat.

La sculpture n'offrait guère aux curieux que d'assez médiocres morceaux. Cependant tout le monde admirait le beau *Spartacus* de M. Foyatier; les rondes bosses et les bas-reliefs, exécutés à la manière antique, de M. Antonin Moyne; les beaux marbres de Gayrard, et surtout des bustes de Dantan, qui déjà faisaient présager l'avenir de ce jeune talent original et vrai.

Les plâtres de Louis-Philippe abondaient, comme de raison. Il y a toujours, même dans le monde des artistes, — celui de tous les mondes où se rencontre cependant le plus d'indépendance et de réelle franchise, — des caractères qui aiment, comme dans d'autres sphères, à flatter le succès et à courir au-devant de lui. Tant que le monde sera monde, il en sera sans doute ainsi. Aucun de ces bustes du Roi-Citoyen n'a illustré son auteur !

Pendant ce temps, M. Daguerre, qui était à la veille de doter son pays d'une invention sans égale dans les fastes de la science appliquée aux arts, invention qui devait produire dans le monde artistique la même révolution que la découverte de l'imprimerie avait produite, au moyen-âge, chez les lettrés et les érudits, M. Daguerre, disons-nous, présentait à l'admiration des Parisiens, — au Diorama, — une vue du tombeau de Napoléon, à Sainte-Hélène, dont l'aspect était merveilleux. Ce Diorama était encore une des mille curiosités du Paris d'alors. Comme tous les inventeurs, M. Daguerre n'a pas assez vécu pour voir les surprenantes améliorations apportées par ses successeurs, et de nos jours, à son admirable invention.

M. de Lubbert, sacrifié, d'après *la Mode*, à M. Véron, — lequel venait de prendre la direction de l'Opéra, — obtint, vers la même époque, une sorte de compensation à sa disgrâce. On le mit à la tête de l'Opéra-Comique, où sa rare intelligence fit merveille. A cette date, en effet, se place la représentation de *Zampa*, d'Hérold, qui obtint l'un des plus grands succès dont on ait gardé le souvenir à ce théâtre, et mit le comble à la vogue de l'ancienne scène Feydeau.

Enfin, ce fut à la même époque, vers le milieu d'avril 1831, qu'advint un événement qui devait changer totalement la situation de notre Revue : j'entends parler, mon cher directeur, de la vente de *la Mode*, qui fut faite par MM. de Girardin et Lautour-Mézeray à deux fidèles royalistes dont les noms ont toujours été honorés: MM. Alfred Dufougerais et de Bermond. Cette vente de *la Mode* avait eu lieu pardevant notaire, car des intérêts de plus d'une sorte se trouvaient engagés dans la possession de la Revue : elle terminait pour ainsi dire la première phase de l'existence pacifique d'un journal dont, vous le savez comme moi, mon cher ami, les années subséquentes ont été des plus agitées. La situation de *la Mode*, en effet, a toujours été brillante; l'énergique à-propos de ses boutades, ses remarquables productions littéraires, le charme de sa rédaction artistique, en ont fait un recueil élégant et recherché; mais, l'éternelle inimitié des parquets à son égard, n'a pas peu contribué à l'accabler du poids de bien mauvais jours. Nous allons les voir venir, mon cher Directeur, et bon nombre de vos fidèles amis retrouveront, dans mon récit, des souvenirs qu'ils n'ont pu oublier.

Dans un article fort bien fait et qui parut sous ce titre : *les nouveaux Éditeurs de la Mode*, MM. Dufougerais et de Bermond expliquèrent à leurs amis, comment il leur avait paru cruel de laisser aller à l'encan et à la folle-enchère, en France, dans le pays de l'élégance, du courage civique, et des belles manières, cette pauvre *Mode*, qu'ils avaient été heureux de pouvoir recueillir. Dans cet aimable manifeste, ils mêlaient spirituellement l'idée de *la Mode* journal, à celle de la Mode, déesse de l'élégance et de la toilette, et ils disaient :

« A notre première question, *où est la Mode?* on nous a ré-
» pondu qu'on n'en savait rien. Nous l'avons été chercher dans les sa-
» lons; on nous a dit qu'elle était à l'Hôtel-de-Ville! Là nous avons vu
» des jeunes gens qui cherchaient, comme nous, avec une inquiète
» attention, et qui nous ont dit : Ce n'est pas la Mode que nous cher-
» chons, c'est le programme de Juillet!... Plus loin, nous avons en-

» tendu la voix d'un crieur public qui mettait en vente de glorieux
» débris ; nous nous sommes approchés : on vendait le mobilier des
» princesses que nous avions si longtemps appris à aimer et à res-
» pecter; on allait même adjuger la petite selle d'un enfant que nous
» avions appris à considérer comme devant être notre Roi un jour ;
» nous passâmes, la Mode ne pouvant être là... Pour la trouver,
» il nous fallut aller la chercher, là où elle s'était blottie, dans un
» recueil élégant, coquet, de bonne compagnie, où de jeunes adep-
» tes, ses fidèles amis, la défendaient encore. »

Ce début promettait. Il tint parole. Jamais peut-être *la Mode*, en tant que Revue politique, ne connut de jours plus brillants que sous la direction de MM. Dufougerais et de Bermond. Toutefois, ce dernier ne garda guère que pendant deux années la part de propriété qu'il avait achetée.

Ces messieurs confièrent la gérance de la Revue à un homme d'esprit et de cœur, M. Théodore Muret, qui dut à cette qualité de gérant, l'honneur de faire connaissance avec les parquets du gouvernement de Juillet, et l'avantage, plus grand encore, d'avoir été, pendant un certain temps, le bouc-émissaire de l'honnête M. Persil.

La garde nationale était alors l'objet de l'amour ou de l'engouement de tous les Parisiens, selon leurs opinions respectives : les uns la portaient aux nues, étaient fiers d'en faire partie, et caressaient avec une évidente satisfaction l'idée de porter un sabre, un fusil, et surtout des épaulettes; les autres n'y voyaient guère qu'une abominable corvée à faire, et l'agrément plus ou moins justifié, aux yeux de bien des royalistes et de presque tous les républicains, d'aller présenter les armes, à la porte des Tuileries, à des personnages qu'ils ne pouvaient souffrir, ou bien d'empêcher, selon leur consigne, les gens en casquettes et les chiens, — car on en était déjà là, — de pénétrer dans les royales et bourgeoises promenades! A cette occasion, *la Mode* publia une lettre fort spirituelle d'un M. La Chassagne, homme de lettres, qui expliquait d'une manière très catégorique pourquoi il ne voulait pas faire partie de la garde nationale. Il disait :

« Confier des armes à des personnes qui ne voudraient point en
» faire usage pour préserver d'une catastrophe imminente le trône
» que l'on appelle *populaire*, serait une grande imprudence ; elles
» pourraient en abuser, je ne serai pas de ce nombre ; je préfère
» rester désarmé : mes affections, mes souvenirs et mes opinions
» m'en font un devoir.

» Car, si j'étais en faction à la porte du prince qui nous gou-
» verne, et que Napoléon II avec les souvenirs de son père, Henri V
» avec les souvenirs de Henri IV, ou la République sous la figure
» d'une jolie femme, vinssent à se présenter, je leur demanderais :

» — Où allez-vous?

» — Nous allons chez le Roi des Français.

» — Qu'allez-vous y faire?

» — Prendre sa place.

» — Donnez-vous la peine d'entrer, leur dirais-je, et je présen-
» terais les armes à celui que je désire. Sinon, pour les autres, un
» pas en arrière : contre la force pas de résistance. »

Et voilà, mon cher ami, pour quels motifs M. La Chassagne ne voulait pas faire partie de la garde nationale! Obtint-il, comme votre très humble serviteur, le grand avantage d'être un beau jour, rayé *comme indigne* des contrôles de la garde parisienne, après de refus successifs de service et des condamnations réitérées à des heures de faction énormes, et même après plusieurs nuits à la fameuse prison des *Haricots?* c'est ce que je ne saurais dire, mon cher directeur, mais je fais ici appel aux souvenirs de tous ceux de vos amis qui ont pu faire partie de cette garde nationale, — admirable institution, — comme dirait Robert-Macaire, s'il était encore de ce monde, ou plutôt s'il pouvait encore avoir son franc-parler, car il existe toujours et se trouve même aujourd'hui magnifiquement renté, casé, riche à millions et chargé, sinon d'honneur, au moins d'honneurs ; — je fais appel, dis-je, à tous les souvenirs des anciens gardes nationaux de ma génération : un seul me contredira-t-il, quand j'affirmerai que messieurs les sergents-majors se montraient d'une exigence inflexible, et rendaient la vie bien dure à ceux de leurs voltigeurs qui n'appréciaient pas assez l'immense honneur de faire partie de la milice bourgeoise ?

Ah ! cette garde nationale, si vous saviez, mon cher ami, comme je l'ai en horreur, elle, ses réglements, son organisation, ses sottes idées de continuelle opposition à tout et à tous, jusqu'à ses buffleteries, qu'on vient de supprimer ! Mais, que dis-je, elle existe encore, cette garde nationale, et mieux vaut m'abstenir de parler mal d'une institution qui n'a jamais eu qu'un mérite, à mon sens, celui de réprimer quelquefois, — bien rarement, — les émeutes qu'elle avait fomentées. Règle générale : toutes les fois, de nos jours, que vous verrez un gouvernement organiser une garde nationale, vous pouvez être certain que, dans un délai donné, ce gouvernement sera en pleine révolution !

On voulut, à cette époque, remplacer le drapeau blanc qui se trouvait au Pont-Neuf, sur la statue d'Henri IV, par un drapeau tricolore : c'était la conséquence assez naturelle après tout du décret de M. de Montalivet, qui ordonnait de rayer les fleurs de lis partout où elles se montraient, — même sur l'écu de Bayard (1). — *La Mode* ne

---

(1) Historique, voir *la Mode*, tome VII, page 225.

voulut pas que le fait passât sans protestation, et elle publia les jolis vers que voici :

> Le drapeau de votre civisme
> Dans la main de ce prince, à la fois brave et franc,
> Pour l'honneur, pour le royalisme,
> Ce n'est qu'un plat anachronisme ;
> C'est comme si Philippe avait le drapeau blanc !

Une autre pièce de vers des plus curieuses, mais qu'il serait trop long de reproduire ici, contenait, dans le même numéro, la critique la plus acerbe des hommes et des choses du nouveau régime. Faisant allusion à la qualification fameuse de *meilleure des républiques*, donnée par Lafayette à Louis-Philippe, l'auteur de cette pièce satirique terminait son pamphlet par cette étincelante boutade :

> *La meilleure des républiques !*
> Puisqu'il l'a dit, je le veux bien ;
> Mais c'est la preuve, sans réplique,
> Que la meilleure ne vaut rien !

A propos de Lafayette et de la liste des héros de juillet, *la Mode* faisant le plus bizarre rapprochement de leurs noms, publiait cette trop fameuse énumération dans laquelle ses rédacteurs s'étaient amusés à réunir et à placer, les uns devant les autres, les noms des combattants des glorieuses journées. La pièce débutait ainsi :

Legrand, Gilles, Lafayette, Montan, Leblanc, Cheval, Vieil, Rosse, etc., etc. Il y en avait deux longues pages : on y voyait un des héros, *Gagneur, Allée, Trouvé, Leroy, Bourgeois, Philippe, Leserré*, etc., etc.; et plus loin, Alexandre Dumas lui-même, — qui donnait, paraît-il, alors, aux barricades de 1830, le même appui qu'il prête aujourd'hui aux voleries de son ami Garibaldi, — figurait dans la bienheureuse liste : *Alexandre Dumas, Modeste, Samson, Crépu, Trouvé,* etc.

Ici se place la triste mort du triste abbé Grégoire, évêque constitutionnel, comme on sait, membre de la Convention et de plus régicide : l'Église lui refusa ses prières. « Depuis quinze jours, dit
» *la Mode,* on parlait de cette mort, qui était imminente ; mais le
» vieux Jacobin n'avait rien voulu rétracter : n'était-il pas naturel
» alors que le clergé s'abstînt de paraître à ses obsèques ? »

Le gouvernement ne l'entendit pas ainsi : un immense scandale aurait pu être évité, il eut lieu. Sur le refus du curé de la paroisse, de faire donner à Grégoire la sépulture ecclésiastique, le préfet de police ordonna que l'enterrement aurait lieu *par ordre.* Le curé avait enlevé les vases sacrés, dans la crainte qu'ils ne fussent souillés par une indigne profanation : on n'en tint aucun compte. Il se trouva là, par hasard, — comme il arrive aujourd'hui en Piémont et dans les Romagnes, les jours de *Te Deum,* —un prêtre moins difficile que son curé et qui, tenté sans doute par la perspective de devenir un jour lui aussi évêque constitutionnel, prêta son concours à une véritable momerie. On avait été chercher, pour diriger la cérémonie, un ancien tambour-major, suisse aux Invalides.

Un seul homme, ami du défunt, s'honora en refusant de pénétrer dans l'église et d'assister aux obsèques : c'était M. de Potter, un Belge républicain, qui ne voulait pas, disait-il, avec une irréfutable logique, « consacrer, par sa présence, une odieuse violation de la liberté
» des cultes. »

Il serait temps, en effet, de s'entendre sur ce refus de sépulture ecclésiastique. Que si un homme meurt, sans avoir reçu les sacrements, et que l'Église lui refuse ses prières, c'est peut-être une sévérité que bien des prêtres auraient tort d'appliquer, — très peu d'ailleurs se croient en droit de le faire ; — mais qu'un homme comme l'abbé Grégoire, — et tant d'autres malheureusement, — meure en protestant de ses sentiments et en repoussant avec énergie les dogmes catholiques, c'est lui faire outrage, c'est aller contre le vœu de sa conscience, contre ses dernières volontés, que de présenter son corps dans une église, et de réciter sur ses dépouilles des prières qui le feraient sans doute se dresser dans son cercueil s'il pouvait les entendre.

Cette malheureuse décoration de juillet, à peine instituée, faisait honte déjà à beaucoup de ceux qui en avaient été soi-disant honorés. A un bal de jour, donné au mois de mai, par l'ambassadrice d'Angleterre, lady Granville, il y eut une sorte de contestation des plus piquantes, occasionnée par un de ces fameux rubans bleus que portait, *seul*, ce jour-là, un neveu de M. Lafitte. « Plusieurs décorés de juillet, dit *la Mode*, que l'on rencontre quelquefois, depuis la révolution, dans les salons diplomatiques, sont dans l'habitude de déposer, en faisant leur toilette du soir, le petit cordon bleu de juillet qu'ils portent le matin, et c'est une observation qui paraît particulièrement applicable à M. le commandant de Paris. »

La Mode nous apprend, à quelques pages de là, que Rouget de Lisle, l'auteur de la *Marseillaise*, fut alors décoré par Louis-Philippe ; le nouveau roi crut devoir joindre à l'envoi de cette récompense honorifique un titre de rente de 1,500 fr. On prétend que ce Rouget de Lisle est mort de chagrin d'avoir composé cet hymne fatal, au refrain duquel toutes les abominations de la Terreur ont été commises. Rouget de Lisle n'avait pas composé ce morceau en vue de la révolution et de ses excès : il l'avait d'abord publié sous ce titre : *Chant des combats ;* ce fut le hasard qui fit tomber sa musique entre les mains des hordes de brigands, qu'on nommait bien à tort des

Marseillais, puisque tous appartenaient à des départements beaucoup plus voisins de Paris. La sanglante réputation de cet air vient de là. L'auteur avait dédié son hymne à Bailly, qui était son oncle ; ce dernier périt au refrain de *la Marseillaise*. Les bourreaux, on le sait, le forcèrent à faire le tour du Champ-de-Mars, portant, sur son dos, l'instrument de son supplice : les misérables qui le mirent à mort, hurlaient autour de leur victime l'émouvante reprise de l'air de Rouget de Lisle :

Marchez (*bis*), qu'un sang impur abreuve nos sillons !

La mode voulait alors que les femmes portassent des boas : cette élégante façon d'entourer leur cou de jolies fourrures, à la sortie des bals ou des lieux publics, est aujourd'hui abandonnée : peut-être est-ce regrettable, car cette mode était à la fois gracieuse et utile; — double raison peut-être, pour qu'elle ait été négligée. — Les dames appelaient alors leurs boas, des *infidèles*, « parce qu'ils glissent sans doute et veulent toujours nous quitter, » disait l'une d'elles.

Les messieurs, de leur côté, avaient adopté les gilets à *la Camille Desmoulins*. Hélas ! nous les avons vus reparaître en 1848, ces fameux gilets, mais ils ont vite disparu, à l'une comme à l'autre des deux époques dont nous parlons. Ces modes révolutionnaires ne durent pas, heureusement; mais les révolutions, elles, ne durent que trop !

Par contre, les jeunes gens du vrai monde, ceux qui appartenaient à l'ancienne cour, ne se faisaient pas faute de se montrer dans les salons, et même dans les promenades, avec de jolies fleurs blanches ou vertes à la boutonnière. A un bal donné chez la comtesse Appony, ambassadrice d'Autriche, une jeune femme, — dont on sut le nom plus tard, — se permit, à l'égard de celui qu'on nommait alors le prince Royal, — le duc d'Orléans, — une espiéglerie qui ne laissa pas que de beaucoup amuser. Le prince, pendant une valse, ayant oublié son chapeau sur une banquette, quand il voulut le reprendre, le trouva décoré d'une cocarde blanche ! Il ne s'en aperçut pas d'abord, et sortit du bal avec un chapeau sur la tête, qui portait le trop fameux emblème prohibé !

XI

Deux dames de la cour. — Verte réponse. — *La Mode* ne ménage personne. — *Les Lauriers*. — Encore M. Sébastiani. — L'histoire de sa balle. — Premières étapes de la famille royale en exil. — Lulworth. — Holy-Rood. — Noms des fidèles qui accompagnèrent le Roi. — MADAME à Bath. — Mot charmant du duc de Bordeaux. — Le drapeau de rechange. — Les nourrices de M. le général Sébastiani. — *La Peau de Chagrin*. — Henry Monnier. — *La Famille improvisée*. — Réflexions sur le théâtre de nos jours. — Où en est la gaîté française?

Nous parlions, à la fin du précédent chapitre, mon cher directeur, de M. le duc d'Orléans, dont la mort, à dix années de là, devait être si triste : ce prince était alors l'espoir de la nouvelle famille royale.

Une anecdote racontée par *la Mode*, et où M. le duc d'Orléans jouait le principal rôle, courait les salons vers le milieu de 1831, et ne laissait pas que de servir de texte à tous les commérages de la ville et de la cour.

Deux femmes, appartenant au monde du juste-milieu, passaient, à tort ou à raison, — à tort bien certainement, — pour avoir attiré l'attention du jeune prince : l'une fort jeune encore, qui était marquise, l'autre d'un certain âge, et que nous désignerons simplement, si vous le voulez bien, mon cher ami, sous le nom de madame X***, — quoique *la Mode* l'ait fort nettement gratifiée à l'époque dont je parle, d'une autre initiale, couvrant un nom qui n'était alors un mystère pour personne.

M. le duc d'Orléans se trouvant, un jour, dans un salon où la conversation était tombée, par hasard, sur l'âge de certaines personnes.

— Quel âge a donc madame X*** ? avait-il dit.

— Monseigneur, je suis née le jour de son mariage... avait répondu la marquise, avec une intention méchante qui n'échappa à personne.

C'était vrai.

Cependant, *la Mode* commençait à adopter, vis-à-vis des hauts personnages du jour, ce système de cruelles boutades lancées à bout portant, qui devaient faire à ses entrefilets une réputation d'implacable politique, et qui tombaient comme grêle sur les plus hauts potentats du nouvel ordre de choses.

« La tête du roi Louis-Philippe, disait-elle, est, sur les pièces de
» monnaie, tout récemment frappées, ornée d'une couronne de
» *lauriers*, à l'instar de celle de Napoléon ; c'est incroyable, mais
» c'est vrai. »

Celui de tous les personnages de la nouvelle cour que notre chère Revue avait le moins en odeur de sainteté, était, je ne sais trop pourquoi, le général comte Sébastiani. Grâce à l'indiscrétion d'une charmante femme, polonaise lettrée, madame la comtesse Rewzenski, née comtesse Opalenska, — qui tenait elle-même l'aventure d'un général bien connu, — *la Mode* avait mis la main sur une excellente anecdote, qu'elle s'empressa de *servir* à ses lecteurs, avec toute la satisfaction que lui faisait éprouver une révélation d'un goût piquant.

M. Sébastiani avait, paraît-il, l'habitude de parler fort souvent de ses prouesses militaires, lesquelles revenaient à chaque instant dans sa bouche, et ne se trouvaient cependant consignées, ni dans les annales de la guerre, ni dans le volume *des Victoires et Conquêtes.*

Se trouvant en Pologne, dans le palatinat de Brzecie, le futur ministre du roi Louis-Philippe avait pris l'habitude de raconter, à toutes les personnes chez lesquelles il était présenté, l'histoire d'une balle qui, disait-il, l'avait un jour cruellement blessé; cette balle il l'avait recueillie. Or, toutes les fois que le fameux récit touchait à sa fin, on voyait M. Sébastiani tirer de la poche de son gilet, cette balle qui *aurait pu* le tuer, et il la montrait avec orgueil aux charmantes Polonaises qui lui faisaient la grâce de l'écouter.

Toutes, dans le principe, se laissèrent quelque peu prendre à son histoire. Mais le général G***, fatigué d'entendre répéter, pour la vingtième fois, la même anecdote, — dont l'authenticité lui paraissait douteuse, — n'imagina rien de mieux, pour mettre fin aux récits du comte, que de lui soustraire la fameuse balle, qui toujours revenait dans la conversation comme pièce à l'appui. Un jour que ce bienheureux projectile circulait dans l'auditoire, le général G*** qui le tenait, profitant d'un moment où l'attention de M. Sébastiani était attirée par un survenant, le laissa fort habilement tomber dans son chapeau, et dit à demi-voix aux personnes qui l'entouraient :

— Voilà une balle qui commençait sans doute à bien vous ennuyer, je veux mourir si vous la revoyez jamais !

Le comte Sébastiani crut qu'on lui avait rendu sa balle ; on parla d'autre chose et la journée se passa.

Le lendemain, nouvelle occasion pour le futur ministre de raconter son histoire. Qu'on juge de l'étonnement des personnes qui étaient dans le secret de la soustraction de la veille, quand on vit le blessé imaginaire mettre la main à son gousset, en tirer une nouvelle balle et s'écrier très sérieusement :

— La voici, mesdames, cette affreuse balle qui pouvait me coûter la vie !...

Ce qui était arrivé, le voici : Son valet de chambre était si bien habitué à entendre son maître tirer parti de l'histoire de sa balle, qu'il avait, sans le lui dire, remplacé dans la poche de son gilet celle qu'on lui avait soustraite.

Cependant les premières étapes de l'exil avaient commencé pour la Royale Famille exilée. Pendant que les deux navires, qui portaient l'antique monarchie de France voguaient de Cherbourg vers l'Angleterre, une maison hospitalière, celle de la famille Weld, s'ouvrait pour recevoir trois générations de rois. Les noms des fidèles serviteurs qui eurent le douloureux honneur de s'embarquer avec la Famille Royale, à Cherbourg, doivent être consignés ici. Nous ne croyons pas qu'aucun de ceux qui portent les noms que nous allons rappeler, soient devenus infidèles au malheur.

Sur le *Great-Britain*, se trouvaient MM. le comte O'Hegerthy, qui a eu l'honneur depuis de devenir écuyer de M. le comte de Chambord, à Frohsdorff; Rouget, premier médecin; de Saint-Aubin, de Barbançois, de la Villatte et madame la duchesse de Gontaut.

Sur le *Charles-Karrol*, MM. le vicomte de Talon, le marquis de la Salle, le comte Gaston de Bouillé, le duc Armand de Polignac, le comte de Brissac, M. le baron et madame la baronne de Charette; MM. Kintzinger, de Mélange, de la Rue, de Maupas, Alfred de Damas, et madame la comtesse de Sainte-Maure.

Le 18 août, à sept heures du matin, Madame la Dauphine, Madame, M. le duc de Bordeaux, Mademoiselle, descendirent à terre : le Roi et M. le Dauphin ne quittèrent pas le *Great-Britain*. Le 23 août seulement la Royale Famille prit la route de Lulworth, château féodal mis à sa disposition, avec une respectueuse délicatesse, par le propriétaire, M. Weld, d'une illustre famille anglaise catholique. Déjà, pendant les mauvais jours de la révolution, Lulworth avait servi d'asile à de pauvres religieux trappistes bannis de France et qui fuyaient la terreur : noble hospitalité que celle-là, donnée à deux reprises à des Français malheureux par la même famille, et qui lui vaut dans bien des cœurs une dette de reconnaissance éternelle !

En arrivant au château, la Famille Royale trouva plus de deux cents notables des environs qui l'attendaient, et lui firent une respectueuse escorte d'honneur jusqu'à l'entrée des tours formidables qui flanquent le manoir de Lulworth.

Charles X voulut qu'on le nommât le comte de Ponthieu, durant les premiers temps de son exil.

Le climat de Lulworth ne parut pas convenir à la santé des royaux exilés : au bout de deux mois ils remercièrent la famille Weld de sa gracieuse hospitalité, et se dirigèrent vers le château d'Holy-Rood, en Écosse, que le roi d'Angleterre venait de mettre à la disposition de celui qu'il qualifiait naguère encore du nom de frère, en l'appelant roi très chrétien. Charles X y arriva dans les derniers jours d'octobre.

Holy-Rood est le vieux palais des rois d'Ecosse : il s'élève auprès des ruines d'une abbaye fondée, vers 1120, par David Ier; ce fut là que vécut la reine Marie Stuart.

Dans l'accueil chaleureux que les Bourbons reçurent de la population d'Édimbourg, il faut bien voir un pieux souvenir des anciens Stuarts, — ces malheureux détrônés qui, eux aussi, avaient reçu jadis, en France, de Louis XIV, une généreuse hospitalité !

C'était là, à deux pas d'Edimbourg, qu'habitait la Royale Famille des Bourbons, dans le courant de 1831, à l'époque où nous sommes arrivés, mon cher ami, dans notre histoire de *la Mode*. S. A. R. Madame venait de se rendre aux eaux de Bath dans le Sommersetshire, et l'on s'arrachait, dans les maisons royalistes, le numéro du 1er juin 1831, de notre Revue, qui contenait une correspondance de cette dernière ville, donnant les plus consolantes nouvelles de l'auguste duchesse. « La princesse, disait cette lettre, est grave et pensive ; elle se sou-
» vient que le malheur est celui de tous les rois de ce monde, qui
» a le plus besoin de dignité. Une grande pensée, je ne sais la-
» quelle (1), occupe son âme ; elle a cessé d'être celle que nous sui-
» vions des yeux dans nos promenades, dont nous adoptions toutes
» les modes, que nous applaudissions à son théâtre, le premier qui
» l'ait injuriée : c'est une femme sévère, qui veut croire à un avenir
» meilleur parce qu'elle est mère d'un enfant qui s'appelle Henri.
» En un mot, ce n'est plus Jeanne d'Albret, c'est Marie-Thérèse et
» Blanche de Castille; le ciel lui soit en aide au milieu de tant d'in-
» gratitudes, de trahisons, de calomnies et de malheurs ! »

On se répétait tout bas un mot charmant de M. le duc de Bordeaux, à Holy-Rood. Ayant été conduit par son gouverneur, M. le baron de Damas, et son gentilhomme d'honneur, M. le prince de Faucigny, chez un baronnet, ancien officier supérieur, dont la magnifique terre était peu distante d'Édimbourg, le jeune prince se vit accueilli avec les témoignages du plus grand respect par l'ancien militaire, qui ne regrettait qu'une chose, disait-il, c'était de n'avoir

(1) Celle de sa descente en Vendée, sans doute.

pas été prévenu à temps et de n'avoir pu revêtir son uniforme et ses décorations.

— Ah! monsieur, dit le fils du duc de Berry, je trouve que la plus belle décoration possible est celle que vous avez sur la figure.

Son hôte était affreusement balafré par un coup de sabre.

Cet infortuné général Sébastiani continuait à être le souffre-douleur de *la Mode*. Un journal, qui eut aussi son heure et ses triomphes, *la Tribune*, vint révéler un fait qui devait aider *la Mode*, dans ses souvenirs rétrospectifs. « A la bataille de Waterloo, disait ce journal, M. le général Sébastiani commandait le 11ᵉ léger. Au moment de la déroute ses fourgons furent pillés, et un sapeur y trouva un drapeau blanc en étoffe de soie, garni tout autour de fleurs de lys d'or. On lisait d'un côté : 11ᵉ régiment d'infanterie, et de l'autre : Vive le roi !... *Les restes de ce drapeau sont aujourd'hui déposés dans les bureaux de* la Tribune, *où chacun est admis à les voir.* »

La Mode se hâtait d'ajouter que ce fait n'avait rien qui dût étonner, car créé général sous la Restauration, M. Sébastiani « devait avoir certainement encore quelque drapeau blanc de rechange dans ses cartons, pour les circonstances à venir. »

Notre mordante revue surenchérissant encore sur ces méchancetés, ajoutait un fait assurément moins avéré, mais qui prouve avec quelle ardeur elle poursuivait, de ses aiguillons sanglants, celui qu'elle s'obstinait habituellement à appeler le *fils de Latone* : elle prétendait que pendant la guerre d'Espagne, en 1823, M. Sébastiani, commandant son corps d'armée, se faisait constamment suivre par deux nourrices, qui lui tendaient le sein tour à tour. Quand on s'étonnait de cette bizarrerie et qu'on lui en demandait le motif, le général répondait qu'il était poitrinaire et que les médecins lui avaient ordonné de boire du lait de femme.

Le fait est-il vrai? Nous n'osons le garantir, bien qu'il soit affirmé et très sérieusement par *la Mode;* mais beaucoup de vos lecteurs, mon cher ami, qui ont pu faire la guerre d'Espagne, se rappelleront certainement cette circonstance, et pourront au besoin nous prêter leur témoignage.

A la fin du mois de juin 1831, parut *la Peau de chagrin*, l'œuvre qu'a le plus caressée son auteur, Honoré de Balzac. Nous avouons quant à nous, que malgré l'admiration singulière que nous professons pour l'immortel auteur d'*Eugénie Grandet* et de *Béatrix*, nous ne plaçons pas cette composition de *la Peau de chagrin*, au premier rang de ses admirables créations. La part faite à l'imagination, dans cette étude, et le côté fantastique dont il a plu à Balzac d'entourer son œuvre, nous empêchent de donner une approbation sans réserve à ce livre étrange, où se rencontrent assurément des beautés de premier ordre, et où perce cette profondeur d'observation qui fait de Balzac, dès maintenant et dans l'avenir, le premier et le plus complet de nos romanciers contemporains.

La représentation au théâtre de *la Famille improvisée*, d'Henri Monnier, eut lieu environ à la même époque, et ce fut un succès dont les annales de la scène ont gardé la mémoire. Cette pièce, d'ailleurs, est aujourd'hui encore revue avec plaisir : c'est la plus amusante bouffonnerie qu'on puisse imaginer, et nous ne savons guère que le désopilant *Roman chez la portière*, du même Henri Monnier, qui puisse lui être comparé.

Ce fut au Vaudeville que parut *la Famille improvisée*, et l'auteur, qui jouait lui-même, le seul rôle multiple de sa pièce, reçut un accueil tellement enthousiaste de la part des spectateurs, qu'il tombait en défaillance, alors que des cris frénétiques le rappelaient sur le théâtre. J'ai relevé ce détail, mon cher directeur, parce que ces amusantes bouffonneries ne seront pas remplacées. On ne sait plus rire, aujourd'hui du moins, de ce franc et bon rire qui déridait la bouche de nos pères : notre génération, qui se souvient à peine d'avoir vu les derniers vrais comiques du vaudeville français, ne prend plus de goût aujourd'hui qu'aux inconvenantes parades du théâtre du Palais-Royal ou des Variétés. Grassot, Ravel, Sainville, Hyacinthe, ont bien encore été les fétiches de notre moderne aéropage de petits messieurs à petits cœurs, à petites voix et à petits caractères ; mais ces malheureux acteurs, avec tout leur talent, ne peuvent opérer de miracle et faire qu'un mauvais ramassis de calembourgs obscènes soit de la bonne et franche gaîté. Aussi, je le répète, avec Henri Monnier et nos anciens vaudevillistes, disparaîtra ce genre aimable de la comédie, assaisonnée au goût de notre vieille gaîté ; les modernes faiseurs de vaudevilles trouvent beaucoup plus commode d'aller à Mabille, ou plus bas encore, chercher les *mots* et les *jambes*, — voire même celles de mademoiselle Rigolboche, — qu'ils mettront, — en guise d'esprit, — dans leurs pièces.

Je me suis souvent demandé, mon cher directeur, ce que diraient, et ce que penseraient de notre théâtre moderne, s'ils pouvaient le juger, non pas seulement les grands maîtres de l'ancienne littérature française, Molière, Corneille et Racine, mais même, s'ils revenaient au monde, les dernières gens de goût, qui représentaient encore, il y a trente ans, la vieille courtoisie, l'antique urbanité, comme aussi l'aimable gaîté de notre pays ?

Tout s'en va donc, mon cher ami, de notre temps ! Hélas ! oui, et cela, depuis que les Rois *s'en sont allés!...*

XII

Holy-Rood. — Le *God save the King*. — Son origine. — Ouverture de la nouvelle chambre des députés. — Plaisanteries de *la Mode*. — *Au bout du fossé la culbute*. — Proposition Salverte. — Pairs ou non. — *La Mode* fait part à ses lecteurs de la mort de très haute dame la Chambre des pairs. — Epitaphe. — Victor Hugo, *Marion Delorme*. —Bocage.—Madame Dorval.—Coups d'épingles.— Le dey d'Alger.— La reine Dona Maria. — Encore M. Sébastiani. — *Dors, jeune roi*. — Mauvais symptômes politiques.

La royale famille exilée, mon cher ami, recevait, à Édimbourg, le plus touchant et le plus respectueux accueil. Les Écossais ne négligeaient aucune occasion de témoigner au roi Charles X et au jeune prince, son petit-fils, la sympathie profonde que leur position inspirait. Je l'ai dit ailleurs, rien n'émeut et n'impose comme la majesté tombée : c'est l'avantage du malheur de forcer tous les fronts à s'incliner.

Les Anglais sont, pour moi, les gens les plus inexplicables de la terre : ils soufflent de larges bouffées de vent révolutionnaire par toutes les contrées de l'Europe; ils aident et soutiennent le désordre, n'importe où il se montre, pourvu que ce soit chez leurs voisins ; ils trouvent juste de laisser appliquer, partout ailleurs que chez eux, les principes les plus subversifs de l'ordre social, et ils n'ont pas assez d'égards pour honorer ensuite les souverains qu'ils ont concouru à faire détrôner! Oh! les Anglais, mon cher ami, si je pouvais ici vous dire tout ce que je pense d'eux, en tant que peuple égoïste et nation sans entrailles, je crois que tous vos lecteurs battraient des mains à mon dithyrambe, car pas un assurément ne pense sur leur compte, autrement que moi!

Quoi qu'il en soit, nous trouvons dans *la Mode* de 1831, le récit d'un banquet qui fut offert au duc de Bordeaux, par l'état-major du régiment de la garde royale écossaise, et où la musique fit entendre, pendant tout le repas, les beaux refrains si connus du *God save the King* et de *Vive Henri IV!*

A cette occasion, le vieux roi raconta que le fameux hymne anglais avait une origine toute française et que Lulli en était l'auteur. C'était madame de Maintenon qui le lui avait commandé en vue des visites de Louis XIV à Saint-Cyr; le monarque, chaque fois qu'il s'y rendait, était accueilli par les demoiselles nobles, au refrain de ce beau chant, dont voici les paroles :

> Grand Dieu! sauvez le roi!
> Grand Dieu! sauvez le roi!
> Vengez le roi!
> Que toujours glorieux,
> Louis victorieux,
> Voie ses ennemis
> Toujours soumis.
> Grand Dieu! sauvez le roi!
> Grand Dieu! sauvez le roi!

Cet air magnifique, et comme chant et comme paroles, devint plus tard le *God save the King*. Handel, paraît-il, obtint un jour la permission d'en copier la musique : il en fit hommage au roi Georges Ier d'Angleterre (1).

Ce n'était plus ce bel air, ni même celui de *Vive Henri IV*, resté si français et si populaire, que l'on chantait dans les rues de Paris, au moment où nous sommes arrivés, mon cher directeur, dans notre histoire rétrospective des événements de 1830; bien loin de là, sous les fenêtres mêmes des nouvelles Tuileries de juillet, on répétait en chœur et à satiété, l'effrayante *Marseillaise*. Ah! j'ai souvent pensé que Louis-Philippe devait souffrir plus que nous-mêmes, chaque fois qu'il était obligé de se montrer au balcon de son palais, pour applaudir au refrain de cet air sinistre!

Cependant la nouvelle Chambre allait se réunir, et *la Mode* saluait naturellement sa venue par un article de circonstance. C'était une de ces pages spirituellement incisives, comme savaient en écrire les rédacteurs de cette Revue, et qui devaient faire plus tard la réputation de ce journal.

« On parle d'un nouveau théâtre, disait-elle, qui vient de s'ouvrir,
» quai d'Orsay, au bout du pont Louis XVI, dans un emplacement
» où la comédie a été jouée pendant quinze ans, sans que personne
» le sût; la troupe, extrêmement nombreuse, se compose d'ac-
» teurs expédiés de toutes les parties de la France ; ce qui, parfois,
» produit une cacophonie d'accents qui n'est pas sans bizarrerie...
» Cette troupe est placée sous la direction de huit administrateurs,
» qui la gouvernent en souverains absolus, et se soucient fort peu de
» plaire ou de déplaire au public, dont ils accaparent l'argent... Les
» représentations ont lieu tous les jours de deux à six heures...

(1) Nous laissons à *la Mode*, qui raconte l'anecdote, la responsabilité de cette origine, qui, nous le savons, est contestée.

» Après *Rome sauvée*, par M. Dupin, on représentera *la Foire aux*
» *places*, et il est question de finir l'année théâtrale par un proverbe
» ayant pour titre : *Au bout du fossé la culbute !* »

Ce proverbe, en effet, devait un jour être donné, mon cher ami, mais dans une autre circonstance et sous un autre titre : *la Révolution de* 1848, *ou la Revanche de* 1830 !... Combien n'est-il pas regrettable que la représentation de cette pièce n'ait pu avoir lieu plus tôt, avant que la France et l'Europe, qui expient si chèrement aujourd'hui les fautes de 1830, ne se soient aperçues, que sous cette apparence de bien-être et de tranquillité relative, qui a duré dix-huit ans, germait l'élément révolutionnaire qui se fait jour et déborde aujourd'hui de toutes parts, avec une violence, hélas ! sans pareille !

Mais, quittons ce sujet, et revenons à la nouvelle Chambre des députés qui se réunit à la fin de juillet 1831, sous la présidence de l'honnête M. Dupin. Ce dernier dut mettre en discussion, et dès les premiers jours de la session, la grave question de l'abolition de la pairie.

Le 9 août, M. Eusèbe de Salverte avait donné lecture à la tribune d'une proposition par lui faite et accueillie dans les bureaux, tendant à remplacer la Chambre des pairs par un Sénat, dont les membres seraient nommés à vie. Toutefois, le 11 du même mois, la proposition ayant été repoussée, ce ne fut qu'un peu plus tard, en décembre 1831, qu'on revint à la charge et que la Chambre se décida à voter enfin la loi qui, tout en maintenant la Chambre haute, — on l'appelait encore ainsi, par habitude sans doute et sans se rendre bien compte de ce que cette qualification pouvait avoir de blessant pour l'autre Chambre, — prononçait l'abolition de l'hérédité de la pairie.

C'était une grande mesure. Il ne nous appartient pas de développer ici nos idées sur ce point ; disons seulement que, d'après le nouveau système, la nomination des pairs appartenait exclusivement au roi, qui ne pouvait toutefois les choisir que parmi certaines notabilités. Ajoutons encore que c'était plus que jamais un régime de faveur et d'arbitraire qu'on inaugurait ainsi, puisque, à l'aide de ce mode de nomination, le gouvernement pouvait toujours se faire de magnifiques majorités.

L'antique organisation de la pairie héréditaire n'était plus en rapport avec les principes nouveaux préconisés en 1830 : le gouvernement de Juillet, du moins, fut conséquent avec lui-même, — une fois par hasard, — en la sacrifiant.

L'adoption de cette mesure, par la Chambre des députés, était, pour *la Mode*, une trop belle occasion de dire son mot, pour qu'elle ne la saisit pas, avec son esprit habituel : « La grande question politique du jour, écrivit-elle pendant que la loi se discutait, c'est de savoir, pour certaines gens, s'ils seront *pairs* ou *non*. »

On s'était longtemps demandé, en effet, quelle serait la règle adoptée vis-à-vis des jeunes pairs héréditaires, que leur âge avait jusqu'à présent empêchés de siéger. On sait qu'ils furent maintenus sur la liste de Juillet, et que plusieurs d'entre eux se sont signalés par des excentricités, qui n'ont abouti à rien moins qu'à leur faire compromettre leur avenir et quelquefois leur nom, témoins ceux qui ont suivi le mouvement démocratique de 1848, comme M. le comte d'Alton-Shée, et quelques autres que des conseils judiciaires ont dû arrêter plus tard, sur les bords de l'abîme où s'engloutissait leur fortune.

En revanche, le nom de M. de Montalembert trouve ici naturellement sa place, comme exemple consolant d'un grand nom, uni à un immense talent, voué à de nobles luttes.

A quelques jours de là, *la Mode* parut solennellement encadrée de noir. Elle venait de rédiger et publiait un article de circonstance à l'adresse de la défunte Chambre, qui dépassait, sinon en bon goût, du moins en burlesque, tout ce que l'on peut imaginer. Il s'agissait des funérailles de la Chambre haute, dont le cérémonial était réglé par un grand-maître, sorti solennellement du numéro 25 de la rue du Helder, — où se trouvaient alors les bureaux de *la Mode*. — On y parlait d'un manteau « chamarré d'aigles, de fleurs de lys et de coqs gaulois, du plus magnifique effet, » qui devait recouvrir la bière; et encore, d'un chapeau à panache, « orné d'un côté d'une cocarde blanche, de l'autre d'une cocarde tricolore, » qui serait posé sur le cercueil.

Enfin, l'épitaphe suivante était proposée, par *la Mode*, aux réflexions de MM. les députés :

†

BEATAM, RESURRECTIONEM EXPECTANS
CI-GIT
la Chambre des Pairs
ci-devant
SÉNAT CONSERVATEUR
douce, obligeante
et
d'une incomparable probité
elle est regrettée par un grand nombre
de familles respectables
(et non pas indigentes)
MODÈLE
de la piété
de la patience et de la résignation
la plus méritoire
pendant toute la durée d'une longue
et douloureuse agonie
elle avait fini par inspirer à tous les Français
un sentiment d'attendrissement universel

Sa sœur
LA CHAMBRE DES DÉPUTÉS DES DÉPARTEMENTS
inconsolable
de sa perte
a fait ériger ce monument pour immortaliser ses douleurs
et continue son commerce de phrases
avec bascule et jeu de boules
en son hôtel
quai d'Orsay
à main gauche
près la fabrique de cire

De profundis!

Cette amusante bouffonnerie obtint un succès fou ; d'autant mieux que dans le récit des obsèques figuraient encore des allusions et de transparents rapprochements, qui ne pouvaient tromper personne.

L'hérédité de la pairie n'en fut pas moins, — avec ou sans le concours de *la Mode*, — bel et bien enterrée. La fera-t-on revivre jamais? C'est une question : en tous cas, il faut que ce soit le jour où les anciens parlements seront restaurés, où notre vieille organisation provinciale revivra en France, et où bien d'autres institutions fondamentales nous seront rendues!... Verrons-nous ces temps-là, mon cher directeur ; *chi lo sa*, comme vous me disiez, ce printemps dernier, à Auteuil ?...

A cette époque, se place encore la défection de M. Victor Hugo, qui venait de passer, avec armes, bagages et *vers*, à la dynastie nouvelle : petite perte, après tout, si l'on en juge par le triste rôle qu'a joué depuis, sur la scène politique, l'auteur des *Orientales*.

Peut-être devrions-nous, — ne fût-ce qu'à titre d'enseignement, — reproduire le sanglant article que publia *la Mode*, — qui n'avait alors de pitié pour aucune félonie, — à l'occasion de cette reculade : le courage nous manque : le persifflage a, lui aussi, sa pudeur. Rappelons-nous que M. Victor Hugo est en exil, qu'il est malheureux ; ne lui infligeons pas cette nouvelle amertume ; contentons-nous de citer un bon mot que se permit notre Revue à son égard, au lendemain de la publication de ce foudroyant article, et que voici :

« M. Victor Hugo, disait-elle, dans un de ces imperceptibles *coups*
» *d'épingles*, qui écrasaient beaucoup mieux qu'une massue, n'a pu
» voir la révolution sans changer de couleur ! »

Ce fut à cette époque, en effet, que l'auteur d'*Hernani* publia cette fameuse pièce de vers, qui commence ainsi :

<blockquote>Ceux qui pieusement sont morts pour la patrie,</blockquote>

et fit représenter, sur une scène française, son drame de *Marion Delorme*. L'engouement du public parisien pour tout ce qui était nouveau alors, en littérature aussi bien qu'en politique et en folles utopies, était si grand, que cette pièce, où la royauté est traînée aux gémonies, devait obtenir et obtint un très grand succès : non pas cependant le jour de la première représentation, mais aux représentations suivantes. En effet, *le Figaro* disait à cette occasion, résumant son opinion sur la solennité : « Des feux croisés des
» claqueurs, des admirateurs désintéressés, au point de faire rendre
» gorge au moindre geste, au moindre signe de critique : voilà ce
» que nous avons vu ; on eût dit des assommeurs du 14 juillet,
» chargés d'une mission littéraire. *Marion Delorme* a-t-elle réussi,
» est-elle tombée ?... Nous attendons qu'elle soit jugée pour ré-
» pondre. »

Le succès fut grand. Quel que soit notre peu de goût pour les drames de M. Victor Hugo, et surtout pour leurs regrettables tendances, nous ne pouvons nous empêcher de reconnaître que *Marion Delorme* est une œuvre de haut mérite. Sa vogue dure encore.

Bocage, qui faisait Didier, et madame Dorval, qui était chargée d'interpréter le rôle de Marion, furent pour beaucoup, l'un et l'autre, dans le succès de la pièce. Madame Dorval s'y montrait notamment d'un pathétique à faire pleurer... des héros de juillet. Qu'on ne l'oublie pas, cette Marie Dorval a été la dernière incarnation de la passion vraie, au théâtre, depuis 1830, dans le drame s'entend.

Vers cette même époque, tous les badauds parisiens voulaient voir le dey d'Alger et la petite reine de Portugal, dona Maria da Gloria, — celle-là aussi a prématurément fini, — qui venaient, l'un et l'autre, d'arriver en France. C'étaient les deux curiosités du jour.

Une méchanceté, comme *la Mode* savait si bien en aiguiser, fut lancée par notre Revue, à l'adresse de l'élu couronné de juillet, à propos d'une prétendue réponse du dey d'Alger, parodiant le mot fameux de l'ambassadeur de la république de Venise à Louis XIV. Elle disait :

« On a demandé au dey, lors de sa visite au Palais-Royal, ce qui,
» de tant de merveilles, lui paraissait le plus extraordinaire. — Ce
» n'est pas de m'y voir !... a-t-il répondu. »

Quant à la jeune dona Maria, qui pouvait bien avoir alors douze ou treize ans, et à qui on avait mis de force sur la tête la couronne de son oncle, don Miguel, — voyez le mauvais exemple ? — elle ne se doutait certainement pas que sa présence à Paris était, pour *la Mode*, l'occasion de lancer à sa *bête noire* préférée, le général Sébastiani, des moqueries qui ne finissaient plus, notamment celle-ci :

« La reine dona Maria vient de créer l'ordre du *Cerceau doré!* elle
» en a immédiatement conféré les insignes à M. le comte Sébastiani
» della Porta. »

A quelque temps de là, *la Mode* publiait des vers délicieux, que je ne pourrais reproduire en entier, mais dont il me sera permis, mo cher directeur, de donner ici quelques strophes.

Dors, jeune roi, tel était le titre de cette pièce, empreinte d'une mélancolie navrante, et qui n'établissait que trop, aux yeux de cœurs délicats, une sorte de rapprochement entre le jeune duc de Bordeaux, et l'infortuné Louis XVII :

> Regardez cette couche, un enfant y sommeille.
> Que son front est serein ! que sa joue est vermeille !
> Vers lui descend un ange, hôte agile et nouveau,
> Qui, d'un léger coup d'aile, écartant le rideau,
> Se penche avec amour sur son riant visage,
> De ses plumes d'azur, le caresse et l'ombrage,
> L'examine en silence, et, d'un œil attendri,
> Trois fois, en soupirant, redit son nom chéri !

Cet ange, c'est le pauvre enfant-martyr, qui périt au Temple, sous les horribles traitements de Simon. Il murmure un chant des plus doux, dont le refrain berce et endort le nouvel enfant-roi :

> Dors, jeune roi ! sur ton front gracieux
> Je viens poser ma lèvre avec mystère ;
> Je te précède aujourd'hui dans les cieux ;
> Je t'ai jadis devancé sur la terre,
> Roi comme toi, malheureux plus que toi,
>   Ne te plains pas, dors, jeune roi !

. . . .

> Dors, jeune roi, que n'ai-je pu dormir !
> J'ai payé cher l'ombre d'une couronne.
> Les noirs cachots m'ont entendu gémir :
> A mes côtés je ne voyais personne
> Ta mère est là, qui veille au moins sur toi.
>   Ne te plains pas, dors, jeune roi !

. . . .

Dors, jeune roi, ton facile repos
N'est point troublé ! nul témoin sur ta bouche
Ne vient la nuit épier des sanglots ;
De nul geôlier la voix farouche
Ne te réveille en sursaut comme moi.
  Ne te plains pas, dors, jeune roi !

. . . .

Dors, jeune roi, si ton œil éperdu
Demande en vain le ciel de la patrie,
Tu peux rêver qu'il te sera rendu :
Tout rêve est doux près d'une sœur qui prie,
Ah ! si la mienne eût prié près de moi !
  Ne te plains pas, dors, jeune roi !

Relevons un autre signe caractéristique de l'époque : il est dans un simple rapprochement.

En même temps que *le Moniteur*, annonçait la condamnation à mort de trois malheureux Vendéens, Jeannot, Bertomé et Blanchard, accusés *d'excitation à la guerre civile*, le même journal officiel déclarait que Varsovie venait de capituler, et faisait présager le mot fameux qui devait tomber un jour de la tribune du 9 août : l'ordre règne à Varsovie !

La révolution des Pays-Bas allait, elle aussi, s'accomplir à quelques jours de là, et partout un nouvel ordre de choses tendait à remplacer, dans la vieille Europe monarchique, les principes éternels du droit et de l'honneur.

Le choléra venait, d'un autre côté, de faire son apparition, il était à Berlin, et tout l'Occident frémissait à la pensée terrifiante de la contagion du redoutable fléau...

Ce n'était pas tout, MM. Feuillade-Chauvin et Persil préparaient leurs premiers réquisitoires; M. de Bricqueville ne craignait pas de proposer à la Chambre des députés l'adoption de sa fameuse proposition, ainsi conçue : « Tous les descendants de Charles X, « leurs épouses et leurs enfants, sont bannis à perpétuité du terri- « toire français. L'infraction aux présentes dispositions, sera punie « de mort. » Comme si Dieu ratifiait ces tristes décrets de notre pauvre humanité !

Les temps allaient venir enfin, où la révolution de juillet, jetant le masque et reniant son origine, parlerait à son tour et sans rougir, d'ordre et de principes !...

L'avenir était sombre.

XIII

Méchancetés. — Les oiseaux *de proie, de rapine, de passage et de basse-cour*. — Grand-Poulot. — La *Grue couronnée* et célibataire. — Exaspération générale. — *La Mode* n'est pas un journal vénal. — L'abbé Châtel. — Il se sacre évêque. — Scènes à Clichy. — Jugement sur l'homme. — Sa fin. — Encore le *salon* de 1831. — La France est onze fois plus royaliste qu'en 1827. — Les grands hommes. — Vidocq et les faux chouans. — Scènes d'élections. — M. Berryer. — Premier anniversaire des glorieuses. — Programme de la fête, selon *la Mode*. — *A Némésis*, par M. de Lamartine.

La Mode publia, vers cette époque, — juin 1831, — une série d'articles des plus violents ; à l'aide d'un vocabulaire emprunté au dictionnaire d'histoire naturelle, elle y ridiculisait, — sous une apparence frivole, — tous les puissants du jour.

Il me serait impossible, mon cher ami, même aujourd'hui de lever les masques et de désigner par leurs noms, tous ceux que *la Mode* faisait intervenir dans ces articles désopilants, où elle les qualifiait d'*oiseaux de proie, de passage, de rapine* et *de basse-cour*. Tous les personnages marquants de la nouvelle cour, à peu d'exceptions près, s'y trouvaient désignés, et les lecteurs de notre implacable Revue, prenaient un plaisir extrême à chercher le nom propre caché sous le nom d'oiseau. C'est ainsi qu'ils se pâmaient d'aise en voyant un jeune aigle, indifféremment appelé Grand-Poulot, Sansonnet-Mignon et Poussin-Gaulois, — le voile était si transparent, qu'il était difficile de ne pas le soulever, — aux prises avec une outarde brune et une pintade argentée ; — celle sans doute au mariage de laquelle n'avait pu assister l'outarde, puisque cette dernière avait la prétention, nos nos lecteurs doivent se le rappeler, d'être née ce même jour.

Venaient ensuite, une grue — couronnée — qui avait la prétention de passer pour célibataire,— auprès de laquelle la pintade ambitionnait une place de dame d'honneur ; et une charmante poule faisane de l'Ukraine, sous les traits de laquelle, les lecteurs de *la Mode* ne pouvaient faire autrement que de reconnaître une aimable moscovite très courtisée, disait-on, par le Sansonnet-Mignon.

On rencontrait encore, dans cette arche de Noé d'un nouveau genre, des oiseaux bavards, rapineurs et grossiers, des poules mouillées, une pie méthodiste, un corbeau patriote et désespéré, — qui avait eu des malheurs trop jeune,— un gros canard à peu près sauvage et toujours affamé, qui avait pour épouse une chouette libérale et pointilleuse, à laquelle nonobstant il avait fait prendre le titre de marquise ; enfin une buse constitutionnelle et mélancolique, portant le deuil d'un oiseau de proie, et se consolant avec un pigeon- fuyard après s'être laissé attendrir par les propos d'un perroquet gris et d'un butor (1).

Il serait difficile, mon cher ami, de vous peindre l'état d'exaspération dans lequel étaient jetés, par la publication de ces articles, ceux qui s'y trouvaient désignés. Jamais l'esprit mordant d'aucun journal n'avait été plus loin. Il était impossible de ne pas éclater de rire à la lecture de ces dialogues entre oiseaux, que *la Mode* reproduisait dans presque tous ses numéros. Le scandale fut si grand que certaines personnes désignées aussi clairement que possible, dans les fameux arti-

---

(1) Beaucoup de nos lecteurs se rappelleront certainement les noms des personnages auxquels la *Mode* faisait alors allusion.

cles, vinrent offrir, au caissier de la Revue, telle indemnité qu'il désirerait, pour qu'elle s'abstînt de les faire figurer dans ces dialogues redoutés ; mais *la Mode* était un journal trop honnête, trop loyal et trop franc, pour accepter de pareils marchés ! Les hommes de cœur qui la dirigeaient, ne se seraient d'ailleurs jamais prêtés à un arrangement qui leur eût enlevé leurs coudées franches ; et ils ne laissèrent que trop bien voir à leurs victimes, à quel point ils entendaient rester libres.

D'un autre côté, leurs abonnés savaient les récompenser de leur courageuse initiative : le nombre des lecteurs de la Revue augmentait tous les jours,—après avoir un instant décliné, dans les derniers mois de 1830 ; — et *la Mode*, comptait au moment où nous sommes arrivés, mon cher ami, parmi les premiers journaux parisiens.

C'était vers ce beau temps, que le trop fameux abbé Châtel, — encouragé sans doute par l'exemple des Saint-Simoniens qui, on le sait, ne disparurent de la scène qu'en 1833, — prenait le parti de se sacrer lui-même, évêque de son église française.

Saint-Simon, — qu'il ait été ou non de bonne foi, — n'était pas du moins un homme sans mérite : Châtel n'en avait aucun. C'était un de ces tristes ambitieux, comme il en surgit toujours dans les bas-fonds de la société, aux époques de crises, qui se croient des Mahomet, alors qu'ils ne sont que de simples histrions, et ont juste assez d'esprit pour comprendre qu'il y a encore des gens en ayant moins qu'eux, dont il serait bon de faire des dupes.

L'abbé Châtel, qui avait jeté le froc aux orties, alors que son curé le mettait à la porte de son église, avait rêvé l'établissement d'une secte nouvelle, qui prenant au catholicisme la plupart de ses signes extérieurs, dirait la messe en français, supprimerait le pape, et reconnaîtrait sa qualité d'évêque coadjuteur des Gaules, à lui, Châtel ; il ne devait avoir au-dessus de lui, en qualité de patriarche, qu'un sieur F..., marchand épicier, dont nous ne voulons pas même prononcer ici le nom, car depuis longtemps il a renoncé aux pompes du patriarcat, et qui n'était rien moins du reste que le bailleur de fonds de l'affaire.

Le 3 juillet 1831, le soi-disant évêque Châtel se présentait à Clichy, et requérait de l'autorité locale, l'ouverture de deux édifices situés dans la commune pour y célébrer sa messe française. On ne tint aucun compte de ses prétentions, et le coadjuteur primat des Gaules, ne put s'en consoler, qu'en faisant dresser sur la place de Clichy une table de cabaret, sur laquelle il célébra son office.

Un grand scandale en résulta. Les gamins ameutés autour de ce sanctuaire d'une nouvelle espèce, ne respectèrent ni l'abbé Châtel, ni sa qualité d'évêque, ni son mandement : il fut hué, conspué, et ignominieusement chassé de Clichy par tous les habitants indignés.

Châtel ne se tint pas pour battu : il savait que la banlieue de Paris contient assez de mauvais sujets, pour qu'une nouveauté comme son église française repoussée sur un point, puisse trouver à se produire ailleurs, et il alla louer à Boulogne, près de la Seine, une petite maison qu'il décora du nom de temple. C'était déjà bien loin, pour les curieux qui pouvaient se rendre chaque jour, sans grand déplacement, au centre même de Paris, au prêche des Saint-Simoniens : aussi ces derniers firent-ils un tort singulier à l'abbé Châtel. Son culte s'éteignit bientôt faute de croyants.

Croiriez-vous, mon cher directeur, que ce singulier prophète, eut la chance plus singulière encore, de trouver quelques esprits crédules ou enthousiastes, pour ajouter foi à ses folies ; et que parmi ceux de ses adeptes dont le nom mérite d'être conservé, nous sommes obligés de noter la baronne Constant de Rebecque, veuve du trop fameux patriote.

Châtel est mort il y a deux ans, tristement, et dans la peine ; il avait bien essayé, à l'époque de 1848, de reconstituer son culte, et de se *resacrer* évêque, selon une spirituelle expression du *Charivari*, qui fit fortune alors, mais le zèle du dieu ne put jamais parvenir à rassembler plus d'une centaine de croyants, parmi lesquels figuraient surtout des enfants. Châtel est mort en refusant d'abjurer ses erreurs, et en repoussant toutes consolations catholiques : c'est triste, mais c'est le seul argument peut-être que pourraient invoquer ses panégyristes, — si le pauvre homme en a jamais, — en faveur de sa bonne foi !

A propos du salon de peinture de 1831 dont je vous parlais, mon cher directeur, dans un précédent chapitre, je dois noter ici l'article fort bien fait, que la *Mode* crut devoir publier en guise de manifeste, sous ce titre : *Le juste-milieu au salon.*

C'était encore une critique acerbe et mordante à l'adresse de certains personnages du jour, surtout écrite en vue des ingrats de la veille et des ambitieux du lendemain.

« Êtes-vous curieux, s'écriait *la Mode*, de contempler le juste-
» milieu dans toute sa gloire, d'admirer en détail les capacités nou-
» velles par qui nous avons le bonheur d'être gouvernés, entrez
» au salon !... Vous ne retrouverez plus, à la vérité, le buste de
» Louis XVIII qui décorait la porte d'entrée, mais en revanche vous
» aurez le bonheur inappréciable de pouvoir considérer douze fois le
» visage du roi-citoyen, — ce qui vous prouve que depuis 1827, nous
» sommes devenus onze fois plus monarchiques, puisqu'à l'exposition
» de cette dernière année, nous n'avions qu'un seul portrait de
» Charles X ! »

L'article passait en revue certaines toiles reproduisant l'image des héros du jour : Lafayette, le maréchal Maison, — l'un des commis-

saires du 4 août à Rambouillet, après avoir commandé pour le roi l'expédition de Morée; — le maréchal Soult, qui, disait *la Mode*, s'est naturellement arrangé pour se trouver au milieu d'une scène *de pillage*; M. de Flahaut, le Tircis du Directoire, le Céladon du Consulat, le Lovelace de l'Empire, comme disait encore la revue; Louis-Philippe, enfin, dont les portraits abondaient. Et à propos de ces derniers, *la Mode* en face d'un *serment du 9 août*, terminait sa critique par cette insolente sortie, à l'adresse du couronné de juillet
« Je voudrais n'avoir pas à vous montrer toujours le roi Louis-
» Philippe et ses serments: mais ce n'est pas ma faute, en voilà
» encore un, c'est le dernier et le plus curieux; le sujet est tiré
» de la mythologie, et savez-vous quelles divinités se trouvent
» là? je copie le livret: «Le prince est escorté de la Liberté appuyée
» sur la Justice, soutenant la Vérité, et amenant à sa suite les Arts et
» le Commerce. La force nationale est près du trône. La Renommée
« part pour annoncer au monde ce triomphe, garanti par la Vertu
» qui plane autour du roi. » Je vous l'ai dit: c'est de la fable ! »

C'était encore le temps, — triste temps, — où Vidocq, à l'instigation des préfets de l'Ouest, organisait des bandes de faux *chouans*, chargés de commettre toutes les exactions, dont on rendait responsables de malheureux Vendéens, lesquels allaient rejoindre dans les prisons et au bagne les jeunes gens réfractaires que les gendarmes avaient pu saisir. Triste temps, je le répète, mon cher directeur, que celui où les honnêtes paysans de la Vendée, traqués comme des bêtes fauves, se voyaient la dupe de misérables imposteurs qui, déguisés en prêtres, en simples marchands, où en voyageurs, les suivaient, les surveillaient, et les arrêtaient, quand ils n'essayaient pas de les pervertir par le spectacle de scandaleuses orgies !

Mais passons.

Les élections donnaient lieu, dans beaucoup de provinces, à des

scènes déplorables. A Marseille, celle de M. Berryer était assurée ; il ne lui manquait plus que quatre voix pour obtenir la majorité absolue ; tout à coup, la salle du scrutin est envahie, des hommes sortis on ne sait d'où, renversent les urnes, le scrutin est forcément annulé. C'est ainsi que de notre temps, nous voyons, dans le pays de Naples, des hommes qui osent se dire appelés par le peuple, ouvrir des scrutins dérisoires et les surveiller le poignard à la main ! Marseille devait bien se venger de cette ignoble comédie, en adoptant pour son représentant, et en le conservant toujours pour son député, l'illustre orateur qui fait aujourd'hui encore la gloire du barreau français, — royaliste de la vieille roche qui ne plie ni ne rompt !

On touchait à une date fameuse.

Pour la première fois, revenait le funèbre anniversaire des prétendues glorieuses journées des 27, 28 et 29 juillet 1830 : c'était une trop belle occasion pour *la Mode* de dire son mot, pour qu'elle s'en privât : aussi les fameux entrefilets reprirent-ils leur train :

« Il y a, disait l'un d'eux, une disposition superflue dans le pro-
» gramme de M. d'Argout à propos de l'anniversaire de Juillet : c'est
» celle qui prescrit un deuil public. Il y a un an que la France est
» en deuil. »

Un autre passage disait :

« Aux fêtes de juillet, dix mille hommes d'infanterie, cinq régi-
» ments de cavalerie et quarante pièces de canon, seront préposés à
» surveiller l'enthousiasme. On ne se réjouira qu'entre deux faction-
» naires. »

Un article de circonstance, venait ensuite donner le prétendu programme des fêtes : il portait pour titre : *Les pieds-de-nez*, et pour

second titre : « Amplification en trois journées mêlées de pleurs, de
» rires, de chants, de danses, de parades et de comestibles, ornées
» de tous les décors, évolutions, musique et accessoires analogues
» au sujet et à la circonstance, par huit auteurs associés (1).
» (M. d'Argout seul consent à se nommer). »

C'était l'analyse de la fête de juillet, burlesquement interprétée par l'esprit mordant de *la Mode*. Nous renonçons à donner une idée complète de ce salmigondis de noms et de faits formant, un ensemble d'un comique achevé ; disons seulement que, dans le récit de la première journée, laquelle devait être consacrée à une marche funèbre, on remarquait tous les ministres « entourés de crêpe des pieds à la « tête, et qui *paraissaient* profondément affligés ; » après eux venait une troupe de pleureurs officiels, puis des fonctionnaires « ennemis » de tous les abus, » qui depuis la révolution de juillet « ne cumu-» laient plus que cinq à six places chacun, » puis encore les amis de l'égalité, en splendides équipages, enfin des chasseurs *Mérilhou*, etc., etc. « De temps en temps, disait le programme, le » cortége fera une station, pendant laquelle tous les personnages » sanglotteront en mesure : M. Persil frappera sur sa poitrine un » coup, de quart d'heure en quart d'heure. »

La seconde journée était consacrée à la joie et aux représentations en plein vent : on y devait voir M. Decazes faisant l'essai d'un nouveau genre de bascules ; M. d'Argout, lui-même, ne dédaignerait pas d'expliquer le rouage des marionnettes ; M. Sébastiani présenterait au public, des balles de calibre, extraites de ses anciennes blessures ; plusieurs députés du centre donneraient des séances de ventriloquie. « Enfin, à quatre heures précises, les trois Dupin, se tenant étroite-» ment embrassés, devaient s'élever dans un ballon, aux cris mille » fois répétés de : *Vive les sauveurs de la France.* »

(1) Les huit ministres.

Pour reposer les yeux de ses lecteurs de toutes ces pasquinades, la *Mode* publiait, dans le même numéro, cette admirable pièce de vers de M. de Lamartine, où se trouvent les belles strophes que voici, adressées à l'auteur de *la Némésis* :

>Non, sous quelque drapeau que le barde se range,
>La muse sert sa gloire, et non ses passions.
>Non, je n'ai pas coupé les ailes de cet ange
>Pour l'atteler, hurlant, au char des factions !
>Non, je n'ai pas couvert du masque populaire
>Son front resplendissant des feux du saint Parvis,
>Ni pour fouetter et mordre, irritant sa colère,
> Changé ma muse en Némésis !
>
>D'implacables serpents je ne l'ai pas coiffée ;
>Je ne l'ai pas menée, une verge à la main,
>Injuriant la gloire avec le luth d'Orphée,
>Traîner les noms fameux aux ruisseaux du chemin !
>Prostituant ses vers aux haines de la rue ;
>Je n'ai pas arraché la prêtresse au saint lieu,
>A la dérision, je ne l'ai pas vendue,
> Comme Judas vendit son Dieu !
>
>Non, non, je l'ai conduite au fond des solitudes,
>Comme un amant jaloux d'une chaste beauté ;
>J'ai gardé ses beaux pieds des atteintes trop rudes,
>Dont la terre eût blessé leur tendre nudité.
>J'ai couronné son front d'étoiles immortelles,
>J'ai parfumé mon cœur pour lui faire un séjour,
>Et je n'ai rien laissé s'abriter sous ses ailes
> Que la prière et que l'amour !
>
>. . . . .
>
>Honte à qui peut chanter pendant que Rome brûle,
>S'il n'a l'âme et la lyre et les yeux d'un Néron,
>Pendant que l'incendie en fleuve ardent circule
>Des temples au palais, du Cirque au Panthéon !
>Honte à qui peut chanter pendant que chaque femme,
>Sur le front de ses fils voit la mort ondoyer,
>Que chaque citoyen regarde si la flamme
> Dévore déjà son foyer !

> Honte à qui peut chanter, pendant que les sicaires,
> En secouant leurs torches, aiguisant leurs poignards,
> Jettent les dieux proscrits aux rires populaires,
> Entraînent aux égouts les bustes des Césars !
> C'est l'heure de combattre avec l'arme qui reste !
> C'est l'heure de monter au rostre ensanglanté
> Et de défendre, au moins, de la voix et du geste,
> Rome, les dieux, la liberté !

. . . .

Ces admirables vers avaient été écrits par M. de Lamartine à l'adresse du poëte Barthélemy, — aujourd'hui chantre attitré et titré d'autres gloires, — qui venait de publier sa désolante *Némésis*. Le poëte inspiré disait en finissant :

> Un jour, de nobles pleurs laveront ce délire,
> Et 1   main déplorant ce son qu'elle a tiré,
> Plu   uste, arrachera des cordes de ta lyre
> La   de injurieuse où la haine a vibré !

La prédiction, hélas ! — comme tant d'autres, — ne s'est pas réalisée, ou du moins ne s'est réalisée qu'à demi, car M. Barthélemy, poëte transfuge de la révolution, chante aujourd'hui ses dithyrambes, toujours à peu près sur le même air, bien que ce ne soit plus sur le même ton.

XIV

16 octobre 1831. — La nouvelle royauté quitte le Palais-Royal pour les Tuileries. — Bon goût de mademoiselle Adélaïde. — Nouvelle brochure de Chateaubriand. — Immense effet qu'elle produit. — Proposition Briequeville. — Charade. — Les lois de proscription. — *La Mode* grandit tous les jours. — Un vote au corps-de-garde. — Les fusils-Gisquet. — Les 22,500 francs d'amende de *la Gazette de Bretagne*. — Encore la Pairie et le maréchal Ney. — Arrestation de madame de La Rochejaquelein et de mademoiselle de Fauveau. — Première représentation de *Robert le Diable*.

On était au 16 octobre 1831.

Pour la seconde fois, depuis la révolution de juillet, revenait le funeste anniversaire de la mort de la reine de France.

La Mode, après avoir cité *le Moniteur* du 6 du deuxième mois de l'an II, — 17 octobre 1793, — qui relate, en style officiel et laconique, — d'autant plus navrant qu'il est officiel, — la condamnation et la mort de Marie-Antoinette, faisait suivre la publication de cet extrait des lignes accablantes que voici :

« ... Il y a de cela trente-huit ans... N'allez pas croire que ce fût
» hier ! Royalistes de France, recueillons-nous : plaignons d'aussi
» hautes infortunes ; admirons un aussi héroïque courage ; forti-
» fions-nous par le souvenir de tant de résignation et de tant de

» maux : c'est là un de nos anniversaires ; ce martyre est à nous ; la
» mort de cette femme, le supplice de cette reine nous appartien-
» nent ; nous seuls avons le droit de pleurer sur elle, de nous enor-
» gueillir de ses vertus, de nous glorifier de son courage ! Nos ad-
» versaires ne sont pas également partagés : ils n'ont pour eux que
» la honte et le poids du crime !... »

A peu près vers la même époque, la nouvelle royauté quitta le Palais-Royal pour aller habiter les Tuileries. C'était une nouvelle faute. La monarchie bourgeoise et citoyenne de 1830, aurait dû comprendre que les palais de la famille d'Orléans devaient lui suffire, sans aller s'étendre, aux Tuileries, dans les lits encore chauds de la Royale Maison de France. C'était le temps où Louis-Philippe affectait de se montrer dans les rues de Paris, en simple promeneur, avec ce fameux chapeau gris et cet éternel parapluie, qu'on lui a tant reproché ; pourquoi n'avait-il pas jusqu'au bout le courage de ses résolutions, et s'oubliait-il au point d'aller demeurer dans le vieux palais des Bourbons ?

La Mode, parut goûter fort peu ce déménagement et n'en prit que très aigrement son parti. Elle rappela, non sans amertume, que telle chambre, occupée maintenant par une princesse d'Orléans, l'avait été par la meilleure protectrice de leur famille, S. A. R. MADAME; tel autre appartement, celui de M. le duc de Chartres, — ainsi s'obstinait-on à nommer le jeune duc d'Orléans, rue du Helder, — n'avait-il pas été sanctifié par la présence de Madame la Dauphine ?

Tout cela était triste en effet !

Il paraît qu'une sorte de cérémonie quasi-officielle, avait précédé cette prise de possession des Tuileries par la monarchie de juillet ; mademoiselle Adélaïde avait cru faire acte de bon goût en y paraissant en costume tricolore, plus ou moins de circonstance : « Elle

» avait imaginé, dit *la Mode*, de mettre une robe bleu de ciel, un
» canesou blanc et un chapeau amaranthe. Nous doutons fort que
» cette mode-là puisse se généraliser, car elle n'est pas avantageuse
» à la physionomie des brunes. »

A quinze jours de là, parut la fameuse brochure de M. de Chateaubriand : *De la nouvelle Proposition relative au bannissement de Charles X et de sa famille*. C'était une héroïque réponse à la proposition de M. de Bricqueville ; on y lisait des phrases comme celles-ci :

« Les quarante années de la révolution française se sont divisées
» en trois parts, d'une longueur à peu près égale : la république, avec
» ses phases successives, a traversé dix ans ; l'empire, onze ; la
» Restauration, seize. Il paraîtrait donc que la vitalité politique des
» Français, depuis qu'ils font et défont leurs gouvernements, ne
» dépasse guère un demi-quart de siècle... »

M. de Chateaubriand ne savait pas si bien dire, et le gouvernement de juillet, après avoir duré dix-huit années, a été suivi lui-même d'un nouvel ordre de choses, qui a duré bien moins encore.

« ... Ce que l'on possède aujourd'hui est un je ne sais quoi qui
» n'est ni république, ni monarchie... Tout est contradiction, diffi-
» culté, embarras dans l'ordre actuel. On répudie la branche aînée
» des Bourbons, et l'on épouse la branche cadette ; il arrive qu'on ne
» dit pas une parole, qu'on ne fait pas une loi contre la chose passée,
» qu'elles ne retombent à plomb, sur la chose présente... Les hom-
» mes à intérêts, à théories, à serments, peuvent donc établir leur
» calcul... le peuple n'est point consulté : tout en lui déclarant qu'il
» était souverain, on lui a imposé un gouvernement. C'est une véri-
» table moquerie qu'une monarchie achevée à Paris, en trois coups
» de rabot, dans une arrière-boutique, au nom de trente-trois mil-
» lions d'individus, qui n'en savaient rien ; on leur apprenait, à leur

» grand ébahissement, par le télégraphe, qu'ils venaient de se faire
» à eux-mêmes le don gracieux d'une charte et d'un roi..

» Il serait temps d'en finir avec les lois de proscription; elles
» n'empêchent rien de ce qui doit arriver, et elles ont un caractère
» de fureur, qui n'est plus en rapport avec l'humanité du siècle.
» Henri IV apporta lui seul, au domaine de la couronne, des biens
» patrimoniaux pour plus de 18 millions de revenu, monnaie d'au-
» jourd'hui, et ses héritiers manquent des premières nécessités de la
» vie. Un compagnon fidèle, M. le duc de Blacas, partage avec ses
» maîtres, la fortune de ses enfants : je ne sache pas que les servi-
» teurs de Bonaparte aient jamais mis leurs trésors à la disposition
» de la famille de ce grand proscrit. On vient nous dire que les
» Bourbons, qui ne trouveraient pas à emprunter un schelling en An-
» gleterre, qui n'ont plus en France que des lambeaux vendus à
» l'encan et au rabais, paient avec leur argent, les mécontents de
» l'ouest et du midi! Un petit nombre d'honnêtes gens croient à cette
» absurdité, faute de s'être rendu compte des faits, trompés qu'ils
» sont par les brocanteurs de conscience. Il est tout simple que ces
» trafiquants, ayant toujours vendu leur opinion, se figurent qu'on
» n'en a point, si elle n'est payée! Quand ceux-ci auront étendu
» jusqu'aux *Carlistes* les lois de mort, quand les parodistes de la ter-
» reur auront fait revivre l'âge d'or du sang, quand ils auront repris
» dans les arsenaux des Lebon et des Carrier, les superbes machines
» des forts génies; quand ils auront fait tomber mon chef, comme
» jadis tomba celui de mon frère, qu'ils regardent dans ma tête et
» dans ma poche, ils trouveront l'une pleine de projets de liberté et
» de gloire pour ma patrie, avec Henri V, et l'autre vide...

» En pleine paix, vous vous occupez de mettre hors la loi une fa-
» mille qui, après tout, vous a rendus prospères pendant seize années,
» et a commencé pour vous l'ère de la liberté... Si les tempêtes,

» compagnes fidèles de celui qui fut votre roi, le poussaient à vos
» rivages, vous l'immoleriez? Ajoutez la tête de Charles X à celle de
» Louis XVI! Jetez cette tête blanche, non à l'Europe, votre alliée,
» mais aux hommes qui voudraient déshonorer ce qu'il peut y avoir
» de noble dans les journées de juillet; joignez à ces victimes la
» prisonnière du Temple : celle-là porte déjà tant de couronnes, que
» je ne sais s'il y aura place pour la dernière! Qu'on emmanche le
» fer de Louvel dans une loi pour en frapper la veuve du duc de
» de Berry. Quant au jeune Henri, s'il n'a pas les années requises
» à l'échafaud, n'êtes-vous pas les maîtres? accordez-lui dispense
» d'âge pour mourir. . . . . . . Louis-Philippe est roi, il porte le
» sceptre de l'enfant dont il était l'héritier immédiat, de ce pupille
» que Charles X avait remis entre les mains du lieutenant-général
» du royaume, comme à un tuteur expérimenté, un dépositaire
» fidèle, un protecteur généreux. Ne pouvez-vous attendre quel-
» ques années? Quoi! si Henri V abordait les champs qui ont déjà
» dévoré son père, Louis-Philippe serait obligé de le faire fusiller?
» Ne pouvez-vous ménager davantage les souvenirs et le cœur de
» votre prince?...

» ... C'est assez : quel que soit le conseil de Dieu, il restera au
» candidat de ma tendre et pieuse fidélité, une majesté des âges que
» les hommes ne peuvent lui ravir. Mille ans, noués à sa jeune tête,
» le pareront toujours d'une pompe au-dessus de celle de tous les
» monarques. Si, dans la condition privée, il porte bien ce diadème
» de jours, de souvenirs et de gloire ; si sa main soulève sans efforts ce
» sceptre du temps que lui ont légué ses aïeux, quel empire pour-
» rait-il regretter? Dans la transformation sociale qui s'opère, le
» duc de Bordeaux ne serait peut-être rien sur le trône : hors du trône,
» le trente-septième descendant de Hugues Capet, l'héritier de Phi-
» lippe-Auguste, de Saint-Louis, de Charles V, de Louis XII, de

» François Ier, de Henri IV, de Louis XIV et de Louis XVI, est le
» roi des siècles, le passé couronné vivant au milieu de l'avenir... »

L'effet que produisit la publication de cette brochure fut immense. On y sentait si bien déborder la colère, l'indignation et le mépris, que les plus ardents champions du nouvel ordre de choses en étaient comme atterés. On ne s'abordait, dans les salons, dans les promenades et dans les lieux publics qu'avec ces mots :

— Avez-vous lu la brochure de M. de Chateaubriand ?

Ce magnifique plaidoyer reportait les hommes de cœur, au temps des héros de la chevalerie : il est resté comme un des morceaux les plus fameux de l'éloquence contemporaine.

Les hommes du château tremblaient, sur leurs siéges mal affermis, aux accents de cette parole quasi inspirée, et pendant ce temps, la jeunesse des écoles faisait à M. de Chateaubriand de magnifiques ovations. Bien des cœurs se sentaient profondément remués à l'idée de cette ingratitude de tout un pays, pour une famille qui avait fait sa grandeur. Tous les gens simplement impartiaux, repoussaient ces mesures draconiennes qui frappaient sans atteindre; car, hélas ! M. de Chateaubriand avait raison : les lois de proscription, aussi bien que les serments imposés, n'ont jamais sauvé les empires. Les premières n'ont pas empêché les gouvernements qui les avaient édictées de tomber, et les seconds, que nous sachions, n'ont jamais servi qu'à avilir les consciences et à rendre les hommes oublieux d'une des plus saintes choses de ce monde, la parole donnée !

> Couleur de sang, mon chef est fait avec la boue ;
> Dans mon second, souvent le sang rougit la boue ;
> Ivre du plus beau sang, mon tout est dans la boue.

disait *la Mode*, en forme de charade, à propos du nom de l'auteur de la proposition Bricqueville. Mais, à côté de cette boutade, elle publiait, à l'occasion de la brochure de Chateaubriand, un des meilleurs articles qu'elle ait jamais donnés.

Cette courageuse initiative lui valut, dès lors, la plus active surveillance de la part des parquets ; elle devint en quelque sorte leur point de mire, et fut considérée comme une redoutable ennemie.

En effet le temps des procès de presse était venu. 228 accusations avaient été successivement portées, en moins de quinze mois, contre les journaux, et le moment arrivait où le pouvoir qui avait dit en montant les degrés de l'Hôtel-de-Ville : « Plus de procès à la presse, » allait se démentir.

Le caractère de la *Mode*, en tant que journal politique, n'était pas encore bien positivement établi, puisqu'elle n'avait pas de cautionnement ; mais nous verrons tout à l'heure, mon cher ami, quel moyen on employa dans les cabinets officiels, pour l'astreindre à arborer ses couleurs, et la frapper ensuite avec une continuité et des rigueurs, qui dépassèrent souvent toutes les bornes.

Son article sur la fameuse brochure lui avait valu une recrudescence de vogue. M. de Chateaubriand crut devoir adresser à ses gérants une lettre de remercîments, si flatteuse,—et sans doute aussi, si dangereuse,—que ces Messieurs, par prudence ou modestie, ne jugèrent pas utile de la publier. La *Gazette de France*, la *Quotidienne*, le *Courrier de l'Europe*, l'*Avenir*, toutes les feuilles royalistes de province, se firent un devoir d'adresser à notre Revue, l'expression de leur plus chaleureuse sympathie. Dès ce moment, amis et adversaires devaient compter avec la *Mode*.

L'effet produit par la brochure de Chateaubriand, se faisait sentir dans toutes les sphères. Partout, dans les salons, dans les cafés, dans les cercles, il n'était question que de ce magnifique appel à la justice et à l'honneur de la France. Des discussions des plus vives s'établissaient partout à propos de la proposition Bricqueville : c'était à qui parlerait contre, personne, ne se souciant d'en prendre, du moins tout haut, la défense.

En France les nobles causes sont toujours sympathiques.

Une simple anecdote prouvera mieux que beaucoup d'autres faits, l'émotion produite dans Paris, par la publication de la brochure.

Quelques jours avant la Toussaint,— dans la nuit du 27 au 28 octobre 1831, autant que nous pouvons nous le rappeler, — quelques jeunes gens, qui venaient d'agiter longuement la question à l'ordre du jour, dans un poste de la garde nationale dont ils faisaient partie, imaginèrent de résumer leur discussion par un vote, et d'appeler leurs camarades à se prononcer avec eux, sur la valeur de l'opinion politique de chacun. On apporta des plumes et de l'encre, du papier, un schako servit d'urne, et savez-vous, mon cher directeur, le résultat de ce scrutin improvisé? le voici :

        Pour Henri V. . . . . . 35 voix.
        Pour le duc de Reischtadt. . 4 —
        Pour la république. . . . 11 —
        Pour Louis-Philippe. . . . 0 —

C'était concluant ; mais c'était surtout bien humiliant pour le gouvernement nouveau, auquel le chef du poste, tout au moins, avait prêté serment. Il était évident qu'aucun de ces soixante gardes nationaux n'était sympathique au gouvernement des barricades et qu'en lui présentant les armes, le poste entier manquait à ses devoirs.

Ce fut à cette même époque, que le scandale de l'affaire des fusils-

Gisquet, révéla, dans certaines branches de l'administration, de déplorables abus : cette affaire est aujourd'hui bien oubliée; nous ne voulons donc en parler qu'à titre de souvenirs, et pour expliquer cette spirituelle boutade de *la Mode* : « Une nouvelle maison de
» commerce vient de s'établir pour le brocantage des fusils, sous
» la raison sociale C. P. et S. G. : elle travaille spécialement dans
» *le vieux.* »

Les initiales, on le pense bien, n'étaient un mystère pour personne.

Le vol des médailles, à la Bibliothèque du Roi, fut aussi un des événements qui occupèrent le plus l'attention, à la fin d'octobre 1831; il est certain qu'un étrange mystère plane encore aujourd'hui sur cette affaire.

La Gazette de Bretagne, — une des meilleures feuilles royalistes du temps, — venait d'être condamnée, à la suite de plusieurs incartades, et cela en moins de trois mois, à 22,500 francs d'amende! *La Mode* ouvrit une souscription dans ses bureaux, pour aider la courageuse feuille de Nantes, à solder ces énormes condamnations; la généreuse initiative de notre Revue fut couronnée d'un plein succès : le jour allait venir où elle-même serait obligée, pour solder ses amendes, d'invoquer la générosité de ses abonnés, laquelle, disons-le bien vite, ne lui fit jamais défaut.

Ce fut à peu près vers la même époque, qu'on voulut faire prononcer par la Chambre des pairs, la réhabilitation du maréchal Ney :
« Il ne manquait plus, en vérité, dit *la Mode*, que cette dernière
» humiliation à la pauvre Pairie : voilà qu'on veut lui faire réformer
» et casser un arrêt qu'elle a rendu, il y a seize ans. Les mêmes
» hommes qui dirent alors « le maréchal Ney est coupable, » diront
» aujourd'hui : « Le maréchal Ney était innocent. » Ceux qui le con-

» damnèrent à mort en 1815, diront en 1831 que cette mort était
» un assassinat ; alors quel est l'assassin ? »

Enfin deux autres événements d'un ordre bien différent se placent encore à la date où nous sommes arrivés, mon cher ami : l'évasion de madame de La Rochejaquelein et la première représentation à l'Opéra, de *Robert le Diable*.

Madame de La Rochejaquelein, non pas l'héroïque auteur des *Mémoires*, mais une autre et courageuse femme, bien digne de porter le nom de cette illustre famille, qui en moins d'un demi-siècle a compté deux martyrs, — madame de La Rochejaquelein, disons-nous, avait été dénoncée comme conspiratrice, et la prévoyance de MM. les procureurs du roi, avait été jusqu'à supposer qu'elle pouvait bien tenir cachée, toute une armée de Chouans, dans une ferme, en Vendée, près des Herbiers. On fit une descente sur les lieux ; les gendarmes envahirent les granges et les remises, les halliers, les caves. On ne trouva personne que madame de La Rochejaquelein et une charmante jeune fille, qui devait un jour devenir une grande artiste, mademoiselle de Fauveau ; toutes deux accueillirent, par un franc éclat de rire, MM. les sbires.

Ces derniers, cependant, ne se tiennent pas pour battus ; ils ordonnent l'arrestation de madame de La Rochejaquelein et de mademoiselle de Fauveau ; on presse ces nobles femmes ; c'est à peine s'il leur sera permis de passer dans une pièce voisine, pour y prendre des vêtements. Ces courts instants, madame de La Rochejaquelein les met à profit : une jeune fille du pays lui prête ses habillements, en quelques minutes elle les a revêtus, puis elle sort, sous ce costume de paysanne, à la barbe même des gendarmes. L'un d'eux l'arrête, car elle porte un grand seau :

— Où vas-tu, S... B... ? lui dit-il.

— Y va trir de l'iau à la fontane!...

— Dépêches-toi, alors.

— Craignez ren, y mé dépéchéré bé.

On la laisse passer ; elle sort, gagne la campagne et... court encore.

Quant à mademoiselle de Fauveau, moins heureuse que son amie, — mais aussi, certainement moins compromise, — elle fut traînée, le lendemain, elle l'héritière des Talmont, dans les prisons de Bourbon-Vendée. On l'y garda quelque temps, et il fallut bien ensuite la relâcher, car la courageuse jeune fille n'opposa qu'un froid dédain et une superbe indifférence à toutes les questions du ministère public. — Ce dernier fut même destitué, sans doute pour n'avoir pas eu la chance de mettre la main sur la fameuse armée de Chouans !...

Cette affaire couvrit de ridicule le parquet de la province, et l'odieux en rejaillit sur le gouvernement. Toutefois cette histoire a sa moralité : elle vous prouve, ô mes chères lectrices, — mères imprudentes qui donnez souvent une éducation perlée à vos filles, selon l'heureuse expression de M. de Foy, négociateur en mariages, — que vous avez tort de ne plus leur apprendre le vieux patois de vos provinces : rien de ce qu'on apprend en ce monde n'est inutile : des temps comme ceux dont je vous raconte l'histoire peuvent revenir : n'oublions jamais que, dans la vie, tout sert, ou du moins, que tout, à un moment donné, peu servir !

Quant à la première représentation de l'immortel chef-d'œuvre de Meyerbeer, *Robert le Diable*, elle eut lieu le 21 novembre 1831, et jamais pareil succès n'avait encore été constaté à l'Opéra. On le sait cependant, M. Véron n'avait qu'une médiocre confiance dans le succès de cette pièce : il l'avait dit à Meyerbeer, et ce dernier seul avait toujours compté sur sa bonne étoile, et aussi sur son magnifique talent.

« *Robert le Diable*, a été parfaitement rendu, dit la *Mode* : les
» décorations sont magnifiques, la musique est irréprochable : on y
» voit une résurrection, suivie d'un ballet et d'un *pas de mortes*, dont
» l'effet est merveilleux ; rien ne manque au nouvel opéra. »

Les artistes chargés alors d'interpréter le chef-d'œuvre de Meyerbeer, étaient Nourrit, Levasseur, madame Dorus et madame Damoreau-Cinti, pour le chant ; pour la danse, les deux Noblet et Taglioni. *Robert le Diable* a eu depuis, près de cinq cents représentations : nous sommes loin, de nos jours, mon cher directeur, de ce magnifique ensemble de beaux talents!

XV

Fin de l'année 1831 — La révolution a ses coudées franches. — Émeutes à Lyon. — Procès de presse. — *La Gazette de Normandie*, *la Gazette de l'Anjou*. — Arrestation de M. de Kercaradec. — *La Mode* est assujettie au cautionnement. — Condamnation à mort du chouan Charbonneau. — *La Tribune* et M. Casimir Périer. — M. d'Haubersaërt. — Le coup de pied de l'âne. — Étrennes de *la Mode*, aux ministres, le 1er janvier 1832. — Les beaux jours de la Revue. — Courtes réflexions à l'adresse des abonnés aux bons journaux. — Les théâtres. — *Richard Darlington*. — *L'Auberge des Adrets*. — *La Tour de Nesle*. — Frédéric-Lemaître, Serres, Bocage et mademoiselle Georges. — M. Alexandre Dumas.

La révolution portait ses fruits.

De tous les côtés, les nouvelles les moins rassurantes parvenaient au gouvernement, sur l'état des esprits dans les provinces. Dans le midi, dans l'ouest, des mouvements insurrectionnels semblaient imminents; ils avaient même éclaté déjà sur plusieurs points : Nîmes, Montpellier, Marseille, Angers, Nantes, Rennes, recélaient des populations tellement hostiles au nouvel ordre de choses, qu'on devait, à chaque instant, redouter les plus déplorables conflits. Les journaux étaient traqués comme des instruments de désordre, et les parquets ne suffisaient plus à instruire toutes ces accusations, faites au nom d'un régime qui devait son existence à la presse : ainsi se trouvait justifiée, dès les premiers jours, la prédiction de Chateaubriand.

Un gouvernement libéral aurait dû reconnaître son impuissance en face de toutes ces manifestations de l'opinion publique; celui de juillet n'accepta d'aucune manière ces enseignements significatifs; il aima mieux rompre en visière, et dès les premiers temps, avec la liberté : on était au pouvoir, le mieux, après tout, n'était-il pas de savoir y rester?

C'est ainsi que le succès raisonne. Les hommes que l'ambition domine se gardent bien d'être conséquents avec eux-mêmes. Ils trouvent naturel que les circonstances les servent contre ceux qu'ils veulent renverser; mais une fois au pinacle, ils s'étonnent de se voir combattus à leur tour; ils ne se font alors aucun scrupule d'employer les mêmes moyens de domination qu'ils semblaient détester; souvent même ils se montrent bien autrement exclusifs, que ceux qu'ils ont combattu.

En cela, se révèle la rare injustice des hommes. Cet écueil est celui de tous ceux qui, par ambition ou par défaut de jugement, soutiennent momentanément les révolutions. Un jour vient où de nouveaux opprimés veulent dominer à leur tour : n'est-on pas obligé de céder à leurs exigences? Le mal empire alors, et ceux qui ont quelque conscience, sont bien forcés de s'avouer qu'il eût été plus sage de ne jamais prêter les mains au désordre. Personne n'a horreur des conspirateurs comme les gens qui ont conspiré toute leur vie. N'est-il pas avéré qu'un homme d'aventure ou d'opposition, s'il arrive au pouvoir, supportera toujours beaucoup moins facilement que d'autres, la critique de ses actes?

En France, à l'époque dont je parle, la révolution était déchaînée; le désordre était partout; il était surtout beaucoup plus encore dans les idées que dans les faits. Les journaux de la nuance du *Constitutionnel*, — qui, après avoir tout sapé, sont impuissants à reconstruire,

— n'avaient-ils pas, pendant quinze ans, perverti le bon sens des masses? Les écluses n'avaient-elles pas été lâchées, et n'était-il pas naturel que le torrent eût son cours? Chose inouie! ceux-là même qui avaient brisé les digues s'étonnaient du débordement révolutionnaire, et les vainqueurs du jour, opposants de la veille, traitaient de criminels leurs anciens amis, qui, moins habiles, ou plus honnêtes, n'avaient pu, dans la débacle, obtenir leur part du gâteau!

Le gouvernement de juillet, fit alors ce que sont obligés de faire les gouvernements dont l'origine est contestable : il fit de la compression. On procéda d'abord par intimidation, puis par menaces ; on fit des procès à la presse, des arrestations ; on organisa tout un système de corruption en matière électorale ; on lutta enfin, de toutes manières, pendant dix-huit années, et puis, un beau jour, la révolution de 1848 acheva l'œuvre commencée le 27 juillet 1830, en renversant ce gouvernement intermédiaire du 9 août, qui, selon la belle expression de Chateaubriand, « était bien la monarchie, mais n'était plus la monarchie. »

Le peuple, il faut bien le dire, est souvent plus logique qu'on ne pense. Une sorte d'instinct le pousse à deviner le rôle qu'on entend lui faire jouer ; il ne demande pas mieux souvent que d'être opprimé ; mais il ne veut, en aucun cas, être dupe. Un despote, qui le dominera, lui plaira toujours plus qu'un charlatan menteur. Promettre et tenir, n'est-ce pas deux? Le peuple sait cela, et il sait aussi que toujours les sycophantes, soi-disant libéraux, lui ont fait mille promesses qu'ils n'ont jamais tenues !

L'Europe est jetée aujourd'hui dans les hasards de la révolution. Veut-on savoir pourquoi? C'est que certains peuples, las d'être conduits, ont voulu se conduire eux-mêmes ; ils n'ont plus voulu de ces chefs habiles, qui ne les poussaient à l'émeute que pour profiter de la bataille, et mieux les dominer ensuite. Aussi, qu'arrive-t-il?

C'est qu'aujourd'hui, les vrais révolutionnaires se gardent bien de s'en rapporter à personne; ils font leurs affaires eux-mêmes; ils attachent franchement à leurs chapeaux, la devise qui veut dire : *Je suis Guillot, berger de ce troupeau*, et marchent, comme Garibaldi, la tête haute et l'épée aux reins, à la conquête de ce qu'ils nomment leur programme !

De tout cela, un mal immense est résulté ! mais à qui la faute? à ceux qui, en 1830, ont lâché les digues dont nous parlions tout à l'heure, et ont à ce point dénaturé le sens des mots, que le peuple, en vérité, ne sait plus, en politique, distinguer ce qui est juste de ce qui ne l'est pas. Guerre pour guerre, j'aime mieux, quand à moi, celle que font eux-mêmes, et pour leur compte, les chefs de bande : elle est plus digne et plus loyale que celle des soi-disant libéraux, qui se cachent pendant la bataille, pour ne se montrer qu'au moment de la victoire, et en profiter. Après tout, je comprends que les hommes d'action, qui risuent leur vie et leur tête, soient las de ces coryphées de la démocratie, qui finissent toujours par les exploiter. Je trouve moins digne de blâme, — quelque infâmes soient-ils, — ces hommes qui, comme Mazzini, se disent franchement niveleurs de fortunes, de pouvoir et de conditions; ils priment à mes yeux ces aboyeurs d'opposition, qui n'attendent jamais que le lendemain du combat pour mettre des panaches à leurs chapeaux et crier qu'ils ont tout fait !

Ai-je donc eu tort, mon cher ami, de déclarer une première fois, que, des événements de 1830, découleraient les malheurs de l'Europe entière ? Voyez ce qui se passe : les événements ne me donnent-ils pas raison ? L'Europe a commis, à cette époque, une faute immense, dont elle subit aujourd'hui les conséquences. Du moment que les gouvernements monarchiques d'alors, reconnaissaient la légitimité d'une révolution triomphante, à Paris, ils s'interdisaient le droit de jamais trouver mauvais que pareille chose arrivât chez eux ce qu'on approuve chez les autres, il faut savoir le tolérer chez soi. Ce vieil axiome n'est que trop vrai, et les conséquences s'en déduisent fatalement aujourd'hui, jusque dans les États de l'Église. Une usurpation, d'ailleurs, n'en appelle-t-elle pas toujours une autre? et son intérêt n'est-il pas de la provoquer? Les faits qui se passèrent en Espagne, en Portugal, dans les Pays-Bas, au lendemain de 1830, n'étaient-ils pas la conséquence forcée des événements de 1830? Se seraient-ils accomplis sans la révolution de France? Évidemment non. Toutes les choses, en politique, et surtout en révolutions, se tiennent. Ce que nous demandons aujourd'hui, à nos adversaires de 1830, c'est de la franchise. Qu'ils reconnaissent donc, avec nous, qu'ils se sont trompés, en sapant par la base, tous les fondements du grand édifice social : qu'ils s'unissent à nous, pour demander à Dieu, que ceux qui sont aveugles voient enfin clair!

Les émeutes de Lyon furent un des faits les plus graves, de la fin de l'année 1831. Elles éclatèrent, les 21, 22 et 23 novembre, et il fallut avoir recours aux moyens les plus énergiques pour les réprimer. Cette malheureuse ville de Lyon, connut alors les horreurs de la guerre civile. On put voir, pendant plusieurs jours, la seconde ville de France livrée au désordre et aux coups de fusil. De bien tristes excès signalèrent ces trois journées.

Le pouvoir en prit occasion de se montrer d'autant plus sévère pour les journaux, et les rigueurs contre la presse, d'abord assez bénignes, devinrent excessives.

Parmi les feuilles de province qui furent alors l'objet des plus graves poursuites, nous citerons, d'après *la Mode*, l'excellente *Gazette de Normandie* et la *Gazette de l'Anjou*. La première dut subir, coup sur coup, deux saisies et deux procès, « pour avoir publié,

disait l'accusation, des articles de nature à discréditer le ministère ! » « Hélas ! s'écriait à ce propos *la Mode*, discréditer les
» ministres ! vraiment ! pauvres gens ! voyez la noirceur ! on croyait
» que, sur ce point, il ne restait rien à faire, et qu'il est des réputa-
» tions dont on peut médire, mais que l'on ne saurait calomnier ! »

Cette *Gazette de Normandie* comptait, parmi ses rédacteurs, un homme dont le nom devait être attaché, plus tard, et d'une manière bien intime, à celui de *la Mode*, le regrettable vicomte Walsh, pour lequel, vous le savez, mon cher directeur, j'ai, comme vous, une profonde vénération. Démissionnaire, en 1830, d'une place lucrative de directeur des postes de Nantes, le noble vicomte rédigeait alors cette courageuse *Gazette*, aidé de quelques loyaux et fidèles amis de la monarchie déchue. C'est là, que l'auteur des *Lettres Vendéennes* a publié ses *Mélanges politiques et littéraires*, ses *Histoires, Contes et Nouvelles*, et enfin ses ravissantes *Explorations en Normandie*, dédiées par lui, à un de ses meilleurs amis, M. le vicomte Dambray.

Lorsque la suite de mon récit ramènera, sous ma plume, le nom de ce loyal vicomte Walsh, dont le grand cœur ne faillit jamais, et qui est resté, pour notre génération, un modèle de fidélité et d'honneur antique, je m'étendrai longuement, mon cher ami, sur le caractère et les mérites de cet homme excellent, qui nous a laissé à tous un précieux héritage : son exemple à suivre !... Le souvenir du vicomte Walsh reste gravé dans mon cœur ; il me rappelle, comme malgré moi, ces beaux marbres antiques, qu'on ne se lasse pas d'admirer, et qui ont une telle pureté de forme, qu'on ne peut jamais les oublier.

Revenons à *la Mode*.

« Nous avons reçu, cette semaine, — dit la mordante Revue, dans

» son numéro du 1er décembre 1831,—un très curieux morceau d'é-
» loquence, sur papier timbré, et signé très lisiblement par un huis-
» sier. L'honnête huissier n'a trouvé, dans cette pièce, que qua-
» rante-cinq mots nuls, et il les a rayés comme tels!... Nous allons
» dire, en somme, ce que contenait cet exploit. *La liberté* nous
» faisait l'honneur de nous écrire, par huissier, que *la Mode*, étant
» un journal essentiellement politique, nous eussions à fournir un
» cautionnement qui pût répondre quelque peu de toutes les amen-
» des, prisons, citations, jugements, appels, qui auront lieu certai-
» nement contre nous...

» Vous aurez un cautionnement pour *la Mode*, nos seigneurs : un
» cautionnement en bel or, en belles pièces de monnaie, frappées
» au bon coin. On dit que l'or ne sent pas mauvais : celui-ci a passé
» à travers des mains bien jolies : sentez notre or... il nous est venu
» de ce qui reste d'aristocratie en France!.. »

A la fin de cet article, *la Mode*, qui prévoyait sans doute la grande consommation de gérants-responsables qu'on lui ferait faire, déclarait qu'elle en désignait deux au lieu d'un, MM. Alfred Dufougerais et Théodore Muret. A partir de ce moment, elle devenait nécessairement un journal politique, et si le temps de ses beaux jours était arrivé, le moment de ses malheurs allait aussi venir !

A quelques semaines de là, la *Gazette de l'Anjou* fut poursuivie et frappée d'une première amende de 5,000 francs ; d'une seconde amende de 5,000 francs encore, — le maximum de la loi, — et d'une autre amende de 2,000 francs ! C'était assurément fort peu encourageant ; mais le système des souscriptions, faites en faveur des journaux poursuivis, par leurs fidèles abonnés, venait d'être inauguré par *la Mode*, et les courageuses feuilles de province pouvaient du moins conserver l'espoir de voir leurs souscripteurs leur venir en aide, pour alléger leurs charges.

14

Le National, plus heureux que les journaux royalistes, obtint un acquittement, à la fin de cette même année 1831. Poursuivi par le ministère public, pour avoir dit qu'à Lyon, des ouvriers avaient été engagés à raison de 5 francs par jour, *pour assommer les gens*, il produisit des témoignages accablants contre le pouvoir, et dut sa mise hors de cause à la franche et courageuse initiative d'un témoin, M. Bouvatier, qui ne craignit pas de dire la vérité.

L'arrestation inqualifiable de M. de Kercaradec, à Vannes, se place à la même époque : elle indigna tous les honnêtes gens. M. de Kercaradec fut amené de Vannes à Paris, à pied, entre des gendarmes, et les poucettes aux mains ; on le traita comme un forçat. Son seul crime était d'être royaliste, et l'accusation de *carlisme*, qu'on développa contre lui, ne put aboutir qu'à une ordonnance de non lieu, qui lui valut sa mise en liberté. Ce qu'on avait voulu, c'était faire de l'intimidation, car il fallait un exemple : le but ne fut pas atteint, on ne parvint qu'à faire de l'arbitraire odieux.

Mais un autre fait d'une bien plus triste gravité, fut la condamnation à mort, par la cour d'Angers, du malheureux Charbonneau, que l'on accusait d'avoir *chouané*.

Ce fait produisit sur les esprits la plus fâcheuse impression. Beaucoup de Vendéens étaient alors envoyés dans les bagnes. Ah! c'est encore une des choses que je puis le moins pardonner, mon cher directeur, au gouvernement de Juillet! C'est si beau la fidélité, le dévouement : pourquoi donc les défendre ?... Ces mesures impolitiques exaspéraient avec raison les populations fidèles et catholiques de l'Ouest.

Un scandale d'une toute autre nature vint encore, à Paris, occuper l'attention des oisifs : un journal, *la Tribune*, avait affirmé que M. Casimir Périer, dans un moment d'humeur, avait donné un coup de pied à son secrétaire intime, M. d'Haubersaërt ; ce dernier intenta immédiatement un procès en diffamation. Cette affaire était déplorable, le ridicule aurait dû en faire justice, aussi les quolibets qui parurent dans tous les petits journaux, à l'adresse de M. d'Haubersaërt et de sa susceptibilité, mirent-il les rieurs contre lui. Ce fut un continuel feu roulant de plaisanteries et de bons mots, pendant une ou deux semaines. On s'expliquerait difficilement aujourd'hui la possibilité de scandales de ce genre. Dans ces jours de luttes et d'effervescence politique, tout devenait vite matière à opposition ; le caractère violent de M. Casimir Périer n'était que trop connu ; on se disait tout bas, — et même très haut, — que le coup de pied pouvait bien être authentique et que M. d'Haubersaërt ne sortirait pas intact du procès ? *La Mode* cherchait à consoler la victime. « De quoi se plaint-il après tout, disait-elle, s'il a reçu un coup de pied, n'est-ce pas le coup de pied de l'âne ? »

Fidèle aux bonnes traditions, *la Mode*, à quelques jours de là, profitait de la circonstance du 1er janvier 1832, pour offrir des étrennes aux ministres ; naturellement elle envoyait à M. Casimir Périer, *un Manuel du Boxeur*.

Bien mieux, les tribunaux ayant déclaré, à cette occasion, que *la Tribune*, avait outrepassé les droits d'une légitime discussion, et que rien n'était moins fondé que le fameux coup de pied de M. d'Haubersaërt, les petits journaux ne se tinrent pas pour battus et *la Mode*, elle-même, voulut faire passer le débat de l'enceinte de la justice dans celle des salons : par arrêt motivé, rendu par un cercle de jeunes femmes élégantes, elle décida, le 1er janvier 1832, qu'à l'avenir, les *tournures* que portaient nos mères, et qui s'étaient successivement appelés des innommées, des impossibles, et des tournures, s'appelleraient à l'avenir des *d'Haubersaërt*.

La Mode venait d'entrer dans la troisième année de sa publication. A cette époque, son succès était si grand que ses directeurs, à bout de voies pour satisfaire plus encore leurs abonnés, essayèrent de la faire imprimer sur du magnifique papier vélin, teinté de rose; cette innovation n'obtint aucun succès : l'effet, du reste, ne répondait pas à l'attente générale.

Heureux temps! cher directeur, que celui où les administrateurs de *la Mode*, ayant trop d'argent dans leur caisse, sans doute, s'ingéniaient à trouver des moyens de le dépenser. Hélas! il n'en est plus ainsi de nos jours. Le rôle d'un journal d'opposition est bien changé de notre temps : hâtons-nous de le dire, ce temps est dur.

Les abonnés de *la Mode*, en 1832, comprenaient qu'il y avait une sorte de solidarité entre eux et leur journal favori. Ils savaient aussi que le plus ferme soutien d'une idée ou d'un principe, c'est une feuille réellement dévouée à la défense de cette idée ou de ce principe. Qui donc répondrait aux mauvais journaux, s'il n'y en avait pas de bons? Ne fût-ce que pour entretenir le feu sacré dans les masses, relever les faibles, soutenir les forts, n'est-il pas utile à une cause d'avoir de bons organes? On semble oublier cela de nos jours, alors que de si graves questions morales et religieuses se débattent autour de nous. C'est un grand tort. Le mercantilisme a déjà tué beaucoup de bons journaux; il en tuera encore, par cette raison toute simple que les mauvais livres s'écoulent toujours plus facilement que les bons : que, du moins, le bataillon sacré des gens de foi, de croyance et de dévoûment, reste fidèle à ses vieilles traditions!

Les bons journaux, pour soutenir la déplorable concurrence des feuilles incendiaires, ont dû diminuer leur prix d'abonnement : leur en sait-on gré? A mesure que leurs charges augmentent, on les a de plus en plus dédaignés : encore une fois, c'est un mal.

Je ne dis pas cela, mon cher directeur, pour vos fidèles abonnés, qui, tous, et depuis tant d'années, à de bien rares exceptions près, nous demeurent attachés : —que ceux qui me font la grâce de me lire en reçoivent ici l'expression de notre gratitude ; — mais aussi que certains égoïstes que vous connaissez comme moi, mon cher ami, fassent leur profit des lignes que je viens d'écrire.

N'est-ce pas le cas de répéter ou jamais : *A bon entendeur salut !*

Les théâtres, eux aussi, allaient avoir leurs *glorieuses journées*, — du moins dans le sens révolutionnaire du mot, — les lauriers de M. Victor Hugo empêchaient de dormir bien des jeunes auteurs, qui, eux aussi, voulaient prendre part au 18 brumaire du romantisme contre les classiques.

La Porte-Saint-Martin représenta, le 11 décembre 1831, le drame de *Richard Darlington;* l'*Auberge des Adrets* parut sur la même scène, le 28 janvier 1832 ; enfin la *Tour de Nesle* fut donnée sur le même théâtre, le 29 mai 1832.

Ces trois pièces,—les deux dernières surtout, dans lesquelles l'infâme le dispute à l'atroce, — devaient plaire à la foule, en ce sens que les trois grandes immoralités dépeintes dans chacune d'elles, trouvaient pour ainsi dire leur justification dans les récents événements politiques.

C'était assurément de l'à-propos que cette *Tour de Nesle*, qui montrait une reine de France ignominieusement avilie et calomniée peut-être d'une manière odieuse, alors que les crieurs publics vendaient, dans les rues de Paris, les abominables pamphlets dont nous avons parlé, à l'adresse de la sainte Marie-Thérèse de France! C'était encore de l'actualité que cette pièce immonde et cruellement bouffonne de l'*Auberge des Adrets*, qui justifiait, à chaque scène, le vol, la ruse et la fourberie, au détriment de tous les sentiments honnêtes ! *Richard*

Darlington, enfin, ne personnifiait-il pas admirablement, l'astucieuse et aveugle ambition des hommes du jour, qui tous, — s'ils n'avaient pas été jusqu'à jeter leurs femmes par les fenêtres pour arriver au pouvoir, — n'avaient pas craint de présenter au monde, en vue du triomphe, l'exemple du plus cruel oubli de toute dignité et de toute justice?

Ces trois pièces obtinrent un immense succès ; et lorsqu'on songe qu'elles étaient interprétées chaque soir par des acteurs hors ligne, devant un public haletant, passionné, ayant d'autant moins la notion des idées saines au théâtre, qu'on venait, dans les rues de Paris, de lui pervertir le sens moral, on ne peut s'empêcher de déplorer le mal irréparable qu'elles durent produire sur l'imagination exaltée de la jeunesse en général.

Frédérick Lemaître dut à ce rôle de *Richard Darlington*, la meilleure partie de sa réputation ; cependant les applaudissements qui accueillaient sa venue sur la scène, dans le rôle de Robert-Macaire, de l'*Auberge des Adrets*, étaient plus frénétiques encore. Si les spectateurs, en sortant d'une représentation de *Richard Darlington*, avaient le frisson, et rentraient chez eux frémissants, à l'idée de ce drame dont le succès était à la fois un succès de larmes et un succès d'épouvante, par contre, en sortant d'une représentation de l'*Auberge des Adrets*, ces mêmes spectateurs se sentaient complètement démoralisés dans le sens le plus vrai du mot, car l'idée de la vertu bafouée se mêlait dans leur souvenir à cette grotesque personnification du vice, que rendait si admirablement Frédérick Lemaître, dans *Robert-Macaire*.

Ce grand acteur était aussi bien secondé que possible dans cette pièce, par un autre excellent comédien, Serres, qui est mort depuis, emportant le secret de ce rôle de Bertrand, que personne assurément ne rendra jamais comme lui, avec ces mêmes dehors comiques, dégradants et empreints d'une ignoble bêtise qu'il rendait si admirablement!

Cette pièce de l'*Auberge des Adrets*, — critique abominable de la vertu en ce monde, et justification raisonnée du vol, de la duplicité et de la mauvaise foi, — avait été donnée une première fois en 1823 ; mais la censure du temps, avec une sévérité dont personne ne s'était plaint, en avait défendu la représentation ; il n'avait fallu rien moins que la crise révolutionnaire de 1830, pour faire sortir des cartons du théâtre, où elle était oubliée, cette pièce ignoble, dont on peut dire que c'est une œuvre malsaine, en même temps qu'une mauvaise action.

Hélas ! les révolutions sont donc partout les mêmes : elles tiennent à porter jusque sur le théâtre, et à toutes les époques, leur influence délétère : *l'Auberge des Adrets* a encore été reprise en 1848, et bien que l'excellent Serres eût été remplacé par Perrin, — acteur de mérite, qui tenait parfaitement le rôle, — la pièce obtint un nombre considérable de représentations. Seulement, un fait odieux se produisit lors de cette reprise, qui ne prouve que trop à quel point la gangrène révolutionnaire gagne vite le chemin qu'on lui laisse parcourir. Cédant à des conseils peu honorables sans doute, Frédérick-Lemaître ne craignit pas de reparaître, dans son rôle de Robert-Macaire, sous des dehors et un masque qui ne rappelaient que trop l'image de Louis-Philippe. Ce prince, que l'émeute triomphante venait de jeter à bas de son trône, avait droit à ces égards que le malheur commande, et cette indécente exhibition méritait, de la part d'un public français, le blâme le plus sévère : il n'en fut rien. L'esprit public était à ce point perverti, — il l'est encore aujourd'hui, — que le parterre applaudit à outrance cette outrageante allusion. Le geste, la pose, la démarche, tout, — jusqu'à cette coiffure en forme de poire, qui fut, dans les premiers temps de 1830, l'objet de si amères moqueries, — se trouvaient indiqués, au point que personne ne pouvait s'y tromper. Je me rappelle, mon cher directeur, que je fus un des rares assistants de cette triste représentation, qui eut le courage,—moi, royaliste,— de protester, par un coup de sifflet, contre ce scandale, qui ne se reproduisit plus, paraît-il, aux représentations subséquentes.

La Tour de Nesle, ne fut donnée qu'à quelques mois de là. Bocage et mademoiselle Georges, jouaient, dans une telle perfection, les rôles de Buridan et de Marguerite de Bourgogne, que personne n'avait le courage de protester, à coups de sifflet, contre cette atrocité, soi-disant historique, qui, après tout, n'est basée que sur une légende, et représente une reine de France se livrant aux dernières turpitudes, d'une Messaline, dans une tour délabrée, où le pied glisse à chaque pas dans le sang. M. Alexandre Dumas, — qui n'osait pas alors avouer son nom sur le livret de *la Tour de Nesle*, — préludait, en ce temps-là, au cours d'histoire, qu'il a eu, depuis, la prétention de rendre complet, en salissant à plaisir et successivement, dans tous ses romans et dans ses pièces, nos plus grandes figures historiques.

Nous, qui ne connaissons pas de plus triste courage que celui qui consiste à insulter des morts, nous avouerons, en toute franchise, que ces drames ou ces romans de M. Dumas, nous inspirent un dégoût profond. Si l'instruction et le simple bon sens, défendent à certaines personnes éclairées, de prendre au sérieux de pareilles turpitudes, il n'en est pas ainsi de la plus grande partie de ce public illettré, qui se rue, on peut le dire, avec amour, à toutes les représentations de *la Tour de Nesle* ou de *la Reine Margot*. Les nécessités de la scène imposent souvent au dramaturge, des changements de date et de temps ; mais c'est à la condition que la vérité historique, du moins dans son ensemble, sera respectée. M. Dumas n'en tient aucun compte ; il fait en cela, comme font les hommes de mauvaise foi, qui accumulent tous les arguments du loup contre l'agneau : c'est mentir sciemment que de faire de l'histoire un roman, et nous n'avons pas assez de sévérité dans notre cœur et dans notre conscience, pour flétrir un pareil système. Ces réflexions s'adressent à ceux qui se contentent de sourire lorsqu'on leur parle de M. Alexandre Dumas, et qui vous disent en riant : « Ne le prenez donc pas au sérieux ! » Nous pensons, au contraire, qu'il faut très sérieusement songer au mal que produit, dans les masses et sur l'esprit public, la désolante fécondité d'un écrivain, qui, doué de tant d'esprit, d'imagination et de brillant, met au service des plus mauvaises passions, tout ce beau talent !

C'est une honte, répétons-le, pour un auteur, d'exploiter ainsi la crédulité publique au détriment de la saine vérité, et cela dans un mesquin intérêt de réputation et d'argent. M. Alexandre Dumas en est cruellement puni aujourd'hui, puisque sa voix commence à être sans écho, et qu'après avoir épuisé l'histoire des prétendus crimes de nos reines et de nos rois, il en est réduit à écrire les prouesses d'un Garibaldi, récit fastidieux que personne ne lit, si ce n'est, peut-être, le million de lecteurs de M. Havin, — et encore !

XVI

Suite de l'année 1832. — Les bals masqués. — Origine des *Chicards*. — Théâtre de la Porte-Saint-Martin. — Les viveurs. — MM. Rougemont, Romieu, Ferdinand Langlé, etc., etc. — Le pari des Pierrots. — Les soupers à bon marché. — Le turbot. — Une conquête de M. Romieu. — Une fête des Rois aux anciennes Tuileries. — Première saisie de la *Mode*. — Elle est accusée d'*excitation au mépris et à la haine du gouvernement*. — Motif caché de la saisie. — Motif avoué. — Mot sanglant. — Les directeurs et gérants défendent eux-mêmes la Revue. — Acquittement.

Les bals masqués, tels que nous les voyons de nos jours, datent également de la révolution de juillet.

Sous la Restauration, les bals de l'Opéra, dont l'origine remonte à l'année 1775, — ils furent fondés par le duc d'Orléans, — ne présentaient, en aucune façon, le spectacle qu'ils donnent maintenant. C'étaient d'assez tristes fêtes, qui commençaient à minuit, pour finir au jour, comme de notre temps, mais où l'on ne dansait pas, et où le seul plaisir de l'intrigue pouvait, en quelque sorte, présenter de l'attrait; toutefois, la meilleure société ne craignait pas de s'y rendre, dans la persuasion où l'on était que les gens de la cour eux-mêmes y allaient.

Les orgies licencieuses, qui constituent aujourd'hui ce qu'on nomme les bals masqués de l'Opéra, ne peuvent, en aucune façon, donner une idée des bals d'autrefois. On se demande, de nos jours, en assistant de sang-froid à ces délirantes bacchanales, qui étonnent en même temps qu'elles dégoûtent, si les hommes et les femmes qui y prennent part ont bien leur raison, et si l'on ne voit pas se tordre et s'agiter devant soi, au milieu de cris et de hurlements sans nom, des furieux et des fous.

Cette tendance des bals masqués à devenir d'ignobles saturnales, date, je le répète, de 1830. C'est encore un des dons précieux que nous devons à cette chère année. A cette époque, la licence trouvait moyen de se manifester dans les moindres détails, et les héros des glorieuses journées ne se faisaient pas faute de se montrer radicalement novateurs, même dans leurs plaisirs.

Parmi les théâtres dont les bals masqués obtinrent, dès l'abord, un déplorable succès, nous devons citer la Porte-Saint-Martin, l'Odéon, et l'Opéra; plus tard, on en donna aussi à la salle Ventadour, — dite alors salle de la Renaissance.— Des hommes du monde, qui n'avaient pour excuse que leur âge et aussi leur gaîté, imaginèrent d'adopter, pour se rendre à ces fêtes, des costumes d'une excentricité inouïe ; de là, ces déguisements immondes, qu'on a nommés, fort improprement, des *chicards*, car, Chicard, personnage très réel, l'un de ces coryphées de la folie, dont nous parlions tout à l'heure, a beaucoup plutôt inventé la danse qui porte le nom de *cancan*, que le costume, sans dénomination possible, — tant il devint varié, — qui servit plus tard à l'exécuter.

Ce fut M. Rougemont, ami des Romieu, des Ferdinand Langlé, des Harel, des Duponchel, qui, le premier, paraît-il, imagina de s'affubler, pour se rendre à ces bals masqués, des costumes excentriques, qui furent ensuite immédiatement adoptés. Cette excentricité même avait du moins son côté piquant : c'était nouveau ; aujourd'hui, nos modernes imitateurs des Chicards d'autrefois ne sont plus que dégoûtants et ne font rire personne.

On imaginerait difficilement les inventions de toute espèce que les grands enfants de la folie, qui savaient, du moins dans leurs écarts, conserver de l'esprit et de la gaîté, mirent en œuvre, pour faire des nuits de bals masqués des nuits sans pareilles.

Il fallait voir Rougemont, avec son flegme imperturbable, faisant un jouet de tout masque crédule, et prolongeant, quelquefois pendant tout un carnaval, une plaisanterie dont le nœud n'était un secret pour aucun de ses amis. Un jour, il imagina d'offrir, en plein bal, à ces derniers, un pari, qu'ils s'empressèrent de tenir, car il leur semblait impossible qu'on pût le gagner contre eux. Il fut dit que, si dans l'espace d'une demi-heure, — montre en main, — tous les Pierrots, sans distinction, blancs, rouges, bleus, verts, lilas, qui se trouvaient dans le bal, n'étaient pas hors du théâtre, Rougemont perdrait un souper de vingt couverts.

Le voici à l'œuvre. Vêtu en habit, ce soir-là, il parcourt les couloirs, en affectant de causer assez haut avec un de ses amis, dont il a pris le bras ; chaque fois qu'il rencontre un Pierrot :

— Tu ne sais pas, disait-il, en se penchant confidentiellement vers son ami, ce qui vient d'arriver ? on a volé un panier d'argenterie au limonadier... c'est un Pierrot qui a fait le coup ?... Le commissaire de police vient de m'assurer qu'aucun ne sortirait du bal, qu'on allait les fouiller, etc., etc.

Il fallait voir alors l'empressement du Pierrot à disparaître. Il se sauvait au vestiaire, s'empressait de changer de costume, ou mieux encore, quittait le bal. Au bout de la demi-heure, toutes les

Colombines étaient délaissées et tous les Pierrots avaient disparu.

Un autre jour, Rougemont, aidé cette fois de M. Romieu, imagina de jouer un tour pendable au limonadier de la Porte-Saint-Martin. Ces messieurs avaient fait imprimer des cartes de restaurateur, entièrement semblables à celles de ce limonadier ; seulement, aux prix ordinairement élevés de ces sortes de cafés, ils avaient substitué des chiffres de nature à tenter bien du monde :

— Garçon, une dinde truffée, disait un charmant garde-française, qui, entouré d'une escouade de camarades, commandait son souper.

Et il ajoutait :

— Voyez donc, mes amis, c'est pour rien : 3 francs 50 !...

— Du saumon ! garçon, criait un autre masque, occupé à dévorer son deuxième perdreau, qu'il voyait tarifé sur la carte 75 centimes pièce, et le saumon 1 franc....

C'était un concert universel d'éloges, de bonne humeur et de gaîté.

Mais arrivait le quart d'heure de Rabelais, le moment de payer ; des discussions du dernier comique s'élevaient alors entre les garçons et les consommateurs. On se montrait les cartes, on les comparait, on s'indignait, on se disputait ; le maître du restaurant intervenait, il ouvrait de grands yeux, ne savait à qui s'en prendre, et finissait par gémir, en disant que bien certainement il allait être ruiné !

Rougemont et ses amis occupaient une table séparée : on devine la satisfaction qu'ils éprouvaient en voyant leur invention réussir au-delà de leur désir.

Bientôt, cependant, le commissaire de police intervint. Il fallut se prononcer, et, avouons-le, son rôle n'était pas facile.

— Comment expliquez-vous de pareils prix sur vos cartes? disait-il au limonadier?

— Hélas! répondait ce dernier, je ne me les expliquerai certainement jamais.

Le commissaire rendit alors une sorte de jugement de Salomon; il compara les prix anciens avec les prix nouveaux, et en fit une moyenne, qui fut acceptée par tout le monde. Les joyeux masques n'y perdaient guère; peut-être que le limonadier n'y perdait pas non plus. C'est ce qui consola la bande de nos farceurs.

Finissons, en racontant cette circonstance peu connue de la vie de M. Romieu, l'homme le plus gai de France, a-t-on dit, et qui, sans doute, a emporté dans la tombe le secret de la vieille gaîté française, car on ne s'amuse plus guère de nos jours!

Un soir, ou plutôt une nuit, à la sortie d'un bal masqué, il avait invité ses amis à un souper sans pareil : on devait y manger notamment un turbot monstre, qui arrivait expressément et en poste du Havre, pour cette circonstance. A trois heures du matin, le turbot n'était pas encore arrivé; à trois heures et demie, le souper fut servi : qu'on devine l'étonnement des invités, quand, après s'être extasiés sur l'immense ampleur du fameux turbot, qui semblait avoir six pieds de long, et disparaissait sous les bottes de persil et de fleurs dont il était jonché, on reconnut M. Romieu, à peu près nu, enfariné de la tête aux pieds, et déguisé... en turbot.

L'histoire rapporte que ce fut encore à M. Romieu qu'il advint d'être sérieusement intrigué, pendant trois bals, par un charmant domino; lequel lui fit enfin la faveur d'accepter un souper en tête à tête, et qui se trouva être son meilleur ami, M. Ferdinand Langlé.

Mais, revenons à *la Mode*, mon cher directeur, dont j'oublie ainsi de vous raconter l'histoire, en évoquant ces souvenirs du passé. J'ai seulement tenu à ne pas laisser dans l'ombre un détail de mœurs qui ne serait plus compris de nos jours; car, les prétendus viveurs de notre époque, dédaignent aujourd'hui la franche et bonne gaîté, et ne savent plus que... s'ennuyer!

A l'occasion du 1er janvier 1832, *la Mode* raconta une scène de famille qui s'était passée, disait-elle, à trois années de là, dans ces mêmes Tuileries, maintenant occupées par la famille d'Orléans.

A la fête des Rois, de 1829, le sort avait désigné le petit duc de Bordeaux, comme prince de la fève. L'excellent Charles X avait fixé à la durée d'une heure sa royauté éphémère.

Le jeune prince, enchanté, ne songeait guère à utiliser cette heure de pouvoir.

— Sire, lui dit enfin Charles X, vous n'avez plus que cinq minutes de puissance, n'avez-vous pas quelques ordres à me donner?

— Oui, bon papa, je veux...

— Vous voulez! prenez garde, en France, le Roi dit : *nous voulons*; et, quelquefois, ajouta-t-il en se tournant vers un de ses ministres, *ils veulent*...

— Eh bien! *nous voulons* que notre gouverneur nous avance trois mois de votre pension.

— Que ferez-vous de tant d'argent?

— C'est pour une pauvre femme dont la maison est brûlée.

— Je m'en charge.

— Non, bon papa, parce que vous l'oublierez ; c'est moi qui m'en occuperai...

— Mais, que ferez-vous sans argent, pendant trois mois ?

— Oh! je compte sur mes bons points... tout calcul fait, j'aurai encore vingt sous par jour pour faire le prince...

Le vieux roi l'embrassa, et ne put s'empêcher de murmurer : « Heureuse France, qui l'aura pour Roi (1)!... »

Vient ensuite le défilé douloureux des discours de bonne année, prononcés par les hauts personnages de la cour, devant Sa Majesté Louis-Philippe, le 1er janvier 1832 : la Mode ne se faisait pas faute de les publier. Hélas! elle faisait mieux encore, elle rapprochait, sur la même page, les mêmes discours, tenus par les mêmes hommes, à deux années de là, le 1er janvier 1830, devant le Roi très chrétien, qui se nommait alors Charles X !

C'est ainsi que nous pouvons lire et comparer les magnifiques harangues de M. le comte Portalis, président à la cour de cassation; de M. d'Habancourt, doyen des présidents de la cour des comptes; de M. le baron Séguier, premier président à la cour; de M. de Belleyme, président du tribunal civil; de M. Forcade la Roquette, doyen des juges de paix; de M. Vassal, président du tribunal de commerce, etc. Les autres, heureusement, n'étaient plus les mêmes.

Nous touchons, mon cher directeur, au premier procès intenté à la Mode, par les parquets de la royauté de Juillet; je dis le premier, car vous n'ignorez pas que ces procès se comptèrent bientôt par douzaines,

(1) Historique.

et mirent souvent, à deux doigts de sa perte, notre courageuse Revue

Le 7 janvier 1832, *la Mode* publiait deux entre-filets d'une rare hardiesse : l'un d'eux surtout était d'une violence inouïe, et pouvait être d'autant moins toléré, qu'il était outrageant pour la nouvelle famille royale; l'autre, au contraire, était une assertion toute politique, qui n'avait d'autre tort que de constater un fait vrai, et les lois du temps permettaient certainement de le discuter à une époque dite de liberté. Ce fut ce dernier qu'on attaqua en lieu et place de l'autre, qu'il eût été difficile de soumettre au jugement d'une cour d'assises.

Ce sanglant passage avait trait, en effet, à la mémoire du feu duc de Bourbon, et l'on ne pouvait, à l'époque dont nous parlons, évoquer un souvenir qui fût plus pénible pour le gouvernement, que celui qui rappelait la triste mort du dernier des Condés.

Notre impartialité d'historien nous fait un devoir de transcrire ici ce mot cruel : le voici dans sa désolante crudité ; *la Mode* disait :

« Parmi toutes les turpitudes qui, chaque jour, nous soulèvent le
» cœur, en voici une qui restera. Un débat s'est élevé, nous assure-
» t-on, entre les chirurgiens qui ont ouvert et embaumé le corps de
» l'infortuné prince de Condé, et M. B. de B., chargé de liquider
» la succession, au sujet de la somme qui devait être payée pour ce
» triste et dernier office. Ils demandaient 3,000 francs. M. B. de B.
» ne voulait en donner que 1,500. Il paraît qu'en apprenant cette
» contestation, une personne, que nous ne nommerons pas, aurait
» dit : *Quinze cents francs ! c'est énorme ! on n'avait qu'à le... saler!* »

Voici l'autre entre-filet de *la Mode*, celui qui fut poursuivi :

« On jalonne la butte Montmartre pour l'établissement des forti-
» fications de Paris. A cette occasion, un personnage a dit : « Avant

» que le gouvernement du 7 août succombe, on fera jouer les canons
» dans Paris et sur Paris, bien autrement que ne le fit Charles X ! »

C'était indiquer clairement que le projet des fortifications de Paris, que caressait déjà Louis-Philippe à cette époque, était beaucoup plutôt destiné à mettre le gouvernement à même de dominer sa capitale, un jour d'émeute, qu'à protéger la ville contre une invasion étrangère.

Cette assertion, nous le répétons, était de libre discussion, et bien d'autres journaux l'avaient avancée avant *la Mode*. C'est ce que fit valoir, avec beaucoup de tact et d'habileté, M. Théodore Muret, gérant de la Revue, qui prit lui-même la parole devant les jurés, pour se défendre, et laissa ensuite son ami, M. Alfred Dufougerais, exposer tout au long, devant eux, les principes politiques de *la Mode*.

Un acquittement, pur et simple, fut la réponse des jurés, et, chose digne d'être notée, leur chef n'était autre que M. Royer-Collard, désigné, par le sort, pour figurer, par le plus simple des hasards, dans le premier procès politique de notre chère *Mode*.

Voici dans quels termes le journal fidèle annonçait à ses abonnés cette bonne nouvelle de son acquittement, — qui avait eu lieu, chose digne de remarque, un jour de mardi-gras :

« *La Mode* était traduite devant le jury : *la Mode* était venue
» s'asseoir sur la sellette, dans cette triste salle enfumée, pour
» avoir excité, dit-on, *à la haine et au mépris du gouvernement*, qui
» est bien à plaindre, il faut l'avouer, s'il prête à deux sentiments
» si peu bienveillants, toutes les fois que le parquet reproduit cette
» banale accusation.

» Nous avions énoncé, après d'autres journaux, un fait maté-
» riel et notoire, la plantation, sur la butte Montmartre, de jalons

» de fortifications, qui ne pourraient servir qu'à battre Paris. Tel est
» l'attentat qui nous amenait devant nos juges. L'huissier appelle
» *la Mode*... Figurez-vous, ô nos aimables lectrices, que ce titre si
» élégant, si parfumé, quand il sort de vos lèvres, a passé par la
» bouche criarde d'un noir et profane huissier! Entre donc, pauvre
» *Mode!*... Mais, silence! le jury prend place, la cour s'établit sur
» ses siéges, le ministère public soutient l'accusation. Oh! vrai-
» ment, il avait là une triste tâche à remplir : être obligé, par état,
» de défendre le juste-milieu, de prouver sa droiture, ses bonnes
» intentions, sa capacité!... La nôtre était plus facile. M. Alfred
» Dufougerais, propriétaire-directeur et l'un des gérants de *la Mode*,
» a, dans une improvisation vive et précise, relevé les chefs d'ac-
» cusation, et quand, avec une entière franchise, il a exposé le but
» dans lequel les jeunes écrivains de cette feuille s'étaient réunis à
» lui, pour qu'elle fût désormais consacrée à la défense d'une opi-
» nion proscrite, n'acceptant d'autre patronage que celui d'une
» femme et d'un enfant, tous deux dans l'exil, un murmure d'ap-
» probation s'est fait entendre dans l'auditoire, et a plusieurs fois
» interrompu le défenseur... Quand, après la déclaration négative
» de M. Royer-Collard, chef du jury, l'acquittement de M. Théo-
» dore Muret a été prononcé, un mouvement marqué de satisfaction
» s'est fait sentir dans toute la salle... Ainsi donc, pour cette fois,
» en dépit des prédictions sinistres, *la Mode* ne périra pas! L'épi-
» gramme est encore permise... »

Et comme pour prouver la vérité de cette dernière assertion, l'incorrigible Revue publiait, dans un de ses numéros suivants, cette atroce plaisanterie, à l'adresse d'une femme qui passait pour n'avoir pris que trop de part à la catastrophe de Saint-Leu :

« La baronne de F... va donner prochainement une grande soirée
» musicale, on n'y entendra que des instruments *à cordes*. »

XVII

Suite de l'année 1832. — Premiers mois. — Ce qui explique la hardiesse des petits journaux. — *Un tel.* — Épigrammes. — *La Caricature, le Charivari,* etc., etc. — Fameux procès du grand voleur Louis-Philippe. — Persécution contre les royalistes. — M. Laurent de Saint-Julien. — Mort de M. de Bonnechose. — Mot d'une Vendéenne. — Arrestation du père Enfantin. — Encore les Saints-Simoniens. — Procès de *la Gazette de France* et de *la Caricature*. — MM. de Genoude et Philippon. — Les procès de presse se multiplient. — Une médaille qu'on frappe bien à propos.

Nous devons dire pour expliquer, sinon pour excuser ces hardiesses, mon cher directeur, qu'à l'époque où nous sommes arrivés, — premiers mois de 1832, — la licence dans la petite presse ne connaissait réellement plus de frein.

C'était à qui, parmi les journaux satiriques, lancerait, au nouvel ordre de choses, les flèches les plus acérées : tantôt c'était *la Caricature* qui, personnifiant le chef de l'État dans une poire, s'ingéniait, grâce à d'habiles crayons, à lui faire subir toutes les transformations imaginables; une autre fois, c'était *la Mode* qui, se faisant une fête d'exploiter vis-à-vis de ses lecteurs la parcimonie bien connue du nouveau roi, ne cessait de le persifler à l'aide d'inventions diaboliques !

D'autres journaux encore n'étaient occupés qu'à rédiger contre le pouvoir les quolibets les plus mordants; rien de tout cela n'était bien sérieux, aucune de ces plaisanteries n'allait au delà de la simple médisance, mais le but semblait atteint, quand les adversaires du nouvel établissement étaient ainsi parvenus à jeter le ridicule et la moquerie sur leur vainqueur de la veille : tout le monde ne riait-il pas de ces méchancetés alors même que personne n'y croyait ?

D'un autre côté, la violence même de ces attaques était en quelque sorte légitimée, aux yeux de beaucoup de gens, par le souvenir des inventions bien autrement graves, et des attaques toujours si déloyales du vieux libéralisme contre le pouvoir, sous la Restauration. Ceux qui se rappelaient les abominables articles du *Constitutionnel* trouvaient, avec une certaine apparence de raison, que les hommes de ce même *Constitutionnel*, maintenant au pouvoir, n'obtenaient qu'une juste punition de leurs excès, en se voyant à leur tour devenus le point de mire des attaques de la petite presse. Combat pour combat, celui de cette dernière était du moins plus loyal, puisque c'était au nom de la liberté de la presse que s'était faite la révolution de juillet, et que les vaincus avaient bien le droit de demander aux vainqueurs d'être mis en possession, et de jouir, eux aussi, de cette fameuse liberté : c'était, après tout, la peine du talion.

Mais la logique de la révolution est partout la même : elle ne veut plus pour elle ce qu'elle a voulu pour les autres. La douce parole chrétienne : « Ne fais pas à autrui ce que tu ne voudrais pas qu'on te fît, » se transforme pour elle, en celle-ci : « Laisse-moi te faire ce que je ne voudrais pas que tu me fisses. » Heureusement, le bon Dieu est là qui, tôt ou tard, met les méchants à la raison !

La Mode désignait habituellement Louis-Philippe sous le nom d'*un tel* : ce pseudonyme lui facilitait ses incroyables allégations : toutes, du reste, ajoutons-le bien vite, étaient si en dehors de la plus simple vraisemblance, qu'elles ne supportaient évidemment pas le moindre examen : elles faisaient rire, rire aux dépens du pouvoir, et c'était ce que désirait surtout la mordante Revue.

On se figurerait difficilement aujourd'hui toutes les inventions, les projets sans queue ni tête, les dures et sanglantes allusions mises en jeu par la Mode pour déverser le blâme et le ridicule sur le malheureux *un tel*. Tantôt *un tel* avait imaginé de se procurer quelques ressources, en faisant établir, à l'entrée du jardin des Tuileries, un bureau pour les cannes et les parapluies; une autre fois, *un tel* allait mettre en commandite l'exploitation des bassins des mêmes Tuileries, et en expédierait l'eau en bouteilles, comme eau minérale ; un autre jour *un tel* s'était senti pris d'un si bel amour pour son peuple, qu'il ne voulait plus voir en France que de bonnes *mines;* par le même motif, *un tel* désirait surtout en France le retour de l'âge d'or ; enfin *un tel* de toute l'armure chevaleresque de ses pères, ne regrettait, disait la médisante feuille, que son *écu!...*

Mais ce n'était pas *la Mode* seulement qui se livrait contre le nouveau pouvoir à cette opposition de sarcasmes : *le Charivari*, lui aussi, était dans son beau temps et traversait la phase la plus brillante de son existence satirique. *La Caricature*, avec les crayons de M. Philippon, lui venait encore en aide, et chaque matin, c'était à qui, de ces deux journaux, ferait assaut d'esprit et de méchancetés contre le nouveau système.

Je me souviens toujours de cette énorme poire, figurant à s'y méprendre, dans un numéro de *la Caricature*, la figure de Louis-Philippe, et autour de laquelle gravitaient, comme des insectes, les principaux personnages du jour, coryphées plus ou moins avoués de l'opposi de quinze ans. *La Mode*, qui s'était extasiée devant cette admirable poire, lançait finalement un trait des plus spirituels, et disait : « — Pour peu que cela continue, cette poire-là pourra bien devenir une poire *tapée !* »

Ce fut, toutefois, *le Charivari* qui obtint la palme du triomphe avec une de ces inventions sataniques : elle fut pour lui la cause d'une saisie, d'un procès et d'une sévère condamnation. Je ne me rappelle plus au juste, mon cher directeur, la date de cette fameuse affaire qui vint mettre le comble à la réputation du *Charivari*, mais je ne crois pas me tromper en disant que ce fut à peu près vers le temps où nous sommes arrivés dans notre travail rétrospectif ; ce procès eut un retentissement immense, vos lecteurs se le rappellent certainement ; voici à quelle occasion il eut lieu.

Un malfaiteur, du prénom de Louis-Philippe, avait été très réellement arrêté, dans la rue de Rivoli, surpris en flagrant délit de vol et dérobant un parapluie à l'étalage d'un marchand ; son affaire allait être appelée devant une des chambres de la police correctionnelle. Par un hasard infernal, *le Charivari* avait eu bruit de l'affaire, et qu'on juge de la stupéfaction de M. Persil en ouvrant un matin ce journal redouté et en y trouvant, en caractères énormes, qui occupaient toute la première page, la nouvelle suivante :

ARRESTATION
DU GRAND VOLEUR LOUIS-PHILIPPE,
SURPRIS EN FLAGRANT DÉLIT
DE VOL D'UN PARAPLUIE,
RUE DE RIVOLI, NON LOIN DU PALAIS-ROYAL.

Cette coïncidence de nom et de circonstance donnait à l'événement et à la manière dont il était présenté un à-propos inouï ; un article humoristique des mieux faits en contenait le récit : « Depuis quelque temps déjà, disait *le Charivari*, on surveillait la conduite d'un voleur émérite du nom de Louis-Philippe, qui depuis nombre d'années n'a reculé devant aucuns méfaits : cet homme qui, déjà sous la Restauration, rôdait habituellement autour des Tuileries, vient enfin d'être surpris en flagrant délit de vol, et tout le monde se réjouira en pensant que la société va recevoir satisfaction... Cette fois c'est un parapluie que cet adroit filou a dérobé, etc., etc. »

L'article continuait sur ce ton, dont je suis loin de garantir les expressions, mon cher directeur, pendant deux colonnes, et Dieu sait quel succès il obtint. On ne s'entretenait, dans les lieux publics, que du numéro incendiaire, qui fut saisi; mais l'administration du journal en avait fait tirer à part 6,000 exemplaires, et les avait mis en lieu sûr. La condamnation à 6,000 fr. d'amende, qu'encourut à cette occasion le *Charivari*, fut amplement couverte par la vente subséquente qui eut lieu, à un prix fort élevé, de tous les numéros de contrebande.

J'ai cité ce détail, mon cher directeur, pour prouver à nos amis que la *Mode*, était loin d'être seule alors à entourer de ses sarcasmes et de ses plaisanteries un gouvernement qui n'avait pas même la sympathie des révolutionnaires ses acolytes, puisque les hommes de la gauche se montraient encore beaucoup plus que ceux de la droite acharnés contre lui.

Ce qui exaspérait nos amis, c'était, il faut l'avouer, les rigueurs qu'on exerçait contre les malheureux royalistes qui, en Vendée, dans le Midi, et à Paris même, sous le moindre prétexte, étaient arbitrairement décrétés d'arrestation, et conduits dans les prisons du juste-milieu.

Sous ce titre violent : ASSASSINAT, la *Mode*, dans son numéro du 1ᵉʳ février 1832, relatait l'abominable traitement que venait de subir un homme de dévouement et de cœur, chevalier de Saint-Louis, M. Laurent de Saint-Julien, qui avait été traîné violemment dans un cachot, y était tombé malade, et avait succombé par suite de manque de soins, malgré les supplications de sa malheureuse femme ;

celle-ci n'avait obtenu que beaucoup trop tard l'autorisation de faire transporter son mari dans une maison de santé, et M. de Saint-Julien était mort pendant le trajet. Or, son seul crime était d'avoir recélé des paquets de graines de fleurs, dans de vieilles cartouches, ce qui avait donné lieu contre lui à l'inconcevable accusation « de recel d'engins de guerre. »

Cette mort impressionna vivement les royalistes de Paris : il en fut de même en province.

Là, dans le département de la Vendée, près de Mortagne, un autre sang bien pur venait de couler. Charles de Bonnechose, ce même enfant dévoué, page du roi Charles X, que nous avons vu, à Cherbourg, ne voulant pas se séparer de son roi, venait de tomber comme Henri de La Rochejaquelein, frappé, comme lui, par un bras obscur. Surpris dans une ferme où il avait reçu l'hospitalité, *ce chef de brigands carlistes*, — comme ne craignaient pas de dire certaines gens, — avait été cerné, entouré et frappé de deux coups de feu. Bien plus, un autre assassinat avait été commis dans cette même ferme : le malheureux métayer, qui donnait asile à Charles de Bonnechose, n'ayant pas entendu, en raison de sa surdité, le premier : *Qui vive!* d'un des gendarmes, reçut immédiatement une balle qui l'étendit roide mort. Sa femme, — un de ces cœurs héroïques de paysannes, comme la Vendée en a tant connus, — était aux côtés de M. de Bonnechose, cherchant à étancher le sang qui coulait des plaies du jeune homme. — « Allez donc auprès de votre mari, lui crie un des sbires, il vient d'être tué par mégarde!... — J'aime mieux, répond la noble femme, sans verser une larme, soulager un blessé que d'aller garder un mort!... » Paroles sublimes qu'entendit Charles de Bonnechose, qui n'expira que quelques jours après, à vingt ans, des suites de ses blessures!

Le cœur saigne à la pensée de pareils souvenirs ; quand donc les hommes comprendront-ils que les horreurs de la guerre civile ne sont jamais que le résultat de la violation des droits religieux, politiques ou moraux d'un peuple ?...

Le père Enfantin, dont nous avons redit plus haut les tentatives saint-simoniennes, fut arrêté, une première fois, à quelques jours de là, lui et ses principaux acolytes, dans le temple de la rue Taitbout : cette persécution, que désiraient les saints-simoniens pour arriver à faire parler d'eux, et remplir leur caisse qui était vide, vint à propos pour causer une diversion au milieu de toutes les inquiétudes politiques. On voulait bien, dans un certain monde, bafouer et ridiculiser les saints-simoniens, mais à la condition qu'ils seraient libres de prêcher ouvertement leur doctrine : du moment que le gouvernement intervenait pour réprimer leurs écarts, ils devenaient des martyrs. Nous sommes ainsi faits, en France, et aussi un peu partout sur cette terre, car notre manque de logique, à nous autres hommes, est notoire. C'est ce que faisait ressortir, avec beaucoup d'esprit, notre chère *Mode*, dans un article de circonstance, publié à cette occasion, mais qu'il serait trop long de relater.

Vers ce temps-là, *la Gazette de France*, — qui eut à subir, elle aussi, sous le gouvernement de Juillet, de si nombreux procès, — fut traduite devant les tribunaux, pour tous les méfaits ordinaires assortis par messieurs des parquets pour atteindre les journaux : *Excitation au mépris du gouvernement, outrage à la personne du roi, excitation à la haine et au mépris des citoyens les uns contre les autres*, etc., etc.

M. de Genoude, qui préludait alors, de la manière la plus brillante, à ses luttes courageuses et incessantes contre l'établissement de Juillet, fut déchargé des principales accusations formulées contre lui, mais ne put échapper à une condamnation, sur le fait de reproduction d'un article d'un autre journal, dont il avait cependant lui-même blâmé les expressions. Pendant le réquisitoire de M. Legorec, chargé de soutenir l'accusation, un fait se produisit qui mérite d'être relevé. Ce dernier ayant employé cette expression : « Le gouvernement sous lequel nous avons le *bonheur* de vivre.... » « — Ah! monsieur!... » interrompit M. de Genoude avec un léger accent de reproche.

Ce geste et ce mot produisirent sur l'assemblée une émotion que ceux qui en ont été témoins n'ont pu oublier.

M. Philippon, lui aussi, gérant de *la Caricature*, encourait dans la même semaine les sévérités du parquet. Plus heureux que M. de Genoude, il obtint un acquittement, mais il n'en fut pas moins reconduit en prison, car il avait à y subir une condamnation précédente.

Les procès de presse, en effet, étaient arrivés à un chiffre fabuleux. *La Mode*, en faisant un relevé aussi exact que possible, affirmait, dans ses colonnes, que pendant l'année 1831, TROIS CENT QUATRE-VINGT-QUINZE poursuites ou saisies avaient eu lieu contre des journaux, tant à Paris que de la part des parquets de province!

Par une bizarre coïncidence, au moment où cette recrudescence de sévérité contre la presse se faisait sentir, avec une rigueur véritablement inouïe, le gouvernement faisait frapper, à l'hôtel de la Monnaie, une médaille commémorative, en l'honneur des signataires de la *protestation contre les ordonnances du 25 juillet* 1830.

Cette médaille, qui venait, il faut l'avouer, avec un singulier à-propos, présentait à son revers le génie de la presse avec ces mots: EN PUBLIANT ELLE ÉCLAIRE.

XVIII

M. le vicomte d'Arlincourt. — *Les Rebelles sous Charles V.* — Pronostics. — Le choléra-morbus. — Terreur qu'il inspire en 1832. — Infamies répandues dans Paris à cette occasion. — Les fontaines sont empoisonnées. — La duchesse de Berry. — Trait d'un maire de Paris. — Où en est l'antidote contre le choléra ? — Nouveaux procès de presse. — Procès Chauvin. — Le cochon. — Mot de Louis XVIII. — Le *Grand-Poulot*. — Condamnation de *la Caricature*. — Nouvelles du 1ᵉʳ avril 1832. — Elles jettent l'effroi dans l'esprit des lecteurs de *la Mode*. — On s'explique. — *La Salamandre*. — Eugène Sue. — Une pensée de madame Eugénie Foa.

Un homme dont le nom devait être, plus tard, attaché à celui de *la Mode*, d'une manière bien intime, M. le vicomte d'Arlincourt, cœur d'or s'il en fut, noble et généreuse nature de gentilhomme, venu au monde deux siècles trop tard au milieu de notre époque d'argent, de trafic et de lucre, M. d'Arlincourt, dis-je, venait de publier *Les Rebelles sous Charles V*, livre où se rencontrent de grandes beautés, et surtout l'expression des sentiments les plus chevaleresques. Ce fut un événement.

L'auteur du *Solitaire* était alors fort à la mode; personne n'aurait voulu sembler même ignorer l'existence d'un nouvel ouvrage de cet écrivain. Le succès qu'on fit aux *Rebelles sous Charles V* dépassa toutes les prévisions. La première édition fut immédiatement enlevée : on en colportait des passages dans les meilleurs salons parisiens. Cet extrait fut surtout remarqué :

« Si les rebelles de Paris et des provinces parviennent à réussir
» dans leurs plans, Charles V tombera de son trône, et alors, je te
» le prédis, voici ce qui arrivera : de prétendus régénérateurs impro-
» viseront, en quelques heures, le présent et l'avenir de la France;
» toutes les destinées d'un grand peuple seront réglées à bride abat-
» tue par les cavaliers de la destruction. Quelque avorton, né du
» sang de la mort, qu'ils nommeront à la manière anglaise, *Pacte*
» *fondamental et éternel*, sera publié sur les ruines de l'autel, du
» trône et de la loi... »

Nous aurons l'occasion, mon cher ami, de revenir, et plus d'une fois, sur le compte du chevaleresque vicomte d'Arlincourt, qui fut un de vos prédécesseurs presque immédiat dans la direction de la *Mode*. Je me réserve de développer alors, et plus longuement, le jugement qu'il convient de porter sur les œuvres politiques et littéraires de ce vaillant combattant des bons combats : j'ai tenu simplement, aujourd'hui, à payer un premier hommage à sa mémoire, à son dévouement, à son inépuisable royalisme!

Le choléra-morbus approchait : l'époque de sa première invasion dans notre Europe, date de 1831 ; c'était comme un fléau de Dieu, qui venait rappeler aux hommes que celui qui veille au salut des empires et se rit des desseins des ambitieux peut aussi, à son heure, appesantir sa main sur notre humanité. La tradition, qui place le premier cas de choléra déclaré à Paris, dans la nuit du mardi-gras de 1832, est exacte; M. Eugène Sue, qui a fort habilement exploité cette circonstance dans son *Juif-Errant*, était dans son droit. C'est ce jour-là même d'ailleurs, et on se le rappelle, que *la Mode* avait comparu, pour la première fois, devant des juges. Nous n'avons, en général, mon cher ami, que des raisons trop plausibles de fêter nos anniversaires, pour ne pas oublier certaines dates.

Le choléra, qui venait d'Asie, d'autres disent d'Afrique, et qui depuis est venu faire, dans nos contrées occidentales, de nouvelles et si meurtrières apparitions, était alors envisagé d'une manière bien autrement grave que de nos jours. On se fait à tout, hélas ! — même aux fléaux révolutionnaires et aux pestes, — et, aujourd'hui, le nom du choléra, s'il inspire encore une terreur involontaire, n'excite guère plus d'épouvante que le nom d'autres maladies épidémiques, tout aussi fatales et peut-être aussi dangereuses.

En 1832, il était loin d'en être ainsi. On crut d'abord, à Paris surtout, et dans les campagnes, à des causes purement humaines : on prétendit qu'un empoisonnement général des eaux de Paris et des rivières avait eu lieu; que les *Carlistes* étaient évidemment les fauteurs de cette infamie, et que la question d'hygiène cachait une question politique. En vain, les gens de bon sens, ceux qui avaient suivi, depuis des mois, la marche du choléra à travers l'Europe, ceux qui voulaient raisonner enfin, objectaient-ils que cette supposition était, non-seulement criminelle, mais encore absurde : la crédulité d'une part, la malignité d'une autre, aidèrent à propager ces bruits et ces accusations monstrueuses. Un maire de Paris, dont ce sera l'éternelle honte, et dont, par charité, nous ne prononcerons ici le nom que si nous y sommes contraint, alla jusqu'à faire répandre le bruit que c'était la duchesse de Berry elle-même qui avait ordonné l'empoisonnement des eaux de Paris et y présidait.

On éprouve un affreux serrement de cœur, à la pensée que de pareilles abominations ont pu trouver créance, et que des hommes, honorés de la confiance d'un gouvernement, se sont rencontrés pour assumer, dans un odieux esprit de parti, la responsabilité de semblables allégations. Quoi qu'il en soit, la vérité ne tarda pas à apparaître dans son jour le plus triste, et il ne fut malheureusement que trop certain qu'un nouveau fléau, inconnu de l'humanité, venait de frapper l'Europe, et d'atteindre la France jusque dans son centre, Paris, faisant journellement presque autant de victimes que de malades! La terreur se répandit de porte en porte; la nouvelle se répandit comme l'éclair; les plus mauvais instincts se révélèrent dans les masses : on vit, hélas ! se reproduire des actes révoltants, des refus de sépulture et même de soins, qui feraient honte à l'humanité, si l'humanité, en fin de compte, pouvait avoir honte de quelque chose. Pendant plusieurs mois, Paris fut en proie à l'horrible fléau : on estime à 100,000 le nombre des victimes que fit, à Paris seulement, le choléra, lors de cette première invasion de 1832.

Chose triste à dire, et qui ne prouve que trop l'inanité de la science humaine : aujourd'hui encore, après trente années de recherches, d'observations et d'études, après trois invasions de cette affreuse maladie, le choléra est encore tout aussi inexplicable et inexpliqué, par nos Facultés, que le premier jour ; n'y a-t-il pas autant de systèmes que d'écoles pour le combattre ? Le seul résultat qu'aient peut-être obtenu nos Facultés, depuis ses récentes invasions, c'est d'avoir su rendre le fléau beaucoup plus meurtrier, et surtout beaucoup plus foudroyant.

Cependant les procès de presse, les persécutions contre les royalistes, les fusillades en Vendée, les condamnations sévères, les menaces de toutes sortes, ne cessaient de se succéder, aussi bien à Paris qu'en province. La rigueur des parquets devenait extrême. À cet égard, nous trouvons dans *la Mode* le récit de deux faits qui prouveront à quel degré de minutieuse et ridicule investigation on en était arrivé.

Un nommé Chauvin ayant été traduit devant la cour d'assises, en mars 1832, sous la prévention d'offense envers la personne de Louis-Philippe, pour avoir accolé l'épithète de *cochon*, à son nom, fut acquitté. En vain le ministère public s'était-il évertué à prouver qu'il y avait là crime de lèse-majesté : le jury, beaucoup plus sage, reconnut, au contraire, qu'il ne pouvait y avoir, dans le fait reproché au prévenu, qu'une erreur involontaire.

Ce procureur du roi ne connaissait certainement pas cette spirituelle réponse du roi Louis XVIII à l'un de ses anciens collègues :

Un jour, Louis XVIII, dans une promenade, traversait Saint-Denis. Le peuple criait *Vive le roi!* Un individu, qui tenait à la main un morceau de charcuterie, se prit à crier : *Vive le cochon!* Il fut arrêté, sans que le roi s'en doutât. Le lendemain, le ministre de la justice vint dire à Sa Majesté que, sur le réquisitoire du procureur du roi, cet individu allait être traduit devant les tribunaux.

— Comment, monsieur, s'écria Louis XVIII, vous n'avez pas, à l'instant même, destitué un magistrat assez stupide pour supposer et donner à penser qu'un cri de *Vive le cochon!* prononcé sur mon passage, pouvait s'appliquer à moi ?

Voici l'autre fait :

La qualification de *Grand-Poulot* se trouvait alors appliquée, dans tous les journaux satiriques, à la personne de M. le duc d'Orléans. *La Mode, les Cancans,* et *la Caricature* avaient longtemps discuté sur la question d'origine de ce sobriquet, que chacune de ces trois feuilles prétendait avoir eu la gloire de créer. *La Mode* alléguait, non sans raison, qu'en Normandie les bonnes femmes donnent ce surnom à leur premier-né, qui toujours, paraît-il, du moins dans l'Avranchin et le pays de Caux, est plus grand et aussi plus chéri que les autres. Le ministère public n'ayant pas trouvé de son goût ces dissertations, beaucoup trop prolongées, sur l'origine, la portée et le sens propre du mot *Grand-Poulot, la Caricature* fut poursuivie pour le fait d'outrages à un membre de la famille royale, et son gérant,

M. Philippon, condamné, pour ce fait, à 2,000 francs d'amende et à six mois d'emprisonnement. Il les subissait, lorsque les nouvelles poursuites, dont nous avons parlé, vinrent l'atteindre, et il dut, bien que déclaré non coupable, regagner sa prison.

Les parquets, croyons-nous, auraient dû négliger des poursuites de ce genre, et ne point oublier que dans un pays comme la France, où le ridicule est roi, des procès faits en vue d'atteindre des délits de cette nature ne pouvaient que faire tort aux poursuivants et nullement aux poursuivis.

Le 1er avril 1832, — remarquez bien la date, mon cher directeur, — *la Mode* parut avec un article de tête qui fit bondir ses fidèles lecteurs, et les exaspéra au point... de les faire éclater de rire, quand ils en connurent les dernières lignes.

Sous ce titre : *Nouvelles diverses*, *la Mode*, entre autres choses, annonçait dans ce numéro :

Que MM. de Chateaubriand, de Dreux-Brézé, de Fitz-James et de Conny, étaient allés faire une visite aux Tuileries, à Louis-Philippe, qui les avait reçus avec une bienveillance toute particulière ;

Que M. le maréchal Soult, se trouvant assez riche de sa fortune particulière, avait écrit au *Moniteur* une lettre dans laquelle il déclarait renoncer à son traitement de maréchal ;

Que le roi Louis-Philippe, ne voulant plus désormais être gardé que par l'amour de son peuple, avait donné l'ordre de faire combler les fossés des Tuileries et de supprimer les portes du château ;

Que la tranquillité était si parfaite sur tous les points de la France, notamment à Grenoble, à Nîmes, en Vendée, qu'il était question de supprimer les gendarmes et de les transformer en bergers d'Arcadie ;

Que la démolition de Sainte-Pélagie était imminente, les prisonniers pour délits commis par la voie de la presse manquant absolument pour remplir ses préaux ;

Que M. Persil allait cependant prendre la direction d'une feuille républicaine ;

Enfin que *la Mode* avait résolu de se vendre au pouvoir, et était devenue la propriété particulière de madame de Feuchères ; qu'elle ne paraîtrait plus désormais qu'avec un coq gaulois sur sa couverture, au lieu des armes de France, et qu'à compter du lendemain ses bureaux étaient transférés rue du 29 Juillet.

Heureusement, cette date du 1er avril, qui se trouvait au bas de l'article, venait expliquer bien des choses, et le rire faisait vite place à l'indignation chez tous les lecteurs habituels de la fidèle Revue.

Les livres à la mode, ceux qui attiraient surtout l'attention, à l'époque où nous sommes arrivés, mon cher directeur, étaient les livres d'Eugène Sue. *La Salamandre* venait de paraître, et à propos de cet ouvrage, qui a été si diversement jugé, *la Mode* disait :

« Ce qui parle surtout dans les ouvrages de M. Eugène Sue, c'est
» une misanthropie chagrine, une satire amère, qui l'emporte sou-
» vent trop loin. Le dédain de l'espèce humaine, poussé à l'extrême,
» peut aussi le mettre en dehors des vérités morales. »

Hélas ! lorsqu'à dix années de distance, l'auteur de *la Salamandre* publia ses mauvais livres, ses *Mystères de Paris*, et son *Juif-Errant*, où il outrage la société, la religion, la morale publique, on put s'apercevoir à quel point le jugement de notre journal avait été profond sur un écrivain qui, après avoir donné d'aussi belles espérances, devait, hélas ! si mal finir !

Dans un autre ordre d'idées, nous relevons une fort jolie pensée de madame Eugénie Foa, qui parut dans un des numéros de la *Mode* de cette époque : cette pensée aussi juste que profonde, servait d'épigraphe à un livre que cette dame venait de publier sous ce titre: *Les Bleus et les Blancs;* la voici : « Ne va pas en Afrique pour voir des monstres, voyage chez un peuple en révolution ! »

Que n'aurait pas ajouté madame Eugénie Foa, si elle avait écrit de notre temps, et avait pu lire les ordres du jour de Garibaldi, et les fameuses proclamations des généraux piémontais Cialdini, Pinelli, Masi, ordonnant de fusiller impitoyablement les paysans napolitains, pris les armes à la main, pour la défense de leur roi ?...

XIX

Émeutes à Paris après le complot de la rue des Prouvaires. — Proclamation de M. Cadet-Gassicourt. — Arrestations en masse. — Définition du mot Gassicourt. — Procès de *la Tribune*. — *Le Revenant*. — Distribution de prix par *la Mode*. — Procès de M. Berthier et de son cabriolet. — Rigueurs sur toute la ligne. — M. de Montalivet remplace M. Casimir Périer. — Descente de la duchesse de Berry en Provence. — Ses projets. — Prise du *Carlo-Alberto*. — Le mouvement est mal combiné. — Courage de la duchesse. — Elle prend le parti de se rendre en Vendée. — Elle y arrive.

L'émeute avait une fois de plus grondé dans les rues de Paris : le peuple, à la suite du complot dit de la rue des Prouvaires, ne s'était que trop souvenu qu'on l'avait déclaré souverain ; et, fidèle à cette maxime, renouvelée depuis par un premier ministre d'Angleterre, que *l'insurrection est le plus saint des devoirs*, il s'était rué sur les établissements publics, promenant le désordre et la violence partout où la force des baïonnettes ne l'avait pas empêché de le faire.

A Sainte-Pélagie, les prisonniers politiques avaient été délivrés ; le sang avait coulé dans les quartiers de Paris habituellement livrés à l'émeute. L'archevêque de Paris venait de mettre sa maison de Conflans à la disposition des blessés, se vengeant ainsi noblement du pillage de son palais archiépiscopal, arrivé à un an de distance sous les yeux de l'autorité.

Cette autorité ne savait, au moment dont nous parlons, mon cher directeur, sur qui faire retomber la responsabilité des nouvelles émeutes; elle accusait tout le monde et n'aurait dû accuser qu'elle-même. Le jour même où l'exaspération de la populace était à son comble, un maire de Paris, M. Cadet-Gassicourt, dont nous hésitions à parler, et qu'il faut bien enfin appeler par son nom, osa faire afficher dans son arrondissement une proclamation abominable et incendiaire, dans laquelle, au risque de provoquer officiellement à l'assassinat, il désignait les *Carlistes* comme coupables de l'empoisonnement des fontaines de Paris.

« Ah ! — s'écrie *la Mode*, en relevant ce fait infâme avec une louable
» énergie, — que fût-il arrivé si quelques citoyens, désignés comme
» *Carlistes*, avaient péri sous les coups de ce peuple, qui venait de lire
» l'inconcevable proclamation affichée, par le pharmacien Cadet-
» Gassicourt, à tous les coins de rue du quatrième arrondissement,
» dont il était maire? Sur quelle tête serait retombé leur sang?...
» Et c'est sans le plus léger indice, qu'un pareil homme vient accu-
» ser, avec d'horribles paroles, une opinion tout entière, d'un for-
» fait que nous, adversaires du gouvernement, nous ne penserions
» jamais à lui imputer ! »

Des arrestations en masse, à Paris aussi bien qu'en province, suivirent ces nouvelles manifestations de l'esprit public, si hostile, dans les premières années qui suivirent 1830, au gouvernement de Juillet. Tous les rangs de la société payaient leur tribut à la manie d'incarcération qui semblait s'être emparée des hommes du pouvoir: les femmes elles-mêmes n'étaient pas épargnées, et après mesdames de La Rochejaquelein et de Fauveau, étaient venues madame de Botderu

—une noble femme, qui n'avait pu obtenir sa liberté sur parole, que contre un dépôt de 18,000 francs, — et mademoiselle Front, libraire à Rennes, accusées l'une et l'autre d'*embauchage* et d'excitation à la *désertion*.

« Honneur au choléra,—disait *la Mode*, toujours prompte à saisir,
» même au milieu des préoccupations les plus tristes, l'occasion de
» faire un mot, — il épargne en général les femmes, il est aimable
» et galant en comparaison du juste-milieu ! »

M. Cadet-Gassicourt était, on le pense bien, devenu une des *bêtes noires* de *la Mode* : je ne puis résister, mon cher directeur, au désir de citer ici, par à peu près, la burlesque définition que notre spirituelle Revue exposait tout au long, sur l'origine de ce nom de Gassicourt, qui sonnait si mal à ses oreilles; vos lecteurs seront forcés d'en rire, bien qu'après tout le nom de ce pharmacien rappelle une grande honte :

« Un jour,—disait *la Mode*,—M. Cadet le père eut un fils : celui-là
» même qui nous occupe. Ce fils avait peine à pousser : plante étiolée,
» bonne, au plus, à mettre dans un bocal. Le fils de M. Cadet faisait
» le désespoir de ses grands parents : « Cadet, lui disaient-ils, tu ne
» seras jamais un homme!... » Cela faisait pleurer le petit Cadet. Mais
» en vain s'étirait-il les membres pour s'allonger, court il resta, le
» pauvre gas!... On eut beau faire, on eut beau dire, petit Cadet ne
» devint pas grand; tant qu'à la fin, le père Cadet, emporté par la
» douleur, s'écria : Grand Dieu ! pourquoi m'avez-vous donné un
» *gas si court*?

» Ainsi se lamentait le père, lorsqu'une pratique entra. On sait
» quelles étaient, à cette époque, les fonctions d'un apothicaire?...
» La pratique s'inclina... le jeune Cadet se mit en besogne: « Loué

» soit Dieu, qui m'a donné un *Gas si court*, dit alors le père, le voilà
» juste à la hauteur du *visage*... » La pratique se retira satisfaite,
et le *Gas si court* garda son surnom.

» Depuis, — ajoutait *la Mode*, M. Cadet-Gassicourt n'a pas grandi
» d'un demi-pied, et il est toujours à hauteur de *visage* !... »

Inutile d'ajouter, mon cher directeur, que M. le maire du quatrième arrondissement se garda bien de s'inscrire en faux contre une pareille étymologie, et qu'aucune action diffamatoire ne fut intentée par lui contre notre chère *Mode*. Mais celle-ci, qui ne tenait pas quitte pour si peu ses victimes, imprimait dans son numéro suivant ce mot cruel : « Il est positif que M. Cadet-Gassicourt n'est pas
» homme à regarder la France en face ! »

L'un des plus graves procès de *la Tribune* eut lieu à quelques jours de là (avril 1832) : cette feuille avait avancé contre le patriotisme du roi Louis-Philippe une allégation dont on lui refusa le droit d'administrer la preuve par témoins ; elle fut condamnée à six mois de prison et à 12,000 francs d'amende. Ce même jour, et devant le même jury, *le Revenant*, journal satirique, dans lequel écrivait M. de Nugent, obtint la faveur d'un acquittement.

A quelques semaines de là, *la Mode* imagina d'organiser une distribution générale de prix à tous les hommes politiques que comprenait la liste déjà si longue de ses *bêtes noires*, et voilà comment elle récompensait, selon leur mérite respectif, les hommes du nouveau régime. Nos lecteurs nous permettront de reproduire ici cette amusante bouffonnerie :

« *Éloquence parlementaire:* grand prix, M. Dupin ; accessit,
» M. Thiers.

» *Diplomatie*: prix unique, M. Sébastiani.

» *Droit des gens*: grand prix, M. Casimir Périer.

» *Philanthropie pratique*: grand prix, M. de Bricqueville; acces-
» sit, MM. de Salverte et Mauguin.

» *Orthographe*: premier prix, M. Barthe; second prix, M. d'Argout.

» *Justice distributive*: prix unique, M. Barthe, déjà nommé.

» *Hydraulique*: grand prix, M. Mouton de Lobau.

» *Inviolabilité des serments*: prix à partager entre tous les 221.

» *Bravoure militaire*: grand prix, M. le maréchal Soult.

» *Donations et testaments*: (bien que M. *un tel* ne fût pas admis
» au concours, sa supériorité dans cette matière a été reconnue si
» éminente, qu'un prix extraordinaire, — une médaille d'or, — a été
» créée en sa faveur). »

Ce dernier trait était sanglant. On crut qu'à cette occasion, *la Mode* serait de nouveau saisie; il n'en fut rien. M. Persil se souvint sans doute de la repartie de Louis XVIII à son ministre de la justice, le jour du cri séditieux de Saint-Denis.

C'était bien assez du procès ridicule, si maladroitement intenté par le ministère public à M. Berthier, coupable, paraît-il, d'avoir vers ce temps, voulu assassiner le roi des Français, en essayant de le renverser sous les roues de son cabriolet. La vérité était que M. Berthier, quelques mois auparavant, — car l'affaire durait depuis des mois, — avait fort involontairement serré de près le roi-citoyen, qui, passant à pied, sur le Pont-Royal, — comme aux premiers beaux jours de 1830, — n'avait pas vu sans doute la voiture du prévenu, ou du moins ne l'avait pas vue assez à temps pour se détourner. Cette affaire aurait dû être abandonnée : on en fit l'objet d'une inconcevable enquête, et elle ne se termina, qu'après de longues semaines, par un procès en cour d'assises.

A l'audience, M. l'avocat général ayant cherché à faire du sentiment, *la Mode* relatait une partie de son discours, notamment celle-ci :

« Messieurs les jurés, un roi existe, qui aime à livrer sa poitrine
» nue à ses ennemis ; il leur montre une confiance illimitée,
» qui doit être respectée par eux ; il s'abandonne sans crainte à
» l'amour de son peuple... » « C'est pour cette raison,—interrompait
» *la Mode*, — qu'un agent de police apparemment le suit toujours à
» quatre pas... »

M. Berthier fut acquitté ; mais on l'avait tenu pendant trois mois en prison. Quant à Louis-Philippe, on ne le vit plus guère à pied.

Tous les parquets de France n'allaient bientôt plus suffire à instruire les causes qui leur étaient déférées : à Lyon, à Nantes, à Angers, à Grenoble, partout enfin, des accusés se voyaient journellement traînés sur la sellette, pour attaques contre les droits que donnait au roi la constitution, pour excitation à la haine et au mépris du gouvernement, pour cris et port d'emblèmes séditieux.

Il faut avouer que ce pauvre gouvernement de Juillet était singulièrement malmené, si toutes ces accusations étaient fondées et que la sympathie publique lui faisait alors bien véritablement défaut.

Ce fut sur ces entrefaites,—et M. de Montalivet venant d'être nommé tout récemment premier ministre, en lieu et place de M. Casimir Périer,—que se répandit, à Paris, comme un coup de foudre, la double nouvelle du débarquement de S. A. R. MADAME sur les côtes de Provence, et de sa présence à Marseille ou dans les environs.

Cet événement, mon cher directeur, eut des conséquences trop graves, il se rattachait à des projets trop longuement caressés, pour que je ne croie pas utile de reprendre les choses de plus haut, et de m'étendre longuement, avec *la Mode* d'une main, et tous les souvenirs du temps de l'autre, sur cette héroïque tentative d'une des femmes dont l'histoire mettra le plus grand soin à garder le nom, et qui, selon l'expression trop franche peut-être et assurément injuste d'un des adversaires de la maison de Bourbon, fut le seul homme de sa famille ; — erreur profonde, que démentirait le courage de M. le duc d'Angoulême, dans beaucoup de circonstances, si la fermeté, souvent paralysée par une excessive modestie, de Monseigneur le Dauphin n'avait toujours été méconnue, bien qu'elle soit encore présente à l'esprit de tous ceux qui ont eu l'honneur de l'approcher.

Alors que de Cherbourg étaient parties, le 17 août 1830, trois générations de rois, Madame la duchesse de Berry, héroïque et forte, n'avait point eu de larmes vaines, pour arroser le berceau de son fils : dès ce jour-là, la noble femme s'était dit que la partie ne pouvait être perdue, et que son cœur de mère aurait une éclatante revanche : cette revanche, le moment était venu de la prendre, elle l'espérait du moins.

Sa constante préoccupation, pendant les premiers mois qui suivirent son exil, à Holyrood, à Bath, ou en Italie, fut l'idée fixe, profonde, bien arrêtée, de prendre les armes s'il le fallait, pour ravir à un parent félon la couronne de son enfant ; elle ne voulait s'avouer vaincue que le jour où tous les moyens humains auraient été mis par elle en jeu, pour arriver à son but. Son but était son devoir : elle n'y faillit pas.

On rapporte qu'un jour, à Holyrood, elle s'était arrêtée avec amour devant son Henri, et l'ayant vivement attiré à elle, pour le

baiser au front, elle lui avait dit: « Tu devrais être roi!... mais tu
» le seras, je veux que tu le sois!... »

Cette courageuse tentative de MADAME nous reporte aux temps
héroïques et chevaleresques.

Elle quitte le vieux palais des rois d'Écosse ; elle s'embarque ; la
voici en Italie ; elle vient habiter Massa, dans ce petit duché de Modène, qui avait alors l'honneur de posséder pour souverain le seul
prince d'Europe qui eut le courage de se montrer véritablement fidèle
à l'idée monarchique, en ne reconnaissant pas Louis-Philippe.

C'est à Massa que tous les plans de MADAME sont organisés.

De fidèles amis venus de France, lui conseillent l'action prompte,
énergique, hardie!... D'autres, à la vérité, veulent l'arrêter... Avait-elle
donc besoin de recevoir des conseils, la noble et courageuse mère!

Voici MM. de Fitzjames, Hyde de Neuville, Chateaubriand, Berryer, de Bourmont, de Kergorlay, de Conny, — tous noms qui figurent à toujours sur le martyrologe de la fidélité, — qui se déclarent
prêts à proclamer le gouvernement légitime que doit ramener en
France, dans un pan de son manteau, Marie-Caroline des Deux-Siciles.

L'expédition est décidée : on abordera à Marseille ; on se rendra,
s'il est besoin, en Vendée. On est résolu à se faire tuer s'il le faut;
mais on ne cédera pas !... Hélas ! la malheureuse duchesse avait
oublié, selon la pittoresque expression dont elle se servit plus tard elle-
même, la guerre à la Saint-Laurent qu'on devait lui faire à Nantes!

C'en est fait, l'heure du départ a sonné. MADAME vogue vers la
France. Mais quel affreux conflit de circonstances se présente tout
d'abord, et quels tristes présages pour la suite de l'expédition !

La frégate sarde, le *Carlo-Alberto*, qui portait ses partisans les plus dévoués, est attirée dans un port de la côte, à la Ciotat, par le maire, qui, au mépris de toutes les lois maritimes, la confisque et livre les passagers au *Sphinx*, pour que ce dernier les conduise en Corse.

La duchesse, qui, pour mieux tromper l'active surveillance de la police, a pris passage sur une simple gabarre, arrive à Capri, dans les premiers jours de mai ; malheureusement un retard involontaire a empêché la coïncidence de son débarquement avec le déploiement du drapeau blanc à Marseille, sur le clocher de la vieille cathédrale : le coup de main qui devait livrer la ville à l'insurrection a manqué; l'émeute est comprimée, la police a été prévenue.

Pendant de longues heures, la princesse fut en proie à une rage sourde, que le bon Dieu lui pardonnera, car il lit dans les cœurs, et sait si cette courageuse mère était ou non héroïquement inspirée : hélas ! elle était seule, sur une plage perdue, loin de ses amis, de ses frères d'armes, de son fils !... Alors qu'elle s'attendait à être entourée, acclamée, portée en triomphe, elle ne voyait autour d'elle que les immenses côtes de Provence qui s'étendaient à l'infini !

Quelques amis dévoués l'entouraient cependant : on respectait son silence, sa stupeur ; chacun se taisait : enfin cette bouche qui s'était si souvent ouverte pour laisser tomber des paroles de bonté, de douceur et de grâce dans les brillants salons de l'Élysée ou aux royales Tuileries, cette bouche s'écria : « Je veux rentrer à Paris, fût-ce dans une bière ! »

On s'orienta.

La ville de Marseille ne pouvait plus servir les intérêts de la veuve du duc de Berry : c'était en Vendée qu'il fallait se rendre, dans cette Vendée, catholique et royale, qui saurait bien encore lui fournir des soldats, des martyrs et des cœurs !...

Pendant qu'on la croyait encore dans le Midi, MADAME était déjà en Vendée : avec une fortune extrême, elle avait pu traverser deux cents lieues de pays sans être découverte, sans même avoir été suivie !... et pourtant, dans la France entière on s'occupait d'elle ; de Paris à Marseille, de Bordeaux à Strasbourg, il n'était bruit que de sa descente en Provence. Toutes les routes étaient sillonnées par des gendarmes, tous les préfets étaient sur les dents.

Une seule personne l'avait reconnue : une seule personne aurait pu la trahir. Disons, à l'honneur du parti républicain, que cette trahison n'eut pas lieu, et que cette personne qui appartenait à ce parti, se fit un devoir au contraire de protéger par tous les moyens possibles, le passage de MADAME sur la contrée qu'elle habitait.

On prétend cependant qu'un gendarme, lui aussi, ancien serviteur de la royale maison de Bourbon, avait reconnu la duchesse de Berry, au moment où celle-ci, du haut d'une charrette où elle était montée, lui tendait le passe-port de contrebande que ses amis lui avaient procuré ; cet homme, dit-on, aurait laissé même échapper une exclamation subite, mais nul n'en avait sans doute compris le sens, car il avait ensuite ôté respectueusement son chapeau et avait passé...

Bien des toits amis s'ouvrirent pour elle, là du moins la duchesse de Berry recevait une généreuse hospitalité. Fière d'ailleurs de l'entreprise qu'elle allait tenter, on la voyait, en digne fille des Bourbons, s'exposer jusqu'à l'imprudence, ne baissant les yeux devant personne, affectant un calme imperturbable, et se riant de ses ennemis, qui passaient à deux pas d'elle sans la voir.

Elle arriva en Vendée.

A peine sur la lisière de la fidèle province, et à la première croix, MADAME descendit, et s'agenouilla : c'en était fait, la lutte allait commencer : Hélas ! Dieu protégerait-il la France ?

XX

Coup d'œil rétrospectif. — Effet moral produit à Paris, par la nouvelle du débarquement de la duchesse de Berry. — Les gens à petits cœurs et à petites haines. — Nouveau procès de *la Mode*. — Elle est condamnée par défaut. — Une seconde saisie a lieu. — Affaire du *Carlo-Alberto*. — Condamnation de M. Muret, sur un chef; son acquittement sur un autre point. — *La Mode* a donc dit la vérité? — On apprend l'assassinat de Cathelineau. — État de siége. — Lettre du duc d'Orléans. — Mort de Cuvier, de Gœthe, de Casimir Périer, du général Lamarque. — Obsèques de ce dernier. — Émeutes des 5 et 6 juin. — L'avenir est plus sombre que jamais.

Qu'il me soit permis, mon cher directeur, avant de continuer le récit de l'expédition de Madame la duchesse de Berry, en Vendée, de jeter un coup d'œil en arrière, et de prendre conseil de notre cicérone, *la Mode*, pour savoir ce qui se passait à Paris, pendant que la nouvelle de la prise du *Carlo-Alberto* et celle du débarquement de la princesse en Provence, s'y répandait; d'autres événements, qui ont aussi leur importance, s'accomplissaient d'ailleurs durant ce laps de temps, et il ne sera pas sans intérêt peut-être de nous y reporter pour un instant.

La nouvelle du débarquement de Madame vint tomber comme un coup de foudre au milieu des agitations qui, depuis les événements de juillet, se manifestaient dans Paris, d'une manière pour ainsi dire permanente. Les uns paraissaient étonnés de ce débarquement qui faisait présager les plus graves événements, et voyaient le fantôme de la guerre civile prêt à se dresser devant leurs yeux : les autres, et c'était le plus grand nombre, ressentaient une secrète joie à la pensée que le courage d'une femme allait suffire peut-être, pour débarrasser la France d'un système qui, après dix-huit mois de gouvernement, ne laissait que trop voir à ses propres amis, son impuissance et son impéritie.

Seul, en effet, le pouvoir avait connu les projets de Madame la duchesse de Berry et n'avait pu les empêcher; car, comme il arrive toujours en pareil cas, certaines indiscrétions avaient eu lieu, et la police, qui feint souvent de ne rien savoir, avait été avertie : ce qu'elle avait ignoré complétement, c'était le point de débarquement choisi par Madame, sur les côtes de France.

On se ferait difficilement une idée de la fureur et de l'exaspération de certains personnages de juillet, et surtout de la petite bourgeoisie et de la garde nationale, en apprenant ce débarquement : les gens à petits cœurs et à grandes ambitions comprennent-ils jamais les nobles entraînements? Hélas! non, et c'est ce qui fera peut-être et à jamais le malheur de notre France, où, dans les grands centres surtout, les médiocrités intellectuelles ne dominent que trop.

Les hommes de la trempe de M. Cadet-Gassicourt avaient deux raisons de haïr les Bourbons et de craindre leur retour. Ils avaient, contre eux, cette haine instinctive qui se trouve au cœur de beaucoup de gens pour ce qui est noble, pur, élevé, et surtout pour ce qui est au-dessus d'eux; et aussi la manière déloyale avec laquelle ils avaient fait du zèle en faveur du nouveau gouvernement, depuis dix-huit mois, les compromettait au point qu'ils croyaient avoir à redouter la vengeance de la branche aînée, si jamais une nouvelle restauration avait lieu.

Ils se trompaient bien : les Bourbons pardonnent toujours. Aux yeux de beaucoup de gens, c'est là leur plus grand tort. Saint Louis recommandait surtout le pardon des injures ; Louis XVI aussi l'a recommandé à ceux de sa race !

Cependant un nouveau procès, — je me trompe, — deux nouveaux procès venaient d'incomber à *la Mode*. A l'occasion de la saisie illégale du *Carlo-Alberto*, *la Mode* ayant, dans son numéro du 12 mai, prononcé le mot de *piraterie*, ce mot avait éveillé la susceptibilité du pouvoir. Jamais, cependant, qualification n'avait été plus juste, si ce n'est de nos jours, où nous avons vu pire, sans qu'il soit nécessaire de dire où et comment ?

Cette capture du *Carlo-Alberto* avait eu lieu dans des conditions déplorables. « N'ayant à ma disposition aucun moyen pour m'assu-
» rer du navire,—écrivait, le lendemain, M. le maire de la Ciotat,—
» je fis de mon mieux pour l'attirer dans le port. Le capitaine y
» consentit enfin, et j'en envoyai sur-le-champ l'avis à M. le préfet,
» en lui annonçant que le *Carlo-Alberto* m'avait remis ses papiers,
» que j'aurais bientôt sa chaudière, et que mon intention était de
» garder ces objets jusqu'à nouvel ordre. »

Cette capture était donc à la fois une trahison et un délit. Une trahison, en ce sens qu'un maire, un homme public, investi d'une magistrature, avait invité à prendre libre pratique un vaisseau étranger, avec l'intention de le capturer ; un délit, parce qu'en remettant *le Carlo-Alberto* aux mains du capitaine du *Sphinx*, il faisait tomber ce dernier sous l'application de la loi qui punit de mort les officiers qui commettent des actes de piraterie !...

17

La Mode, dans un de ces articles foudroyants, à la fois profonds, sarcastiques et railleurs, comme elle en savait faire et ne craignait jamais d'en publier, résumait l'affaire du *Carlo-Alberto*, et la dénonçant à la conscience publique, en appelait à la juste indignation des honnêtes gens, sur la conduite du gouvernement.

C'en était trop, aux yeux de M. Persil. Traduit, à bref délai, devant les tribunaux, M. Théodore Muret, gérant de *la Mode*, qui n'avait eu le temps ni de prendre avis d'un conseil judiciaire, ni surtout de préparer sa défense, fut condamné, par défaut, à une année d'emprisonnement et à 2,000 francs d'amende.

Cette première condamnation fut accompagnée d'une nouvelle saisie, qui vint empêcher la distribution du numéro du 28 mai, et ramena, une seconde fois, l'honorable et courageux gérant de la Revue devant la cour d'assises.

Présent cette fois, il vint défendre en même temps, et l'opposition qu'il avait cru devoir faire au premier arrêt, et les méfaits de toute espèce qui étaient reprochés à *la Mode*. Bien que ce nouveau jugement n'ait été rendu qu'au mois d'août, mon cher directeur, et que d'autres faits, dont nous aurons à parler, se placent dans l'intervalle de temps qui s'écoula entre ces deux dates, du 12 mai et du 3 août, je crois devoir annoncer de suite à vos lecteurs, qu'après deux longues heures de délibération, le jury ayant déclaré M. Muret : sur la première question, relative au numéro du 12 mai, coupable, à la *simple majorité*, et non coupable sur la dernière question, relative au numéro du 2 juin, il fut simplement condamné à un mois d'emprisonnement et à 300 francs d'amende. C'était une singulière différence avec le jugement par défaut, qui l'avait si sévèrement atteint. La cour ordonna ensuite, — et c'est sans doute ce qui tint le plus au cœur de messieurs les poursuivants, — que le fameux numéro du 2 juin, qui avait été saisi et mis sous le séquestre, serait immédiatement distribué aux abonnés.

Ce numéro était sanglant pour le pouvoir : on y parlait longuement des troubles de l'Ouest. En l'amnistiant, le jury reconnaissait la vérité de toutes les allégations de *la Mode,* et elles étaient graves ; car elles n'allaient à rien moins qu'à rendre le gouvernement responsable des horreurs dont ces provinces étaient le théâtre. « Depuis
» deux ans, s'écriait *la Mode,* des vexations de tous genres pèsent
» sur les départements de l'Ouest. On les a mis en état de siége, on
» les a occupés militairement, comme on aurait fait de pays conquis;
» on les a blessés dans leurs croyances, dans leurs affections ; puis,
» maintenant que ces insultes multipliées, que ces provocations ré-
» pétées sans cesse ont épuisé la patience d'un peuple, qui ne de-
» mandait qu'à regretter en paix les objets de son respect et de son
» amour, on s'étonne que des hommes, exaspérés par tant de persé-
» cutions, se jettent enfin dans une déplorable lutte !... Si la guerre
» civile désole en ce moment une partie de la France, c'est vous,
» hommes de la révolution, vous seuls, qu'il faut en accuser... vous,
» qui couronnez l'assassinat du jeune et infortuné Bonnechose par
» le meurtre de Cathelineau !... »

En effet, la nouvelle de ce grand et abominable forfait venait de se répandre : le fils du saint de l'Anjou avait été tué d'un coup de feu, alors que sortant d'un grenier, où il se tenait caché, il venait de s'écrier : « Je me rends ! » Mais n'anticipons pas sur les événements : la suite de notre récit nous ramènera assez tôt de Paris en Vendée !

L'état de siége venait d'être proclamé : la terreur était partout ; les hommes du pouvoir, inquiets, préoccupés, honteux surtout, n'osaient envisager en face, et sans rougir, la nouvelle situation

faite par eux au pays. Une lettre, signée du jeune duc d'Orléans lui-même, qui ne craignait pas de descendre imprudemment dans l'arène, vint mettre le comble à l'inquiétude générale. « Nos ennemis lèvent la
» tête, écrivait-il à M. Robineau, député de la Vendée ; j'offre
» l'appui de mon bras pour empêcher la résurrection du drapeau
» blanc, qui ne sera jamais qu'un emblème de servitude et de droit
» divin ! »

C'était grave : un prince du sang ne descend pas ainsi dans la lutte, en paroles du moins ; tout au plus, si l'occasion l'exige, offre-t-il son épée. Cette lettre fut une grande faute.

La mort de Cuvier, celle de Goëthe en Allemagne, avaient suivi de près les morts du général Lamarque et de Casimir Périer, emportés l'un et l'autre à Paris par le choléra.

Avec Cuvier, disparaissait l'un des hommes les plus savants que le monde ait connus : doux, modeste et bon, cet homme de science a laissé une mémoire qui ne périra pas.

Goëthe, ce grand génie, que beaucoup méconnaissent, sans l'avoir étudié, et que tant d'autres admirent sur parole et sans même l'avoir lu, Goëthe laissait, en Allemagne, un long sillon de gloire, que traçait son talent en lettres immortelles.

Casimir Périer avait usé sa vie, on peut le dire, dans les luttes de la tribune, de la politique et du pouvoir : violent, hardi, audacieux, plein de détermination, il était sujet à des accès de colère qui ne contribuent pas peu à ruiner la santé du corps, sinon celle de l'âme. Le choléra n'avait trouvé en lui qu'une proie facile à saisir. Bien que cet homme d'État se soit montré envers la monarchie oublieux et injuste, et que les rigueurs qu'il ordonna aient singulièrement aidé à l'affermissement de ce pouvoir de 1830, qui devait avoir pour l'Europe et la France de si déplorables conséquences, nous reconnaîtrons volontiers, mon cher directeur, qu'il fut à la hauteur de la situation qu'il avait voulu prendre : l'histoire se montrera pour lui moins sévère que pour d'autres, qui n'auront emporté dans la tombe ni son courage civil, ni sa réputation d'homme intègre.

Le général Lamarque était un nom et voilà tout. L'opposition républicaine s'était, je ne sais trop pourquoi, groupée autour de ce nom : elle en prit occasion pour entourer les obsèques du général d'une manifestation qui devait bientôt ressembler à une émeute. Malheureusement, les sergents de ville veillaient ce jour-là un peu moins que d'habitude, et tout semblait devoir se terminer par quelques horions donnés à la police, quand une promenade triomphale imposée au vieux Lafayette, qu'on mit de force dans un fiacre, et auquel s'attela la jeunesse des écoles, qui força le héros des deux mondes à parcourir ainsi tout Paris, donna un tout autre caractère à l'événement ; cette ovation dura toute la journée. C'était à la fois ridicule et triste ; ridicule, parce qu'en exaltant Lafayette au détriment du pouvoir, on oubliait que ce même Lafayette avait proclamé Louis-Philippe la meilleure des républiques ; triste, en ce sens que ces vociférations et ces cris de triomphe, un jour d'enterrement, et à l'occasion d'un deuil prétendu public, s'alliaient assez mal avec le respect qu'on doit toujours aux morts ;—et que, d'un autre côté, l'histoire devait appeler d'un nom sinistre ces émeutes des 5 et 6 juin 1832 !

Pendant que ces choses se passaient, pendant que l'émeute, à Paris, grondait aux alentours du Cloître-Saint-Merry, pendant que tous les excès populaires étaient commis dans les journées des 5 et 6 juin, le soulèvement de la Vendée prenait un caractère de plus en plus grave : l'insurrection éclatait sur tous les points à la fois, et le pouvoir usurpateur se voyait placé à deux doigts de sa perte, par le courage d'une femme qui, venant répéter aux fidèles provinces de l'Ouest la noble parole de Chateaubriand, leur criait : « Mon fils est votre roi. »

Les événements qui signalèrent l'arrivée de MADAME en Vendée, les causes qui empêchèrent le mouvement royaliste d'obtenir un succès complet, — seront développés par nous, mon cher directeur, dans nos chapitres suivants; nous verrons, et parmi ces causes le manque d'entente, et aussi, disons-le, l'absence de certains soldats à leur poste, — les suites de cette lutte héroïque d'une femme et d'une mère, luttant avec une ardeur qui ne se démentit pas, contre tout un pouvoir armé, qui ne parvint à la vaincre que par la trahison. Nous assisterons enfin aux péripéties de ce drame historique, à la mort de Cathelineau, à l'incendie de la Pénissière, à la défaite des nouveaux soldats de la monarchie et de la foi, à l'arrestation de MADAME à Nantes !

Notre cœur saigne à la pensée de tous ces désastres, et nous voulons rassembler notre courage, pour en entreprendre dignement le récit.

XXI

Proclamation de la duchesse de Berry. — Soulèvement de la Vendée. — Courage de Madame. — Les libéraux eux-mêmes lui rendent justice. — Arrestation, à Paris, de MM. de Saint-Priest, de Fitz-James, Hyde de Neuville, de Chateaubriand. — Belle page de *la Mode*. — Meurtre de Cathelineau. — Affaire de la Pénissière. — Incendie du château. — Le mouvement insurrectionnel échoue. — La duchesse de Berry se retire à Nantes.

Madame la duchesse de Berry, en arrivant en Vendée, avait publié la proclamation suivante :

« Vendéens, Bretons, vous tous habitants des fidèles provinces de
» l'Ouest, ayant abordé dans le Midi, je n'ai pas craint de traverser
» la France, au milieu des dangers, pour accomplir une promesse
» sacrée, celle de venir parmi mes braves amis, partager leurs périls
» et leurs travaux ; je suis enfin parmi ce peuple de héros, le courage
» et la fortune de la France ! Je me place à votre tête, sûre de vain-
» cre avec de pareils hommes. Henri V vous appelle ; sa mère, ré-
» gente de France, se voue à votre bonheur ! Un jour Henri V sera
» votre frère d'armes, si l'ennemi menaçait notre fidèle pays.

» Reprenons notre ancien et notre nouveau cri : *Vive le roi ! Vive
» Henri V !*

» *Signé* : Marie-Caroline. »

Cette belle proclamation était suivie d'un autre manifeste, ayant trait à la libération des jeunes soldats de certaines classes, et aussi à la régularisation des grades, titres et décorations pour l'armée d'Afrique, proposés par M. le maréchal Bourmont, à la suite de la conquête d'Alger en juillet 1830.

L'effet produit par la publication simultanée de ces deux pièces fut immense; toutefois, dès les premiers jours de son arrivée en Vendée, MADAME avait compris que le résultat d'une levée de boucliers, mal combinée dans son ensemble, devait être nul, et elle n'eut pas lieu de conserver la plus légère espérance sur les suites probables de son expédition; seulement la généreuse princesse n'en continua pas moins à donner à ses fidèles amis l'exemple de l'intrépidité et du courage, pour tenir la promesse qu'elle avait faite à ses partisans, celle de mourir, s'il le fallait, pour la cause de son fils !

Il faut lire, dans *la Mode*, la citation suivante, que relevait avec soin notre Revue, dans un journal libéral du temps ; ce journal disait :

« Tout le jour elle est sur pied, courant et galopant d'un lieu à
» l'autre, ayant à ses côtés des hommes sûrs qui lui servent de guides.
» La nuit elle couche, non pas dans les châteaux ou dans les fermes, mais dans les bois, ou dans les plus obscures cabanes, selon
» le temps, ayant deux domestiques qui portent, l'un une sorte d'épais manteau fourré qu'on étend par terre, et dans lequel s'enveloppe la duchesse ; et l'autre une valise qui renferme quelques effets, et qui, au besoin, lui sert d'oreiller.

» Aussitôt couchée et roulée de la sorte, la princesse, harassée
» qu'elle est, s'endort et reste là cinq heures, six heures, pendant
» que ses affidés veillent aux alentours, bien armés.

» Il y a dans tout cela un air de roman qui ne doit pourtant pas
» nous empêcher d'y croire ; car, dans cette lutte, cette entreprise,
» cette chouannerie, il n'y a rien qu'il faille juger par les règles de
» la saine raison.

» Ces nobles qui se lèvent de tous les côtés, ces fortunes et ces
» positions compromises, les efforts tentés pour exciter les paysans,
» cette suite donnée à des opérations qui ont toutes, ou pour la plu-
» part, été jusqu'ici malheureuses ; cet argent répandu, ces procla-
» mations semées de toutes parts et à profusion, ces relations éta-
» blies entre l'Ouest et Paris, et que toutes les mesures de rigueur
» ne peuvent rompre, tout cela ne peut venir que de la présence, de
» l'activité, de la résolution de la duchesse, qui, à elle seule, sou-
» tient tout le parti et en est l'âme. »

Le gouvernement, en effet, venait de déclarer la loi martiale.

Pendant qu'à Paris des arrestations de personnages haut placés avaient lieu, pendant qu'on détenait M. le général de Saint-Priest pour l'affaire du *Carlo-Alberto;* qu'on faisait subir un interrogatoire inquisitorial au généreux duc de Fitz-James, sur les intentions présumables de son fils le marquis de Fitz-James en se dirigeant sur la Vendée ; qu'on osait porter la main sur deux hommes, que la Révolution, quand elle était petite fille, adorait comme des dieux, selon l'expression de *la Mode* : MM. de Chateaubriand et Hyde de Neuville ; on faisait plus en Bretagne et dans l'héroïque Vendée : là on ne se contentait pas d'arrêter, on tuait !

Après le meurtre de Louis de Bonnechose, après l'assassinat de Laroche-Macé, voici qu'on apprenait le coup de feu de la Chaperonnière, qui venait de coûter la vie au fils d'un héros, héros lui-même, Cathelineau.

Poursuivi par un détachement de troupes, le fidèle Vendéen avait trouvé asile chez un métayer. Celui qui commandait ces soldats, un officier du nom de Regnier, chassé autrefois ignominieusement de l'école de Saint-Cyr, somme le brave paysan de lui dire où s'est caché Cathelineau : cet homme refuse de lui répondre ; on le garrotte, on lui lie les mains, on va le fusiller. Le premier commandement est fait, le dévouement sublime du Vendéen ne se dément pas !... Alors une voix se fait entendre, une cloison se brise, et Cathelineau s'écrie : « — Arrêtez, c'est moi, je me rends... » Horreur ! un coup de feu retentit : Regnier a tué Cathelineau !

Ah ! l'histoire est obligée d'ouvrir parfois de sévères enquêtes, et c'est une grande honte pour un pays quand elle trouve à y constater de pareils faits !...

On frémissait à Paris, dans le parti royaliste, à la nouvelle de semblables indignités : dans le monde du pouvoir, on était loin d'être rassuré, et croyez-le, mon cher directeur, ce sang inutilement versé voulait d'autre sang ; à toutes les époques de guerre civile, il en a été malheureusement ainsi !

Des hommes se rencontraient cependant dans les bas-fonds du journalisme pour insulter au courage et à la fidélité de leurs adversaires. L'un d'eux, M. Madrolle, ne craignit pas de publier sous ce titre : *les Crimes du faon catholique*, une brochure dans laquelle on outrageait tous les grands caractères : les Bonald, les Kergorlay, les Castelbajac, les Conny, les Dreux-Brézé, les Curzay, les Genoude, les Lourdoueix, tous, jusqu'à Chateaubriand lui-même !... On imprimait dans ce libelle infâme que l'introduction du choléra était due, en France, aux machinations de tous ces hommes d'honneur, on leur attribuait la mort du général Lamarque, on les qualifiait de la manière la plus odieuse, on vouait leurs personnes et leurs noms à la haine et à l'exécration publique !

Et le pouvoir, si sévère quand il s'agissait de poursuivre ou de supprimer les journaux de la droite, si impitoyable quand il fallait sévir contre les fidèles défenseurs de la monarchie, laissait dire, laissait imprimer, laissait circuler de pareilles infamies !

Le jour de l'arrestation de M. de Chateaubriand, *la Mode*, dans un noble élan, qui n'était pas sans danger, ne craignit pas de faire paraître une admirable page. La courageuse feuille, qui prenait plaisir à lancer, à la fin du même numéro, des quolibets et des coups d'épingle sanglants à l'adresse du pouvoir, écrivait en tête de ses colonnes un article où se rencontrait cette magnifique péroraison :

« M. de Chateaubriand ! il est impossible de toucher à cet homme !
» Cet homme, c'est le poëte de la nation ; c'est le génie chrétien de
» notre monde politique ; c'est le seul royaliste de la France qui ait
» impunément flagellé la royauté, car il l'a battue en poëte qui
» s'exalte et qui s'aveugle ; car il lui est revenu à ses jours de malheur ;
» car il a été fidèle à l'infortune ; car il a revêtu une dernière
» fois son habit de pair pour prononcer l'oraison funèbre du roi de
» Cherbourg ; et puis, galant homme qu'il est, il a donné ce noble
» habit à son dernier valet de chambre, pour lui payer ses gages !
» S'étant élevé à la condition de simple citoyen, s'étant refait écrivain
» et poëte, d'homme d'État qu'il était, **M. de Chateaubriand**
» s'était retiré dans sa maison de verre, autant pour être vu de tous
» que pour tout voir plus à l'aise. Il a parlé tout haut, il a écrit tout
» haut, il s'est livré la poitrine ouverte à qui voulait l'ouvrir pour y
» lire plus à l'aise ; lui-même il a donné son propre signalement à
» la police. Ainsi sont faits les vieux royalistes ! héros jusque dans
» les fers ! »

Nous ne nous étendrons pas, mon cher directeur, sur les phases diverses de l'insurrection vendéenne en 1832 ; vos lecteurs savent comme nous que le manque d'entente des serviteurs de la cause royale d'une part, et d'un autre côté aussi les mesures impitoyables ordonnées par le gouvernement usurpateur, furent les deux causes qui empêchèrent Madame de réussir, et puis, selon la belle expression de M. du Guenic, dans le roman de Balzac, « il y eut des barons qui ne firent pas leur devoir. »

L'épisode de l'incendie du château de la Pénissière est un des plus horribles dont l'histoire de nos guerres civiles ait gardé la mémoire.

On savait que Marie-Caroline s'était réfugiée là. Des rapports précis avaient été faits sur l'heure et le moment de sa disparition de ce côté : un détachement de six cents hommes, sans compter des gardes nationaux, avait été dirigé sur ce point.

A l'approche de cette troupe, les portes du château se ferment, on fait mine de vouloir se défendre : c'est à peine cependant si cinquante royalistes se trouvent renfermés derrière ces vieux murs.

Madame est parmi eux; ils la supplient à genoux de se retirer, elle refuse; ils l'adjurent, au nom de son fils, de gagner une ferme voisine pendant qu'il en est temps encore; elle ne cède qu'à des supplications presque impératives, et se voit entraînée de force sous un toit de paysan, où on l'enferme.

Une première attaque a lieu contre le château, puis une seconde, enfin une troisième; chaque fois des hommes tombent et du sang coule en abondance. Après une heure de lutte héroïque, pas un des fidèles défenseurs de la Pénissière n'a songé à capituler : ils sont tous là, noirs de poudre, couverts de sang, mais résolus à mourir plutôt que de se rendre.

Alors les assaillants imaginent de les brûler : ils mettent le feu au château ; la fumée de la poudre se mêle bientôt à celle de l'incendie, en un instant la Pénissière est en feu !... Qui dira, pendant ce temps, les angoisses de MADAME, qui entendait les cris de mort de ses fidèles, les coups de feu, les craquements de l'incendie ?... Ah ! cette femme, cette mère, elle a vécu, ce jour-là, des heures qui comptent pour des siècles, et qui immortalisent à jamais un nom !...

Il fallut céder ; mais ce ne fut qu'à la dernière extrémité : après des pertes terribles, les derniers combattants de la Pénissière, prêts à se voir ensevelis sous les décombres, gagnèrent la campagne et parvinrent enfin à se soustraire à la fureur de leurs adversaires.

Dès lors, la partie était perdue.

Après avoir, pendant plusieurs jours, partagé le pain noir des paysans de la Vendée, MADAME se mit en mesure de gagner Nantes ; elle y entra bientôt sous un déguisement, accompagnée de sa fidèle compagne, mademoiselle Stilie de Kersabiec ; c'est alors qu'elle reçut l'hospitalité dans cette maison du Guiny, dont elle ne devait plus sortir que trahie par Deutz et escortée par un préfet du gouvernement de Juillet, M. Maurice Duval, lequel, — lui, un Français, — ne retirerait pas même son chapeau devant elle !

Nous verrons plus tard, mon cher ami, les conséquences de cette arrestation ; nous avons tenu à payer un tribut de respectueuse admiration à la noble princesse qui apparut, dans cette circonstance, en Vendée, grande et chevaleresque, comme, de nos jours, vient de se montrer à Gaëte, aux côtés de François II, l'héroïque reine de Naples !

Marie-Caroline des Deux-Siciles, Marie-Sophie de Bavière, ces deux noms-là ne suffiront-ils pas à illustrer notre siècle si fécond en félonie et en lâches attentats !

XXII

Nominations à l'Académie française de MM. Jay et Dupin. — Noble lettre d'un premier président. — Plaisanteries de *la Mode* sur la *Charte-vérité*. — M. le duc d'Orléans à Marseille. — *Poule d'eau*. — Coups d'épingles. — Opinion du fils aîné de Louis-Philippe sur l'avenir de la dynastie. — L'homme propose et Dieu dispose. — Abominations commises dans l'Ouest. — M. et Mlle de la Roberie. — Mlle de Botdern. — MM. de Bascher et d'Hanache. — Caro.—Secondy. — Visites domiciliaires. — Un mot du général Drouet-d'Erlon. — A propos d'une statue. — On décore le sous-lieutenant Regnier.

Pendant ce temps, l'Académie française était appelée à remplacer deux de ses membres que la mort venait de lui enlever, et la réception de M. Jay arrivait fort à propos pour donner à M. Arnault, chargé de lui ouvrir les portes de l'Institut, l'occasion de lancer un coup de pied à la Restauration. Hélas! et bien que le fait se passât à l'Académie, c'était assurément le coup de pied de l'âne.

M. Jay, auteur d'un *Tableau littéraire de la France au* xviie *siècle*, qui n'est rien moins qu'un chef-d'œuvre, d'une histoire très peu connue du *Ministère du cardinal de Richelieu*, et d'autres œuvres littéraires fugitives, aujourd'hui complétement oubliées, venait prendre la place de M. l'abbé duc de Montesquiou. Ce dernier, certainement n'était pas remplacé.

M. Dupin venait occuper l'autre siège vacant. Ces deux nominations ont lieu d'étonner, mon cher directeur, quand on se rappelle que l'Académie française comptait alors, dans ses rangs, le courageux vicomte de Bonald, le spirituel abbé de Feletz, l'aimable M. Briffaut, le digne M. Lainé, l'honnête M. Michaud, le vertueux abbé de Frayssinous, — à qui le rôle de précepteur du duc de Bordeaux allait bientôt incomber, — l'archevêque de Paris, M. de Quelen, dont le nom seul est un éloge, M. de Chateaubriand enfin, dont le génie résumait alors, on peut le dire, toutes les gloires littéraires de la France.

Envers et contre tous ces derniers sans doute, MM. Jay et Dupin furent proclamés académiciens. L'auteur du *Manuel du droit ecclésiastique* eut le rare avantage de pouvoir venir débiter ses jeux de mots aux côtés de ces illustrations si pures. L'arrière-ban des vieux académiciens soi-disant libéraux du Directoire et de l'Empire, avait été convoqué, et les suffrages de MM. Népomucène Lemercier, Lacuée de Cessac, Destutt de Tracy, Lacretelle, Jouy, Droz, Casimir Delavigne, Lebrun, Étienne, de Ségur, Viennet, de Pongerville, l'emportèrent sur ceux des nobles représentants d'une époque où la grandeur morale était une raison pour s'illustrer et arriver... même à l'Académie!

M. Dupin prenait le fauteuil du savant Cuvier; de ce dernier encore, il était juste de dire qu'il n'était pas remplacé.

Certaines cours royales crurent devoir, à l'occasion de la répression des émeutes des 5 et 6 juin, à Paris, envoyer au gouvernement des adresses de félicitations : cet usage, nouveau alors, et que nous avons vu depuis, non sans regret, adopté jusque dans les plus modestes tribunaux de première instance, ne laissa pas que de rencontrer une assez vive opposition. Un magistrat de province, M. de Belbeuf, premier président à la cour de Lyon, s'honora, en écrivant la lettre suivante au directeur d'un journal qui avait affirmé que sa signature figurait au bas de l'adresse de la cour lyonnaise :

« Vous avez été très mal informé, monsieur, en insérant, dans le numéro de votre journal du 19 juin, que j'avais adhéré à l'adresse de la cour royale de Lyon. Je pense actuellement, et j'ai pensé dans tous les temps, que des magistrats inamovibles ne devaient, ni par des adresses, ni par des protestations ou des adhésions, manifester des opinions politiques; qu'étant juges *de tous*, à quelque opinion qu'ils appartiennent, ils devaient rester impassibles au milieu des événements, pour inspirer *à tous* la même confiance, et se renfermer uniquement dans l'exécution des lois, par leurs arrêts. »

C'étaient là de nobles paroles, bien dignes d'être gravées sur des tables de marbre, pour figurer dans toutes les hautes et basses chambres de nos ressorts de France.

La Mode, qui les relevait, ne cessait de harceler les magistrats haut placés qui, en vue de leur avenir politique, faisaient autour de son individualité, en tant que journal, un zèle intempestif. C'était à coups d'épigrammes et de plaisanteries qu'elle combattait ces rudes adversaires. Elle se sentait sur son terrain, vis-à-vis de ces hommes qu'elle surprenait, chaque jour, en flagrant délit d'oubli de leur origine, de leurs promesses et de leurs serments. C'était, dans chacun de ses numéros, un feu roulant de bons mots, qui n'avait qu'un tort assurément, celui de lui créer autant d'ennemis que de lecteurs dans le camp adverse; mais la courageuse Revue s'en inquiétait fort peu :

« Parmi les morts des 5 et 6 juin, avait-elle dit au lendemain des dernières émeutes, on compte la *Charte-vérité!* »

Et elle avait ajouté :

« La *Charte-vérité* a été déposée à la Morgue : croirait-on que personne n'a voulu la reconnaître ? »

Vers cette époque, M. le duc d'Orléans ayant été faire dans le Midi un voyage de circonstance, et ayant désiré, à Marseille, se donner la distraction bien naturelle d'un bain de mer, *la Mode*, sous prétexte qu'un journal flagorneur de la localité en avait pris occasion pour vanter les mérites particuliers du prince, à propos de son talent comme nageur, *la Mode*, disons-nous, n'eut pas de cesse qu'elle n'eût remplacé le quolibet de *grand Poulot*, journellement accolé par elle au nom du fils aîné de Louis-Philippe, par celui de *Poule-d'Eau*.

Cette qualification une fois trouvée, *la Mode* s'en donna à cœur joie, dans l'emploi qu'elle en fit à toute occasion, et même hors de toute occasion · pendant plusieurs semaines, elle émailla ses colonnes d'entre-filets dans le goût de ceux-ci :

« L'art de la natation peut devenir fort utile à *Poule-d'Eau*, dans le cas où le juste-milieu ferait un plongeon. »

« Afin de mieux prouver son libéralisme aux Marsaillais, *Poule d'eau* s'est montré à eux, sans culottes. »

« En dépit du mépris des vieux titres, il est question de rétablir pour *Poule-d'Eau* la dénomination de Dauphin. »

A propos de cette infortuné duc d'Orléans, qui devait périr si tristement à dix années de là, sur le chemin de la Révolte, relatons, mon cher directeur, une anecdote assez peu connue, que *la Mode* de 1832 relevait dans un journal dévoué au nouvel ordre de choses, le *Nou-*

celliste, et qui prouvera, une fois de plus, combien la Providence se joue cruellement des desseins des hommes.

Ce jeune prince avait dit un jour, devant quelques amis, qu'il ne s'inquiétait pas du péril que pouvait courir le trône de Juillet. — « Comment, en effet, avait-il ajouté, pourrait finir cette royauté?... De trois manières : ou bien par une émeute dans les rues, ou bien par une invasion étrangère, ou bien par le fait d'un *individu*, — le mot est historique, — venant mettre mon père à la porte des Tuileries?... » M. le duc d'Orléans repoussait avec une rare énergie les deux premiers moyens, puis en face du troisième, il s'écriait : « Quant à ce dernier, si un *individu* venait aux Tuileries pour en *chasser mon père*, je puis affirmer que mon père, porté au trône par le vœu de la nation, *n'en voudrait pas sortir!* »

Hélas! les événements ont donné tort à l'héritier présomptif du trône de Juillet. Le jour où l'émeute a grondé, Louis-Philippe, *porté au trône par le vœu de la nation*, a bien voulu sortir! C'est qu'aussi *le vœu de la nation*, en matière politique, est une chose par trop élastique et véritablement trop variable!

Et puis, il y a un Dieu pour tout le monde!

Quoi qu'il en soit, les abominations commises dans l'Ouest, à l'occasion de la venue de MADAME, en Vendée, prenaient des proportions gigantesques. Ce n'étaient plus de simples réfractaires qu'on incarcérait et qu'on mettait à mort ; c'étaient de nobles et courageux Bretons, dont le seul crime était de se dire et de s'être toujours dits royalistes. Le cœur saigne, en songeant à toutes les horreurs qui furent alors commises, et qui ne rappelaient que trop les temps désastreux des premières luttes des armées catholiques et royales dans l'Ouest contre la république des Carrier, des Saint-Just et des Couthon.

La terreur était partout : personne n'était assuré de ne pas se trouver, le lendemain, aux mains des sbires du pouvoir. On procédait d'abord par des visites domiciliaires, puis par des arrestations illégales, aux mesures les plus énergiques, que dis-je, aux exécutions les plus sanglantes.

Faut-il rappeler, après l'assassinat de Charles de Bonnechose et celui de Cathelineau, l'arrestation de M. de Bascher, à Maisdon, son égorgement commis de sang-froid par des hommes qui avaient tout au plus la mission de veiller sur un prisonnier? Faut-il retracer l'horrible scène dont fut témoin le château de la Roberie, où une jeune fille de quinze ans, mademoiselle de la Roberie, — fille de ce courageux Vendéen qui devait lui-même à quelque temps de là, errant, fugitif, mourir de froid et d'épuisement sur un fossé de la route,— tomba frappée d'une balle, pour ne plus se relever?... Faut-il évoquer l'odieux souvenir de la dévastation, au Pin-en-Mauges, du monument du saint de l'Anjou, du grand Cathelineau, père de celui dont nous avons parlé?... Faut-il rappeler l'échafaud de Caro, celui de Secondy, celui des sept Vendéens condamnés le même jour à mort, par la cour d'assises de la Mayenne; celui des deux infortunés réfractaires de vingt ans qui furent envoyés à l'échafaud par la cour d'assises de la Vendée?... Faut-il relater l'abominable profanation qui eut lieu chez madame de Coislin, au château de Carheil, le jour où les agents du pouvoir, ne trouvant rien de suspect dans la maison, allèrent dans la chapelle déterrer le cadavre d'une jeune fille de quinze ans, mademoiselle de Botderu... comme si le gouvernement de Juillet avait peur, même des morts?

Hélas! rappelons, avec *la Mode*, ces beaux vers de Victor Hugo, que notre Revue jetait à la face des ministres du temps, en leur disant, avec le grand poëte, — si tombé aujourd'hui :

> Sire, ce sang n'est pas une bonne rosée,
> Nulle moisson ne croit sur la grève arrosée,
> Et le peuple, des rois évite le balcon,
> Quand, aux dépens de Louvre, on meuble Montfaucon.

Et l'horrible mutilation du cadavre de M. d'Hanache! et le pillage du monument de Charette! et les visites domiciliaires aux châteaux du Doré, de la Queratrie, de la Gaubretière, chez M. de Cornullier, chez madame La Rochejaquelein! faut-il rappeler de quelles violences elles furent accompagnées? Quoi que puissent dire ou faire les défenseurs du gouvernement tombé en février 1848, jamais ces horreurs ne pourront être pardonnées. Même de la part d'un gouvernement légitime, qui se serait défendu contre des attaques révolutionnaires, elles eussent été coupables ; elles devenaient doublement criminelles, du moment que le gouvernement qui les ordonnait ne devait lui-même, qu'à la seule insurrection, — et Dieu sait laquelle! — son origine et sa puissance!

Un mot du comte Drouet d'Erlon à madame de Mainard ne prouve que trop à quel point les sentiments de l'honneur, et du plus simple sens moral étaient alors pervertis, même chez certains militaires. Cette dame se plaignait d'avoir chez elle de nombreux garnisaires, — car on en mettait partout, — et en faisait de vifs reproches au général Drouet. — « Madame, répondit brusquement ce dernier, vous avez un moyen bien simple de faire renvoyer ces gens-là, c'est de m'indiquer le lieu de la retraite de votre mari!... »

Cette réponse d'un soldat, conseillant la délation à une noble femme, nous fait monter au visage le rouge de la honte. Celui qui la fit avait le triste courage d'oublier que, sous la Restauration, Charles X l'avait lui-même gracié, alors qu'il venait d'être condamné pour conspiration *de nature à exciter la guerre civile*. A quelque temps de là, ce même officier supérieur ne devait-il pas procéder, de concert avec le préfet Maurice Duval, à l'arrestation de la duchesse de Berry, à Nantes?

On a prétendu que le général Drouet, fait comte d'Erlon sous l'Empire et originaire de Reims, en Champagne, était un parent de Drouet, le maître de poste de Sainte-Ménehould qui fit arrêter Louis XVI : il n'en est rien ; l'histoire cependant conservera leurs deux noms. La ville de Reims a cru devoir élever, sous le gouvernement de Juillet, au maréchal Drouet, une statue qui dépare, — et ce mot est ici employé dans toutes ses acceptions, — l'une des principales places de la cité du sacre.

Hélas ! le gouvernement du temps avait bien envoyé la croix de la Légion d'honneur au sous-lieutenant du 29e de ligne Régnier, lequel avait ordonné de faire feu sur Cathelineau s'écriant : « Je me rends ! »

XXIII

Procès de *la Mode*. — Acquittée sur un chef d'accusation, elle est condamnée sur un autre. — Arrêt de la Cour d'Aix sur l'affaire du *Carlo-Alberto*. — Réflexions. — Mort du duc de Reichstadt. — Trois destinées. — On ignore ce qu'est devenue Madame. — Préoccupation générale. — Louis-Philippe envoie sa nièce devant les assises. — *La Mode* met en scène madame Messalin. — Un joli mot. — *Le Bon Sens*.

Un nouveau gérant venait d'être appelé à l'honneur de signer la *Mode*, conjointement avec son propriétaire-directeur, M. Dufougerais.

Ce dernier, en effet, prévoyant les nouvelles poursuites qui ne pouvaient manquer d'incomber à sa courageuse Revue, avait cru devoir se prémunir contre les rigueurs du pouvoir; il s'était adjoint M. Louis Martin, honorable écrivain, connu par diverses publications royalistes, lequel avait eu occasion de faire preuve de dévouement et de zèle, au moment des émeutes de Saint-Germain-l'Auxerrois; — ce qui lui avait même valu l'inappréciable avantage d'une détention préventive fort longue, suivie bientôt d'une ordonnance de non-lieu.

M. Théodore Muret, l'un des anciens gérants de *la Mode*, était, on doit se le rappeler, sous le coup d'une condamnation par défaut à une année de prison et à 2,000 francs d'amende, par suite de deux procès intentés à la Revue, l'un à l'occasion de sa livraison du 12 mai 1832, contenant l'article intitulé : *Piraterie*, — et qui avait trait à la prise du *Carlo-Alberto*, — l'autre à l'occasion de sa livraison du 2 juin de la même année, contenant un article violent sur les troubles de l'Ouest.

Je crois vous avoir dit, mon cher directeur, que cette dernière livraison avait été saisie. Tout faisait présager une nouvelle condamnation sur ce second chef d'accusation. Ce fut le contraire qui arriva. Défendue avec beaucoup d'habileté et d'éloquence par M. Alfred Dufougerais, auquel vint en aide M. Muret lui-même, *la Mode* vit le jury, après deux heures de délibération, la déclarer coupable sur la première question, relative au numéro du 12 mai, mais non coupable sur la deuxième question, relative au numéro du 2 juin. En conséquence, la Cour, infirmant le premier jugement en ce qu'il avait de trop rigoureux, condamnait simplement M. Muret à un mois de prison et à 300 francs d'amende ; de plus elle le déchargeait de toutes poursuites ultérieures pour l'affaire du numéro du 2 juin, lequel devait être restitué à ses propriétaires, et fut, en effet, dès le lendemain, envoyé aux abonnés du journal.

Chose étrange, et qui ne prouve que trop à quel point le jugement des hommes peut être amené à faillir : pendant que *la Mode* était ainsi condamnée pour avoir dit que la prise du *Carlo-Alberto* était un acte de piraterie, la Cour d'Aix, appelée à se prononcer sur le fait en lui-même, rendait le mémorable arrêt qui va suivre :

« La Cour :

« Considérant qu'il y a, dans l'arrestation des passagers du *Carlo-*

» *Alberto*, violation du droit des gens et attentat aux sentiments de
» générosité que la nation française n'a cessé de professer;

» Que dès lors ces arrestations doivent être regardées comme non
» avenues, et les détenus qui en ont été l'objet rendus à la liberté
» et conduits sur le territoire sarde :

» Annule les arrestations des sieurs de Saint-Priest, de Bourmont,
» Sala, de Kergorlay fils, etc., etc.;

» Ordonne qu'ils seront de suite mis en liberté et reconduits sur
» le territoire sarde, et *quant aux auteurs desdites arrestations, ils*
» *seront poursuivis ainsi qu'il appartient.*

» Fait à Aix, le 6 août 1832. »

Ainsi, alors qu'une Cour suprême devait reconnaître qu'un acte, qualifié par un journal acte de piraterie, avait en effet été accompli au mépris de la plus simple équité et en violation du droit des gens, ce journal était préalablement condamné pour avoir le premier signalé le fait et courageusement présenté les choses sous leur vrai jour!

La mort du duc de Reichstadt, mon cher ami, se place à l'époque où nous sommes arrivés, — juillet 1832. — Cet événement qui, dans tout autre moment, eût éveillé de si grands souvenirs, passa presque inaperçu au milieu des préoccupations de toute nature, qui tenaient alors en éveil l'opinion publique. La France, qui semblait avoir dit adieu pour toujours au nom des Bonaparte, ne s'inquiétait pas de ce frêle héritier de Napoléon, devenu, aux yeux du plus grand nombre, un simple archiduc autrichien. Un homme de grand sens et de grand cœur, M. le comte de Montbel, l'ancien ministre, a retracé la vie de ce jeune prince dans des pages empreintes d'une mélancolie touchante. L'existence, aussi triste que décolorée, du duc de Reichstadt, présente un côté navrant que son historien a su faire heureusement ressortir. On ne peut lire sans émotion le récit de cette jeune vie brisée à vingt ans, loin de la patrie, entre les aspirations de Schœnbrunn et les souvenirs de Sainte-Hélène!

La destinée, il faut l'avouer, offre parfois de bizarres rapprochements : des trois héritiers présomptifs des trois familles qui ont, depuis un demi-siècle, régné sur la France, — tous trois nés sur les marches d'un trône, à quinze années de distance, — deux sont morts avant l'âge et malheureusement : le duc de Reichstadt à Vienne, le duc d'Orléans à Paris, sur le chemin de la Révolte; le troisième attend seul, dans l'exil, que la Providence fixe aussi le sort du dernier représentant de la branche aînée des Bourbons!

Et puisque nous venons de prononcer le nom du fils, c'est peut-être, mon cher directeur, le moment de retourner auprès de la mère, que nous avons laissée en Vendée, après l'affaire de la Pénissière, défendant héroïquement les droits de son enfant contre la lâcheté des uns, la trahison des autres, l'ingratitude et l'oubli du plus grand nombre.

Dans ce pays de France, en effet, qui avait vu la grandeur de notre antique monarchie; dans cette terre privilégiée de l'honneur et des sentiments chevaleresques; dans cette Vendée qui venait, pour la troisième fois, de voir le sang de ses enfants couler pour une noble cause; dans le royaume de saint Louis, d'Henri IV et de François I*er*, un magistrat venait de se rencontrer, qui avait dit :

« Au nom du roi Louis-Philippe I*er*, roi des Français:

» Attendu que Marie-Caroline-Ferdinande-Louise, duchesse de
» Berry, est prévenue d'attentat et de complot contre la sûreté de

» l'État, la renvoie, sur arrêt de la chambre des mises en accu-
» sation de la Cour royale de Poitiers, devant la Cour d'assises!... »

Ah! ceci est de l'histoire, et quoiqu'il nous en coûte de remuer certaine fange, il faut bien que nous racontions cette inconcevable mise en accusation d'une fille de France, par celui qui avait pris la place de son fils, et que nous rappellions ce procès inénarrable fait à une nièce par son oncle!

Tenez, mon cher directeur, nous donnerions dix de nos plus belles gloires nationales pour que cette honte eût été épargnée à la France! L'histoire, qui est bien obligée de relater de pareils faits, les inscrit en se voilant la face; ceux qui, dans leur impartialité, sont forcés de les raconter ont seulement quelque peine à demeurer calmes, quand ils sentent je ne sais quelle indignation leur monter du cœur au visage et faire bouillonner leur sang!

L'inquiétude était extrême dans le parti royaliste. *La Mode* nous rapporte religieusement toutes les péripéties par où allaient passer les défenseurs de la légitimité. Depuis quelques semaines, on était sans nouvelles de MADAME. Depuis l'affaire de la Pénissière, MADAME avait disparu. Avait-elle quitté la France? était-elle parvenue à se soustraire aux recherches de la police? C'est ce que tout le monde se demandait à Paris et dans les provinces, dans les châteaux comme dans les chaumières, avec une inquiétude navrante. Si MADAME avait pu gagner un port hospitalier et s'embarquer pour l'étranger, comment ne le savait-on pas? comment une déclaration signée d'elle ne le faisait-elle pas connaître? D'un autre côté, si elle était encore en France, que de dangers ne courait-elle pas? N'était-elle pas vaincue, honnie, poursuivie, traquée comme une grande criminelle, par les soldats aux ordres de ceux qui avaient assassiné mademoiselle de la Roberie et outrageusement violé la tombe de mademoiselle de Botderu?

On ne s'abordait dans les rues qu'avec des apostrophes interrogatives, qui venaient se heurter devant l'ignorance absolue dans laquelle se trouvaient, comme tout le monde, les amis les plus dévoués de l'infortunée princesse. Que de larmes ne furent pas répandues sur le sort de cette héroïque fille de Naples, qui montrait alors, une fois de plus, — comme le prouvait encore, dernièrement, à Gaëte, le chevaleresque François II, — que le sang des Bourbons, bien que transporté de France sur une autre tige, ne cesse de bouillonner, frémissant et loyal, au fond des cœurs qu'il habite, dans les moments suprêmes ! Que de prières ne s'élevèrent pas, vers le ciel, de toutes les chapelles catholiques et de toutes les poitrines dévouées, pour intercéder en faveur de la mère d'Henri V !... Ces événements sont trop près de nous, mon cher ami, pour que beaucoup de vos lecteurs n'en aient pas gardé la mémoire. Qu'ils fassent un retour sur eux-mêmes, qu'ils jettent un regard en arrière, et qu'ils disent si j'exagère en avançant que toute la France, alors, était passionnée pour la duchesse de Berry ?...

Toutes fois nous allons, si vous le voulez bien, reprendre les choses d'un peu plus haut, — car nous ne devons pas oublier que c'est l'histoire de *la Mode* que nous racontons, — et attendre, pour revenir au récit des faits qui signalèrent les dernières phases de la descente de MADAME en Vendée, que le jour se soit levé où un nouveau Judas, soudoyé par un ministre français, allait livrer honteusement sa bienfaitrice !

La Mode n'avait cessé de faire la guerre la plus acharnée aux hommes du juste milieu ; ses efforts tendaient maintenant plus haut. Non contente de s'en prendre journellement à ses *bêtes noires* habituelles, MM. Sébastiani, de Montalivet, Thiers, d'Argout, Dupin, etc., elle venait de donner un digne pendant à ses plaisanteries incessantes sur le jeune et brillant *Poule-d'Eau*, en imaginant de désigner journellement et d'une manière ostensible, sous le sobriquet de madame *Messalin*, la princesse Adélaïde, qui passait, aux yeux du plus grand nombre, pour avoir contracté, et depuis fort longtemps déjà, un mariage morganatique avec le baron Athalin, officier d'ordonnance du roi.

Quoi qu'il en soit de cette allégation, que je ne suis, en aucune manière, en mesure de prouver, et dont, au surplus, je laisse la responsabilité à ceux qui, sans hostilité contre la princesse d'Orléans, lui ont longtemps donné cours, je ne puis faire autrement, mon cher directeur, que de constater les incessantes attaques qui, sous forme de coups d'épingles, furent prodiguées par *la Mode*, vers ce temps, à madame *Messalin*.

La seule terminaison de ce surnom, qui rimait avec Athalin, avait très certainement conseillé à *la Mode* le choix de ce sobriquet ; la conduite privée de la princesse n'eût donné prise d'aucune autre manière à la qualification dont il plaisait à *la Mode* de l'affubler.

Toutefois, c'était pour la très grande satisfaction des lecteurs de notre Revue, mon cher ami, qu'on y lisait, à peu près dans tous les numéros, des entrefilets dans le genre de celui-ci, inspiré par la récente nomination de M. le baron Athalin comme pair de France :

« M. Athalin est *pair* : madame Messalin se porte bien. »

Ajoutons cependant que ces plaisanteries ne laissèrent pas que de prendre quelquefois un caractère par trop accentué, et qu'au nom du bon goût, sinon à celui de la bienséance, *la Mode* eût peut-être mieux fait de laisser parfois ces quolibets sanglants tomber dans la boîte du *Charivari* ou de la *Caricature*.

Vers les premiers jours d'août 1832, un nouveau journal, destiné à soutenir les actes du pouvoir, ayant annoncé qu'il allait développer son programme et paraître sous ce titre : *le Bon Sens*, notre chère *Mode*, qui ne voulait être en reste de politesse avec personne, lança, à l'adresse de son nouveau confrère, la spirituelle boutade qu'on va lire :

> Faisant peu de cas de ce sens
> Plus rare que les autres sens,
> Des hommes dépourvus de sens,
> Que l'on vit tourner en tous sens,
> Vont, pour ceux qui sont dans leur sens,
> Faire le journal : *le Bon Sens.*
> Ce que j'en dis, c'est qu'à mon sens
> Le seul titre est un contre-sens.

XXIV

Suite de l'année 1832. — Juillet, août, septembre. — Les rigueurs contre la presse continuent. — Les hôtes de Sainte-Pélagie. — Le vicomte de Nugent. — La famille royale exilée quitte Holy-Rood. — Départ pour la Styrie. — Gratz. — Mort de sir Walter Scott. — Coup d'œil sur la littérature. — MM. Karr, Frédéric Soulié, Berthond, Méry, Paul de Kock, Eugène Sue. — Bulwer. — Les théâtres en 1832. — Mademoiselle Falcon. — Mademoiselle Grisi. — Odry. — *Le Serment*. — Facétie de *la Mode*. — La fournée de pairs. — Refus de M. de Berbis. — Les *petits pairs*.

Les procès de presse suivaient leur cours : les feuilles royalistes semblaient être particulièrement l'objet des rigueurs presque exclusives de MM. les procureurs du roi. La politique de ces feuilles était implacable. Le gouvernement de Juillet sentait qu'il n'y avait rien à répondre à leur inflexible logique et que leurs arguments étaient irréfutables. L'opposition des feuilles radicales, tout en inquiétant les populations, était loin d'offrir les mêmes dangers.

En effet, la cause de la duchesse de Berry était forcément sympathique, et l'opposition des journaux de droite empruntait aux circonstances une double raison de faire des prosélytes ; aussi le ministère transmettait-il journellement, aux parquets de province, les ordres les plus sévères pour que des poursuites incessantes fussent dirigées contre toutes les feuilles monarchiques.

C'est ainsi que *l'Ami de l'Ordre*, un journal de Nantes, encourut, dans la même année, plusieurs condamnations s'élevant ensemble à *trente-neuf* mois de prison, — que subit son éditeur, M. Casimir Merson, — et à *dix-huit mille* francs d'amende ! C'est ainsi, également, que *la Gazette de l'Ouest*, dans la personne de son gérant, M. de Bouralière, se vit condamnée à *neuf mois* de prison et à *quinze cents* francs d'amende ; que l'excellente *Gazette du Berry* encourut une punition énorme ; que *l'Ami de la Vérité*, de Caen, se vit appliquer, en outre de la prison et de l'amende, une peine jusqu'alors inconnue, — peine afflictive, sous l'empire de laquelle vit aujourd'hui la presse, — celle de l'interdiction de son journal pendant deux mois; c'est ainsi enfin, que *la Gazette de France* put être saisie six fois en onze jours, notamment pour avoir reproduit ce lambeau de phrase des *Mémoires du cardinal de Retz* : « Depuis que nous avons chassé » la mère et l'enfant, nous n'avons marché que de faute en faute ! »

Un de nos collaborateurs, M. le vicomte de Nugent, qui prête encore aujourd'hui, à *la Mode nouvelle*, le concours de son talent, se réveilla un beau jour, vers le même temps, sous le coup de six procès, intentés à la fois au *Revenant* qu'il rédigeait alors avec d'autres amis politiques, dévoués comme lui aux grands principes monarchiques. Ces six procès, réunis en un seul, lui valurent une condamnation à huit mois d'emprisonnement et à 500 fr. d'amende. M. de Nugent, après tout, en était quitte à bon compte, car, traduit devant un conseil de guerre, pour avoir pris part au mouvement insurrectionnel de la Vendée, il allait payer de sa tête son dévouement, lorsqu'un arrêt de la cour de cassation fit tomber l'état de siège et le rendit au jury.

Une particularité, que me rappelle ce procès, mérite d'être signalée: Le mariage de M. le vicomte de Nugent était arrêté depuis quelque temps lorsque les poursuites dirigées contre lui aboutirent à sa condamnation; la perspective de huit mois d'emprisonnement, pendant une première année de mariage, ne fut pas un obstacle à ce que cette union fût conclue, et, à l'honneur de la jeune fille qu'il épousait, on la célébra le lendemain même du jour où M. de Nugent venait de comparaître en cour d'assises.

Il est vrai qu'en allant se constituer prisonnier à Sainte-Pélagie, notre ami eut l'avantage d'y rencontrer une excellente compagnie : les plus honnêtes gens s'y trouvaient alors, et on y voyait, dans le même préau, M. Muret, gérant de *la Mode*, dont les délits sont connus de nos lecteurs ; M. de Genoude, qui expiait les crimes de *la Gazette de France*; M. Philippon, qui représentait les méfaits de *la Caricature*; M. de Brian, qui, depuis vingt mois, n'avait pu encore satisfaire les rancunes du pouvoir à l'encontre de *la Quotidienne*,—et qui avait l'avantage d'être le doyen des condamnés politiques ; — enfin M. de Kergorlay, M. Thouret, M. de Florac, M. Bascans, et tant d'autres !

La Mode ne paraissait s'étonner en aucune façon de se trouver à pareille fête et surtout en aussi bonne compagnie :

« Sainte-Pélagie étant à la mode, disait-elle — dans un de ces
» mordants entrefilets dont elle semblait avoir le secret, — il est
» tout naturel que *la Mode* soit à Sainte-Pélagie. »

Et plus loin :

« *La Mode* vient d'être condamnée : on sait que, sous le règne de
» la liberté, les condamnations sont à la mode ! »

Vers ce temps se place le départ d'Angleterre de la Famille Royale exilée, qui quitta Holy-Rood pour se rendre en Styrie. Nouvelle Antigone, la sainte Marie-Thérèse de France allait conduire, sur une autre terre d'exil, le nouvel Œdipe que la Providence avait confié à ses soins. Le vieux roi, Charles X, appuyé sur ce bras secourable, abandonnait le sombre palais des rois d'Écosse pour aller chercher, bien plus loin de France, hélas! des rives hospitalières!

On n'a jamais su le vrai motif qui décida les royaux habitants d'Holy-Rood à quitter un pays où, par les beaux jours d'été, les côtes de France se laissent entrevoir. Les suppositions, qui furent faites alors, sont d'une nature trop délicate pour que je rapporte ici les bruits qui se répandirent de tous côtés, en Europe et en France.

La raison donnée pour expliquer ce départ fut la rigueur du climat, qui ne convenait pas, disait-on, aux jeunes enfants de France, habitués à la température, relativement plus douce, des Tuileries et de Saint-Cloud. On partit. M. le Dauphin, Madame la Dauphine et MADEMOISELLE, après avoir débarqué en Hollande, traversèrent les provinces prussiennes, la Saxe, la Bavière et l'Autriche ; quant au roi Charles X et au jeune duc de Bordeaux, ils ne s'éloignèrent d'Holy-Rood que quelques semaines plus tard.

C'était à Gratz, ville principale du duché de Styrie, située à quarante lieues environ au sud-ouest de Vienne, sur la Mur, que la Royale Famille de France avait projeté de fixer provisoirement sa résidence. Le séjour qu'elle y fit fut de très courte durée, et nous la retrouverons bientôt, mon cher directeur, au château du Hraschin, à Prague, que S. M. l'empereur d'Autriche avait mis à sa disposition, de la manière la plus courtoise.

Partout, sur leur route, les royaux exilés reçurent les plus grands honneurs. A Hambourg, à Spandau, à Francfort-sur-l'Oder, on leur donna des marques de déférence qui ne s'adressent, en général, qu'aux puissants de ce monde : on s'inclinait devant tant de grandeur; on avait comme un pressentiment de l'avenir. C'était bien, en effet, la fortune de la France qui passait alors sur les chemins de l'Allemagne, personnifiée dans un vieillard et un enfant. Nul ne s'y trompait.

La mort de Walter Scott se place vers le même temps,—septembre 1832. — Peu d'hommes assurément, et surtout peu de romanciers, auront eu l'honneur d'être plus goûtés que l'auteur de *Kenilworth*. Ce fut, sous la Restauration, un engouement extraordinaire que celui qui se manifesta, en France, dans les rangs élevés de la société, pour cet écrivain anglais, qui, par cela même qu'il était de cette nation, devait paraître suspect au plus grand nombre. On peut dire que notre génération a appris à lire dans les romans de Walter Scott, et elle aurait pu le faire à pire école! Ces romans, qu'on ne lit plus guère aujourd'hui, ont été remplacés, sur la table de nos jeunes femmes, par de déplorables productions littéraires, romans ou nouvelles, la plupart du temps sans esprit, sans convenance, sans mérite autre qu'une scandaleuse immoralité, et qui doivent, à tous les points de vue, nous faire regretter les simples histoires du grand conteur anglais.

Un journal de l'époque, cité par *la Mode*, présentait à ses lecteurs, à l'occasion de cette mort, des considérations qui doivent être relevées, car aujourd'hui encore elles sont loin de manquer d'à-propos :

« On dira un jour, — disait ce journal, — combien Walter Scott
» imposa d'idées monarchiques à notre siècle. Homme de légitimité
» par naissance et par goût, il était presque parvenu à faire aimer
» la légitimité, avec ses Charles, ses Stuart et ses Marie. C'est in-
» calculable la masse d'idées libérales qu'il a refoulées avec ses
» séduisantes peintures des cours du passé. Nous lui devons encore
» cet amour si vif et si respectable pour les vieux monuments, les
» vieilles armures et les vieux livres. Il nous a appris, à nous peu-

» ples, qui démolissons et brûlons, le parti qu'on pouvait tirer des
» livres jaunis et des pierres tombées ; il a écrit vingt chefs-d'œuvre
» avec cela et pour cela. »

La Mode, qui goûtait fort ces appréciations, trouvait cependant l'occasion de faire une méchanceté, en ajoutant à cet éloge les lignes suivantes :

« Walter Scott, le philosophe honnête homme, le conteur moral,
» le romancier religieux, n'en est pas moins mort pauvre, ruiné par
» les faillites de ses libraires... Oui, mort pauvre, dénué presque de
» toute ressource, — comme ne mourra pas M. Thiers !... »

Et puisque nous venons de prononcer le nom si littéraire de sir Walter Scott, jetons un coup d'œil, mon cher ami, sur la littérature en France, vers 1832. *La Mode*, très désireuse de tenir ses lecteurs au courant de toutes les nouveautés et surtout des moindres progrès du mouvement intellectuel, relevait soigneusement, dans ses colonnes, le titre des livres qui méritaient une mention honorable ; elle nous donne une liste d'ouvrages qui obtenaient alors un succès plus ou moins mérité.

Une assez pauvre composition d'Alphonse Karr, — du moins pour le fond : — *Sous les tilleuls* venait de paraître et révélait un nouvel auteur destiné à briller un jour dans les rangs de la jeune pléiade des écrivains de 1830. Alphonse Karr, vous le savez, mon cher directeur, a surtout réussi dans les ouvrages humoristiques: personne n'a plus d'esprit que le marin de Sainte-Adresse, aujourd'hui, si je ne me trompe, jardinier à Nice ; mais aussi personne ne se soucie moins que l'auteur de la *Pénélope Normande* de cette pudeur innée que tout homme qui écrit se fait une loi de garder, pour ne pas choquer la juste susceptibilité de ses lecteurs. Alphonse Karr est brutal en littérature, comme Napoléon l'était en politique. Ce genre-là peut plaire un instant, mais les vitres finissent par se briser à ce jeu, et on s'en lasse.

Méry et Paul de Kock, — ces deux enfants gâtés de la littérature et surtout des cabinets de lecture, — jouissaient alors d'une certaine vogue dans un genre bien différent : le premier avec ses rêves bleus, — exagérés, selon moi ; — le second avec ses récits égrillards, qui auront plus aidé à pervertir la génération actuelle, — à la grande joie des commis-voyageurs et des grisettes sentimentales, — que tous les gros volumes et les prédications furibondes des plus lourds philosophes.

M. Berthoud, — un auteur incontestablement ennuyeux, mais honnête, — obtenait, vers cette époque, un succès que ne cherchaient pas à lui enlever deux écrivains d'un talent bien autrement viril, mais aussi d'un genre moins moral, MM. Michel Masson et Frédéric Soulié. Le premier venait de publier ses *Contes de l'atelier ;* le second préludait, à cette littérature d'amphithéâtre qui nous avait valu, peu de temps auparavant, l'*Ane mort et la Femme guillotinée* de Jules Janin, et faisait éditer ses *Deux Cadavres,* — son meilleur livre après tout, où se rencontre un style serré, et aussi, croyons-nous, une manière tout à fait neuve d'écrire et de comprendre le roman historique : — ceci, bien entendu, sous toutes réserves des idées et des principes de Frédéric Soulié, qui ne seront jamais les nôtres.

M. Eugène Sue venait de donner une nouvelle preuve de l'infériorité relative de son talent, en publiant, la *Coucaratcha*, assemblage bizarre d'histoires de terre et de mer, qui ne méritaient certainement pas l'honneur de la réimpression, et dénotaient un temps d'arrêt dans le développement des idées et du talent de l'auteur de la *Vigie de Koat-Ven*.

Charles Nodier, en revanche, ce délicieux conteur, le plus pur de nos écrivains contemporains et le plus ravissant idolâtre de l'image en littérature, Charles Nodier, sur le compte duquel nous aurons certainement à revenir, publiait *Mademoiselle de Marsan* : « roman » d'histoire, dit *la Mode*, empreint tout à la fois de mélancolie et » de malice; mais de cette malice qu'on aime et qui n'offense pas. » C'était juste.

Enfin un écrivain anglais d'un rare mérite, Bulwer, l'auteur déjà si apprécié de *Falkland*, voyait une traduction française de son *Eugène Aram* obtenir un grand succès. Sans pouvoir être comparés aux œuvres de Walter Scott, les livres qu'a depuis publiés cet écrivain n'ont pas jusqu'ici démenti la vogue que semblait lui prédire la *Mode* dès 1832.

Les théâtres, de leur côté, ne jetaient qu'un assez triste éclat; à part l'Opéra, qui avait vu les débuts d'une jeune et charmante cantatrice, — trop tôt enlevée par un malheur subit, la perte de la voix, à la scène française, — mademoiselle Falcon ; à part la Porte-Saint-Martin, qui, avec les drames épileptiques de MM. Dumas et Victor Hugo, attirait la jeunesse des écoles ; à part encore peut-être, Odry, qui, aux Variétés, forçait quelquefois les spectateurs à se souvenir de l'inimitable bêtise de ses prédécesseurs, Brunet et Potier, les autres théâtres se plaignaient, non sans raison, de l'indifférence du public.

A cette époque toutefois se placent les débuts d'une cantatrice qui, depuis, sur la scène italienne, a obtenu les plus brillants triomphes : mademoiselle Grisi, qui eut le rare bonheur de conserver, pendant près de vingt ans, la vogue devant le public français, le plus difficile qui soit au monde, et qui, avec Rubini, Lablache, Tamburini, mademoiselle Sontag, madame Persiani, et, plus tard, madame Alboni, Mario et Ronconi, devait faire les délices des *dilettanti* de la salle Ventadour.

M. Véron, directeur de l'Opéra, endormi pendant un temps sur le succès de *Robert-le-Diable*, qui lui avait donné la fortune, se préparait à jouer le *Serment*, lorsque la première représentation de cet opéra, annoncée pour le 7 août 1832, fut subitement décommandée et retardée de quelques jours. *La Mode*, toujours à l'affût de ce qui pouvait satisfaire ses rancunes ou ses exigeances, saisissait cette occasion pour s'écrier :

« La première représentation du *Serment* devait avoir lieu à
» l'Opéra, *le 7 août* : on l'a reculée de peur des allusions à la
» *Charte-vérité !* »

Au commencement d'octobre de cette même année 1832, si fertile en événements de tous genres, le gouvernement crut opportun, autant pour flatter les instincts bourgeois des Parisiens que pour s'assurer dans la Chambre haute du concours d'une majorité nécessaire, de faire ce que l'on nommait alors une *fournée* de pairs, et parmi les nouveaux hôtes du palais du Luxembourg, *la Mode*, qui retrouvait certaines figures de sa connaissance, s'empressait de leur tirer son chapeau.

Elle saluait d'abord le mari de madame Messalin, qui, par la force des lois de l'alphabet, sinon par son propre mérite, disait-elle « ouvrait la marche; » puis un riche négociant de Bordeaux, M. Gauthier, qui, lors d'un voyage de S. A. R. Madame, en Guyenne, vers 1827 ou 1828, « avait sollicité et obtenu l'honneur de figurer dans le qua-

» drille royal; » puis M. Allent, conseiller d'État, « allant où?... aux honneurs naturellement; » puis M. Aubernon, un préfet, M. Baudrand, « une illustration inconnue, » M. Cousin, M. Besson, M. Rousseau, l'un des maires de Paris; M. Bertin de Vaux ; puis encore la longue kyrielle des pairs que notre Revue déclarait former: « le bataillon vénérable des invalides : anciens constituants, anciens » députés, anciens préfets, anciens ambassadeurs, tous se poussant, » se pressant, marchant confondus pêle-mêle, formant trente nul- » lités en détail bien que n'en faisant qu'une seule en gros : » M. de Fréville, M. Ganneron, M. Tripier, M. Canson, M. Humblot-Conté, etc., etc.; enfin M. Zangiacomi, arrivé pair au même titre que M. le baron Athalin, « ce que l'on peut démontrer à l'aide de » l'alphabet par A plus Z. »

Un seul des nouveaux pairs nommés s'honora en renvoyant son brevet à M. le garde des sceaux, qui s'était trompé sans doute en croyant que M. de Berbis était disposé à l'accepter; mais cette cruelle leçon de dignité, donnée par un gentilhomme de province au pouvoir issu des barricades, ne laissa pas que de forcer certaines gens à se mordre les lèvres de dépit en haut lieu.

Quant à la Mode, qui n'oubliait jamais le côté satirique de toutes les situations, elle disait, en parlant de la fameuse fournée d'octobre, dans laquelle eût certainement figuré l'honnête M. Poirier, s'il avait vécu dans ce temps-là :

« Nous avons eu la fournée des pairs de M. Decazes et celle de » M. de Villèle; celle de M. Thiers sera désignée sous le nom de » fournée des *petits pairs.* »

XXV

Novembre 1832. — Arrestation de la duchesse de Berry à Nantes. — Article foudroyant de *la Mode*. — Détails de l'arrestation. — M. Thiers et le juif Deutz. — Courage de MADAME. — Son sang-froid. — M. de Mesnard. — Mademoiselle Stylite de Kersabiec. — M. Guibourg. — Mesdemoiselles Du Guiny. — Les deux gendarmes. — La trahison. — La part de chacun. — MM. Maurice Duval, Drouet-d'Erlon, Dermoncourt. — Réflexions.

Ce fut au milieu de cette inquiétude générale, et de l'anxiété que causait ce manque absolu de nouvelles de la duchesse de Berry, que l'annonce de son arrestation à Nantes se répandit tout à coup, comme un coup de foudre, et vint jeter la France dans la consternation. Cette nouvelle, en même temps qu'elle causait, dans tous les rangs de la société, une indicible émotion, procurait aux hommes du pouvoir une joie mal déguisée.

La Mode, à cette occasion, lança un article foudroyant, dont nous ne reproduirons ici que le début, mais que nous regrettons de ne pouvoir citer dans son entier.

Avec le vigoureux accent de l'indignation et du mépris, notre courageuse Revue s'écriait :

« L'histoire dira : Ce fut sous le règne de Louis-Philippe Ier, son
» oncle, que la mère de Henri V fut arrêtée et enfermée dans une
» citadelle, sous la garde d'un officier de maréchaussée. Cette mons-
» truosité ne se passait pas dans les temps de barbarie, aux premiers
» siècles de la monarchie, sous le règne des Chilpéric, des Clotaire ou
» des Dagobert, des Frédégonde et des Brunehaut ; ces faits se
» passaient en l'an de grâce 1832, dans la troisième année de la
» glorieuse Révolution de juillet, M. le maréchal Soult étant pré-
» sident des conseils du roi, et M. Thiers ministre de la police.

» ... La France a appris avec horreur qu'on avait donné cinq cent
» mille francs de son argent pour payer une infamie, pour acheter
» la conscience d'un misérable ; cinq cent mille francs, qui auraient
» suffi pour faire vivre, pendant un an, cinq cents familles !... Voilà à
» quoi on emploie l'argent que le peuple verse à force de sueurs,
» dans le trésor royal ; le percepteur a peut-être fait vendre les meu-
» bles de quelques centaines de contribuables pour payer la tête
» de la duchesse de Berry !... On ne sait vraiment, dans un pareil
» marché, quel est le plus méprisable, de celui qui le propose, ou
» de celui qui l'accepte !

» ... Mais quand le délateur a été trouvé, il a fallu lui donner les
» moyens d'accomplir sa mission ; il a fallu qu'on mît à sa disposi-
» tion tous les sbires du juste-milieu ! Tout s'est arrangé à merveille :
» la victime était à Nantes, et là, précisément, se trouvaient réunis
» l'élite des limiers de la police de Paris, ceux qui sont encore plus
» fins et plus habiles que Vidocq. On les avait choisis parmi les plus
» dévoués. Deutz venait de quitter la princesse pour la livrer ; il leur
» avait dit : *Elle est là !...* ils étaient sûrs que leur proie ne leur
» échapperait pas ; aussi la patience ne leur a pas manqué ; vingt
» heures de recherches ne l'ont pas lassée. Le préfet, Maurice Duval,
» l'avait dit : ***On démolira, s'il le faut, la maison !*** Administration

» paternelle ! admirable respect de la propriété ! voilà la légalité
» du juste-milieu ! le fer et le feu sont employés ; la duchesse est
» prise, elle est au pouvoir de M. Drouet-d'Erlon, de M. Maurice
» Duval, de M. Joly, de ce commissaire de police qui a passé dix-
» neuf jours et dix-neuf nuits à traquer la veuve du duc de Berry,
» et dont la vigilance fut en défaut, le 13 février, pour arrêter le
» poignard de Louvel !... »

La violence même de cet article lui servit de sauvegarde : le gouvernement craignit de faire poursuivre la *Mode* pour cette sortie virulente contre le fait infâme de la délation encouragée de Deutz, qui n'avait pas d'abord paru possible, et contre lequel, dans les premiers jours, beaucoup de gens avaient protesté. Cet article d'ailleurs n'était qu'un faible écho des sentiments de réprobation générale qui se manifestèrent dans toutes les provinces et à Paris même, à l'encontre d'un acte sur lequel l'opinion publique n'a pas hésité à se prononcer sévèrement.

Hélas ! la conscience seule des hommes qui prirent une part directe à cette œuvre de délation pourrait dire si ce pacte honteux ne ternit pas à jamais cette phase de notre histoire contemporaine : peut-être le jugement de Dieu les absoudra-t-il : celui de l'histoire ne le fera pas !

Voici d'ailleurs le récit, aussi succinct qu'il nous est possible de le faire, des faits qui précédèrent et suivirent l'arrestation de MADAME.

Après l'affaire de la Pénissière, MADAME, errante, fugitive, avait pendant plusieurs jours parcouru la campagne, cherchant à droite et à gauche un abri, couchant sur la dure, se confiant, avec un courage qui ne l'abandonnait pas, à l'honneur de braves paysans bretons qui se fussent laissé couper la tête plutôt que de la trahir.

A quelque temps de là, elle put gagner Nantes. Elle pénétra dans cette ville, déguisée en simple fermière amenant des provisions au marché. On raconte qu'à la porte même de Nantes, elle s'arrêta pour parcourir des yeux l'affiche qui annonçait que, par ordre de son cher oncle, sa tête était mise à prix !

Ce fut chez mesdemoiselles Du Guiny, — deux sœurs à l'âme héroïque, nobles filles de la Bretagne, grandes surtout par leur dévouement et leur simplicité, — que Madame se retira, toujours accompagnée des fidèles compagnons de ses plus grands dangers, le comte de Mesnard et mademoiselle Stylie de Kersabiec. La maison de mesdemoiselles Du Guiny, l'une des plus modestes de ce quartier de Nantes, voisin de la citadelle et de la préfecture, ne pouvait guère inspirer de soupçons, et pendant des mois, en effet, on fut réduit, dans le camp des adversaires de la duchesse, à se perdre en conjectures sur le lieu de sa retraite.

Pourtant, on la savait à Nantes : les rapports de police étaient précis, ils s'accordaient tous sur ce point, et il ne s'agissait plus que de découvrir la maison qui lui servait d'asile.

On crut, un jour, à la présence de Madame dans le couvent de la Visitation, et, une nuit, la force armée, sous les ordres d'un préfet, ne craignit pas d'envahir et de violer cet asile plus que sacré. On fouilla les jardins, les dortoirs, les celliers; on ne s'arrêta que devant les cellules des sœurs, en présence de l'énergique résistance de la supérieure, madame de La Ferronnays, s'écriant avec indignation : « Mes sœurs » couchez-vous devant vos portes, ces messieurs marcheront sur » nos corps. » Les soldats reculèrent, et l'un d'eux ne put s'empêcher de dire : « J'aimerais mieux monter à l'assaut que de faire une » pareille besogne ! » Paroles bien dignes d'un officier français, et que l'histoire a recueillies !

Ici, je voudrais avoir à ne pas relater les détails infâmes de la trahison de Deutz : si ce lâche délateur n'est pas Français, en revanche ceux qui lui payèrent ses 500,000 fr. sont nés sur ce sol de l'honneur qu'on appelle la France, et la honteuse tache qui en a rejailli sur notre pays ne s'effacera jamais !

Deutz s'était longtemps fait passer pour royaliste. Il avait su mériter la confiance de MADAME elle-même, et quand, par l'entremise de personnes qui croyaient comme elle avoir affaire à un fidèle serviteur, il fit demander une entrevue à la princesse, cette faveur lui fut accordée ; non pas de suite cependant, car M. Guibourg, — avocat de Nantes, forcé comme la duchesse de Berry, de se cacher pour éviter les poursuites de la police, et qui avait trouvé avec elle un asile chez mesdemoiselles Du Guiny, — lui conseillait une extrême prudence ; mais MADAME était l'honneur et la loyauté mêmes ; elle ne comprenait pas que dans un parti il pût y avoir de faux frères : « Qu'il vienne, » avait-elle dit à une seconde demande d'entrevue que lui faisait faire Deutz, et Deutz était venu !

Il était venu, et le misérable, en sortant de cette entrevue dont l'avait honoré la plus illustre des princesses, sa bienfaitrice, une femme, une mère, était allé dire à M. Maurice Duval, le préfet, qui tenait son argent prêt : « *Elle est là !* »

« Judas n'avait-il pas dit en livrant Notre-Seigneur : « C'est celui-là que j'embrasserai qu'il faudra prendre ? »

C'est alors, — l'histoire le croira-t-elle ? — que toute la force armée de Nantes fut mise sur pied, que M. le comte Drouet-d'Erlon, commandant de la place, fit prendre les armes à sa garnison entière, que l'on battit le rappel dans toutes les casernes, et qu'on se mit en marche...

Oui, il faut que nous le répétions, car on ne le croira pas un jour, on ne croira pas que des soldats français furent requis, comme à la veille d'une bataille, pour aller prendre une princesse infortunée, une noble fille du sang de ces Bourbons, réfugiée chez deux femmes de Nantes qui n'avaient pour la protéger que leur dévouement et leur courage !

On partit : le siége de la maison se fit en règle ; on en parcourut les moindres recoins. Ils étaient tous là, les nobles paladins de cette belle entreprise, M. Joly, l'habile agent de police, M. Maurice Duval, le préfet dévoué, M. Drouet-d'Erlon, le militaire. Ils étaient tous là, je le dis, songeant que de la terrasse de Neuilly les lunettes du pouvoir étaient braquées sur eux, et que M. Thiers trépignait peut-être à la pensée qu'ils n'allaient pas assez vite en besogne !..

Cependant les heures s'écoulaient, on ne trouvait personne : la maison Du Guiny avait été visitée, explorée dans tous les sens ; c'était à croire que Deutz avait donné de faux renseignements, et que MADAME ne se trouvait pas là. Heureusement l'argent de la délation n'avait pas encore été compté : si l'on devait se retirer les mains vides, du moins le gouvernement n'y perdrait rien ; mais ce n'était pas l'affaire de Deutz. Aussi répétait-il : « Elle est là, vous dis-je !.. » Et on cherchait de nouveau.

Mais on ne trouvait toujours rien.

De guerre las, on imagina de mettre des espèces de garnisaires dans quelques chambres, et deux gendarmes furent placés dans une des salles du haut, laquelle ne contenait guère, en fait de meubles, que deux mauvaises chaises et de vieux journaux.

Il faisait un froid piquant. C'était le 7 novembre, et à cette époque de l'année, l'humidité de l'air rend encore l'intérieur des maisons plus sombre et plus glacé.

— Si nous faisions du feu? dit un des gendarmes.

— Soit, dit l'autre.

Et pour allumer ce feu, ils prirent quelques-uns des vieux journaux qui se trouvaient là ; ils jetèrent dessus deux mauvaises bûches, et s'approchèrent de l'âtre pour se chauffer les mains.

Le fond de cette cheminée était formé d'une large plaque de fonte, avec des ornements fleurdelisés, comme on les faisait autrefois, et comme il s'en trouve encore dans plus d'un château de France.

Or, sait-on qui se trouvait derrière cette plaque de fer, qui dans un instant allait s'échauffer, et bientôt devenir rouge?... Marie-Caroline des Deux-Siciles, duchesse de Berry, celle qui était venue vaillamment en Vendée, pour essayer de reconquérir le royaume de son fils, l'enfant du miracle, Henri V!

Oui! elle était là, la noble femme, réfugiée derrière cette plaque, dans une cachette ignorée, impossible à découvrir, avec M. de Mesnard, M. Guibourg, mademoiselle de Kersabiec!... Elle était là, depuis vingt heures, étouffant, faute d'air et d'espace, dans ce mince réduit fait pour contenir deux personnes au plus!

Qu'on juge des tortures morales et des souffrances physiques qu'elle dut endurer, lorsque la fumée d'abord, et bientôt après la chaleur, — une chaleur lourde et suffocante, — rendirent l'occupation de la cachette absolument intolérable.

Il fallut bien se résoudre à plier devant la nécessité.

— C'est moi! je me rends! s'écria-t-elle enfin, vaincue par la douleur.

Et, poussant du pied la plaque à demi rouge, elle s'élança, tirant à elle sa robe horriblement brûlée.

— Je suis la duchesse de Berry! dit-elle.

Les gendarmes ne pouvaient en croire leurs yeux; ils frémissaient d'étonnement, de tristesse et de honte. Ah! les braves soldats, comme ils eussent été heureux de ne pas livrer leur prisonnière, s'ils avaient été seuls à connaître le secret de sa retraite!

Mais, au bruit de leurs voix, à la chute de la plaque de la cheminée, une foule de sbires avait envahi les escaliers.

La salle même où se trouve la duchesse est bientôt occupée : on la presse, on l'entoure, elle demande le général Dermoncourt.

— Je désire, dit-elle, ne me confier qu'à l'honneur d'un militaire français.

Le général arrive.

— Ah! général, s'écrie la princesse avec ce même rire enjoué qu'on lui avait vu aux fêtes de l'Élysée et des Tuileries, savez-vous bien que vous m'avez fait une guerre à la saint Laurent!

Il était midi. Depuis la veille, à dix heures du matin, la duchesse de Berry n'avait pris aucune nourriture.

Lorsque M. Maurice Duval se trouva en face de MADAME, laquelle avait tant de droits aux respects et aux simples égards que tout homme bien élevé doit à une princesse, à une femme, il ne jugea pas à propos, en face de cette immense infortune et de cette noble tête découronnée, de soulever même le bord de son chapeau. Ce fut la triste répétition de la scène du départ de Charles X de Cherbourg, à bord du *Great-Britain*, avec M. Dumont-Durville.

Je m'arrête.

La plupart de ces détails, mon cher directeur, sont certainement connus de vos lecteurs, qui se sont trouvés mêlés, pour une grande partie du moins, aux événements que je raconte; mais la génération présente oublie si facilement le passé, ou plutôt elle en connait si peu l'histoire, que j'ai cru devoir, à propos de nos souvenirs de l'ancienne *Mode*, — engagée d'une façon si active dans les phases diverses de nos trente dernières années, — retracer une fois de plus les faits qui signalèrent l'arrestation de Madame.

N'est-il pas bon d'ailleurs de faire à chacun de ceux qui concoururent à cet acte, la part de responsabilité qui peut leur incomber dans l'histoire? Le général Dermoncourt, dans un écrit qui obtint alors un succès mérité, a nettement déclaré que, pour sa part, il n'avait pris comme soldat qu'un rôle tout à fait involontaire et passif à l'arrestation de Nantes. Les ordonnateurs de cette prise de corps, qui laisse sur le règne de Louis-Philippe une tache à jamais ineffaçable, ont seuls à se demander si la conscience publique n'a pas eu raison de les flétrir. Deutz, M. Maurice Duval, le général Drouet-d'Erlon, M. Joly, furent les exécuteurs d'ordres impitoyables venus de Paris; mais ceux qui comptèrent au premier les cinq cent mille francs de la trahison sont assurément les plus coupables.

XXVI

Émotion produite par l'arrestation de MADAME. — Sympathie générale. — Les dames de France. — Souscription ouverte par *la Mode* en faveur de Marie Bossy et de Charlotte Moreau. — Autre souscription pour les enfants de Cathelineau. — La famille d'Orléans à l'Opéra. — Lettre de Chateaubriand. — Violences de *la Mode*. — Sa réputation ne fait que grandir. — Lettre du feu roi de Naples. — Duels nombreux. — Coup de pistolet du pont Royal. — Prague et Butschirad. — Mot touchant de MADEMOISELLE à M. de Monthel. — *Le Roi s'amuse*. — Réflexions de *la Mode*.

Je n'entreprendrai pas, mon cher ami, de vous redire ici, avec plus de détails, l'émotion profonde que produisit dans toute la France la nouvelle de l'arrestation de MADAME.

A partir de ce jour, *la Mode*, qui ne pouvait oublier que c'était sous le patronage auguste de la duchesse de Berry qu'elle avait été fondée, se montra de jour en jour plus agressive; elle ne cessa, pendant les quelques mois qui suivirent l'arrestation de la princesse, et durant sa longue captivité de Blaye, de laisser percer contre le pouvoir une indignation et des sentiments d'acrimonie qui se trahissaient dans des articles d'une violence inouïe. Ces sorties virulentes retombaient comme autant de coups de massue sur les hommes du nouveau régime.

Vos lecteurs, mon cher ami, n'attendent certainement pas de moi que je m'arrête avec complaisance sur tous ces éloquents plaidoyers entrepris alors par *la Mode*, en faveur de la bonne cause, et qui portèrent le renom de notre Revue et sa réputation à leur apogée.

Il faudrait d'ailleurs faire l'histoire dix fois faite du gouvernement de Juillet, suivre pas à pas les développements de ce régime bâtard qui, bien que puissent dire aujourd'hui encore ceux qui veulent le défendre, ne représentait qu'un seul des éléments du pays, l'élément bourgeois, et s'était imposé à la France, à la faveur de circonstances exceptionnelles et surtout d'une défection de famille; il faudrait enfin entrer dans mille détails qu'il ne nous convient pas d'aborder.

Le cadre modeste que je me suis tracé, mon cher directeur, ne me permet pas non plus de m'étendre sur les événements qui suivirent l'année 1832, avec les mêmes développements que j'ai pu employer jusqu'ici : l'histoire de *la Mode*, après tout, n'est pas celle de nos trente dernières années, — bien que la fidèle Revue se soit trouvée mêlée de la façon la plus intime aux moindres événements politiques qui les signalèrent, — et je craindrais d'abuser de la bienveillance de vos lecteurs en fatiguant leur attention.

Je me contenterai d'énumérer ici les preuves de sympathie non équivoque qui furent alors données à MADAME de tous les points de la France, et qui vinrent pour ainsi dire réjouir sa longue et désolante captivité. Dans le nombre, je dois mentionner d'abord les lettres de toutes ses anciennes dames d'honneur, ou d'autres femmes distinguées : madame la comtesse d'Hautefort, madame la duchesse de Reggio, madame la comtesse Auquetil, madame de Sivry, madame la princesse de Beauffremont, madame de Gerdy, madame de Noailles, mesdames de Charette et de Lucinge, etc., qui toutes demandèrent à partager sa captivité, à la servir dans sa prison, à se dévouer pour elle! Je relaterai ensuite les adresses de toutes les villes de France, à peu près sans exception, qui allèrent porter à Blaye, à l'auguste mère du duc de Bordeaux, l'hommage empressé et respectueux des femmes de France, ainsi que les demandes réitérées de certaines familles qui ne craignirent pas d'intercéder auprès de M. Thiers pour obtenir l'honneur de se dévouer pour MADAME, — à tel point que ce ministre dut faire *lithographier* des lettres de refus pour répondre à toutes les demandes qui lui arrivaient. — Ces lettres étaient signées des noms les plus honorables de France; elles émanaient de madame de Cléry, de mesdames de Gourgues, d'Espinchal, d'Alfonse, de Laudais, du Crozet, — je choisis au hasard, — et de deux autres dames dont le nom me frappe, car leur dévouement avait un caractère tout exceptionnel : madame Chaligné, qui se flattait d'obtenir du ministre de l'intérieur ce qu'elle attendait de lui, « en raison de » l'honneur qu'avait eu sa famille entière de se voir proscrite ou » vouée à l'échafaud en 1793, » et madame Bayart, la nourrice du jeune duc de Bordeaux!

Je passerai tout aussi rapidement, mon cher directeur, sur la souscription ouverte dans les colonnes de *la Mode*, en faveur de Marie Bossy et de Charlotte Moreau, les deux fidèles servantes de mesdemoiselles Du Guiny, — deux cœurs purs d'honnêtes filles qui avaient refusé avec horreur les 40,000 francs que la police de Nantes leur avait offerts pour livrer le secret de la cachette de MADAME, qu'elles seules dans la maison avaient été jugées dignes, par leurs maîtresses, d'apprendre à connaître! — Je ne parlerai pas davantage d'une autre souscription, ouverte également par *la Mode*, en faveur des enfants de Cathelineau. Je dirai seulement que ces deux souscriptions entretinrent, pendant un mois, dans le parti royaliste, une agitation qui mit à son comble la fureur des hommes du pouvoir contre notre courageuse Revue.

Je rappellerai encore, ne fût-ce que pour mémoire, cette phrase accablante de *la Mode*, à l'adresse de la famille d'Orléans, qui parut à l'Opéra le jour même de l'arrestation de MADAME :

« Depuis six mois, la branche cadette ne s'était pas montrée au
» spectacle : elle y a paru le 7 *novembre!*... La date est heureuse
» pour la royauté citoyenne ; c'est celle de la captivité de la *bonne*
» *duchesse*. La famille d'Orléans était à l'Opéra, et MADAME au châ-
» teau de Nantes. Des gens à qui rien n'échappe se sont rappelés
» que ce jour-là était aussi le trente-neuvième anniversaire de la
» mort de Joseph-Philippe Égalité sur l'échafaud révolution-
» naire ! »

Mais je dois transcrire à titre de monument historique, cette admirable lettre de Chateaubriand adressée à MADAME, le lendemain de son arrivée à Blaye :

« Madame,

» Vous me trouverez bien téméraire de venir vous importuner
» dans ce moment pour vous supplier de m'accorder une grâce, der-
» nière ambition de ma vie. Je désirerais ardemment d'être choisi
» par vous au nombre de vos défenseurs. Je n'ai aucun titre person-
» nel à la haute faveur que je sollicite auprès de vos grandeurs nou-
» velles ; mais j'ose la demander en mémoire d'un prince dont vous
» daignâtes me nommer l'historien. Je l'espère encore comme le
» prix du sang de ma famille : mon frère eut la gloire de mourir
» avec son illustre aïeul, M. de Malesherbes, défenseur de Louis XVI,
» le même jour, à la même heure, pour la même cause et sur le
» même échafaud.

» Je suis avec le plus profond respect,
» Madame,
» Votre très humble et très obéissant serviteur,
» CHATEAUBRIAND. »

Pendant les six longs mois que dura la captivité de la duchesse de Berry, *la Mode*, mon cher ami, ne cessa de se montrer à la hauteur de la situation qu'elle avait désiré prendre. Tout ce qui s'imprima à cette époque, de plus hardi, de plus violent et de plus agressif, dans la presse parisienne, contre la famille d'Orléans, sortit des bureaux de la rue du Helder. *La Mode* était devenue une puissance; on la redoutait aux Tuileries, à l'égal des feuilles politiques les plus hostiles ; on se l'arrachait chaque semaine, et elle était lue plus ardemment que bien d'autres feuilles royalistes dévouées aux mêmes principes qu'elle.

C'est que notre fidèle Revue, dirigée alors avec un rare talent par M. Alfred Dufougerais, qui s'était assuré le concours d'hommes de dévouement et de cœur, ne se laissait arrêter par aucune considération, quand il s'agissait de dénoncer une indignité, de flétrir un acte répréhensible, d'attaquer avec une inconcevable hardiesse les hommes et les choses du nouveau régime, et que son programme se résumait d'ailleurs dans un seul et admirable mot : le devoir.

Il n'y eut, dans la France entière, qu'un long cri d'assentiment quand parut, dans le numéro de *la Mode* du 1er décembre 1832, cette fameuse lettre apocryphe du feu roi de Naples, père de la duchesse de Berry, à *son beau-frère* Louis-Philippe, datée de sa tombe royale!... Cette lettre, qu'il nous est impossible de citer dans son entier, contenait entre autres phrases, celle-ci :

« Je dormais paisible dans mon cercueil. Voici qu'on m'annonce
» une terrible nouvelle! On dit que ma fille et votre nièce, la fille
» de Naples et de France, Caroline, duchesse de Berry, est dans vos
» fers! Or, on ne ment pas aux morts; il n'y a ni flatterie ni pitié
» qui puisse affaiblir pour nous, puissances livrées au sépulcre,
» les plus terribles nouvelles. Il faut donc que celle-ci soit vraie.
» Vous avez donc porté vos mains sur votre parente, monsieur mon

» frère ! Vous l'avez fait votre prisonnière ; elle est soumise à vos
» ministres et à vos gendarmes ; vous la tenez aux pieds de votre
» trône, dit-on : ceci est étrange que Caroline de Naples en soit
» là !... »

Notons enfin, mon cher directeur, toujours d'après *la Mode*, les duels nombreux dont la captivité de MADAME fut alors l'occasion. Le parti royaliste tenait à honneur de venger la noble princesse de toutes les insinuations outrageantes qui circulaient dans les journaux révolutionnaires, et de courageux jeunes gens rompaient journellement des lances et croisaient leurs épées en faveur de la princesse, avec des adversaires appartenant à l'opinion républicaine ou avec des hommes inféodés au nouveau régime : le duel de M. Laborie contre Armand Carrel fut un de ceux dont on a le plus parlé.

A cette époque se place le coup de pistolet du pont Royal, apocryphe selon les uns, très réel selon les autres. Quoi qu'il en soit, c'était la première fois, depuis la Révolution de juillet, si l'on veut bien excepter la ridicule affaire du cabriolet de M. Berthier, qu'on entendait parler d'un attentat contre la vie du roi, et treize fois depuis, on le sait, les jours de Louis-Philippe furent mis en danger par des tentatives de ce genre. Dès ce moment, — fin de 1832, — le roi-citoyen n'affecta plus de se montrer familièrement, comme par le passé, au milieu de cette population parisienne qui l'avait porté sur le pavois. On le vit successivement renoncer à ses promenades matinales, aux courses pédestres qu'il aimait à faire, habillé en bourgeois, à travers les rues et les quais de Paris. Bientôt, ce ne fut plus qu'en voiture, et dans des voitures hermétiquement closes, que l'élu du 9 août apparut de loin en loin dans ce Paris dont on le disait l'idole, soit pour se rendre des Tuileries à Neuilly, soit pour traverser le bois de Boulogne en se rendant à Versailles.

Un mot charmant, rapporté de Prague par la famille de M. de Montbel, et émané de Mademoiselle, doit trouver place ici, car il prouve une fois de plus combien, dès ses plus tendres années, elle avait de pénétration et de délicatesse dans les sentiments, celle qui devait s'appeler un jour la duchesse de Parme, celle qui devait se montrer si digne de son nom et de sa race, en face des convoitises piémontaises et de la coupable occupation de ses États neutres.

M. de Montbel supportait avec dignité un exil qui n'avait pour consolation qu'une conscience pure et le sentiment du devoir accompli; c'était le modèle de l'honnête homme et du philosophe chrétien. Il se trouvait à Vienne lors de l'arrivée de la famille royale exilée dans cette capitale de l'Autriche, et avait été un des premiers à présenter ses hommages au roi Charles X.

— Ah! monsieur de Montbel, avait dit la jeune princesse, que je suis heureuse de vous voir ici!

— Mademoiselle, avait répondu l'ancien ministre, ici est un mot qui rappelle des idées pénibles...

— Vous avez raison, reprit vivement la fille du duc de Berry, vous voir ici n'est pas un bonheur, c'est une consolation!

C'était à Prague, au château royal du Hraschin, qui domine la ville et qui en couronne magnifiquement les hauteurs, que la famille royale exilée allait habiter; elle avait renoncé au séjour de Gratz. La noble hospitalité offerte au roi Charles X, par l'empereur d'Autriche, n'aurait pas été complète et n'aurait pu se réaliser d'une manière aussi large, dans cette dernière ville, qui ne possédait qu'un palais de second ordre, bien loin d'offrir toutes les ressources et les avantages que présentait aux exilés de France le royal Hraschin.

D'ailleurs une résidence d'été allait en même temps leur être offerte: Butschirad, dernière habitation de l'infortuné duc de Reischtadt, allait être mise, au printemps de 1833, à la disposition des royaux exilés. Ainsi devaient se rapprocher l'un de l'autre, dans une obscure bourgade de Bohême, les deux plus grands noms de l'histoire contemporaine, ceux des deux plus illustres enfants de ce siècle: le roi de Rome, le duc de Bordeaux!

La représentation du *Roi s'amuse*, cette pièce abominable, où la majesté royale est traînée aux gémonies, se place, mon cher directeur, à la fin de cette même année 1832, — 22 novembre.— C'était la troisième partie d'une violente trilogie dirigée contre le pouvoir des rois personnifiés, par Charles-Quint dans *Hernani*, par Louis XIII dans *Marion Delorme*, par François Ier dans le *Roi s'amuse*. *La Mode*, en annonçant cette première représentation du drame nouveau de Victor Hugo, — immédiatement suivie d'une interdiction, — portait un jugement si profond sur l'homme et ses œuvres, que nous sommes loin de le récuser aujourd'hui encore, et que bien au contraire, nous nous y associons du fond de l'âme : « Ces trois drames de Victor Hugo, » disait-elle, sont trois satires contre ce que le moyen âge nous » a laissé de plus poétique : la royauté et la noblesse. »

La pièce, vous le savez, mon cher ami, fut défendue par arrêt motivé sur un outrage aux mœurs et contre-signé d'Argout. N'était-ce pas un outrage bien autrement grave aux mœurs et aux bienséances que l'abominable calcul qui faisait garder dans un cachot la propre nièce du roi, pour attirer sur elle un déshonneur dont le ciel a permis qu'elle pût se laver, et cette odieuse entreprise ne reste-t-elle pas comme une tache indélébile, gravée au front de ceux qui ne rougirent pas de la tenter?

A propos de cette pièce de Victor Hugo, qui fait aujourd'hui, grâce à la musique de Verdi, les délices de nos modernes dilettanti, qui l'applaudissent sous le nom de *Rigoletto, la Mode*, toujours heureuse de pouvoir saisir la balle au bond et de la rejeter à ses adversaires, en vue d'un mot spirituel à dire, s'écriait dans un moment de joyeuse humeur, — ils étaient rares alors :

« Le roi s'amuse, *Poule-d'Eau* muse (il était alors au siége
» d'Anvers), le ministère ruse, le juste milieu s'use, et la France...
» se désabuse. »

Hélas! ce dernier mot n'était qu'à demi vrai : il n'a fallu rien moins que 1848 et ses inexorables conséquences pour ouvrir les yeux à une foule de gens, plus ou moins de bonne foi, qui s'obstinaient alors à les tenir fermés.

XXVII

Derniers jours de 1832.—La Chambre décide qu'un monument sera élevé à la mémoire des combattants de juillet. — Projet de *la Mode*. — 1833. — Objets d'étrennes. — Nouvelle brochure de Chateaubriand. — Immense effet qu'elle produit. — *Madame, votre fils est mon Roi!* — Saisie de *la Mode*. — Procès. — Acquittement de tous les prévenus. — On porte M. de Chateaubriand en triomphe. — Hardiesses de *la Mode*. — M. Thiers. — La peine du talion. — M. de Lamartine.

L'année 1832 allait finir.

La Chambre, sur la proposition du gouvernement, décida qu'un monument serait élevé, à Paris, à la mémoire des héros morts en combattant pour la liberté les 27, 28 et 29 juillet 1830. *La Mode*, qui ne comprenait que trop bien la faute immense que commettait alors le pouvoir, en élevant ainsi un monument à l'insurrection triomphante, s'écriait, dans un moment de généreuse franchise, « qu'il fallait mettre au concours ce monument ; » et, joignant l'exemple au précepte, elle proposait de faire construire... un hôpital :

« Il faut, disait-elle, que le monument à élever soit en parfaite
» harmonie avec l'événement heureux dont il doit éterniser le sou-
» venir... A quoi bon des cénotaphes, des pyramides, des obélisques!
» A notre sens, il n'est qu'un monument vraiment digne de la ré-

» volution, qui en soit l'expression fidéle, et ce monument, c'est
» un hospice!... Si Louis XIV, après ses campagnes victorieuses,
» fonda l'hôtel des Invalides pour recueillir les braves mutilés sur
» les champs de bataille, pourquoi la révolution de juillet n'ouvri-
» rait-elle pas, à son exemple, un asile à tous ceux dont elle a
» consommé la ruine?... »

C'était vrai ; et nous n'avons jamais compris l'idée singulière
qu'eut alors le gouvernement de Juillet d'élever une colonne aux
combattants des *glorieuses journées.*

D'abord c'était une faute, faute politique d'autant plus grave que
le pouvoir qui la commettait se retirait le droit ultérieur de contester à de nouveaux *héros* l'honneur de le combattre et de le renverser à son tour, à l'aide des mêmes pavés qui venaient d'aider à son
triomphe, et qui servirent, en 1848, à détruire l'œuvre de 1830!...
Et puis, un autre inconvénient se produisit : il advint qu'au bout
d'un certain temps personne, parmi les *arrivés* du nouveau régime,
ne voulut plus avoir pris part à l'émeute de la rue; on eut honte des
frères et amis que les circonstances avaient rendus combattants de
juillet, et comme les noms d'un grand nombre de ces derniers figuraient, non-seulement sur les glorieuses listes, mais encore sur le livre d'écrou des prisons et des bagnes, peu de gens se soucièrent de
voir leur personnalité accolée sur le bronze de la colonne de Juillet
à celle de ces *héros.*

Qui donc aujourd'hui retrouverait parmi ces noms obscurs, gravés
en lettres d'or sur le monument de la place de la Bastille, ceux des
coryphées du vieux libéralisme, des champions de la comédie de
quinze ans, des hommes enfin qui eurent, au renversement du gouvernement légitime, une bien autre part que les malheureux égarés qui

payèrent de leur sang le triomphe de ceux qui les exploitaient?.. Ah! ni les noms de MM. les pamphlétaires de la veille devenus ministres du lendemain, ni ceux de MM. les avocats sans cause devenus grands personnages, ni ceux de tous les envieux de la Restauration devenus pairs de France ou conseillers d'État, ne s'y trouvent, et pourtant qui oserait nier, en bonne franchise, que ce ne soit eux qui aient fait la révolution de juillet et qui n'en aient été les vrais *combattants*?...

Le jour où un gouvernement bien avisé enlèvera de la place de la Bastille cette déplaisante colonne, qui rappelle à la fois une grande injustice en même temps qu'une lutte fratricide, il aura bien mérité de tous les honnêtes gens, et le peuple n'aura plus le droit de dire, en la considérant avec surprise: « Ils nous trompent donc aujourd'hui » ceux qui prétendent que l'insurrection n'est pas le plus saint des « devoirs?... »

L'année 1833 allait commencer. *La Mode*, fidèle aux habitudes de courtoisie dont elle n'entendait en aucune façon se départir, même à l'égard de ses adversaires, offrait à ses abonnés, dans son dernier numéro de décembre 1832, une série d'objets d'étrennes fort à la mode, disait-elle, et parmi lesquels ses fidèles amis n'auraient que l'embarras du choix.

C'étaient d'abord des *Chartes-Vérités* : « Jolis petits meubles en » forme de souricière et de traquenard de l'effet le plus heureux » pour prendre au piège les peuples héroïques, les coqs gaulois » et les animaux sans malice. L'inventeur a été breveté le 9 août 1830. » S'adresser aux Tuileries, pavillon du juste milieu. »

C'étaient ensuite des *ciseaux-d'Argout*, dédiés, en vertu de la fameuse parole : « La censure ne pourra jamais être rétablie, » à MM. les auteurs dramatiques et directeurs de théâtres.

C'était encore le *jeu du budget*: « Jeu infiniment récréatif, à l'aide
» duquel on parvient à faire disparaître deux milliards en numé-
» raire dans le fond d'un chapeau, le tout au moyen d'un appareil
» fort simple appelé *majorité*. »

Puis, le *jeu de la Citadelle*, — allusion au siège d'Anvers, — dont
la Mode disait : « C'est une variété du jeu d'échecs. Il se compose
» de cinq pièces, la *tour*, le *Français*, le *Belge*, le *Hollandais* et
» l'*Anglais*. Le *Belge* est sur le point d'être pris par le *Hollandais*, le
» *Français* vient en aide au *Belge*, le *Français* prend la *tour* et
» l'*Anglais* prend tout. La marche en est très simple. Le *Français*
» joue absolument le rôle du *fou*. »

Enfin, comme si ce n'était pas assez de ces allusions inconcevables,
la Mode, après avoir énuméré d'autres objets encore, comme des
carcans-Persil, des *pantins-Rosolini*, des *liqueurs Messalin*, des petits *états de siège perfectionnés*, ajoutait, avec une hardiesse qui semblerait aujourd'hui incroyable :

« Ces différents objets se sont merveilleusement vendus en 1832.
» Un dépôt en a été établi place du Carrousel : ceux qui voudraient
» se les procurer sont invités à se hâter; il serait possible que par
» suite de cessation de commerce, la boutique fût fermée avant la
» fin de l'année. »

Cette année 1833, qui commençait, allait voir se dérouler devant
la cour d'assises de la Seine le plus admirable procès dont les salles
d'audience parisiennes aient gardé la mémoire : celui de M. de Cha
teaubriand, accusé d'avoir excité à la guerre civile, en inondant l
France de cette magnifique brochure que tous vos lecteurs ont en
core présente à la pensée, mon cher directeur, et qui se terminai
par ce sublime hommage rendu à la captive de Blaye : *Madame
votre fils est mon Roi!*

Par une heureuse coïncidence, *la Mode*, qui venait une troisième fois d'être saisie, à l'occasion d'un article dont le titre n'était autre que les belles paroles de Chateaubriand, vit son procès compris dans les poursuites mêmes intentées à l'auteur du *Génie du Christianisme*, et ce fut le même jour et devant les mêmes juges qu'elle comparut fièrement, dans la fameuse affaire si dignement qualifiée par l'huissier de service : ***Affaire Chateaubriand, de Brian et autres***, etc., etc.

Dans cet article, véritable coup de massue appliqué par *la Mode* sur les hommes du pouvoir, il se trouvait malheureusement une phrase où nos spirituels devanciers, sans respect pour l'article de la Charte qui déclarait la personne du roi inviolable, prenaient Louis-Philippe à partie, et, faisant allusion à ses goûts intéressés, s'écriaient : «Eh bien, » soit, à Louis Philippe la grosse liste civile, les fonds secrets et le » télégraphe; à Henri V notre amour, qui n'est pas coté au rôle des » contributions. »

C'était évidemment une attaque directe à la personne du roi-citoyen, et de plus un outrage au système inauguré le 9 août, puisque la qualification de « Henri V » se trouvait énoncée en toutes lettres et revenait même à trois reprises dans le cours de l'article.

Le jury n'en déclara pas moins,—le jour du fameux procès, qui ne fut plaidé qu'à la fin de février,—tous les prévenus « non coupables. » Sans doute ce fut un grand bonheur pour *la Mode* d'avoir eu ce rare avantage de pouvoir plaider sa cause à l'ombre du grand nom de Chateaubriand ; mais aussi le remarquable discours de son défenseur, M. Alfred Dufougerais, et le rare talent oratoire dont il fit preuve, en cette occasion, furent pour beaucoup dans cet acquittement.

Quant à M. de Chateaubriand, défendu par M. Berryer, avec une éloquence dont tant d'autres procès ont présenté depuis le magnifique exemple, il fut non-seulement déchargé de l'accusation dirigée contre lui, mais encore porté en triomphe à la sortie de l'audience et ramené chez lui, au milieu de manifestations enthousiastes.

Un semblable succès n'était pas de nature à rendre *la Mode* plus modérée dans ses attaques ; aussi les numéros suivants dépassaient-ils en violence tout ce qui s'était écrit jusqu'alors à l'encontre de certains ministres :

« M. Thiers vient d'être condamné aux *travaux publics*, » avait-elle dit, en apprenant la récente nomination du député d'Aix au ministère qui porte ce titre. « On se demande si c'est à perpétuité ! » Et elle ajoutait : « On vient enfin de lui rendre justice ! »

Nous serions les premiers, mon cher directeur, à blâmer de pareilles violences, si elles s'étaient produites dans des circonstances ordinaires ; mais le supplice qu'ils avaient infligé aux autres commençait pour les hommes de l'opposition de quinze ans, et, je crois l'avoir dit ailleurs, c'était la peine du talion qui revenait de droit à ces amants effrénés de la liberté de la presse sous le règne du doux Charles X.

Un homme, dont la situation présente ferait venir des larmes aux yeux des tigres, s'ils pouvaient la comprendre, M. de Lamartine, vit en cette même année 1833 commencer sa carrière politique, carrière fatale, qu'il n'aurait dû jamais suivre ; car ni l'ombre des lauriers du Tasse, ni le doux souvenir d'Elvire n'ont pu la protéger. Ce fut à cette époque que l'auteur des *Méditations*, voyageant en Orient, à la recherche de nouvelles et mélodieuses inspirations, fut nommé, sans son assentiment et à son insu, député de ce département de Saône-et-Loire qui, jusqu'au dernier moment, s'est montré fidèle à son poëte, et, même aux plus mauvais jours de la tourmente révolutionnaire, l'acclamait, avec dix autres départements, comme un sauveur.

L'histoire dira si ce fut pour son malheur que M. de Lamartine dut alors quitter la lyre pour la tribune. La France y aura gagné quelques belles improvisations ; peut-être bien lui aura-t-elle dû, en 1848, une large part dans son salut; mais la Providence, en ne maintenant pas l'homme politique à la hauteur du poëte, aura forcé certains hommes de notre temps à se montrer, à l'égard du poëte découronné, ce qu'ils ne sont que trop souvent et pour la plupart : oublieux, lâches et ingrats !

Nos idées politiques sont trop loin de celles de M. de Lamartine pour que personne puisse voir dans ce jugement autre chose que ce qui doit s'y rencontrer : un hommage à la vérité et à la justice en même temps qu'au malheur !

XXVIII

Communications du *Moniteur* des 26 février et 12 mai 1833. — Réflexions. — MADAME quitte Blaye. — La Chambre abolit l'anniversaire du 21 janvier. — Anecdote. — Acquittement de Mlles du Guiny. — Condamnation de M. de La Rochefoucauld. — *La Mode* dit son mot sur cette affaire. — M. Viennet et *la Tribune*. — On voudrait marier le duc d'Orléans. — M. Thiers épouse Mlle Dosne. — Mort d'Hérold. — Les théâtres. — Le *Presbytère* et M. Casimir Bonjour. — Le *Baptême du petit Gibou*. — *Lucrèce Borgia*. — Jugement de *la Mode* sur ce drame. — Le commandeur de Borgia.

Sur ces entrefaites, *le Moniteur* avait parlé.

Une première déclaration du journal officiel, en date du 26 février 1833, suivie bientôt d'une autre insérée le 12 mai, apprenait à la France l'union contractée quelques mois auparavant par MADAME avec le comte Hector de Luchesi-Palli, des princes de Campo-Franco.

Ainsi s'expliquaient les inconcevables rigueurs du gouvernement de Louis-Philippe à l'égard de la princesse ; ainsi se trouvait dévoilé le motif de sa longue détention. Il était évident qu'on avait voulu enlever à la veuve du duc de Berry la plus grande partie de son prestige en essayant de la déshonorer.

Malheureusement pour les gens qui avaient fait ce beau calcul, et heureusement pour la France, qui n'en fut pas dupe, le pays, en apprenant le mariage secret de l'héroïne de la Vendée, put éprouver quelque étonnement ; mais, ce premier moment de surprise passé, les mille voix de l'antique honneur français ne s'en élevèrent pas moins de tous côtés pour flétrir l'odieuse machination des ennemis de la princesse.

En y réfléchissant bien, on se demande encore aujourd'hui, — et on a le droit de se demander, — si les royalistes qui envisagèrent alors d'une manière désavantageuse le second mariage de la duchesse de Berry se rendirent bien compte de la situation que lui avaient faite les circonstances. Eh quoi ! c'était au moment, où décidée à verser son sang pour la cause de son fils, — son acte de mariage est du 29 avril 1832, — Madame se préparait à monter sur la barque vacillante qui allait la jeter sur les côtes de Provence, c'était à la veille même de l'expédition de Vendée, qu'ils auraient voulu que la princesse, dont le cœur depuis longtemps appartenait au comte Luchesi-Palli, et qui venait de s'unir à lui par des liens morganatiques, vînt déclarer au monde, et à ses partisans, qu'elle quittait le nom du duc de Berry, pour prendre celui d'un gentilhomme sicilien ? Hélas ! la détermination qu'avait prise Madame était plus noble et plus élevée : « Si je meurs, avait-elle dit, si je meurs en
» combattant dans les plaines de la Vendée, pour la défense des
» droits de mon fils, et les armes à la main, nul ne saura mon se-
» cond mariage, l'histoire m'ensevelira tout entière dans mon linceul
» de fille de France... Si je triomphe, au contraire, je ferai ce
» qu'ont fait tant de princesses du plus haut rang : j'avouerai, quand
» j'aurai rendu son trône à mon fils, mon mariage italien... »

Quelle mère, quelle femme va se lever pour contredire l'héroïque princesse !...

Mais, revenons à *la Mode*, mon cher directeur, dont nous sommes bien forcés d'interrompre ainsi à chaque instant l'histoire, et qui, après avoir rompu plus d'une lance pendant les premiers mois de 1833, en l'honneur de la mère du duc de Bordeaux, et à l'occasion des faits auxquels je viens de faire allusion, gardait vis-à-vis du pouvoir cette politique agressive qui rendait ses attaques si redoutables.

Le 19 janvier 1833, la Chambre des députés, sur la proposition du gouvernement, adopta la loi suivante : « La loi du 19 jan- » vier 1816, relative à l'anniversaire *du jour funeste et à jamois dé-* » *plorable* du 21 janvier 1793, est abrogée. » Chose triste à dire : parmi les membres de la Chambre de 1833, qui votèrent ce triste article, on put en compter jusqu'à dix qui, ayant fait partie de la Chambre de 1816, avaient aussi voté l'ancienne loi.

A cette occasion, *la Mode* raconte une anecdote relative à la première célébration de l'anniversaire du 21 janvier sous la Restauration. C'était, nous dit-elle, en 1815, et le général Beauvais, fils d'un conventionnel régicide, se disposait à partir pour Saint-Denis, où un service funèbre allait être célébré. Le maréchal Soult, alors ministre de la guerre, le voyant dans le cortége, lui représenta qu'on serait peut-être étonné de le voir à cette solennité, à cause de son père, et il lui dit avec un certain embarras :

— Mais où vous mettrez-vous?

Le général lui répondit avec esprit :

— Je me mettrai dans le banc du duc d'Orléans.

Le même mois de janvier 1833 vit l'acquittement des demoiselles du Guiny, qui expiaient depuis deux mois, dans les prisons de Nantes, le crime d'avoir donné asile à Madame. Triste temps, mon cher directeur, que celui où l'on voyait le noble dévouement de deux Vendéennes assimilé à un crime, et leur fidélité traduite à la barre d'un tribunal appelé d'ordinaire, à juger des voleurs et des assassins!

Par contre, la condamnation à trois mois de prison de M. le vicomte de La Rochefoucauld, — qui avait voulu donner quelques conseils d'honneur à Louis-Philippe, dont il était le parent par les Penthièvre,—date de la même époque, et *la Mode*, qui en prenait plaisamment son parti, s'écrie à cette occasion : « N'est-ce pas naturel? » Puisque la *nièce* est à Blaye, le cousin peut bien aller à Sainte-Pé- » lagie? »

Mais un des faits qui passionnèrent alors le plus l'opinion fut le procès de M. Viennet contre *la Tribune*.

Le 8 avril, ce député était venu dénoncer à ses collègues deux articles de ce journal. Dans l'un, l'épithète de *prostituée* était appliquée à la Chambre, et dans le second, intitulé : *Question à M. Viennet*, les propositions les plus hardies se trouvaient énoncées. La Chambre, à la simple majorité de 156 voix sur 262 votants, décida que le gérant de *la Tribune* serait appelé à sa barre, et, le 16 du même mois, faisant office de haute cour de justice, elle le condamna à trois ans d'emprisonnement et à 10,000 francs d'amende.

Ce procès, dont il serait inutile de parler plus longuement, car il ne rentre qu'incidemment dans le cadre de notre récit, causa une extrême émotion dans le parti avancé, et on peut dire que ce fut à dater de cette époque qu'une scission profonde se manifesta entre les hommes de la gauche pure, qui s'éloignaient tous les jours de plus en plus du gouvernement de Juillet, et ceux dits du centre gauche, qui jouaient alors et ont toujours joué depuis un si singulier jeu dans les rouages représentatifs, s'intitulant *centre*, quand eux ou leurs amis étaient ministres, et *gauche*, quand ils entrevoyaient des places à prendre.

Cependant de grands efforts étaient tentés dans une toute autre sphère, pour arriver à découvrir une princesse qui voulût bien associer son sort à celui de M. le duc d'Orléans. Les souverains de plusieurs cours avaient décliné cet honneur pour leurs filles, et la France se demandait si de nouvelles négociations n'amèneraient pas bientôt une plus heureuse solution.

La Mode, en annonçant le mariage de M. Thiers, qui allait épouser Mlle Dosne, disait avec son à-propos ordinaire : « M. Thiers va se marier ; il est plus heureux qu'un prince ! »

La mort d'Hérold, l'élégant compositeur de musique, l'auteur de *Marie*, de *Zampa*, du *Pré aux Clercs*, se place à la même date : Hérold n'avait que quarante-deux ans lorsqu'il fut enlevé aux arts.

Les théâtres, puisque ce nom nous y ramène, subissaient la triste influence du temps : ils présentèrent au public, durant cette même année 1833, diverses pièces dont plusieurs sont restées au répertoire, mais dont la plupart ne reverront certainement jamais le jour. Du nombre de ces dernières, il faut noter le *Presbytère*, de M. Casimir Bonjour, « longue impiété en cinq actes, » dit sévèrement *la Mode*, et non sans raison. Cette œuvre malsaine n'a pas porté bonheur à son auteur ; on prétend même qu'elle a quelque peu empêché de s'ouvrir pour lui les portes de l'Académie : on sait, en effet que, Casimir Bonjour, qui, après tout, était un homme d'esprit, ne put jamais parvenir à ce but envié d'un fauteuil académique, objet de ses ambitions, et qu'il est mort, il y a peu d'années, « candidat perpétuel à notre Académie, » comme le disait spirituellement un de nos plus illustres écrivains, aujourd'hui encore secrétaire perpétuel du docte corps.

Deux autres pièces d'un genre bien différent virent aussi le jour dans cette même année 1833 : *le Baptême du petit Gibou*, amusante bouffonnerie de MM. Jaime et Dumersan, qui leur servit plus tard de cadre pour leur désopilant *Thé de madame Gibou*, — et que jouaient dans la perfection Odry et Vernet aux Variétés : — et *Lucrèce Borgia*, drame nouveau de M. Victor Hugo, qui n'était que trop digne malheureusement de succéder au *Roi s'amuse*.

La Mode portait sur cette œuvre un jugement des plus sévères, qu'on dirait écrit d'hier, et je crois devoir le rappeler ici, car il ne s'applique que trop à une foule d'autres œuvres littéraires et théâtrales de notre temps.

« Cet ouvrage, à travers de grandes beautés, laisse apercevoir de
« grands défauts : dans ce nombre, nous citerons le mépris affecté
« par l'auteur des choses les plus sacrées chez les hommes : le
« pouvoir royal et la sainteté de la religion. En avilissant les rois,
« les papes et les cardinaux, on commet non-seulement une faute de
« goût, mais on blesse la morale publique. Nous avons remarqué
« avec peine chez M. Hugo une tendance fort singulière à voir la
« nature et la société sous le seul point de vue de leurs difformités
« physiques et morales. Ainsi l'auteur s'est plu à nous montrer tour
« à tour Han d'Islande, Quasimodo, Triboulet, Marion Delorme
« la prostituée, et Lucrèce Borgia l'incestueuse et l'empoisonneuse.
« Son système dramatique repose sur cette idée reproduite sous
« toutes les formes, de placer des sentiments nobles et élevés chez
« les êtres vils et abjects, et les passions basses, honteuses et cri-
« minelles chez les personnages les plus respectés et les plus émi-
« nents de l'ordre social ; c'est une aberration bien affligeante dans
« un homme d'un talent aussi distingué, et d'une intelligence si
« haute. »

Une anecdote peu connue se rapporte à cette apparition du drame

de *Lucrèce Borgia* sur la scène de la Porte-Saint-Martin. Un certain commandeur de Borgia, parent de l'héroïne de M. Victor Hugo, s'était plaint dans une lettre piquante, spirituelle et instructive, de la diffamation à laquelle on livrait ainsi toute sa famille. A quelques jours de là, le hasard l'ayant réuni ainsi qu'un jeune prince de la cour, — M. le duc d'Orléans, — dans un salon diplomatique, quelqu'un lui dit que ce dernier avait paru étonné en l'entendant annoncer sous ce nom de commandeur de Borgia, et avait même dit :
— « Comment ose-t-on porter un pareil nom ? — Cette observation a
» lieu de m'étonner, répondit le commandeur, — non sans un rare
» sang-froid, — dans un pays où il s'est trouvé deux personnes pour
» oser porter le nom de duc d'Orléans ! »

XXIX

Suite de l'année 1833. — Proclamation de MADAME en quittant Blaye. — *Les Enfants d'Édouard.* — Chantilly aux enchères. — Procès entre M. le duc d'Aumale et la baronne de Feuchères. — Le château d'Écouen. — Le legs du prince de Bourbon en faveur des soldats de Condé — Violents articles de *la Mode* à ce sujet. — Une ordonnance royale. — M. Thiers a sa part. — Il remplace Andrieux à l'Académie française. — Réflexions finales.

Cependant, à peine sortie de Blaye et débarquée à Palerme, MADAME adressait aux royalistes la belle proclamation où se lisaient les passages qui vont suivre :

« Mère de Henri V, j'étais venue, sans autre appui que ses mal-
» heurs et son bon droit, pour mettre un terme aux calamités de la
» France, en y rétablissant l'autorité légitime, l'ordre et la stabilité,
» gages nécessaires du repos et de la prospérité des nations.

» La trahison m'a livrée à nos ennemis. Retenue prisonnière et
» longtemps opprimée par des personnes à qui je n'avais fait que du
» bien, j'ai gémi de leur ingratitude et souffert avec résignation les
» maux dont ils m'ont accablée ; mais je ne cesserai pas de protester
» contre l'usurpation des droits d'un enfant que la justice, les liens

» du sang, l'honneur et la foi jurée les obligeaient de protéger et de
» défendre.

. . . .

» Quel que soit l'avenir que la Providence réserve à mon fils,
» aimer la France, consacrer à en réparer les malheurs ses soins et
» sa vie, désirer qu'elle soit heureuse, s'il n'était pas lui-même
» chargé de faire son bonheur : tels seront, dans tous les temps, ses
» sentiments et ses vœux, tels seront toujours aussi les miens.

» Les Français n'ont joui de la véritable liberté que sous l'auto-
» rité de leurs souverains légitimes; c'est à l'héritier du nom et,
» j'espère, des vertus du grand Henri, qu'il appartiendra d'en con-
» tinuer le règne et de réaliser ce qu'il avait promis à la France.

» *Signé* : Marie-Caroline.

» De la citadelle de Blaye, le 7 juin 1833. »

Cette pièce, aujourd'hui acquise à l'histoire, est restée comme un modèle. L'effet qu'elle produisit fut considérable : elle rendit à Madame tout le prestige que les derniers événements avaient pu lui faire perdre. Ainsi se trouvèrent déjoués les odieux calculs de ses ennemis.

A cette même époque, le Théâtre-Français représenta *les Enfants d'Édouard*, de Casimir Delavigne. *Ira-t-il, n'ira-t-il pas?* tel fut le titre d'un article de *la Mode*, qui se résumait ainsi : « Le roi Louis-Philippe paraîtra-t-il à cette représentation de l'œuvre de son ami Casimir Delavigne? » Il n'y parut pas, mon cher directeur, et nous ne pouvons faire autrement que de reconnaître que ce fut à la fois, de la part du chef de l'État, une sage et une prudente mesure. Car les allusions étaient alors vite et facilement comprises au théâtre, et, de plus, la sympathie publique était loin de s'attacher aux princes de la maison d'Orléans, en cette année 1833 surtout, qui fut certainement celle où leur pouvoir mal affermi se vit à la veille d'être plus souvent entraîné dans une irrémédiable chute. La captivité de la duchesse de Berry d'une part, la conduite inqualifiable tenue par la branche cadette vis-à-vis d'elle, les condamnations et les exécutions dans l'Ouest; d'un autre côté, l'affaire de la succession du dernier des Condé, qui venait une seconde fois passionner l'opinion par suite du procès intenté par madame de Feuchères au duc d'Aumale, et la vente à la criée des châteaux de Chantilly, de Saint-Leu et d'Écouen, tout concourait à rendre l'opinion de moins en moins sympathique à la nouvelle famille royale.

En effet, non-seulement l'héritier des Condé, M. le duc d'Aumale, faisait vendre à la folle enchère le château de Chantilly, mais encore un procès déplorable venait de s'élever entre la baronne de Feuchères et lui au sujet du château d'Écouen, et voici à quelle occasion :

Le testament de M. le prince de Bourbon portait, entre autres clauses, celle-ci :

« Mon intention est que mon château d'Écouen soit affecté à un
» établissement de bienfaisance, en faveur des enfants ou descendants
» des anciens officiers ou soldats de l'ancienne armée de Condé et
» de la Vendée ; j'affecte au service des dépenses de cet établissement
» une somme de 100,000 fr. qui sera payée annuellement, et à per-
» pétuité, par mon petit-neveu, le duc d'Aumale, ou ses repré-
» sentants. »

Chose triste à dire : le gouvernement ne craignit pas de déférer cette clause au conseil d'État comme *immorale*, et le conseil d'État eut la complaisance de la casser, ce qui permet aux d'Orléans de revendiquer le château d'Écouen, comme faisant purement et simplement partie de la succession.

Mais madame de Feuchères ne l'entendait pas ainsi : elle voulait bien, comme la famille d'Orléans, que les enfants des vieux serviteurs des Condé et leurs braves soldats fussent indignement frustrés des libéralités du prince, à la condition, toutefois, que ce serait elle qui en profiterait et non M. le duc d'Aumale.

Cet outrage nouveau adressé à la mémoire du dernier des Condé exaspéra *la Mode*. Ne pouvant s'empêcher de laisser éclater son indignation, elle s'écriait :

« De tous les scandales que devait traîner à sa suite l'assassinat de
» Saint-Leu, le plus honteux et en même temps le plus consolant
» devait être de voir le légataire universel du duc de Bourbon aux
» prises d'avarice et de rapacité avec son héritière. La morale pu-
» blique avait besoin de ce dernier outrage pour être complétement
» vengée; il lui fallait le spectacle de M. le duc d'Aumale disputant
» à madame de Feuchères les riches débris de l'héritage du dernier
» des Condé : ce spectacle, l'Europe en jouit dans ce moment; il est
» complet, aucun épisode n'y manque; on y voit les deux légataires
» du prince outrageant, à l'envi l'un de l'autre, la mémoire de leur
» bienfaiteur, et déshonorant leur victime pour se soustraire à l'ac-
» complissement de la plus chère, comme de la plus honorable de
» ses dernières volontés. »

M. le duc d'Aumale était mineur alors. Ce fut en son nom que le procès fut intenté; il n'entra pour rien, personnellement, dans les mesures qui furent prises, et nous en sommes bien aises, car il nous serait pénible de penser qu'un jeune prince, dont on se plaît à reconnaître aujourd'hui les mérites et les hautes qualités de cœur, se fût jamais associé à un acte qu'a réprouvé et que réprouve encore la plus simple morale.

Mais ce qui peut paraître surprenant, c'est que le pouvoir n'ait pas osé poursuivre *la Mode*, qui ne craignit pas de publier le lendemain, dans ses colonnes, l'ordonnance suivante :

« Louis Latulipe I*er*, etc., etc.

» Sur le rapport de notre ministre du brocantage et des travaux forcés ;

» Vu la requête présentée par notre digne amie, la baronne de *l'Espagnolette*, à l'effet d'obtenir, en exécution du testament de feu notre oncle bien-aimé et *bien pendu*, les autorisations nécessaires pour la fondation d'un établissement de bienfaisance en faveur des victimes du très glorieux échafaud de 1793 ;

» Vu l'extrait dudit testament, qui exprime, sans ambiguïté aucune, les intentions sacrées du testateur ;

» Vu les autres pièces du dossier, ensemble le mouchoir de batiste à coins brodés avec lequel notre dit bien-aimé oncle a la réputation de s'être légalement étranglé ;

» Considérant que la destination donnée à l'établissement dont il s'agit aurait inévitablement pour effet de ravir à notre intéressante famille certain château à sa convenance, lequel deviendrait, avec cent mille livres de rentes prises dans ses poches, la propriété de malheureux orphelins plongés dans la misère ;

» Considérant que *l'immoralité* d'un pareil établissement saute aux yeux de tout le monde, et que par suite, l'intérêt de l'État, comme celui de notre cassette, nous fait un devoir d'y mettre bon ordre et de l'empêcher ;

» Considérant d'ailleurs que *cette fondation tend à établir une classe de citoyens qui ne peut être reconnue par la loi*, attendu que

» messieurs les sublimes vainqueurs de la Bastille, et leurs confrères
» les héros de juillet, sont les seuls particuliers que la loi ait
» classés comme ayant droit, exclusivement et par privilége, à
» tous les sentiments d'amour, d'estime, de reconnaissance et d'ad-
» miration dont le pays est susceptible ; d'où il résulte que les fils
» d'émigrés, à l'exception de ceux dont les pères sont promus au
» grade de rois-citoyens, forment dans la nation une société de pa-
» rias, indigne d'être couchée sur un testament quelconque;

» A ces causes, notre valetaille d'État entendue, à défaut de notre
» conscience, laquelle est absente par congé, avons ordonné et or-
» donnons ce qui suit :

» ART. 1er. Il n'y a pas lieu d'exécuter les dernières volontés de
» notre *bien-aimé* oncle, en tant que ces dernières volontés rogne-
» raient quelques parcelles de l'immense héritage qu'il nous a vo-
» lontairement délaissé, malgré lui.

.» ART. 2. Notre ministre au département du brocantage et des
» travaux forcés est chargé de la confiscation de la présente ordon-
» nance, qui sera pendue à l'espagnolette de notre chambre à
» coucher.

» *Signé* : LOUIS-LATULIPE.

» Et plus bas,

» *Marqué* : T.... »

Il est permis de se demander, mon cher directeur, comment une pièce de ce genre put figurer impunément dans les colonnes d'un journal ? comment une pareille violence de langage et des insinuations de cette nature furent alors tolérées ? A défaut de procès que Louis-Philippe avait promis de ne plus intenter à la presse, en prenant, le 9 août, les rênes de l'État, il restait au chef de famille insulté, — et diffamé sans doute de la manière la plus grave, — la ressource d'un procès au civil devant les tribunaux. Pourquoi laissa-t-on passer sans protestation cet article de *la Mode*, qui eut un immense retentissement et fut colporté dans tous les salons de France et de l'étranger? c'est ce qu'il serait difficile d'expliquer. Messieurs les agents des parquets, si soucieux d'ordinaire du soin d'empêcher les journaux de l'opposition de déverser le blâme et le ridicule sur les ministres et les membres de la famille royale, laissèrent ainsi insulter de la façon la plus outrageante le chef même de la famille d'Orléans, protégé cependant par son inviolabilité royale. On peut affirmer que rien de plus fort n'avait encore été publié contre l'élu de la Monarchie de juillet, et c'est à ce titre, mon cher ami, que je n'ai pas cru devoir passer sous silence cet article incendiaire.

Le roi Louis-Philippe n'était pas seul, au surplus, à s'y voir cloué au pilori de l'opinion : la lettre T, qui venait contre-signer la prétendue ordonnance, avait aussi sa signification, surtout précédée du mot *marqué*, et je laisse à vos lecteurs le soin de discerner auquel des ministres du temps elle pouvait s'appliquer.

Cette allusion aux lettres de l'alphabet n'était pas la seule que se se permît *la Mode*. M. Thiers, à quelque temps de là, ayant été nommé membre de l'Académie française, en remplacement du modeste Andrieux, *la Mode* s'écria :

» L'Académie vient d'élire M. Thiers : son dictionnaire n'en est pourtant pas encore à la lettre... »

Je n'ose, mon cher directeur, inscrire ici cette lettre. Mais comment donc un ministre, un homme public permettait-il ainsi qu'on déversât l'outrage à son nom? Les tribunaux français n'existaient-ils pas, pour rendre justice à qui de droit? comment, à défaut du ministre, l'homme n'intervenait-il pas, pour se dire diffamé?

La Mode, en tous cas, se souciait fort peu des conséquences de son franc parler : la preuve en est qu'à quelques semaines de là, réunissant le roi et son ministre dans un même injurieux parallèle, elle s'écriait :

» On va faire une exposition des produits de l'*industrie* : on y
» verra la fortune de M. Thiers et la couronne de Louis-Philippe. »

XXX

Le succès de *la Mode* grandit tous les jours. — Histoire du tableau de M. Duval-Lecamus. —29 septembre 1833. —Voyage des royalistes à Prague.—Nouvelle saisie de *la Mode*. — Spirituelle et chaleureuse défense de son directeur. — Elle est acquittée. — Ses hardiesses n'ont plus de bornes. — Les parquets de Juillet. — Plus de lys. — Nouvelle condamnation de *la Tribune*. — Prise de Bougie. — Ouverture de la session de 1834. — La garde nationale. — Une épitaphe normande. — Anecdote.

Ces hardiesses, ces inconcevables attaques achevèrent de placer la *Mode* au premier rang des journaux périodiques : elles valurent à notre courageuse Revue des adhésions nombreuses et des souscriptions plus nombreuses encore. Le tirage du journal, qui n'avait guère dépassé le chiffre de 1,000 numéros dans les deux premières années de son existence, était maintenant presque doublé, et s'éleva même, à la fin de 1833, à plus de 2,000. C'était, pour une Revue, au seul point de vue de ses intérêts moraux, un magnifique succès.

La *Mode* d'ailleurs ne laissait échapper aucune occasion de faire acte de royalisme et de se montrer agréable à ses lecteurs. Nous ne citerons qu'un exemple de ses gracieusetés à leur égard.

Un artiste de talent, M. Duval-Lecamus, venait de mettre la dernière main à un tableau du plus grand mérite, *la Cinquantaine*. La liste civile, au nom du gouvernement de Louis-Philippe, lui fit offrir trois mille francs de ce tableau : il en demandait cinq. Malgré l'insistance de la personne chargée de réaliser cette acquisition, l'artiste, persuadé que son tableau n'était pas estimé au delà de sa valeur à cinq mille francs, s'obstinait à vouloir en obtenir ce prix.

Ce fait parvint à la connaissance du directeur de *la Mode*. C'était le jour même où, répondant à un journal officiel, la Revue s'extasiait avec une ironique insistance sur les encouragements donnés aux beaux-arts par l'élu du du 9 août. Inspiré par une idée subite, M. Dufougerais se rend chez M. Duval-Lecamus, marchande son tableau, et, sans se nommer, finit par lui offrir les cinq mille francs qu'il en demandait.

—Vous venez, monsieur, dit le peintre, d'acquérir une œuvre sérieuse, qui m'a coûté beaucoup de peine, et dont la liste civile, je dois vous l'avouer, n'a jamais voulu me donner plus de trois mille francs. On est venu, à plusieurs reprises, m'offrir cette somme de la part de Louis-Philippe...

—Eh bien, moi, monsieur, reprit M. Dufougerais,—en lui remettant cinq billets de banque, — je vous offre celle-ci au nom d'Henri V. Je suis le directeur de *la Mode*, et, comme vous le voyez, je fais... le prince !

M. Dufougerais, qui n'avait acheté *la Cinquantaine* que pour associer le parti royaliste à une œuvre de dévouement et de sympathie, mit en loterie le tableau de M. Duval-Lecamus. Par un hasard étrange,—et peut-être facile à expliquer,—ce fut le numéro de MADAME qui gagna le tableau. Ajoutons qu'il n'y avait eu que quatre-vingt-dix billets de placés, et que les plus grands noms de l'aristocratie de France figuraient sur la liste de souscription.

Toutefois, la duchesse de Berry ne voulut pas être en reste de générosité avec ses fidèles amis; elle écrivit immédiatement à M. Dufougerais que, profondément touchée de sa délicate attention, elle le pria de disposer de nouveau du tableau et de consacrer son prix de vente à l'encouragement de quelque belle œuvre artistique. M. Dufougerais remit immédiatement le tableau en loterie; seulement, cette fois, il n'y avait plus que dix billets de cinq cents francs chaque : ils furent pris par M. le prince de Luxembourg, par M. le comte de Béthune, par M. le comte de Biencourt, par M. Gobineau, par M. Dufougerais, par M. le baron Lambert, par M. le comte de Lamarre, — qui en prit deux, — et par deux autres amateurs dont le nom m'échappe. Le sort favorisa M. de Lamarre, et *la Cinquantaine*, qui doit figurer encore dans la belle galerie de ce connaisseur éclairé, vint lui donner un éclat de plus.

Cependant le 29 septembre approchait, et cette date allait amener, pour M. le duc de Bordeaux, la majorité légale de treize ans admise pour les anciens rois de France.

Un très grand nombre de royalistes avaient manifesté hautement le désir de se rendre à Prague, à cette occasion, auprès du jeune héritier du duc de Berry, et *la Mode* avait accueilli avec empressement cette généreuse idée : tous ses numéros de juillet et d'août 1833 sont remplis de détails relatifs à ce voyage lointain, qui, hélas! à cette époque, ne se faisait pas, comme aujourd'hui, commodément en chemin de fer et en moins de trente-cinq heures, mais exigeait plus d'une semaine.

Dans son numéro du 30 août, *la Mode* annonçait à ses amis qu'en

raison de l'impossibilité, pour un si grand nombre de personnes, de se rendre en une fois et simultanément à Prague, il n'y aurait pas de rendez-vous de départ commun, et que celui d'arrivée était placé dans cette dernière ville, du 20 au 25 septembre. Elle ajoutait charitablement : « La route la plus directe pour se rendre de Paris à
» Prague est celle de Metz, Mayence, Francfort, Carlsbad et Prague.
» La distance, par cette route, est de deux cent soixante-douze
» lieues, qu'on peut faire *aisément* en poste, ou par les voitures pu-
» bliques, en moins de *dix jours!...* »

Malgré cette énorme distance qui séparait alors de ses amis M. le duc de Bordeaux, et les difficultés sans nombre qui s'opposaient à une pérégrination de ce genre, le voyage des royalistes de France à Prague, en 1833, fut couronné d'un plein succès : des centaines de Français prirent courageusement le bâton de pèlerin et se rendirent au fond de la Bohême, jusqu'à ce vieux château du Hraschin, qui abritait, par suite du malheur des temps, le descendant de trente-deux générations de rois!

Vous n'espérez pas, mon cher directeur, que je relate ici les détails de cette première entrevue, sur la terre d'exil, des fidèles amis du duc de Bordeaux, avec leur prince : les mémoires du temps, les récits de contemporains illustres, ne nous ont rien laissé ignorer de ce qui se passa le jour de cette entrevue solennelle. Ce fut une scène bien touchante que celle qui eut lieu, à trois cents lieues de distance de la terre natale, à Prague, entre le représentant du vieux droit monarchique français et ses amis dévoués. *La Mode* fit, à cette occasion, un magnifique article, qui fut reproduit par toutes les feuilles royalistes de province, et comme il s'agissait là d'un acte d'opposition *dynastique*, — comme on disait alors, — elle fut naturellement pour ce fait immédiatement saisie et déférée aux tribunaux.

Ce nouveau procès, bientôt suivi d'un acquittement, ne servit qu'à faire connaître à la France entière ce qui s'était fait et dit à Prague, lors de l'entrevue du 29 septembre; aussi, comme l'insinuait malicieusement notre spirituelle Revue, le lendemain de son triomphe : « c'était, après tout, le plus grand service qu'avait pu lui
» rendre le pouvoir. »

Il est nécessaire de rapporter les phases diverses de ce procès, car cette affaire présente des particularités telles qu'au risque de fatiguer vos lecteurs, mon cher ami, du récit de toutes les mésaventures de notre chère *Mode*, il me faut absolument vous les redire et citer notamment la défense aussi habile que spirituelle que vint présenter M. Alfred Dufougerais, lequel, et pour la quatrième fois, se trouvait appelé, en sa qualité de directeur de la Revue, à venir combattre devant des juges, *pro aris et focis*.

D'ailleurs vos lecteurs s'expliqueraient difficilement l'acquittement qui suivit ce plaidoyer, — véritable aggravation du délit, selon nous, si délit il y avait, — s'ils perdaient de vue l'unanime sympathie qu'excitait alors, dans la France entière, les malheurs de la branche aînée des Bourbons, et l'intérêt tout particulier qui s'attachait à la personne du jeune duc de Bordeaux.

La Mode, dans ce mémorable procès, était incriminée sur deux points : attaque contre les droits que Louis-Philippe tenait des vœux de la nation; offense envers Louis-Philippe et la famille Royale; et voici comment M. Dufougerais, avec une hardiesse sans égale et une habileté surprenante, en se servant pour ainsi dire, contre ses adversaires, des mêmes armes qu'ils employaient contre lui, repoussa ces deux chefs d'accusation :

« Vous connaissez nos articles, messieurs, — dit-il en commen-

» çant ; — nous devons remercier l'organe du ministère public du
» soin qu'il a pris de vous les lire : ils ont obtenu un succès d'au-
» dience (c'était vrai); nos épigrammes n'ont rien perdu dans sa
» bouche de leur malignité; elles n'ont paru au contraire que plus
» piquantes. »

Abordant le fond même de la discussion, il continuait :

« ..... Le supplément du 12 octobre rendait compte de ce qui s'est
» passé à Prague, lors de la majorité d'Henri V. Nous nous sommes
» faits les historiens de ce voyage entrepris par des hommes qui
» professent la même opinion que nous. C'était notre droit comme
» écrivains et notre devoir comme légitimistes!... Que le droit de ra-
» conter ce qui se passe appartienne à la presse dans toute son
» étendue, c'est ce qui fut compris dans un procès que le ministère
» public ne peut pas avoir oublié, car il lui valut une éclatante dé-
» faite!... M. de Chateaubriand, en imprimant cette phrase : *Ma-*
» *dame, votre fils est mon roi*, avait proclamé, comme les voyageurs
» de Prague, la royauté d'Henri V.

« Le parti légitimiste est le représentant d'un principe : et quel
» principe? celui qui a mis fin, comme par enchantement, à tous les
» maux de la Révolution ; celui auquel nous sommes redevables des
» quinze meilleures années dont la France ait joui. On ne retrou-
» verait pas leurs pareilles dans son histoire! Un fait, ou si vous
» l'aimez mieux, un autre principe lui a violemment succédé : et
» quel dangereux principe? celui de l'insurrection et de la souve-
» raineté populaire. En est-il au monde de plus funeste? Les par-
» tisans de l'ancien état de choses ont dû subir le nouveau, mais ils
» ne sympathisent pas avec lui. S'ils ne le savaient pas immoral et
» injuste, ils le repousseraient encore, parce qu'ils le savent impos-
» sible. Ce ne sont pas d'anciennes positions, dont on les a dépouillés,

» qu'ils regrettent ; mais bien les garanties d'ordre que le pays tout
» entier a perdues. Ils voudraient les lui reconquérir, mais ils y tra-
» vaillent noblement, au grand jour, de bonne foi, et on ne peut rien
» contre leurs efforts ! Toutes les voies de violence, ils les rejettent ;
» ils ne conspirent pas ; leurs moyens d'action sont exclusivement
» dirigés sur la raison publique qu'ils prétendent éclairer et con-
» vaincre ; c'est par elle qu'ils veulent triompher, et les jeunes gens
» qui ont entrepris le voyage de Prague n'ont pas agi dans un autre
» but.... Vous comprendrez, messieurs, tout ce que ce voyage a eu
» d'honorable et de digne pour tous ceux qui l'ont entrepris ;
» vous rendrez justice à leurs intentions, vous apprécierez et vous
» respecterez leurs sentiments. »

Relevant avec un rare à-propos certaine phrase de l'article de *la Mode*, qui avait singulièrement blessé la susceptibilité du ministère public, M. Dufougerais ajoutait :

« ... J'ai dit, dans un des articles dont M. l'avocat général vient de
» vous donner lecture, que le ministère public pouvait bien *nous*
» *faire un crime, puisqu'il en acceptait la honte, d'avoir rendu compte*
» *de la plus noble démarche dont un parti ait eu jamais à s'honorer,*
» *mais qu'il ne lui serait pas facile de trouver un jury français pour*
» *nous condamner ;* votre verdict prouvera tout à l'heure, messieurs,
» que je ne me suis pas trop avancé. »

Arrivant à l'examen minutieux de l'article incriminé, M. Dufougerais s'écriait avec la plus implacable et la plus spirituelle logique :

« ... Il me reste à examiner le délit d'offense à la personne du
» roi, qu'on veut faire résulter de l'article intitulé : *Bazar de rois*
» *et de reines*. J'avais espéré qu'à l'audience le ministère public
» abandonnerait cette partie de la prévention, parce qu'il n'y avait
» pas, à mon avis, de moyen d'incriminer un semblable article.

» Voyons la justification de ce passage spécialement incriminé :
» *Louis XIV faisait des rois ;—*a dit *la Mode : — Louis-Philippe fait*
» *des mariages; sa cour est une succursale de l'entreprise de M. Vil-*
» *liaume* (1). Qu'y a-t-il là, messieurs, d'offensant pour un roi popu-
» laire, pour le chef d'une dynastie aux mœurs bourgeoises? M. Vil-
» liaume n'est-il pas son égal? n'a-t-il pas dîné à sa table, ou dansé
» chez lui? son entreprise, qu'il a bien créée, et qui n'a jamais appar-
» tenu à d'autres qu'à lui, a-t-elle été déclarée immorale? est-ce en un
» mot insulter Louis-Philippe que de le comparer à un de ses conci-
» toyens, honnête industriel assujetti à la patente, électeur, éligible
» peut-être, et qui plus est garde national? M. Villiaume pourrait
» bien se trouver offensé des susceptibilités de M. l'avocat général,
» mais à coup sûr notre article n'a rien d'insultant pour Louis-
» Philippe !

» ... Je continue l'article : *Louis-Philippe prend sa famille en*
» *affection et la France en guignon. Il sacrifie sans cesse l'une à*
» *l'autre, et, pour enrichir ses enfants, il ruine ses sujets.* On com-
» prend, que le mot *ruiner* n'est ici appliqué aux sujets de Louis-
» Philippe que par opposition au mot enrichir, employé à l'égard de
» ses enfants !... D'ailleurs, s'il y a offense, elle n'atteint pas Louis-
» Philippe : ce n'est pas lui qui nous *ruine*, ce sont les pouvoirs de
» l'État qui disposent, au profit de son gouvernement, de nos for-
» tunes ; ils ont tout au moins la discrétion de ne les entamer que
» jusqu'à concurrence d'une somme annuelle de quinze cents mil-
» lions : la saignée est légère, on n'en meurt pas, c'est une baga-
» telle, passons.

« *Ce bazar,* —continue l'article, — *est déjà abondamment pourvu*
» *de princillons de tout âge, de tous caractères et de toutes couleurs...*

(1) M. Villiaume avait alors la spécialité de M. de Foy, négociateur en mariages.

» *le premier est un grand et long garçon de cinq pieds six pouces de*
» *haut sur cinq pouces de large, il répond au nom de Rosolin* (1) : *on*
» *on ne croit pas qu'il soit de nature à aller au feu ; il a déjà été re-*
» *fusé plusieurs fois et peut être considéré comme objet de rebut.* Un
» objet de rebut... pour le mariage ; cela se comprend, messieurs, et
» bien des personnes en sont là, qui ne seraient pas moins aptes à
» monter au trône ?... *Le quatrième est le petit duc d'Aumale,*
» *l'héritier du dernier des Condé : c'est le mieux doté des principicules*
» *de la branche cadette ; il est propriétaire de la riche succession des*
» *Condé : il n'y manque que l'épée du vainqueur de Rocroy et de*
» *Sénef, qui a été vendue à l'encan.* Ce sont des faits, messieurs :
» qu'y a-t-il d'offensant à les dire ? S'ils sont peu dignes d'un prince,
» est-ce notre faute à nous, et serons-nous responsables de la con-
» duite qu'on lui fait tenir ?

» *Reste une dame ou demoiselle Adélaïde,* — toujours d'après
» l'article, — *fille usant et jouissant de tous ses droits* etc., etc.
» Vous ne verrez là, messieurs, rien d'insultant pour celle dont il
» est question ?... Il est vrai que nous avons laissé du vague sur la
» dénomination qu'il convient de donner à une princesse : nous
» avons dit qu'elle était demoiselle ou dame, et ce doute peut pa-
» raître offensant au premier abord. Je suis le premier à le recon-
» naître, je ne demande pas mieux que d'accepter cette délicate
» responsabilité. A vrai dire, nous ignorons tout à fait lequel des
» deux titres appartient à la sœur du roi, et peut-être le ministère
» public ne le sait-il pas mieux que nous ? C'est en vain que pour
» éclaircir nos doutes nous avions consulté *le Moniteur :* tantôt il
» annonçait que *mademoiselle* d'Orléans avait fait telle visite : tantôt
» il imprimait que telle personne avait eu l'honneur de présenter

(1) C'était le nouveau sobriquet sous lequel, depuis le siége d'Anvers, *la Mode* se
mplaisait à désigner le fils aîné de Louis-Philippe.

» des hommages à *madame* la princesse Adélaïde. *Madame! ma-*
» *demoiselle!* elle est apparemment l'une ou l'autre, car il ne
» paraît pas possible, en pareille matière, de cumuler. Pouvait-il
» nous appartenir de trancher la question ?

» Tel est cet article : il n'a violé aucune des convenances qui sont
» imposées à la satire politique. Cette satire a ses droits, elle a
» même ses privilèges ; elle régnera et sera toujours comprise et
» puissante en France; on ne l'y détrônera pas; elle est dans notre
» esprit, elle est dans nos mœurs. Il importe sans doute qu'elle ait
» sa décence et son mérite : dénuée de toute feinte, privée de tout
» sel, je comprendrais plutôt, qu'alors, on pût la poursuivre et que
» vous fussiez en droit, messieurs, de la condamner!... »

Tout cela, mon cher directeur, suivi d'autres belles choses qu'il serait trop long de rapporter, dut être écouté de sang-froid par le ministère public, au milieu des sourires des jurés et des témoignages non équivoques de sympathie du public qui assistait aux débats. *La Mode*, finalement, fut... acquittée, acquittée sur tous les points. N'est-ce pas le cas de s'écrier avec Odry, dans *les Saltimbanques*, en variant quelque peu son solennel aphorisme : « Il le fallait donc! »

J'ai tenu à reproduire, presque dans son entier, cette habile plaidoirie, parce qu'elle nous permettra de moins nous étonner des hardiesses ultérieures de *la Mode*. Du moment qu'un tribunal lui-même trouvait matière à entretenir sa gaieté de semblables articles, il était au moins naturel que les directeurs de la Revue fissent de nouveaux efforts pour arriver à satisfaire tout le monde, leurs abonnés d'abord, puis encore leurs Juges. Le métier d'accusateur public devenait par cela même fort difficile, et si MM. les procureurs du roi du gouvernement de Juillet tiennent à obtenir de nous une parole d'éloge, nous ne la leur marchanderons certainement pas, en reconnaissant aujourd'hui qu'il leur fallait bien du courage, — et un grand besoin de gagner leur pauvre vie, — pour remplir un pareil métier.

Toutefois, le gouvernement avait eu soin, à la suite des événements de 1830, de peupler ses parquets d'une foule de jeunes avocats animés d'un zèle ardent et surtout d'une vive ambition ; beaucoup de ces messieurs se souciaient assez peu des leçons de convenance que leur donnaient à chaque instant les jurys, et ils se consolaient en pensant que tous leurs efforts contre la presse leur valaient du moins de bonnes notes en très haut lieu.

L'esprit d'hostilité, pour tout ce qui pouvait rappeler l'ancien ordre de choses, était poussé si loin de la part du pouvoir, que certaines mesures adoptées par lui devenaient véritablement ridicules : c'est ainsi que les jardiniers des palais royaux reçurent l'ordre de faire disparaître de leurs plates-bandes les lys de toutes les couleurs et surtout les lys blancs. Hélas ! c'était une triste politique que celle qui s'en prenait ainsi aux fleurs du bon Dieu ! « Heureusement, » comme le disait spirituellement *la Mode*, cela ne les empêchera » pas de revenir ! »

La Tribune fut encore condamnée, vers la même époque, à une peine énorme : 22,000 francs d'amende et cinq ans de prison. *La Mode*, on le voit, devait s'estimer plus heureuse que bien d'autres.

Pendant ce temps notre armée d'Afrique prenait Bougie, — 2 octobre 1833, — et continuait à s'illustrer sur cette terre d'Alger, ouverte à la France par l'étendard blanc du vieux roi Charles X.

L'ouverture de la session nouvelle, qui eut lieu le 23 décembre, donna lieu à la verve habituelle de *la Mode* de se développer largement. Sans respect pour une aussi auguste cérémonie, elle annonçait, dans une de ses dernières livraisons de l'année, que le *grand théâtre parlementaire* donnerait sa première représentation, tel jour et à telle heure. *Les comédiens ordinaires du roi* devaient jouer, à cette occasion, trois pièces dites de circonstance ; l'une intitulée le *Triomphe de Trajan*, serait suivie de *Babillard*, monologue burlesque, dans lequel un certain *M. Juillet*, — Louis-Philippe, — jouerait le principal rôle ; on devait terminer le spectacle par *le Serment*, pièce à tiroir, en mille actes, plus répréhensibles les uns que les autres.

La garde nationale, — cette respectable institution sur le compte de laquelle, mon cher ami, j'ai déjà eu occasion de vous dire mon opinion, qui est aussi la vôtre, — la garde nationale, dis-je, donnait, dans toutes les parties de la France, de nouvelles et concluantes preuves de son bon goût et de son tact, en élisant invariablement comme officiers, le charcutier du coin ou l'épicier d'en face. La garde nationale de Caen, ou du moins l'un de ses chefs, s'étant signalée, vers cette époque, d'une manière qui mérite d'être notée, *la Mode* crut devoir en instruire ses lecteurs ; aussi reproduisait-elle la singulière inscription que cet officier, — honnête marbrier normand, — venait de faire graver en lettres d'or sur une dalle destinée précédemment par lui à recouvrir une tombe, et qu'il avait immédiatement fait sceller sur le devant de sa porte. Cette inscription disait (1) :

« Le 8 septembre 1833, Louis-Philippe, roi des Français, après
« avoir passé *à pied* et *sous la pluie*, dans les rangs de la garde na-
» tionale de Troarn et d'Argences, a cherché un abri sous cette
» porte, accompagné des ducs de Nemours et de Joinville. »

(1) Cette plaque doit encore exister.

« O souvenir digne de vivre ! — s'écriait *la Mode* mise en belle
» humeur, — Louis-Philippe a *cherché un abri* sous cette porte, et
» cela après avoir passé, *sous la pluie,* la revue d'une garde natio-
» nale ! »

Les gardes nationaux qui composaient cette milice Normande,
mon cher directeur, n'étaient donc pas munis de larges et commodes parapluies comme ceux que j'aperçus un jour entre les mains de
nos soldats-citoyens, à Paris même. Je me rappellerai toujours le
mot spirituel prononcé à cette occasion par un officier de la ligne,
rencontrant, comme moi, ce singulier corps d'hommes *armés*.

Jetant un regard de dédain sur les parapluies que plusieurs de ces
braves gardes nationaux portaient sous le bras, en se rendant au
poste :

— Du moins, ouvrez-les donc ! s'écria le militaire.

Et il passa.

XXXI

1834. — Charles Nodier est nommé membre de l'Académie française.— Son discours de réception. — Proverbes de *la Mode*. — Les Personnages et leurs sobriquets. — L'arrondissement de Quimperlé. — M. de Chateaubriand et M. Tupinier. — Le bal de la cour du 22 janvier. — Mot sanglant de *la Mode*. — Réflexions dignes d'être méditées. — Duel entre M. Dulong et le général Bugeaud. — Autres réflexions à l'adresse des abonnés aux bons et aux mauvais journaux.

La Mode, en annonçant à ses lecteurs, dans son numéro du 1ᵉʳ janvier 1834, l'heureuse issue du procès dont j'ai cru devoir relater les principaux incidents, s'écriait au milieu d'un accès de joyeuse humeur :

« Notre journal a reçu des étrennes fort remarquables : il a obtenu justice ; par le temps qui court, c'est un cadeau assez rare. »

Et immédiatement après, faisant une nouvelle allusion à une parole fameuse de Louis-Philippe, trop souvent répétée par ce dernier dans ses discours officiels, la spirituelle Revue ajoutait :

« Le jury a donné pour étrennes à *l'ordre de choses*, l'acquittement de *la Mode.* Nous doutons fort que ces étrennes-là soient reçues *avec un nouveau plaisir !* »

Dans une sphère bien différente de celle dont nous parlons, mon cher ami, un autre fait allait se produire, qui ne laissa pas de causer dans le monde de la cour une certaine émotion.

Charles Nodier venait d'être nommé membre de l'Académie française. Au lendemain des récentes élections de M. Dupin et de M. Thiers, il était difficile d'expliquer, politiquement parlant, le nouveau choix de l'Académie. L'auteur de *la Fée aux Miettes* passait pour royaliste, et la calomnie avait seule pu insinuer que cet excellent esprit s'était rallié au nouvel *ordre de choses,* — puisque c'est ainsi qu'en fin de compte on qualifiait alors le régime de Juillet.

Heureusement, l'aimable écrivain fit taire les médisants en venant tout franchement et avec sa naïveté ordinaire, exposer ses sentiments politiques dans son discours de réception. Il disait :

« J'ai perdu, Messieurs, des illusions en grand nombre, et je n'ai point perdu d'affections. J'aime tout ce que j'aimais, et vous ne reconnaîtriez pas en moi le confrère que vous avez cru vous donner, si vous me trouviez capable de salir cette gloire unique de ma vie, par les basses palinodies d'un transfuge. Non, Messieurs, ma mémoire reconnaissante ne sera jamais infidèle à la vieillesse et à l'exil. »

J'ai dit, non sans intention, mon cher directeur, qu'il avait fallu à Charles Nodier toute son adorable naïveté pour venir s'exprimer ainsi, devant ses nouveaux collègues. Quelle leçon, en effet, ne donnait-il pas, « à tant d'amateurs de palinodies, » ce simple, digne, généreux et bon cœur, qui ne connut jamais le fiel ou simplement l'aigreur! C'est bien de l'auteur de *Jean Sbogar* qu'on peut dire qu'il n'eut jamais d'ennemis, et sa mémoire pure et sereine vivra comme celle d'un des plus merveilleux esprits qu'il ait été donné à notre temps et à notre pays de connaître.

Vers cette époque, *la Mode* commença, et continua ensuite dans presque tous ses numéros cette série d'articles goguenards, emporte-pièces et sanglants, qui mirent le comble à sa réputation et parurent successivement sous ces titres divers : *Proverbes, Impromptus, Imbroglios*, etc., etc.

Dans ces soties ou moralités d'un nouveau genre, le journal satirique prenait à partie tous les personnages haut placés du jour, et les faisait se contredire, s'insulter et ou tout au moins se ridiculiser les uns les autres, dans des scènes de comédie, combinées de la manière la plus bouffonne. Des sobriquets, à peine déguisés, initiaient facilement le lecteur aux secrets desseins de l'auteur de ces articles, et il n'était pas difficile, en 1834, trois années après les *glorieuses*, d'écrire des noms propres au bas de ceux que présentait *la Mode*. Si, en effet, Turlupin ou M. Juillet restait en général un personnage symbolique, en revanche, rien n'était plus simple que de reconnaître, sous les traits de MM. Lafayette, Bien-niais, Bien-rangé, Visauguin, O-Pierrot, Du Puits-Radeau, Bartholo, Buchaud, Dutiers, Tête-Verte, Bécard, etc., les individualités de MM. de la Fayette, Viennet, Béranger, Mauguin, Odilon Barrot, de Puyraveau, Barthe, Bugeaud, Thiers, de Salverte, Bérard, etc., tous plus ou moins admis déjà et depuis un temps assez long, à l'honneur de figurer au nombre des *bêtes noires* de *la Mode*.

Il n'est guère possible aujourd'hui de se rendre un compte bien exact de l'effet considérable que produisait alors sur l'opinion la publication d'articles de ce genre; tout le monde voulait les connaitre, ils obtenaient un succès de rire, et étaient vite colportés, des salons dans les cabinets de lecture, et de la ville dans les châteaux. Que ceux de vos lecteurs, mon cher ami, qui recevaient déjà *la Mode*, à cette époque, veuillent bien se rappeler avec quelle impatience ces articles humoristiques étaient attendus par tous les abonnés, et qu'ils disent surtout, si je me montre exagéré, en rappelant avec quelle folle gaieté ils étaient lus dans les salons royalistes des fidèles provinces qui passaient, à bon droit, pour ne pas être suspectes d'attachement au nouvel ordre de choses.

Du nombre de ces dernières était la Bretagne, qui, on le sait, a toujours présente à la pensée sa belle devise héraldique : ***Potius mori quam fœdari !*** L'arrondissement de Quimperlé, ou plutôt les puissants censitaires à 200 fr. de cette contrée ne s'en souvinrent pas assez, vers cette époque, car admis à l'honneur de nommer M. de Chateaubriand pour député, ils lui préférèrent M. Tupinier.

La Mode en ressentit un violent mal de cœur, aussi ne se fit-elle pas faute de dire ses vérités à l'arrondissement de Quimperlé. « Ce pays, disait-elle, avait deux manières de se rendre célèbre, nommer M. de Chateaubriand, ne le pas nommer : en nommant l'illustre écrivain, l'arrondissement de Quimperlé eût fait ce que tous les arrondissements de France eussent fait à sa place, c'eût été agir d'une manière bien commune pour l'arrondissement de Quimperlé. A peine aurait-on pris garde à lui dans cette élection, par elle-même si naturelle et si simple ; mais, en ne le nommant pas et surtout en nommant un M. Tupinier à sa place, il est certain que l'arrondissement de Quimperlé a acquis une célébrité beaucoup plus grande : il a trompé toutes les prévisions ; sa place est désormais marquée dans l'histoire ; on dira dans cent ans encore, que M. de Chateaubriand, l'honneur de la Bretagne, la gloire de la France, a échoué aux élections d'une petite ville de sa province ; qu'un homme dont on ne sait plus le nom l'a emporté sur lui, et que la petite ville qui a donné ce scandale s'appelle Quimperlé ! »

Mais les circonstances se chargeaient de faire mieux ressortir encore toutes les difficultés de la situation politique en France. A défaut de dignité, le gouvernement de Juillet pouvait du moins conserver quelque tact : il en manquait complétement.

Le 22 janvier 1834, au lendemain de l'anniversaire de la mort de Louis XVI, et le jour même où tombaient sur un échafaud de la Vendée les têtes de deux enfants de cette fidèle province, Louis et Poulain, atteints et convaincus du crime de royalisme, le roi Louis-Philippe donnait un grand bal, dans ce château des Tuileries, qu'il n'avait pas d'abord osé habiter, dans les premiers mois de son avénement au trône, et où les murs eux-mêmes, témoins des indignités du 20 juin et du 10 août, devaient s'étonner d'entendre des accords de fêtes, ordonnés par un prince de la maison d'Orléans.

Dans un article des plus violents, mais inspiré, cette fois, par la seule indignation, *la Mode*, prenant à partie l'amphitryon et ses invités, comme aussi les souvenirs de l'histoire, et les exécuteurs des hautes œuvres en Vendée, ne se laissait arrêter par aucune considération, et ne craignait pas de couronner sa philippique par ce mot cruel, qui ne portait, hélas ! que trop juste :

« On n'était admis, — disait elle, — au bal de la cour, qu'en habit *demi-français* : ah ! que ces habits-là sont bien faits à la taille des invités ! Et puis, admirez le progrès : le fils au moins reçoit des personnes en habit ; le père, lui, n'admettait à ses fêtes que des **sans-culottes** ! »

Ces récriminations, — c'est ainsi qu'on les qualifiait alors et qu'on les appelle encore de nos jours, — étaient-elles légitimes, et doit-on faire un crime à notre Revue de les avoir incessamment reproduites? Évidemment non : à moins d'être éternellement dupe, un parti doit savoir se défendre, et les armes que lui fournissent ses adversaires ne doivent jamais être perdues pour lui. En vain dira-t-on qu'en agissant ainsi, certains polémistes éternisent les haines; nous répondrons, qu'alors même qu'il en serait ainsi, ce n'est pas à ceux qui ont provoqué les représailles à se plaindre de leurs violences : c'est la peine du talion que Dieu, dans son éternelle justice, impose, un jour ou l'autre, aux grands coupables. Il y a d'ailleurs, à notre sens, et dans l'intérêt bien entendu du bonheur d'un pays ou du triomphe des grands principes moraux qui font vivre les sociétés, quelque chose de plus triste encore à voir éterniser que les haines, c'est la faiblesse et la ridicule abnégation des honnêtes gens!

Vers cette époque se place le duel funeste qui coûta la vie à M. Dulong. On connaît les circonstances de ce duel : à la suite d'une discussion de tribune, une rencontre devint nécessaire entre lui et M. le général Bugeaud, qualifié de *geôlier de Blaye*. Cet événement eut un fâcheux retentissement : l'issue du duel attrista bien des cœurs; on plaignit, en général, l'infortuné député qui avait payé de sa vie une parole imprudente; mais on plaignit plus encore son adversaire qui, tout vainqueur qu'il était, n'en demeurait pas moins sous le coup d'un reproche accablant : « On dit que le mot *ignominie* n'a pas été prononcé par M. Dulong, s'écriait *la Mode* : cependant ce mot appartient à quelqu'un ! »

Vers les premiers jours de mars 1834, *la Mode*, qui jusqu'alors avait appartenu en pleine propriété à son honorable directeur, M. Alfred Dufougerais, fut mise en actions. Le besoin d'un fonds de réserve s'était fait sentir, et des royalistes dévoués ne voulurent pas laisser peser sur le courageux rédacteur en chef de la Revue la responsabilité matérielle, immense, qui incombait alors à tous les propriétaires de journaux.

Du moment que le succès de *la Mode* grandissait, et que ses fondateurs étaient résolus à faire servir ce journal, au prix des plus grands sacrifices, au triomphe de leurs idées, il était naturel que les charges, si elles devenaient trop onéreuses, n'incombassent point à un seul, et fussent partagées par plusieurs ; il fallait qu'une sorte de fonds social vînt garantir le directeur de la Revue contre toutes les éventualités.

On parlait vaguement de mesures restrictives à la veille d'être décrétées contre la presse, — et qui le furent en effet à peu de temps de là, à l'époque de la promulgation des lois de septembre, en 1835. — Le gouvernement de Juillet, qui avait renversé la Restauration au nom de la liberté de la presse, était obligé de s'avouer qu'il lui était impossible de se soutenir avec l'opposition chaque jour croissante qu'il rencontrait dans les feuilles politiques. Les journaux devaient donc se tenir sur leur garde, et l'exemple de *la Tribune*, qui venait d'encourir, en moins de deux années, le chiffre énorme de cent cinquante-six mois de prison, et le chiffre non moins incroyable de cent cinquante-neuf mille francs d'amende, n'était pas de nature à les rassurer. C'était à se demander ce que devenait la fameuse parole de Louis-Philippe, au lendemain de 1830: « Plus de procès à la presse ! »

Les nouveaux actionnaires de *la Mode* vinrent donc lui constituer ce qu'en bonne administration on nomme un capital social, et parmi les royalistes qui se mirent immédiatement à la disposition de

M. Alfred Dufougerais, pour lui venir en aide dans son œuvre de dévouement, nous relevons les noms du prince Gaston de Montmorency, — si prématurément enlevé depuis, hélas! à l'estime et à l'affection de tous les siens; — du prince d'Hénin, du marquis de Fitz-James, du comte de Chateauvillars, du vicomte de Nugent, de M. Amédée Jauge, de M. Prosper Piet, du baron Senegou, du duc de Bellefond, du comte de Hallay Coëtquen, du comte du Bourg, du vicomte de Mesnard, de M. de la Rifaudière, du comte de Rosambo, de M. Duchaffault, du comte de Bernis, du baron Labattu, du vicomte de Blancmesnil, du comte de Roydeville, du comte Dessoffy, du chevalier Saint-Georges d'Amboise, de M. Louis Paira, du baron de Mengin-Fondragon, de M. de Montillet, du comte Félix de Conny, du marquis de Jumilhac, de M. de Fougainville, de M. de Mauduit, du comte Charles de Fitz-James, du marquis de Miramont, du comte Jules de Rességuier, du comte d'Espinchal, du baron de Pontois, du vicomte Adolphe de Carbonnier, de M. de Triqueville, de M. de Chapres, de M. de Lacvivier, et de tant d'autres, qui vinrent généreusement concourir à rendre forte et stable une œuvre qui devait leur faire honneur, ne se soutenir qu'à force de sacrifices, et n'expirer enfin, sous les coups incessamment répétés de poursuites judiciaires, qu'après avoir payé 82,000 fr. d'amende au fisc, et subi dans la personne de ses gérants plus de huit années de prison! Car tel est le bilan de *la Mode*, mon cher directeur, vous le savez comme moi, et peut-être est-il bon que vos lecteurs ne l'ignorent pas!

Qu'ils apprennent également, puisque l'occasion se présente de le leur dire, que tout n'est pas rose dans le métier de journaliste, — surtout quand on rédige un journal d'opposition, — et que bien des souscripteurs regretteraient moins le prix de leur abonnement annuel à une Revue vouée à la défense des grands principes sociaux, religieux et moraux, s'ils pouvaient, ne fût-ce qu'un instant, juger des soins et de la peine, — et disons-le aussi, — du peu d'avantages que produit une pareille situation.

Certes, *la Mode nouvelle* n'a pas à se plaindre du généreux concours d'un grand nombre de ses amis ; mais que ces derniers, de leur côté, veuillent bien ne pas oublier que c'est une lutte ingrate que celle que soutiennent aujourd'hui les bons journaux.

Du jour où, dans un intérêt exclusivement pécuniaire, certaines feuilles se sont dit qu'il valait mieux produire du *mauvais* à bas prix que du *bon* à un tarif convenable, on a vu toute une révolution s'opérer dans la presse périodique. Certains journaux se sont d'abord donnés *à perte*, pour attirer à eux un plus grand nombre de souscripteurs, — quitte à ne pas tenir les promesses qu'ils avaient pu faire, et surtout grâce à je ne sais quel intérêt scabreux destiné à flatter les mauvaises doctrines qu'ils s'efforçaient de répandre dans leurs récits. — On vit alors et successivement les feuilles publiques baisser leurs prix de souscription et les amener à des proportions généralement admises aujourd'hui et qui atteignant, il faut le dire, les dernières limites du bon marché, eussent semblé inacceptables il y a peu d'années encore. Qu'en est-il résulté ? C'est que la bonne presse a dû, jusqu'à un certain point, imiter la mauvaise, du moins dans la question de ses tarifs : or, les mauvais journaux, ayant forcément beaucoup plus d'abonnés que les bons, — en raison de l'attrait et du prestige que toujours le scandale et l'immoralité exercent, il arrive aujourd'hui que là où certains journaux font de superbes bénéfices, malgré leurs frais énormes, les bonnes feuilles qui ont les mêmes frais, sans avoir les mêmes ressources, vivent avec peine, accumulant sacrifices sur sacrifices, et finalement n'arrivent que difficilement à contenter leurs souscripteurs qui disent très haut, mais avec plus d'imprudence que de justice : « Que voulez-vous ? tel journal ne coûte que *tant* et il est si *amusant* : nous le prenons! »

Hélas! oui ; mais sait-on bien le mal qu'a produit depuis vingt ans ce mot « amusant » appliqué aux œuvres d'imagination? A-t-on bien réfléchi, que les romans d'Alexandre Dumas notamment, dont le plus grand nombre est immoral, et qui tous dénaturent l'histoire de la manière la plus indigne, étaient « amusants? » A-t-on bien songé au désordre incalculable produit dans les esprits par la lecture des romans d'Eugène Sue, qui eux aussi sont « amusants », et que publiaient, sous le gouvernement de juillet des journaux quasi officiels, comme le *Constitutionnel* et les *Débats*? A-t-on bien calculé, enfin, que cette manie d'obtenir des livres « amusants » a tué en France, dans un certain monde, le goût des bonnes et saines lectures, et qu'on en est réduit à déplorer aujourd'hui l'ignorance extrême et vraiment regrettable de beaucoup de jeunes gens et de certaines jeunes femmes, qui, en fait de littérature, ne connaissent guère que ces productions dissolvantes, écrites au jour le jour, dans un intérêt de scandale ou de curiosité, et seront,—il faut le dire, — la honte de notre époque; car elles pervertissent les cœurs, en même temps qu'elles annihilent le goût?

XXXII

Les théâtres en 1834. — L'Opéra. — M. Véron. — Mlle Taglioni. — *Don Juan.* — Le ballet de *Gustave.*—M. Scribe et le Théâtre-Français.—Mme Brohan.—Les Italiens.— Martin. — *Michel Perrin.* — La Chambre des députés.—MM. Berryer, de Lamartine, Guizot. — Trois mots de *la Mode.* — Les doctrinaires. — Un mot des *Débats.* — L'ordre des *honnêtes gens.* — Autre mot sur la nécessité.— Réflexions. — Le Salon de 1834. — Les tableaux officiels. — M. le maréchal Soult.

Cependant les théâtres rivalisaient d'efforts et brillaient d'un très vif éclat. M. Véron, à l'Opéra, donnait une impulsion véritablement extraordinaire à notre première scène lyrique. C'était le beau temps de Mlle Taglioni, qui suffisait à elle seule à illustrer le corps de ballet ; c'était aussi l'époque où l'opéra de *Gustave* attirait la foule, et où *Don Juan,* monté pour la première fois sur une scène française, avait pour interprètes, Nourrit et Levasseur, Mmes Damoreau, Dorus et Falcon.

Une anecdote, dont l'origine remonte à ce carnaval de 1834, mérite d'être relevée ; elle a trait au ridicule engouement qui se manifesta, dans un certain public, pour le fameux galop du bal masqué de *Gustave,* dans lequel l'infortuné roi de Suède trouve la mort.

Le jour de la Mi-Carême, on crut remarquer que six personnages déguisés en ours, dans la foule bariolée des masques, avaient gracieusement salué le public en envoyant dans les loges quelques signes d'intelligence. Il n'en fallut pas davantage pour faire insinuer, le lendemain, que les jeunes princes d'Orléans avaient eu la fantaisie de figurer dans le ballet de *Gustave* : si ce n'était eux, c'était bien certainement de très grands personnages, — peut-être les six ministres, — qui s'étaient ainsi montrés en ours, sur les planches de l'Académie royale de musique. Chose singulière et bien digne de remarque, ce fut, pendant un mois, une vraie fureur, dans un certain monde, de figurer dans le ballet de *Gustave*, et M. Véron doit se rappeler mieux que personne toutes les singulières demandes qui lui furent alors adressées, signées par des gens dont les noms sont aujourd'hui devenus bien diversement célèbres. En France nous sommes ainsi faits : en matière de fantaisie, nous sommes, plus ou moins, de l'avis de Gusman ; nous ne connaissons pas d'obstacles !

Au Théâtre-Français on ne parlait plus que par M. Scribe. Il venait de rompre ses engagements avec l'ancien théâtre de MADAME, le Gymnase, — qui perdait ainsi le plus beau fleuron de sa couronne, — et allait, disait-on, consacrer tout son temps à la scène de la rue de Richelieu. Hélas! si la prodigieuse fécondité de M. Scribe nous a valu, sur ce théâtre, de délicieuses pièces, qui oserait dire cependant que ses meilleurs succès, ses triomphes les plus incontestables, ne datent pas du Gymnase?

Un début important venait d'avoir lieu sur ce même Théâtre-Français, illustré par tant de grands comédiens : celui de madame Brohan, la transfuge du Vaudeville, qui nous a laissé, en quittant la scène, deux charmantes filles, « monnaie d'une belle pièce, » a-t-on dit, oubliant que dans la famille des Brohan, les centimes valent des francs.

Aux Italiens, c'était Rubini et Tamburini qui donnaient la réplique à Mlles Grisi et Sontag : quels noms, mon cher directeur, et quels souvenirs !

L'Opéra-Comique annonçait, pour la dixième fois, la *rentrée* de Martin, nom cher à bien des amateurs, encore aujourd'hui souriants à la pensée de ce gracieux chanteur qui fit les délices de plusieurs générations, et n'eut qu'un tort, celui de ne pas savoir se retirer à temps du théâtre : « Oui, disait *la Mode*, non sans méchanceté, Martin est prodigieux, nous nous plaisons à le dire, mais il est prodigieux *pour son âge.* » L'aimable chanteur devait avoir, en 1834, près de soixante-douze ans.

Enfin une pièce charmante, *Michel Perrin*, valait à ses auteurs, MM. Melesville et Duveyrier, ainsi qu'au théâtre du Gymnase qui venait de la donner, un succès d'autant plus éclatant qu'il dure encore : on peut affirmer que ces deux jolis actes ont été sans contredit le triomphe d'un admirable comédien, aujourd'hui prématurément retiré de la scène : j'ai nommé Bouffé.

Mais revenons à la politique, mon cher directeur, où nous ramène forcément l'histoire de *la Mode*.

Dans la session de 1834, trois hommes dont la destinée politique aura été bien différente, mais qui se seront trouvés simultanément mêlés à tous les événements graves de notre époque, depuis plus de trente ans, MM. Berryer, Guizot, de Lamartine, furent amenés à prononcer des paroles ou des discours que l'histoire a recueillis.

L'éloquence de M. Berryer s'éleva, vers cette époque, à sa plus haute puissance : flétrissant la politique d'effacement de la France devant l'étranger, l'illustre orateur obtint à la Chambre un de ces triomphes qui marquent dans la vie d'un homme, cet homme s'appelât-il Berryer. M. de Lamartine, au contraire, ne répondit pas à l'attente générale en se montrant, dans son premier discours politique, au-dessous de ce qu'on attendait de lui. Sans se rallier en aucune façon au gouvernement de Louis-Philippe, il resta nuageux, incolore, peu lucide, et ne satisfit personne. Quant à M. Guizot, c'est dans cette même discussion qu'il prononça la fameuse parole qu'on lui a si souvent rappelée, et qui avait trait aux qualités personnelles et gouvernementales de l'ancien duc d'Orléans « qui était bien, avait-il dit, du bois dont on fait les rois. »

La Mode, toujours jalouse de rendre justice à tout le monde, ne fit pas longtemps attendre son jugement sur ces discours : elle lança dans ses *épingles* (1) trois traits acérés, qui partirent comme trois flèches pour aller frapper en pleine poitrine ceux auxquels ils étaient destinés.

Elle disait : « Le juste milieu est forcé de convenir qu'après Louis-
» Philippe, M. Berryer est l'orateur le plus éloquent de l'époque. »

Puis encore : « L'autre jour, après le discours de M. de Lamartine
» à la Chambre, tous ses auditeurs sont allés relire les *Méditations*
» *poétiques !* »

Puis enfin : « M. Guizot a dit que Louis-Philippe était du bois dont
» on fait les rois : c'est la première fois qu'un ministre compare son
» roi à une bûche ! »

(1) On nommait ainsi une page du journal périodiquement consacrée à des mots mordants.

A propos des doctrinaires et de leur système malencontreux, *la Mode* eut un bien joli mot qu'il faut rappeler ici : « L'Académie, » disait-elle, a rejeté le mot *doctrinaire* comme n'étant pas français : » elle aura jugé sans doute impossible de définir ce que personne ne » comprend. » C'était condamner en deux lignes une école qui, à notre avis, n'a fait que du mal à la France, et que personnifiait alors, mon cher ami, ce grave et austère *Journal des Débats*, qui depuis, hélas! a suivi tant de systèmes, sans jamais pouvoir s'arrêter à aucun !

Ce même *Journal des Débats* ayant eu, vers le même temps, une velléité d'enthousiasme pour l'élu du 9 août, ne craignit pas de lancer dans ses colonnes cet aphorisme, qui devint bientôt le prétexte de tous les sarcasmes de la petite presse : « Louis-Philippe est » le plus honnête homme de son royaume ! »

La Mode, qui sans doute ne partageait pas cette opinion, en prit occasion pour lancer un de ces articles ébouriffants comme elle les savait faire, et donner un digne pendant à la fameuse ordonnance relative à la succession des Condé, signée d'un certain Latulipe Ier, que bien des gens s'obstinaient à désigner sous un autre nom.

Cette nouvelle ordonnance, contre-signée cette fois par un personnage apocryphe, qui prenait soin lui-même de s'intituler; le *plus honnête homme de son royaume*, avait trait à la création d'un ordre honorifique qui prenait le nom d'ordre des honnêtes gens. A la suite de *considérants* de la nature la plus injurieuse pour le gouvernement, l'ordonnance disait :

« Art. Ier. Il est créé un nouvel ordre civil et militaire qui prendra » le titre de l'ordre *des honnêtes gens*.

« Art. II. Le plus honnête homme de son royaume est de droit » chef suprême de l'ordre.

« Art. III. La devise de l'ordre sera : *Fais ce que ne dois pas, ad-*
» *vienne que pourra.*

« Art. IV. Sont susceptibles d'être admis dans l'ordre, 4° les ci-
» toyens qui par ruse, adresse, mensonge, fraudes, déceptions, ca-
» lomnies, coups de sabre, coups de fusil, coups de bâton, et autres
» moyens d'une honnêteté analogue, ont contribué à établir ou à dé-
» fendre la *meilleure des Républiques ;* 2° ceux qui auront proscrit leur
» famille, dépouillé leur neveu, embastillé leur nièce, et suicidé leur
» oncle bien-aimé ; 3° ceux qui, n'ayant prêté que vingt serments, en
» auront violé au moins dix-neuf.

« Art. V. Les grands services rendus à l'État, à Brest, Toulon et
» Rochefort, seront aussi des titres d'admission dans l'ordre *des hon-*
» *nêtes gens* : en seront à jamais exclus les Vendéens, les carlistes, les
» prêtres, et généralement tous les légitimistes.

« Art. VI. Le sieur Gisquet, marquis du Bâton, comte du Knout,
» baron du Gourdin, chevalier de l'ordre royal *de Juillet*, est nommé
» grand chancelier de l'ordre *des honnêtes gens ;* les sieurs Thiers,
» Soult et Vidocq sont nommés grands officiers, et les sieurs Bugeaud
» et Bertin aîné commandeurs du même ordre.

« Donné à Paris, le 7 mars, de l'an quatre de la liberté.

» *Signé* : LE PLUS HONNÊTE HOMME DE SON ROYAUME.

» *Contre-signé* : BERTIN aîné. »

Tout en reconnaissant que les bornes de la discussion étaient évidemment dépassées dans cet incroyable *factum*, avouons cependant, mon cher directeur, que ces sanglantes allusions étaient de bonne guerre. A toutes les époques de révolution, on vit toujours se reproduire des scandales de ce genre ; la circulation d'infâmes libelles contre la branche aînée, que permettait le gouvernement du 9 août, lui valait forcément de violentes représailles, et puis les coryphées de la Révolution sont partout les mêmes : que de gens, aujourd'hui, en Italie et ailleurs, seraient dignes de figurer avec avantage dans les catégories indiquées dans l'article IV de l'ordonnance de *la Mode*, et d'être admis à l'honneur de recevoir la plaque de l'ordre... *des honnêtes gens!*

Mais en même temps qu'elle publiait dans ses colonnes cette pasquinade, inspirée à ses rédacteurs par un mot tout au moins inopportun du *Journal des Débats*, la *Mode* relevait, dans ce même journal, une autre parole bien autrement grave qui venait de tomber de la bouche de son rédacteur en chef : cette parole inspirait à notre Revue des réflexions d'une nature beaucoup plus sérieuse. « La règle du pouvoir actuel, avaient dit *les Débats*, c'est la nécessité ! »

« Oui, s'écriait vigoureusement notre feuille, le *Journal des Débats*
» n'a jamais dit si vrai, et la fatale *nécessité* de l'usurpation, par
» exemple, c'est d'opter entre la guerre civile ou la guerre étran-
» gère ; il faut qu'elle pousse son principe jusqu'à la propagande,
» comme Bonaparte qui détrôna sept à huit rois légitimes, ou bien
» qu'elle renie son principe avec toutes ses conséquences ; alors
» l'usurpation tire l'épée, comme Louis-Philippe, contre l'émeute,
» qui, après l'avoir proclamé *la meilleure des républiques*, veut aujour-
» d'hui, en vertu du même droit d'élection, remplacer *la meilleure des*
» *républiques* par une république meilleure encore, si c'est possible. »

C'était là de la logique, surtout en face des nouvelles émeutes de Lyon, et ces vérités-là ne sauraient être jamais assez rappelées : un gouvernement en renverse un autre et ne voudrait pas être renversé à son tour : est-ce juste? On invoque un droit de défense, mais ne l'a-t-on pas contesté aux autres? Tout cela est si clair, si évident qu'un enfant en ferait la preuve. Chose digne de remarque, c'est la *nécessité* qu'invoquent toujours les oppresseurs contre ceux qu'ils ont renversés : sans elle ils ne pourraient s'établir, disent-ils... mais les loups, dans les bois, invoquent-ils donc un autre argument pour dévorer les agneaux ?

Le Salon de 1834 se fit surtout remarquer par de nombreuses peintures officielles, dont plusieurs déparent aujourd'hui encore les galeries de Versailles. Nous nous servons avec intention de ce mot « déparent », car des tableaux mal peints, signés, à part trois ou quatre, de noms obscurs, et représentant des scènes de la Révolution, ne sont certainement pas à leur place dans ces magnifiques salons de Versailles créés par Louis XIV, qui recèlent tant de gloires destinées à rappeler l'ancienne France !

Nous ne savons si la *Conquête de l'Hôtel-de-Ville, le 28 juillet*, figure à Versailles, à côté du *Serment du 9 août*, mais M. Schnetz, auteur de ce tableau, fut un de ceux que portèrent aux nues les divers organes de la presse gouvernementale, au moment de l'Exposition de peinture de 1834.

La grande composition d'Horace Vernet, *le Calme dans Paris*, qui représente la rentrée de M. le duc d'Orléans au Palais-Royal, après les trois journées, est sans contredit ce qu'a produit de moins remarquable le pinceau de l'illustre maître. Elle figurait aussi au Salon dont nous parlons. Nous sommes persuadé que nos lecteurs seront de notre avis : à ne considérer que la peinture, et en mettant de côté tout esprit de parti, il est évident que cette toile est d'une médiocrité relative qui ne fait pas honneur au peintre de la *Smala* d'Abd-el-Kader.

Le 7 Août, de M. Heim s'offrait également à l'admiration des visiteurs de l'Exposition de 1834. Ce n'est plus le duc d'Orléans que nous avons sous les yeux, mais bien le nouveau roi, le roi par la grâce des barricades et des 221, Louis-Philippe, 1er et dernier du nom!... Admirez, lecteurs, comme l'élu de la nation se met avec componction la main sur le cœur! comme il paraît bien, dans l'expression de ses traits, qu'il lui en coûte de faire ce qu'il fait, et comme il a l'air désolé d'être obligé de se rendre aux vœux... de MM. Laffitte, Dupont (de l'Eure) et autres!

Un grand tableau de ce même Salon représentait *Louis-Philippe entouré de sa famille*, sur la terrasse du Palais-Royal, quelques jours sans doute après les *événements* : la foule l'acclame et tout paraît aller pour le mieux dans le royaume des *Mataquins*, — selon l'expression récemment adoptée par notre chère *Mode*. — Il est évident que tous ces gens qui crient : Vive le roi! partagent l'opinion de M. Pasquier, — il n'était que baron alors, — disant un jour à un orateur qui, au palais du Luxembourg, avait parlé du « dévouement inaltérable de la Chambre des pairs pour la dynastie des Bourbons: » — « Vous vous trompez, monsieur, c'est éternel qu'il faut dire! »

Malheureusement l'histoire, et l'histoire d'hier, ne nous apprend que trop quel fond il faut faire de ces enthousiasmes de pacotille et de ces dévouements *éternels!* Le tableau de M. Courtin, qui représente la scène dont je viens de parler, n'en fut pas moins extrêmement fêté au Salon de 1834.

Il en fut de même pour le tableau d'un peintre aujourd'hui bien oublié, M. Mauraisse, qui avait exposé une *Bataille de Valmy*, où l'on apercevait dans tout son beau le futur roi des Français, alors simple duc de Chartres. Cette toile, achetée depuis par M. Thiers, figure encore aujourd'hui dans la galerie de cet homme d'État.

Mais *la Mode* ne se contentait pas, comme tout journal bien élevé doit le faire, de présenter à ses lecteurs une Revue critique du Salon de 1834 ; elle se permettait, à l'adresse de certains personnages, des coups d'épingle extrêmement vifs, et disait, notamment à propos du maréchal Soult, dont un portrait ornait une des salles du Musée :

« On voit au Salon le portrait de M. Soult ; il regarde d'un œil
» de convoitise tous les tableaux qui l'entourent ! »

Et encore :

« Le portrait de M. Soult n'obtient aucun succès ; c'est la première
» fois que, dans une galerie de tableaux, l'illustre maréchal ne prend
» pas ! »

XXXIII

M. de Lamennais. — Le *Jockey-Club* est fondé. — Mort de la Fayette. — Réflexions. — Emeutes à Lyon. — Les 40,000 rubans. — La Révolution en Espagne. — Don Carlos et M. Dupin. — Une visite imprévue. — Souvenirs de Baden. — Charles V et la princesse de Beira. — Coup d'œil rétrospectif.

Trois événements d'une nature bien différente signalèrent la fin du printemps de 1834 : la publication, par M. de Lamennais, des *Paroles d'un Croyant*, la fondation du *Jockey-Club*, et la mort de la Fayette.

M. de Lamennais compromettait son nom, son caractère, sa dignité même, en publiant un livre qui, par cela même qu'il affligeait profondément l'Église et les hommes de foi, rencontrait chez les pseudo-libéraux l'approbation la plus significative. *La Mode* parle en termes très sévères de cet ouvrage et de son auteur : « Nous ignorons, dit-elle,
» si les devoirs imposés à ce prêtre par la discipline ecclésiastique lui
» permettaient cette publication ; en jugeant l'auteur comme il peut
» nous appartenir seulement de le juger, c'est-à-dire comme écri-
» vain et comme homme, nous regrettons que le plus éloquent de
» nos écrivains religieux ait fait un si triste usage du beau talent

» dont il pouvait tirer un noble, utile et si puissant parti dans les
» circonstances où nous sommes placés. »

Il existait depuis longtemps à Londres, sous cette dénomination de *Club des Jockeys*, une réunion de dandys amateurs de chevaux, qui s'adonnaient avec une rare persévérance à l'amélioration de la race chevaline. Ces jeunes *sportmens*, — c'est ainsi qu'on les appelait, et ce nom, alors nouveau, s'est pour ainsi dire depuis naturalisé en France, — dédaignaient le vain et dangereux plaisir des *steeple-chases*, et tournant vers un but utile les courses et les paris, s'efforçaient véritablement de perfectionner les races.

Avec cet amour passionné des Anglais pour les chevaux et ce degré de luxe qu'ils savent déployer dans leurs équipages, ils arrivaient à de magnifiques résultats. Cette réunion du Club des Jockeys de Londres obtint bientôt une vogue telle que nos fashionables de France, essentiellement imitateurs de leur nature, n'eurent rien de plus à cœur que de fonder à Paris quelque chose de semblable : de là, la création du *Jockey-Club*. Il s'établit à Paris, en 1834, sous la présidence de lord Seymour, dont l'élégance et l'excentricité furent alors et depuis si souvent citées, et qui vient de mourir tout dernièrement, laissant, avec la réputation d'un original et d'un galant homme, celle du personnage le plus ennuyé, et peut-être le plus taciturne de tous les clubs du monde.

Quoi qu'il en soit, et dès les premiers jours, le *Jockey* reçut à Paris l'organisation la plus brillante. Ce fut à qui, parmi les jeunes membres de l'aristocratie, serait admis à l'honneur d'en faire partie, et comme ses fondateurs voulaient imiter en tout nos voisins d'Albion, lesquels se montrent extrêmement difficiles sur la qualité de leurs membres et n'épargnent guère les *blacks purolls*, dans les scrutins, on ne vit arriver au Club-Parisien que des hommes du meilleur monde, appartenant du moins à la société la plus distinguée.

Les premières courses qui furent données à Paris, sous l'intelligente direction du *Jockey-Club*, eurent lieu au champ de Mars et à Chantilly : de là vient la vieille réputation de ce dernier Champ de courses,—réputation aujourd'hui bien compromise par les succès de l'Hippodrome de Longchamps, au bois de Boulogne, et par la vogue de la Marche, devenus les centres affectionnés de la *lionerie* parisienne.

La mort de la Fayette fut un événement d'une tout autre nature : elle arriva le 17 mai, et la cendre du général n'était pas encore refroidie, que déjà les amis du héros des Deux-Mondes se livraient, sur sa tombe, à des jugements regrettables. Pour les uns, il était mort trop tôt; pour les autres, il avait trop longtemps vécu. Les royalistes seuls savaient lui rendre justice, et la qualification d'*illustre ganache*, qui lui fut attribuée dans le temps, peignait assez justement le rôle politique de ce personnage, sur le compte duquel l'histoire ne s'est pas encore bien complétement prononcée. Les républicains ne pardonnaient pas à la Fayette de les avoir trahis avec sa *meilleure des républiques*, et les partisans du gouvernement nouveau, qui personnifiait cette *meilleure des républiques*, trouvaient le général trop compromis avec les libéraux pour pouvoir se servir de son nom et l'inscrire sur leur drapeau avec quelque confiance.

La Mode ne s'y trompait pas : en relevant quelques détails du récit des obsèques du général, elle prétendait qu'à son enterrement chacun avait un visage de circonstance, et qu'il était facile de lire sur la figure des uns cette pensée : « Il meurt trop tard ? » et sur celle des autres, celle-ci : « Le voilà donc mort enfin ! » Toutefois, elle en prenait occasion pour manifester très nettement son opinion sur le compte des républicains en général et sur celui de la Fayette en particulier, et après avoir parlé du pardon que les royalistes « ne pouvaient guère refuser à une conviction si opiniâtre et si constante, à tant de bonhomie, à tant d'ignorance des hommes et des choses, à tant de récentes et cruelles déceptions, » elle ajoutait :

« Avec le général la Fayette, la république descend dans la tombe.
» Il en avait été le premier, il en était le dernier représentant. Par
» cette mort, l'école américaine se place chez nous à côté de ces si-
» mulacres de religion dont les dieux tutélaires sont enfermés pour
» dettes à Sainte-Pélagie. Tous les élèves, tous les amis de la
» Fayette sont descendus avec lui dans la tombe: Foy, Manuel, Ben-
» jamin Constant, Lamarque. On les a tous entendus, ces représen-
» tants de la liberté moderne, arrivés sur le bord de la tombe,
» emprunter, pour définir la liberté, la définition du dernier Bru-
» tus, pour la vertu : *Tu n'es qu'un nom !* La république éperdue n'a
» même plus de larmes, comme elle n'a plus de sang à répandre sur
» ces morts funestes. Elle est morte en France, à présent qu'elle n'est
» plus représentée !

» Malheur aux opinions qui, pour vivre, ont besoin d'un homme
» qui les représente ! Cet homme devient un vieillard, et il meurt!
» Parlez-nous, au contraire, des principes qui vivent par eux-mêmes;
» ceux-là ne craignent ni les révolutions, ni la tempête, ni l'oubli
» des peuples, ni la mort des hommes : les hommes meurent, les
» principes restent. La légitimité n'a pas été inventée par les hom-
» mes, elle vient de Dieu ! »

Combien est exact, profond et sensé ce jugement, mon cher directeur, prononcé, il y a près de trente années, par *la Mode!* Regardez autour de vous, jetez un coup d'œil rétrospectif sur les événements qui se sont accomplis depuis cette époque, en Europe et en France, et voyez si les systèmes durent, « qui ont besoin d'être représentés par un homme ? » Louis-Philippe, qui personnifiait la monarchie bâtarde de 1830, où est-il ? ou plutôt où est son système ? Et la république, ne l'avons-nous pas vue, en 1848, faire un *fiasco* bien autrement grave, et tomber sous le ridicule? Quels hommes avait-elle, hélas! ou plutôt n'avait-elle pas? et à quels degrés, au-dessous des Manuel, des Foy et des la Fayette, n'étaient-ils pas, ces fougueux démocrates de 1848, qui devaient faire tant de merveilles, et nous ont conduits, où vous savez?... Et, tenez, avec un peu de patience, nous allons voir, avant qu'il soit longtemps, l'irrémédiable chute de cette union américaine tant vantée, qui périra faute d'un Washington, et qui demeure cependant comme le modèle rêvé de la forme républicaine : ce beau système américain, tant préconisé par la Fayette, n'aura pas duré cent ans!

La Mode, après avoir payé son tribut de regrets au patriarche de la démocratie et prononcé sur sa tombe des paroles graves, ne se faisait pas faute d'en articuler de plus légères. Fidèle à son système de coups d'épingle incessants, destinés à atteindre indirectement le pouvoir qu'elle avait juré de vaincre, elle trouvait moyen de lancer des épigrammes de ce genre :

« Peu de gardes nationaux, disait-elle, se sont rendus au convoi
« de la Fayette. On pouvait dire : La Fayette meurt et la garde ne
« se rend pas ! »

Plus loin elle disait encore :

« Louis-Philippe a envoyé quatre voitures et quatre pièces de ca-
« non à l'enterrement de la Fayette : les voitures seules étaient
« vides. »

Enfin, comme morale à tirer de cet événement, notre philosophique *Mode*, ajoutait gravement :

« La devise de juillet était représentée, au convoi, de la manière
« suivante : l'*Ordre public* autour du corbillard, et la *Liberté* dans
« la bière ! »

Je n'ai pas voulu, mon cher directeur, parler avec plus de détails des nouvelles émeutes de Lyon, qui eurent lieu en avril 1834. Elles ensanglantèrent la seconde cité de France, et furent de nature à faire réfléchir le pouvoir sur le concours probable qu'il pouvait trouver dans les populations de nos grandes cités, à un jour donné d'insurrection générale. Ces émeutes marquent un nouveau temps d'arrêt dans la politique prétendue libérale du gouvernement de Juillet. A partir de ce jour, des mesures de répression de plus en plus caractérisées furent adoptées par le gouvernement de Louis-Philippe : le temps n'était plus où les poignées de mains constitutionnelles semblaient sceller indissolublement le pacte conclu, le 9 août, entre le peuple français et l'élu de son choix ! Le moment allait venir où de toutes les libertés apportées à la France par le gouvernement réparateur de la Restauration, si libéral quant à lui et dans le sens le plus vrai du mot, il ne resterait plus que le souvenir ou tout au moins l'ombre !

Un fait assez singulier se produisit toutefois lors de la discussion, à la Chambre des députés, de la loi relative à une indemnité à donner aux victimes des émeutes de Lyon, c'est-à-dire aux veuves, aux orphelins de ceux qui étaient morts en combattant pour l'ordre. Après avoir été adoptés séparément, tous les articles de cette loi furent rejetés par la Chambre lorsque cette dernière fut appelée à se prononcer sur l'ensemble de la discussion. M. Thiers, qui était ministre alors, dut s'en consoler d'autant moins facilement que la même Chambre ne craignit pas, à quelques jours de là, de réduire de moitié une demande d'allocation présentée par le gouvernement pour célébrer le quatrième anniversaire des journées à jamais glorieuses de juillet 1830 !

Pour *la Mode* d'ailleurs, ou du moins pour celui de ses rédacteurs, qui tenait la plume satirique et railleuse de la page d'épingles, la question lyonnaise se réduisait finalement à un bon mot, qu'il eut la hardiesse de prêter à Louis-Philippe : « De quoi se plaignent » les Lyonnais, aurait dit le roi, je fais ce que je puis pour leur » commerce : n'ai-je pas donné des *rubans* à plus de quarante mille » personnes depuis quatre ans ? »

Cependant, les événements politiques en France ne détournaient pas complétement l'attention des royalistes des faits à jamais regrettables qui venaient de s'accomplir en Espagne, et allaient, pendant un si long temps, livrer aux horreurs de la guerre civile cette contrée péninsulaire, la plus belle et la plus riche assurément de l'Europe. Un autre trône de Bourbons venait, là aussi, d'être cruellement ébranlé : une autre usurpation de famille venait d'être commise, et ses conséquences, comme celles de la Révolution de juillet en France, eurent une si déplorable influence sur les destinées de l'Europe, qu'elles durent encore.

Cédant à d'ambitieux désirs et à un amour immodéré de la puissance, la reine d'Espagne, Marie-Christine, veuve de Ferdinand VII, venait de compromettre, à jamais peut-être, les destinées du peuple espagnol, en usurpant, au nom de sa fille mineure, les droits de son roi légitime, Don Carlos. Les faits qui précédèrent ou suivirent cette usurpation sont trop connus, mon cher directeur, pour que je m'étende bien longuement sur cette lutte héroïque de la vieille Espagne, catholique et royale, contre la veuve de Ferdinand VII. Tous les souvenirs qui ont trait à cette guerre de partisans, qui pendant sept années ensanglanta le plus riche sol qui soit au monde, sont encore présents à l'esprit de tous vos lecteurs. *La Mode*, dès les premiers temps de la lutte de Charles V contre les Christinos, ne cessa d'appeler sur lui l'intérêt de tous les royalistes : elle ne faillit jamais aux devoirs sacrés du dévouement. Lorsque, plus tard, les braves carlistes connurent les revers et furent décimés, on la vit, plus ardente que personne, ouvrir des souscriptions, organiser des quêtes et demander aux légitimistes français des secours et de la commisération pour ces braves officiers qui, jusqu'à leur dernier soupir, voulaient rester fidèles à leur *Rey netto !* Lors de la trahison de Maroto, à la mort de Zumalacarregui, au moment des luttes suprêmes en Catalogne des Elio, des Cabrera et des Villa-Real, toujours enfin, on vit *la Mode* flétrir, avec la même légitime indignation, les lâchetés et les félonies qui se produisaient de l'autre côté des Pyrénées, comme elle avait fait pour celles qui s'étaient produites, en France, autour du nouveau trône !

Sans donc essayer ici de donner même un simple aperçu de la question espagnole, je raconterai seulement, mon cher directeur, une anecdote qui se place à l'époque où je suis arrivé, et qui a trait à deux personnages, dont l'un doit être aussi sympathique à vos lecteurs que l'autre assurément l'est peu : je veux parler de Don Carlos et de M. Dupin.

Les libéraux de France avaient cru devoir faire du roi d'Espagne une espèce d'ogre qui voulait manger ses sujets. Le portrait qu'on faisait de lui, à Paris, dans un certain monde, était des moins flattés. A entendre les partisans d'Isabelle, le descendant et le légitime héritier du trône de Philippe V était un homme cruel, sanguinaire, à idées étroites, à sentiments pervers, un méchant prince qui aimait à verser le sang pour le plaisir de le voir répandre, une âme enfin des plus noires !

Ces idées malheureusement s'étaient répandues dans les masses, — comme il arrive toujours, en pareille occasion, — et il ne manquait pas d'esprits sérieux ou prétendus tels qui semblaient disposés à admettre comme vraies ces misérables insinuations, et qui, surenchérissant encore sur ces calomnies, déclaraient très haut qu'à tous les points de vue Don Carlos était impossible en Espagne.

Un jour, M. Dupin, revenant de Londres, se trouva sur le même paquebot avec un étranger au teint hâlé, à la figure douce et expressive, qui parlait français avec un léger accent espagnol et se disait Basque. Les manières distinguées de ce personnage, — voyez comme les extrêmes peuvent se toucher, — attirèrent l'attention de M. Dupin qui lia conversation avec lui.

On parla de l'Espagne et de Don Carlos, qui, obligé de demeurer en Angleterre où il avait été forcé de se réfugier, allait voir le succès de sa cause à jamais compromis, — c'était l'avis de M. Dupin, — puisque la France lui interdisant la traversée de son territoire, il n'avait plus aucun moyen de retourner en Espagne. L'étranger prenait assez chaudement le parti de la légitimité. M. Dupin, naturellement, puisque cette légitimité était à bas, défendait le système opposé, il raillait fort agréablement son interlocuteur sur son engouement pour une cause perdue; il n'épargnait pas les qualifications mal sonnantes à ce pauvre Don Carlos dont il semblait vouloir faire un croquemitaine bon à effrayer les petits enfants.

Au moment de se séparer, les deux hommes se saluèrent, et M. Dupin, remettant sa carte à l'étranger, le pria de se rappeler son adresse, si jamais il se rendait à Paris.

— J'y vais de ce pas, monsieur, répondit ce dernier, et j'y serai dans deux jours. N'ayant pas de cartes sur moi, j'aurai l'honneur, si vous le permettez, de vous en porter une moi-même, aussitôt mon arrivée.

Le surlendemain, M. Dupin trouva sur son bureau une carte manuscrite dont la suscription était : Don Carlos, roi d'Espagne !

C'était effectivement l'illustre et magnanime Charles V, qui avait fait voile, de concert avec M. Dupin, vers les côtes de France, alors que ce dernier prétendait qu'on les lui avait interdites, et qui, échappé d'Angleterre, trompant la surveillance de la police de ses ennemis, venait, à la barbe du juste milieu doctrinaire, braver les dangers d'une arrestation et se jeter en héros à la tête de ses partisans espagnols, afin d'essayer de récupérer son trône !

Dieu n'a pas voulu, mon cher directeur, que le frère de Ferdinand VII pût rentrer dans ses droits ; mais tout le monde connaît la conduite admirable de ce prince au milieu de ses fidèles soldats ; personne n'ignore que pendant plus de sept années il put tenir en échec le trône mal établi de la fille de Christine, à la tête d'une armée qui s'éleva un instant au chiffre de 40,000 hommes.

Nous l'avons vu ce noble roi, lorsque, courbé par l'âge et vaincu par la maladie, il vivait retiré en Autriche, dans les dernières années de sa vie abreuvée de tristesse, de dégoût et d'amertume, vaincu, non par son peuple, mais par la trahison des uns, la déplorable inertie des autres et la vile complicité d'un gouvernement voisin, qui, sans droit, sans dignité, sans pudeur aucune, n'avait pas craint de le garder prisonnier à Bourges, au mépris du plus simple droit des gens de toutes les nations; nous l'avons vu, disons-nous, encore grand et chevaleresque dans la situation mesquine que lui avaient faite les circonstances, toujours ardent, toujours fidèle à son Dieu, à son peuple, prêt à verser pour la cause sacrée de la légitimité espagnole, les dernières gouttes de son sang!

Nous nous rappellerons toujours cette entrevue, car c'est un des grands honneurs de notre vie. C'était à Baden, en Autriche, non loin de ce palais de Laxembourg où l'étiquette et la tradition veulent que les héritiers de la maison de Hapsbourg viennent au monde, et plus près encore de cette résidence de Frohsdorff, qui abrite aujourd'hui la plus illustre grandeur des temps modernes. Nous nous étions rendu à Baden, où nous savions que Charles V prenait les bains, dans le seul espoir de pouvoir saluer ce héros de la lutte monarchique en Espagne. Nous fûmes admis à l'honneur d'approcher le prince, et jamais le souvenir de cette visite ne s'effacera de notre mémoire. Eh quoi! tant de grandeur, de dignité, de sublime abnégation se pouvaient-elles trouver réduites à une semblable extrémité! Qu'on se figure le descendant de Philippe V et de Louis XIV, habitant une maison basse qu'eût dédaignée le plus modeste financier, et n'ayant pour le servir qu'un seul domestique demeuré fidèle au malheur, et obligé pour vivre de recevoir une pension de cet autre descendant de Louis XIV, qui, s'il avait été sacré roi dans la vieille basilique de Reims, se fût appelé Henri V : exilé lui-même, et qui ne connaît que trop, hélas! les douleurs de l'exil, pour n'y pas compatir!

Un gentilhomme de service, le seul que le roi eût désiré garder auprès de lui, m'introduisit devant Charles V. Je le vois encore, le vieux roi, à demi paralysé, s'appuyant sur le bras de la reine et inclinant la tête vers moi, en signe affectueux. Non, rien n'était triste et imposant à la fois comme son aspect. C'était le lion captif et blessé, que la mort allait bientôt saisir. Le regard seul de ce Bourbon restait vivant et gardait une étrange expression : au nom seul de l'Espagne, ce regard prenait une animation extraordinaire, et on croyait en voir sortir du feu.

La Providence a des desseins impénétrables. La mort qui, depuis plusieurs années déjà, avait enlevé don Carlos, vient récemment de s'appesantir, et d'une manière bien triste, sur la maison du vieux roi : l'héroïque princesse de Beira, sa veuve, reste seule aujourd'hui à Trieste, pour pleurer sur bien des tombes. Que de douleurs n'a-t-elle pas dû ressentir cette noble princesse, qui s'était identifiée avec tant d'ardeur à la cause de son royal époux, et qui, durant une longue vie de dévouement, n'a connu que les malheurs et les revers!

Cette descendance légitime des Bourbons d'Espagne est aujourd'hui en partie décimée. Inclinons-nous devant la volonté de la Providence, mais n'omettons pas de payer au roi Charles V un juste tribut de respects et d'admiration ! N'oublions pas, nous les demeurants de la vieille foi monarchique, que Charles V a personnifié en Espagne la lutte suprême du droit contre la force, comme Madame la duchesse de Berry l'a fait en France, comme le faisait hier, comme le fera demain sans doute François II, à Naples. Il se peut que tous les vieux principes croulent et que partout le droit soit vaincu ; ne nous en inclinons pas moins, et aussi respectueusement que possible, devant ceux qui en auront été les derniers et héroïques représentants !

XXXIV

Suite de l'année 1834. — Les élections. — M. Laffitte. — M. Alfred Dufougerais quitte la direction de *la Mode*. — M. Mennechet lui succède. — Nouvelles rigueurs contre la presse. — Procès de *la Mode* à l'occasion de ses deux articles : *Majorité d'Henri V* et *Rapport au Roi*. — Condamnation. — Coups d'épingles. — Les premiers *ralliés*. — M. le duc de la Trémoille. — Lettre de M. le baron d'Utheil. — A propos de ralliements. — Une histoire du 23 février. — Réflexions.

Les faits se succédaient, mon cher ami, avec une extrême rapidité. En même temps que la police de M. Thiers était mise en défaut par le départ de Londres de Don Carlos, son voyage à travers la France et sa rentrée en Espagne, les élections qui venaient de s'accomplir étaient loin d'être favorables au gouvernement, et la nouvelle Chambre ne présentait que de trop nombreux éléments d'opposition. Chose digne de remarque, M. Berryer en faisait toujours partie, et M. Laffitte, qui allait bientôt demander pardon à Dieu et aux hommes de la part qu'il avait prise à la Révolution de juillet, n'avait pu se faire élire par aucun collége.

La Mode, de son côté, ne restait pas inactive : la nouvelle administration marchait courageusement sur les traces de l'ancienne.

M. Alfred Dufougerais, dont la santé était quelque peu altérée, avait manifesté le désir de se retirer du journal, et la direction avait été confiée à M. Mennechet, ancien lecteur de Charles X, homme aimable, poli et lettré, dont beaucoup de vos lecteurs et quelques-unes de vos lectrices assurément se rappelleront les cours de littérature et d'histoire, organisés dans la suite avec tant de succès, et qui attirèrent, dans ses salons de la rue Duphot, l'élite de la société parisienne.

M. Mennechet, qui n'eut que transitoirement le titre de directeur de *la Mode*, — laquelle allait bientôt échoir à M. le vicomte Walsh, pour rester définitivement entre ses mains, — fut l'initiateur d'une mesure qui changeait la périodicité de la Revue : au lieu de paraître quatre fois par mois, le journal parut six fois ; seulement, comme la matière de chaque livraison était quelque peu diminuée, l'abonné ne trouvait guère à ce changement, — qui ne fut d'ailleurs que de courte durée,—qu'un avantage assez minime. En revanche, les saisies se succédaient, dans les bureaux de la rue du Helder, avec une rapidité qui tenait du prodige, et la vogue du journal, au grand désespoir des parquets, s'en augmentait d'autant.

Le 29 septembre 1834, à l'occasion de l'anniversaire de la naissance de M. le duc de Bordeaux, *la Mode* avait dit :

« Noble enfant! depuis un an vous êtes roi : nous sommes ici, en
» vous le disant une seconde fois, les interprètes de la France. Que
» le second anniversaire de la majorité de Votre Majesté soit béni et
» fêté dans tous les cœurs français. L'an passé, nous avons été les pè-
» lerins de votre royal anniversaire; permettez-nous d'en être encore
» les prophètes cette année! Sire, depuis un an vous êtes homme:
» voici la seconde année de votre règne qui commence... Grandissez
» vite, et quelle que soit votre fortune, toujours tournez vos regards

» vers cette France qui vous regarde, qui n'espère plus qu'en vous
» et qui a foi en vous !... »

Et comme si ce n'était pas assez de cette évidente attaque *aux droits que Louis-Philippe tenait du vœu de la nation,* — selon l'expression habituelle des magistrats instructeurs, — et à la royauté de *fait*, qui siégeait aux Tuileries, *la Mode,* dans le même numéro, publiait sous ce titre : *Rapport au roi,* un accablant réquisitoire qui mettait le comble à toutes ses hardiesses. Dans ce *rapport,* immédiatement déféré aux tribunaux, concurremment avec l'*Adresse à Henri V, la Mode* supposait que Louis-Philippe, rendant compte *au roi,* à titre de lieutenant général du royaume, de tout ce qui s'était passé pendant son absence, venait en quelque sorte lui demander, pour sa conduite passée, un véritable *satisfecit.* Ce singulier document se terminait ainsi :

« Sire, un autre que moi vous demanderait, en finissant, une
» récompense honnête pour prix de tant de sacrifices faits à votre
» noble cause ; mais, dans cette circonstance, mon dévouement ordi-
» naire ne se démentira pas : que Votre Majesté daigne seulement
» approuver ma conduite, m'honorer de son estime, et avec les
» 55 millions que j'ai déjà reçus du trésor public, je me croirai tou-
» jours assez payé de mes peines et de mes travaux ! »

Le gouvernement ne pouvait laisser passer sans réponse de semblables articles : il y allait de sa dignité, et les parquets étaient là pour sévir ; seulement le rôle des magistrats instructeurs était alors bien difficile, car de tous les côtés, aussi bien dans la presse royaliste que dans les journaux de la nuance opposée, les attaques contre l'élu du 9 août devenaient incessantes et d'autant plus agressives que toutes les feuilles publiques semblaient avoir pris pour épigraphe la parole de Louis-Philippe, — qu'on ne saurait trop rappeler à ceux qu'indignerait la conduite de la presse opposante : — « Des procès à la presse, il n'y en aura plus! »

Cette première quinzaine d'octobre 1834 devait en voir se dérouler trois devant la seule cour d'assises de la Seine : la *Quotidienne* était assignée pour le 12, la *Mode* également pour le 12, et la *Gazette de France* pour le 14. Toutefois, ce ne fut que le 13 que la fidèle Revue comparut devant ses juges, assistée, comme toujours, de l'honorable M. Alfred Dufougerais. Ce procès fut un des plus fameux qu'elle ait eu à soutenir, et vos lecteurs me pardonneront, je l'espère, les détails dans lesquels je crois utile d'entrer, pour le faire connaître.

Certes, c'était une rude tâche qu'avait assumée ce jour-là M. Alfred Dufougerais, et rien n'était moins facile que de faire innocenter les deux articles incriminés ; mais avec son tact et son esprit ordinaires, avec la rare intelligence qu'il savait déployer dans ces sortes d'occasions, le jeune avocat trouva moyen d'intéresser ses auditeurs, au point de parvenir à mettre le pouvoir dans son tort, et on put espérer un instant qu'il obtiendrait gain de cause devant ses juges.

M. Plougoulm, son adversaire, avait soutenu l'accusation d'une manière qui n'était pas habile : dans un réquisitoire beaucoup plutôt violent que réfléchi, il avait, pour ainsi dire, dédaigné de discuter les deux articles de *la Mode* ; il s'était écrié que ces articles étaient évidemment l'œuvre du délire, et qu'il suffisait d'en avoir entendu la lecture pour les condamner.

M. Dufougerais, au contraire, saisissant cette occasion de discuter avec le plus grand soin chaque phrase, chaque mot des deux articles, rechercha devant le jury le sens qu'il était nécessaire de leur donner.

Il insista surtout sur ce fait que, dans l'article intitulé : *Majorité d'Henri V*, le journal qu'il défendait n'avait en aucune façon incriminé le présent, réservant le seul avenir au profit de celui qui pouvait bien un jour remonter sur le trône de ses pères.

Arrivant au trop fameux *Rapport au roi*, M. Dufougerais, qui ne comprenait que trop bien que là était le point capital du procès, entreprit une sorte de paraphrase de ce document extra-officiel :

« Que supposons-nous, messieurs les jurés, s'écria-t-il, dans ce
» rapport? Nous supposons que Louis-Philippe ne demande pas
» mieux que d'abandonner le trône; il est prêt à le restituer à celui
» qui en est le maître légitime, et au nom duquel il l'a jusqu'à ce
» moment occupé; il lui rend compte de son mandat et de sa ges-
» tion. C'est volontairement et de son plein gré, et d'après ses seules
» inspirations, que le journal le fait agir : où est l'attaque contre ses
» droits? On ne les lui conteste pas; il n'est question d'aucun effort
» pour les lui enlever; c'est lui-même qui s'en dépouille. J'ajoute-
» rai que l'article prête un beau rôle à Louis-Philippe. Quoi de plus
» noble, en effet, de plus désintéressé que la démarche qu'on lui
» attribue?... On a souvent parlé du sacrifice qu'il avait fait en se
» résignant à accepter la couronne de France; il nous semble que le
» sacrifice par lequel il renoncerait à cette couronne, dans les con-
» ditions de notre article, serait au moins tout aussi patriotique!

» ... Nous avons oublié, s'il faut en croire le ministère public, le
» respect que nous devions au premier dépositaire du pouvoir; nous
» avons outragé sa majesté, qui devrait toujours être en dehors de
» nos attaques; mais je sais une majesté, qui n'est pas celle de la
» fortune et qui a bien plus de droits encore à tous les respects, c'est
» la majesté du malheur : et comment le pouvoir la respecte-t-il?
» vous allez en juger. »

Et ici l'honorable défenseur de *la Mode*, s'emparant d'un détestable imprimé, qui contenait sous ce titre : *Jugement et condamnation de Charles X*, les imputations les plus infâmes contre la famille royale exilée, s'écriait que cet affreux libelle se vendait partout avec l'*autorisation* du pouvoir, et il ajoutait :

« Voilà, voilà comment ce pouvoir traite journellement les princes
» que nous regrettons et qu'il aurait lui-même tant de motifs de véné-
» rer ! Nous est-il donc interdit de les défendre et de lui répondre?
» Voudrez-vous nous ôter nos armes et lui laisser les siennes? Tolé-
» rerez-vous que ses écrivains restent seuls maîtres du champ clos
» de la polémique? Ce serait un inégal partage, peu digne de la gé-
» nérosité de la France. »

Au milieu d'élogieuses paroles adressées au gouvernement de la Restauration, M. Dufougerais arrivait à proclamer que, durant un laps de quinze années, sous ce gouvernement de nos anciens Rois, qui avait rendu tant de libertés à la France, qui lui avait donné la gloire au dehors et la prospérité au dedans, SEPT PROCÈS seulement avaient été intentés à la presse, tandis que les poursuites contre les journaux se comptaient, depuis la Révolution de juillet, par milliers, tandis qu'un seul journal, la *Tribune*, avait seule été, pour sa part, poursuivie CENT DEUX fois !

Mais la décision du jury, malgré cette remarquable improvisation, fut cette fois contraire à *la Mode*. A la simple majorité de sept voix, c'est-à-dire avec le nombre de votes strictement nécessaire pour ne pas être acquittée, *la Mode* fut condamnée dans la personne de son gérant, M. Louis Martin, à l'énorme peine de six mois de prison et de 3,000 francs d'amende.

Ce jugement marque une tendance fâcheuse dans les résolutions du jury à l'égard de *la Mode*. A partir de ce jour, on la vit succomber dans presque tous ses procès, et la fidèle Revue dut subir, comme les autres feuilles royalistes, le contre-coup de la tactique nouvelle adoptée par le gouvernement de Louis-Philippe. Cette tactique consistait, au nom de cette fameuse parole : « La Charte sera désormais une vérité, » à s'éloigner de jour en jour et de plus en plus de son application, à mesure qu'on s'éloignait de l'époque où elle avait été prononcée et qu'on sentait le sol s'affermir sous ses pas.

La Mode n'en prenait aucun souci : ses coups d'épingles devenaient chaque jour plus agressifs. Pour en donner une nouvelle idée à nos lecteurs, nous relèverons ceux qu'elle lançait dans ses colonnes, au lendemain même du jour de sa condamnation :

« On a placé, dans le vestibule du Luxembourg, disait-elle, la
» statue de la Pudeur : certes, s'il est vrai que la Pudeur aime à se
» cacher, on n'ira pas la chercher au Luxembourg. »

Un peu plus loin elle ajoutait :

« Quand Louis-Philippe mourra, les hérauts d'armes devront crier:
» Le roi n'est pas mort! vive le roi ! »

Quelques lignes plus bas elle disait encore :

« On a remarqué qu'au château de Fontainebleau il y avait la cour
» du fer à cheval, la cour du cheval blanc, la cour ovale, la cour des
» cuisines, mais qu'il n'y avait pas de cour d'honneur! »

Enfin, comme dernière atteinte, elle ajoutait :

« Au concert de la cour, le morceau qui a fait le plus d'effet a été
» le duo du *Nouveau Seigneur* :

« Vous n'êtes pas à votre place ! »

La cour, en effet, — puisque aussi bien cour il y avait, — se trouvait alors à Fontainebleau, « où le roi, disait *la Mode*, faisait la vendange » de ses treilles. » Un fait s'y produisit qui mérite d'être relaté : on y remarqua la présence du duc et de la duchesse de la Trémoille qui, au dire du *Journal des Débats*, « étaient allés à Fontainebleau pré-
» senter au roi des Français leurs hommages. »

C'était vrai ; mais si la liste des futurs *ralliés*, — comme on nomma bientôt les rares recrues que put faire, dans le faubourg Saint-Germain, le gouvernement issu des barricades, — s'ouvrait par ces deux noms, en revanche, la leçon que reçut à cette occasion le duc de la Trémoille, d'un de ses amis, M. le baron d'Utheil, fut des plus vertes et n'était pas de nature à mettre les rieurs de son côté.

Dans une lettre ironique et insultante adressée au directeur de *la Mode* et publiée dans le numéro du 15 octobre 1834, M. le baron d'Utheil s'efforçant, en effet, de détruire les conséquences fâcheuses de cette défection, rappelait avec infiniment d'esprit que M. le duc de la Trémoille, d'une part, n'avait jamais pris aucun engagement avec aucun gouvernement, et que, d'un autre côté, son mérite personnel était loin d'être assez transcendant pour en faire jamais un personnage dont un parti politique pût utilement se faire un auxiliaire. Il ajoutait un paragraphe des plus mordants, qui avait trait aux alliances du duc *rallié*, et ce passage est trop curieux pour que je le passe sous silence, persuadé que je suis, mon cher ami, que vos lecteurs le liront, selon une expression consacrée : « avec un nouveau plaisir : »

« ... Il ne faut pas supposer, disait donc l'honorable correspon-
» dant de *la Mode*, que M. le duc et Mme la duchesse de la Trémoille
» aient été pleinement satisfaits de la nouvelle cour. M. le duc a pu
» entendre une réponse de S. M. la reine à M. Lehon qui n'était pas
» de nature à lui faire grand plaisir : « — Madame, aurait murmuré
» ce dernier, on dit que le *prince* de la Trémoille est ici pour faire
» sa cour à Votre Majesté, je lui en fais mon compliment. » — « Le
» *prince* de la Trémoille ! a répondu tristement la reine Amélie, ah !
» je voudrais bien que ce fût lui, mais ce n'est que le *duc* ! »

» Et puis, Mme Persil, qui se trompe de date et qui s'en va dire
» à M. Bertin de Vaux : « Que la duchesse de la Trémoille doit être
» sa parente, parce qu'elle est la fille naturelle de M. Saint-Didier,
» le fournisseur... » Comment ne sait-on pas chez le garde des
» sceaux, chez un magistrat chargé de la police judiciaire, que M. le
» duc de la Trémoille en est à sa quatrième femme, et que si la
» dernière n'est pas légitimiste, elle n'en est pas moins fille légi-
» time ! »

J'ai cité ces extraits, mon cher directeur, parce que je suis
sans pitié, je l'avoue, pour les ralliements en matière politique :
ils n'honorent personne, ni ceux qui les provoquent ni ceux qui
en assument la responsabilité. *La Mode*, pendant quinze ans, se
montra inflexible à l'égard des ralliés : elle n'eut jamais pour eux
qu'une implacable hostilité ; sa rédaction se servit constamment d'un
fouet pour fustiger les félonies et les oublis de serments. En cela elle
eut raison : on affiche dans les cercles et les clubs les noms des
joueurs indélicats qui ne paient pas leurs dettes dans les vingt-
quatre heures ; pourquoi n'afficherait-on pas, dans les colonnes d'un
journal, les noms des renégats politiques ? Je ne comprends pas, quant
à moi, les gens qui vont aux fêtes d'un pouvoir dont ils condamnent
la ligne de conduite. Les accommodements de conscience ne m'ont

d'ailleurs jamais plu. « Être ou n'être pas ! » voilà ma devise. Les compromis, à quoi servent-ils, si ce n'est à amoindrir les caractères?

Combien de ces *ralliés* au gouvernement de Juillet, dont il serait cruel de rappeler ici les noms, ont dû amèrement regretter leurs génuflexions de la veille, au lendemain de la Révolution de février? « Ah ! s'ils avaient su !... » comme le disait dernièrement un homme de dévouement et de cœur, ce preux des anciens temps, que la mort a depuis ravi, ce digne et fidèle marquis de Villette, dont on vient d'avoir le triste courage d'outrager la cendre, en contestant ses dispositions testamentaires.

Hélas ! l'expérience a prouvé que la fidélité à l'honneur est primée chez certaines natures par le désir immodéré de parader partout où il y a des niais pour admirer de belles broderies. Si nous le voulions bien, il nous serait facile, mon cher directeur, de nous montrer peu miséricordieux pour certaines félonies. Ne pourrions-nous pas raconter cette amusante histoire d'un marquis de la vieille roche, qui eut la mauvaise chance, après avoir boudé pendant quinze ans la cour citoyenne, de céder à la tentation de paraître à ses bals en habit chamarré, et qui choisit, pour son jour de présentation, la veille même de la Révolution de février ! Mais, silence ! il y a des gens qui n'ont pas de bonheur : il faut les plaindre. La grâce, d'ailleurs, a touché ce gentilhomme : n'insistons pas sur sa mésaventure, puisqu'il est revenu depuis, paraît-il, aux traditions de sa famille : celles de l'honneur !

XXXV

Mort de Boïeldieu. — Les sœurs Ellssler. — Chateaubriand et Jules Janin. — M. Persil et les évêques. — Alexandre Dumas. — On démolit le monument de la place Louvois. — Les annonces de *la Mode*. — Ses caricatures. — Réflexions générales à l'adresse des journaux qui vivent d'annonces. — A bon entendeur, salut. — On demande des ministres. — Encore M. Dupin. — Royer-Collard mauvais prophète. — Réception de M. Thiers à l'Académie. — Procès du *National* devant la Chambre des pairs. — Revue morale de l'année 1834 par *la Mode*. — Un nouvel abonné.

Boïeldieu, mon cher ami, mourut à l'époque où je suis arrivé, — octobre 1834; — il n'avait que cinquante-neuf ans, et les chefs-d'œuvre qu'il a laissés resteront à la scène. Est-il nécessaire de rappeler ici les succès du *Nouveau Seigneur*, de la *Dame Blanche*, de *Jean de Paris*, de *Ma tante Aurore* et du *Calife de Bagdad*, toutes pièces exquises, dont la musique a ravi la génération qui a précédé la nôtre, et dont les airs, après avoir bercé nos premiers pas dans la vie, nous reviennent à la mémoire comme autant de doux souvenirs. La Restauration, si bienveillante et si généreuse envers les artistes, avait donné à Boïeldieu une pension de 3,000 francs ; elle fut supprimée lors de la Révolution de juillet.

A l'Opéra, il n'était bruit que des débuts de deux charmantes danseuses, les sœurs Ellssler, qui obtenaient, dans la *Tempête*, un succès sans pareil. L'une d'elles, Fanny, arrivait à Paris avec le prestige quasi historique d'un amour qu'elle avait su inspirer, disait-on, à un jeune prince né au milieu des gloires de l'Empire, et récemment enlevé, à l'âge où tout est prestige dans la vie. Ces souvenirs de mélancolie et d'amour fixaient sur cette jolie personne l'attention et la bienveillance du public.

Un mot de Chateaubriand à Jules Janin, que je trouve dans *la Mode* de cette époque, mérite d'être relevé. Jules Janin faisait une quête pour des inondés : « — Vous reste-t-il encore cinq francs pour une charité? » écrivait-il à l'auteur d'*Atala*, pauvre et déchu de toutes ses grandeurs. » — « Il ne me restait plus que cinq francs, répondit ce dernier, mais j'en ai emprunté quinze à mon portier, et je vous envoie le tout pour que vos malheureux inondés me recommandent dans leurs prières et que vous me ménagiez dans vos feuilletons. »

A propos d'une parole de M. Persil, blâmant les évêques d'avoir adressé au clergé de leurs diocèses l'admirable encyclique du Pape, publié à l'occasion du livre des *Paroles d'un Croyant*, *la Mode* disait : « M. Persil assimile sans doute les lettres pastorales des évêques » aux circulaires des préfets. Il y a cependant cette différence que » les évêques parlent au nom d'une religion qui est immuable, et les » préfets au nom d'un pouvoir qui ne l'est pas. » — Quel chemin on a fait depuis !

Dès cette époque, Alexandre Dumas avait l'humeur voyageuse : il explorait alors la Méditerranée, aux frais de M. Laffitte, disait-on. *La Mode* prétendait que c'était pour y fonder une colonie de victimes de la Révolution de juillet : « Qu'il y prenne garde, ajoutait- » elle, la colonie sera bientôt plus peuplée que la mère patrie. » Hélas ! le célèbre romancier, si spirituellement qualifié, dans ces derniers temps, de politique *troubadour*, est encore aujourd'hui, à Naples, occupé à fonder, avec des éléments semblables, une colonie du même genre! Dieu veuille que, là aussi, la colonie n'absorbe pas la mère patrie !

Sur la place Louvois on démolissait le monument funéraire du duc de Berry. Malgré l'éloquente apostrophe de M. Berryer, disant à ses collègues de la Chambre : « Prenez garde, messieurs, vous étiez tous, « tous, participants à la pensée des souscripteurs du monument du « duc de Berry, en 1822 ! » la démolition du monument fut décidée ; aussi *la Mode* prétendait-elle dans ses *épingles* : « Qu'il était ques-« tion d'ordonner, pour le 13 février, des réjouissances publiques : « et qu'elles auraient lieu sur l'emplacement du monument expia-« toire ! » Puis elle rappelait ce mot d'une femme du peuple, qui avait, en quelque sorte, passionné la foule arrêtée devant le monument funéraire qu'on démolissait, en s'écriant : « IL a beau « faire, IL n'empêchera pas qu'il n'ait été tué là ! »

Vers le même temps, *la Mode* inaugura ce qu'on a nommé depuis sa *page d'annonces*. Elle fit, sous une forme déguisée, ce que font aujourd'hui presque tous les journaux : elle publia un bulletin de modes et des réclames. J'ai souvent entendu vos lecteurs, mon cher ami, se plaindre de l'extension donnée à la partie des annonces dans les journaux quotidiens : qu'ils n'en médisent pas trop, c'est ce qui les fait vivre. Ignore-t-on que les journaux se donnent à perte et que pour certains d'entre eux le succès devient une cause de ruine? Je parle des grands journaux politiques : plus ils obtiennent d'abonnés au-dessus d'un certain chiffre, — très élevé à la vérité, et destiné à leur assurer un beau marché d'annonces, — plus ils s'imposent de sacrifices. Ceci a l'air d'une plaisanterie et c'est une vérité. Quand, sur le prix d'un journal qui varie généralement de 58 à 66 fr., il faut retirer les 18 fr.

que toute feuille timbrée est obligée de donner au fisc, les 14 fr. qu'elle doit verser entre les mains de l'administration des postes, pour son transport, plus 15 ou 16 fr. de papier : que reste-t-il, pour solder, pendant trois cent soixante-cinq jours, les frais de composition, de tirage, de rédaction, de loyer, d'employés, qui constituent les dépenses générales ? à peine 15 fr. en moyenne, et, pour cette modique somme, le journal doit être envoyé tous les jours ! Personne ne songe à faire ce calcul et à plaindre les malheureux éditeurs qui trouvent moyen de faire arriver, pour la somme insignifiante d'un peu moins de deux centimes par jour, et à toutes les extrémités de la France, la feuille favorite qui viendra chaque matin procurer à son lecteur une heure de distraction — ou d'ennui.

Et ne laissez pas vos lecteurs supposer, mon cher ami, que ces bénéfices d'annonces, tant vantés, arrivent à des chiffres bien fabuleux ! Hélas ! s'il en est ainsi pour certaines feuilles, qui tirent à plus de vingt mille exemplaires, et qui, plus ou moins patentées par le gouvernement, obtiennent une vogue de circonstance ; tout autre est le résultat pour les journaux dévoués aux grands principes d'ordre, de morale ou de religion : ceux-là ne récoltent que les miettes de ce beau festin de Balthazar. M. Émile de Girardin, le fondateur de la *Mode*, a porté un coup bien fatal aux journaux, le jour où il a imaginé de créer *la Presse* à 40 francs. Que sont aujourd'hui certaines feuilles publiques ? des boutiques plus ou moins bien achalandées ! Le côté moral de leur rédaction n'est, hélas ! que trop souvent sacrifié. Le jour où des financiers, plus intelligents que riches, mais assez riches cependant pour pouvoir les acheter, ont accaparé les grands journaux, ce jour-là, le rôle moral de ces feuilles devait être annulé : est-ce qu'un chiffre a une opinion politique ?

Une autre amélioration de *la Mode* de 1834 consistait à donner, de loin en loin, à ses lecteurs des planches de caricatures : cette innovation plut beaucoup aux abonnés, mais elle coûta fort cher à notre Revue qui dut en outre, à ces fines et mordantes caricatures, de singulières aggravations de peine dans presque tous ses procès ultérieurs.

C'est ainsi que pour inaugurer ce genre de publication, *la Mode* présentait à ses abonnés, dans une de ses dernières livraisons de décembre, un personnage habillé en paillasse, la figure ornée de gros favoris, et ressemblant, à s'y méprendre, à ce cher M. Juillet qui figurait ordinairement avec tant d'avantages, dans ses proverbes ; ce personnage faisait l'exercice des cabrioles sur une place publique, la tête en bas, et on lisait au-dessous de la gravure : « A la bonne » heure ! voilà comme nous l'aimons !... renversé ! »

C'est encore ainsi que pour inaugurer sa page d'annonces, notre Revue disait : « On demande, pour diriger un grand magasin de porte-
» feuilles révolutionnaires des mieux achalandés, un *premier* gar-
» çon de boutique d'un âge mûr, qui sache boire, dormir et signer
» son nom, le sieur Juillet, seul et unique propriétaire dudit magasin
» de portefeuilles, ayant contracté l'habitude de tout faire, ou du moins
» de tout gaspiller par lui-même. Il est inutile de se présenter si l'on
» tient à jouir de quelque considération. » Et comme il s'agissait d'un ministère à constituer, et surtout d'un président du conseil à trouver : « Nous prévenons le public, ajoutait *la Mode*, aussi bien que
» M. Gisquet et ses alguazils, que les Tuileries ne sont pas sûres :
» on y arrête les passants en plein jour, pour leur offrir des porte-
» feuilles. » Plus loin : « M. Dupin a une peur terrible qu'on ne
» le fasse ministre; il serait obligé d'avoir une opinion quelconque. »
Et plus loin encore : » Hélas! ils auront beau faire, ils ne pourront
» parvenir à composer leur ministère avec des noms propres ! »

Je viens de prononcer, mon cher ami, le nom de M. Dupin, qui ne revient, hélas! que trop souvent sous ma plume, dans l'histoire rétrospective de *la Mode*: c'est qu'en vérité, le rôle de M. Dupin, en France, depuis quarante années, aura présenté de bien curieuses particularités. M. Royer-Collard, dont les paroles passaient pour sententieuses et prophétiques, lui disait, au mois de décembre 1834: « Vous serez ministre, monsieur Dupin, car vous êtes un homme de » beaucoup de talent : oui, vous serez même le premier ministre » de Louis-Philippe, mais vous serez aussi le dernier!... » On se récria contre cette allégation que bien des gens trouvaient au moins irrespectueuse à l'égard de l'*ordre de choses* : le fait ne s'est pas réalisé, c'est vrai, mais qu'auraient dit les contradicteurs de M. Royer-Collard, si le père de la doctrine, prophétisant une autre vérité, avait pu laisser entrevoir, à vingt-cinq années de distance, le rôle que l'ancien ami de Louis-Philippe devait jouer sous un nouveau règne!.. C'est bien alors qu'on l'eût traité de visionnaire et de songe-creux!... Mais je m'arrête, et j'oublie que M. Dupin est aujourd'hui procureur général et très impérial ; à la cour de cassation!

« Tenez,—disait *la Mode* pour varier ses arguments à l'encontre du » régime de Juillet,— la meilleure des révolutions ne vaut rien : la » révolution de 1792, faite par des philanthropes, a produit des » échafauds ; la révolution de 1815, faite par des soldats, a amené » des défaites ; la révolution de 1830, faite par des banquiers, n'a » causé que des banqueroutes. »

C'était vrai : ce qui ne l'est pas moins, c'est que personne ne voudra jamais le comprendre.

La réception de M. Thiers à l'Académie française eut lieu dans les derniers jours de l'année, et servit de prétexte à *la Mode* pour lancer les plus spirituelles boutades contre sa *bête noire* de prédilec-

tion. Un grand article de circonstance fut rédigé *ad hoc* par la rédaction tout entière, et on y lisait, entre autres choses, que, d'après M. Viennet, chargé de recevoir le nouvel académicien, M. Thiers était plus grand que Colbert. Bien mieux, comme M. Viennet avait cru pouvoir comparer le récipiendaire à Cicéron, *la Mode* ajoutait :
» M. Viennet a sans doute oublié que Cicéron exigeait, avant tout,
» qu'un orateur fût *vir probus!* »

Et puis c'était un feu roulant d'épigrammes et de méchancetés à l'adresse du nouvel académicien : « *Je suis* un drôle, *je suis* un » faquin, disait quelqu'un qui entrait à l'Académie derrière M. Thiers. » Et encore : « M. Thiers disait l'autre jour : « Vous allez voir comme » je vais me faire *remarquer* à la séance académique. — Est-ce que » vous l'avez été déjà? » lui répondit-on.

Ici se place le fameux procès du *National*, qui fut, comme on sait, déféré à la Chambre des pairs, pour outrages à l'honneur de la Chambre haute. M. Rouen, gérant de ladite feuille, fut condamné à deux ans de prison et à dix mille francs d'amende. « M. Charles » Dupin, dit *la Mode*, a de suite calculé que chacun de messieurs les » pairs estimait ainsi son honneur à sept jours, dix heures, quarante-» six minutes, une seconde trois quarts de prison, et cent deux francs, » quatre centimes, quatre-vingt-dix-huitièmes d'amende. »

Un fait se produisit dans le cours de ce procès, qui fit une impression profonde sur l'esprit des Parisiens. M. le général Excelmans, avec une violence regrettable, ne craignit pas de prononcer une parole insultante pour ses collègues, en les accusant d'avoir commis, dans une autre occasion, un assassinat juridique. Ce fut un grand scandale : ces pauvres pairs ou leurs successeurs, hélas! en ont vu bien d'autres depuis! Si l'*Histoire de la Mode* présente quelque intérêt, quel ne serait pas celui qui résulterait d'une histoire bien faite de ce premier grand corps de l'État, depuis le Directoire? L'*Histoire de la Mode* a du moins son côté plaisant, celle de la Chambre haute, ne l'aurait guère!

Dans sa dernière livraison de 1834, notre journal publiait sous ce titre: *Revue morale de l'année*, un bilan fort curieux ; elle disait :

« En fait de religion, cette année nous a maintenu le culte de
» l'abbé Chatel ; en fait de morale, l'enseignement de M. Lherminier;
» en fait de beaux exemples, le procès de Mme de Feuchères. Cette
» année a vu Bosio exilé du Salon d'exposition, parce qu'il se pré-
» sentait avec un chef-d'œuvre, l'*Apothéose de Louis XVI*; en fait de
» liberté politique, elle nous a présenté les scènes de la rue Trans-
» nonain; en fait de justice, les procès-monstres; en fait de générosité,
» la condamnation du *National*; en fait de logique, la destruction
« du monument expiatoire de la rue de Richelieu ! Tout cela est
» juste : le bon sens de la France le reconnaîtra ! »

Par contre, l'année finissait bien pour *la Mode*, car, indépendamment de l'annonce qu'elle donnait à ses lecteurs de la grande victoire remportée par Zumalacarreguy sur Mina, elle avait la satisfaction de leur offrir une grande nouvelle : elle venait, disait-elle, de recevoir, pour l'année 1835, un abonnement important, et pour qui; devinez-le?... pour le *roi des Français*?

Rien n'était plus vrai . Louis-Philippe avait daigné honorer le journal de sa souscription et avait fait le sacrifice des 48 francs nécessaires à l'acquit de cet abonnement : c'était à en perdre la tête; aussi notre chère *Mode*, dès le premier numéro de janvier, en donnait-elle pour son argent à celui qu'elle nommait, avec orgueil, son *auguste* abonné. Ecoutez, gens de peu de foi, et jugez!

« Quelle surprise ! quel cadeau ! quelle étrenne ! Un homme s'est
» présenté ce matin dans nos bureaux, et cet homme a fouillé dans
» sa bourse, et il en a tiré la somme de 48 francs, et il a dit : *Abonne-*
» *ment d'une année pour le roi des Français*! Notre caissier a failli
» tomber à la renverse ! »

» ...Ah! mon auguste abonné, je vous promets de redoubler de zèle
» et d'efforts pour mériter la haute faveur dont votre munificence a
» daigné m'honorer !... Votre auguste souscription a de suite en-
» flammé tous mes écrivains d'une ardeur mal pensante qui ne
» peut manquer de porter ses fruits : ce ne sera pas de ma faute,
» je vous jure, s'ils ne sont pas entièrement de votre goût. Mais je
» vous demanderai un peu d'indulgence. Vous sentez bien que pour
» vos 48 francs je ne peux pas m'exposer à compter, tous les jours
» 3,309 francs 40 centimes à votre amé et féal Plougoulm (1) !
» Mais comptez sur moi ; si je ne vous fais pas rire aux dépens de
» quelqu'un de votre connaissance, c'est que probablement vous y
» mettrez de la mauvaise volonté... »

» Pour commencer, je vous dirai, avec ma franchise habituelle,
» ô mon auguste abonné : « Quittez, quittez au plus vite cette dé-
» plorable cocarde qui s'obstine à orner si burlesquement votre cha-
» peau rond. Cela n'a jamais été de mode que chez les facteurs de la
» petite poste (2).... Notez bien que je ne vous invite pas à renou-
» veler votre chapeau, c'est votre couronne de juillet, monseigneur,
» et les vieux monuments ont toujours eu droit à mes respects !
» Je craindrais de me rendre coupable d'indiscrétion en vous par-
» lant de la blancheur douteuse de votre jabot : vous allez me ré-
» pondre que l'éclat d'un linge blanc n'est pas indispensable à l'éclat

---

(1) Allusion à la dernière amende que *la Mode* avait versée quelques jours avant entre les mains du fisc.
(2) Louis-Philippe la porta jusqu'en 1836.

» de votre règne : vous avez parfaitement raison. Je comprends très
» bien d'ailleurs votre invincible répugnance pour tout. ce qui est
» blanc. Ainsi brisons là, mon auguste abonné, quelques taches de
» plus ou de moins, ce n'est pas une affaire ! »

» Je donne en étrennes à mes abonnés une très belle lithographie :
» l'*Entrée à Paris*, d'après le beau tableau de Gérard : mais vous
» pourriez faire *une sortie*, vous, et comme il faut tout prévoir, si
» vous deviez quitter votre capitale avant l'expiration de votre
» abonnement, n'oubliez pas de me donner votre nouvelle adresse.
» Quel que soit le lieu de votre nouvelle résidence, je me ferai un
» plaisir de vous servir avec la plus grande exactitude ; j'ai plu-
» sieurs abonnés aux États-Unis, qui ne se sont jamais plaints d'un
» retard. Ainsi, que ce ne soit pas cette considération qui vous re-
» tienne dans le cas où vous auriez, cette année, à faire un petit voyage
» d'agrément. *La Mode* vous suivra partout, trop heureuse de pou-
» voir vous habiller, en toute saison, de la tête aux pieds ! »

Le roi des Français n'était, en effet, que trop à même de reconnaître que *la Mode* avait pour son *auguste* souscripteur des égards tout particuliers : ce qui est positif, c'est que le journal pénétra pendant plusieurs mois aux royales Tuileries ; ce ne fut que sur les vives instances de Mlle Adélaïde, qu'exaspéraient les hardiesses de notre Revue, qu'on fit cesser l'envoi du journal, et que celui qui se voyait quelquefois qualifié par *la Mode* du titre de *roi des Mataquins*, s'en consola, en faisant décréter les lois de septembre.

XXXVI

Encore un nouveau gérant. — Le prince de Talleyrand quitte les affaires. — Un mot de Napoléon. — Rectification au *Moniteur*. — Les bals de l'ancienne liste civile. — M. Odilon Barrot et M. Viennet. — Ce dernier est-il *un* ou *une* Cassandre. — Nouvelle saisie de *la Mode*. — L'*épreuve avant la lettre.* — Ordonnance de non-lieu. — *La Mode* remercie son *auguste abonné.* — Condamnation de la *Gazette de France*. — *Le roi des Cucurbites.* — M. Bugeaud et les portes et fenêtres de la citadelle de Blaye.

La Mode, à la fin de 1834, fut obligée de s'adjoindre un nouveau gérant. M. de Nogent signa le journal à partir du dernier numéro de décembre, pendant que M. Martin, son prédécesseur, condamné, comme on sait, à six mois de prison, pour son fameux *Rapport au roi*, allait se constituer prisonnier à Sainte-Pélagie.

La consommation de gérants, que les rigueurs des parquets occasionnaient alors à la presse opposante, ne laissait pas que de rendre excessivement délicat le rôle de ces auxiliaires dévoués : bien des journaux n'en trouvaient plus. La loi des signatures obligatoires n'existait pas alors, et le seul gérant demeurait responsable de tous les méfaits de ses collaborateurs, dont le plus souvent il n'avait pas même lu les articles. On ignore, en général, comment se fait un journal : on croit que chaque article, longuement discuté, pesé, arrêté, n'arrive à l'imprimerie qu'après avoir subi le contrôle de toute une rédaction. Il n'en est rien : c'est à qui, parmi les écrivains d'une feuille publique, arrivera le dernier, son factum à la main, dans les bureaux de composition. Vite, un ouvrier s'en empare, et souvent la fin de l'article n'est pas encore écrite que déjà l'auteur a, sous les yeux, ce qu'en style d'imprimerie on nomme les épreuves du début. On va tirer, tout le monde se hâte, personne n'a le temps de revoir et de modifier les passages les plus saillants de son œuvre : est-ce que le brocheur n'attend pas, précédé de son armée de plieuses et d'expéditeurs ? Je me suis souvent demandé, quant à moi, comment, au milieu de cet immense travail qui constitue la composition d'un numéro de journal, chacun jouait assez vite de l'intelligence et des mains, pour que tout arrive à l'heure, et que les retards ne soient pas plus fréquents.

Les hommes de bonne volonté qui, sous le gouvernement de Juillet, acceptaient la grave responsabilité de signer un journal, devaient, en passant le Rubicon de la gérance, ne conserver aucune illusion sur les conséquences funestes que devait avoir leur dévouement, et plus d'un murmurait les paroles du Dante, inscrites à la porte de l'enfer :

<pre>
Lasciate ogn 'speranza
O voi qu 'intrate !...
</pre>

Il était en effet certain,—du moins pour ceux qui signaient des journaux royalistes ou républicains,— qu'ils ne quitteraient les bureaux de rédaction que pour aller occuper un cabanon de Sainte-Pélagie, et cela, dans un avenir peu éloigné. Cette responsabilité des gérants était souverainement injuste ; mais dame Justice, qui, surtout vers ce temps-là, n'y allait pas de main morte, voulait absolument avoir un souffre-douleur sur qui frapper, et, dans le camp des journalistes, ces souffre-douleurs étaient les gérants.

Dans les premiers jours de 1835, le gouvernement de Juillet se vit privé des services de M. de Talleyrand, qui occupait, en dernier lieu, le poste d'ambassadeur à Londres. Ce diplomate habile qui, au lendemain de 1830, avait trouvé moyen de se retrouver encore sur ses pieds, venait d'envoyer au roi sa démission, motivée « sur son grand âge, le repos qu'il conseille, les pensées qu'il suggère, etc., etc. »

Ces derniers mots : « les pensées qu'il suggère, » étaient relevés par *la Mode*, qui entrevoyait sans doute, dans un avenir prochain, la conversion définitive de l'ancien évêque d'Autun. A ce propos elle racontait une anecdote dont nous lui laissons la responsabilité, mais qui pourrait bien être vraie : elle a trait au mariage du prince, qui se trouverait ainsi *canoniquement* expliqué, sinon justifié.

Napoléon, sentant le besoin de substituer aux principes révolutionnaires les idées monarchiques et religieuses, s'était préoccupé de la situation anormale faite par les circonstances au prince de Talleyrand. Un jour il le fit appeler et lui dit, sans préambule : « Voici
» deux brefs que je viens d'obtenir de la cour de Rome : l'un vous
» relève de vos serments ecclésiastiques, et l'autre vous investit de
» la pourpre romaine. Choisissez ; mais il faut qu'avant un mois
» vous soyez marié ou cardinal ! »

Le prince comprit évidemment qu'il ne pourrait jamais faire qu'un assez mauvais cardinal, et, comme celle qui fut depuis la princesse de Talleyrand exerçait alors sur lui une très grande influence, il opta pour le mariage.

Lorsque nous serons arrivés, mon cher directeur, à l'époque de la mort de M. de Talleyrand, nous raconterons sur les derniers moments de ce personnage des détails assez neufs, qui pourront n'être pas sans intérêt pour vos lecteurs.

Quoi qu'il en soit, la démission de M. de Talleyrand, en 1835, parut à la nouvelle cour fort inopportune, et il ne manqua pas de gens pour dire que le prince, entrevoyant sans doute la chute prochaine d'un système qu'il n'aimait pas, — il faut lui rendre cette justice, — ne se souciait que médiocrement de se trouver mêlé une fois de plus à la chute d'une dynastie, et préférait d'avance s'en laver les mains.

Cependant, comme il adressait à Louis-Philippe une lettre de démission, dans laquelle se trouvaient des expressions louangeuses, la *Mode* saisissant avec joie l'occasion qui se présentait de faire une rectification au *Moniteur*, disait : « Dans sa lettre au roi, M. de » Talleyrand prétend que Louis-Philippe est *admiré* de toute l'Eu-» rope : cette lettre heureusement se trouve dans la partie non offi-» cielle du *Moniteur!* »

Le 29 janvier 1835 eut lieu, au profit des pensionnaires de l'ancienne liste civile, un de ces bals qui acquirent par la suite une si grande vogue, et qui réunissaient alors l'élite de l'ancienne société parisienne. On sait que la plupart des pensions servies par la liste civile du roi Charles X avaient été supprimées en 1830 : presque tous les titulaires étaient de malheureux serviteurs de la famille royale, dénués de ressources et chargés de famille : il fallait bien que le parti légitimiste vînt en aide à des misères si dignes d'intérêt, et les plus grandes dames du faubourg Saint-Germain se mettaient en quête de charité pour organiser ces bals splendides, dont la réputation dure encore. On se ferait difficilement une idée de l'entrain avec lequel chacun, dans la société, souscrivait à ces fêtes, et leur souvenir est loin d'être éteint, puisque ces mêmes dames patronesses qui dirigeaient, en 1835, les fêtes dont je parle, se font une loi aujourd'hui encore, de ne pas laisser passer d'hiver sans organiser une réunion charitable au profit de ces mêmes pensionnaires de Charles X, lesquels, pour être de jour en jour moins nombreux, n'en sont pas moins dignes d'intérêt.

Ces anciens bals de la liste civile faisaient le désespoir de la royauté citoyenne : on citait les quelques noms aristocratiques très rares qui figuraient aux fêtes des nouvelles Tuileries, mais on retrouvait toute l'ancienne cour sur le carnet de nos dames patronesses. *La Mode*, qui publiait, à grands renforts de brocards et de plaisanteries, les noms des *ralliés* politiques, relevait avec orgueil les noms des fidèles, qui venaient s'unir pour rendre moins précaire la malheureuse situation des pensionnaires de Charles X. Des littérateurs, des artistes, des personnes appartenant aux carrières libérales, se montraient également à ces fêtes de la fidélité, et nous nous souvenons que c'est à l'une d'elles qu'il nous fut donné d'apercevoir, pour la première fois, une femme alors dans tout l'éclat de sa beauté et de son talent, Mme George Sand.

Le bal de 1835 eut cela de remarquable, qu'organisé avec intention le jour même où les nouvelles Tuileries faisaient aussi danser, on vit le corps diplomatique, presque tout entier, donner la préférence à la fête du malheur et de la fidélité, et y paraître avec ostentation. Bien mieux, le succès de ce bal fut si grand que les commissaires ordonnateurs se crurent engagés à en rendre un second, qui eut lieu, dans ce même carnaval de 1835, le 24 février, et fut encore plus brillant que le premier.

C'est au lendemain de ces événements, si nous en croyons *la Mode*, que M. Odilon Barrot, abordé par M. Viennet, — ce n'était certainement pas à l'un des bals de la liste civile, — entendit ce dernier lui dire avec componction :

« — Je suis désolé, mon cher, la monarchie de Juillet s'en va ! les ministres n'y entendent rien ; je leur montre en vain l'abîme où nous allons ; du moins, quand le jour fatal viendra, il me restera la gloire d'avoir été *la Cassandre* de la royauté ! »

« — Oh ! si vous disiez *le Cassandre*, répliqua M. Odilon Barrot, je vous croirais ! »

Il me semble, mon cher ami, que si nous voulions être juste pour tout le monde, nous devrions reconnaître que si M. Viennet a bien véritablement été *la Cassandre* de la royauté de 1830, M. Odilon Barrot est, à plus juste titre encore, devenu *le Cassandre* de la même royauté, le jour où, après avoir été porté en triomphe de la *rue du Père-du-Peuple* (1) aux Tuileries, il s'éveilla le lendemain en face de MM. Louis Blanc et Albert ouvrier, ministres !

Le numéro de *la Mode* du 31 janvier 1835 contenait, entre autres articles, un proverbe des plus amusants, intitulé : *une Promenade aux Tuileries, ou tout chemin mène à Rome*; il contenait en outre une très belle planche gravée, publiée sous ce titre : *l'Épreuve avant la lettre*. Cette dernière planche était une allusion des plus transparentes au retour d'Henri V dans sa capitale : on y voyait, en effet, un charmant jeune homme ramené en triomphe dans une ville qui ressemblait à s'y méprendre à Paris, et pendant qu'une foule en-

---

(1) Nous avons vu M. Odilon Barrot porté en triomphe, le 23 février, de la rue de la Ferme-des-Mathurins, qu'il habitait alors, au boulevard : c'est en vue de cette circonstance que cette rue fut appelée pendant quelque temps : rue du Père-du-Peuple !

thousiaste déployait autour de lui des drapeaux où se lisait la belle devise : *Tout pour la France!* des hommes en grand nombre criaient autour de lui : *Vive le roi!* Enfin, d'autres hommes, gorgés d'or, se sauvaient à toutes jambes et laissaient la place libre à des personnages d'une espèce particulière, qu'on ne voit que trop souvent apparaître aux époques de révolution et qui surgissent sous ce nom : d'*hommes du lendemain;* heureux même les nouveaux gouvernements quand ils n'entendent pas ces frelons de la dernière heure venir se vanter à leur oreille d'*avoir tout fait!*

Ce numéro et cette planche furent immédiatement saisis ; mais la cour de Paris, sur le vu des pièces, — et c'est ce qui nous étonne, — décida qu'il n'y avait pas lieu à suivre. *La Mode*, ravie au dernier point, ne crut pouvoir mieux faire que de remercier, à cette occasion et d'une manière toute particulière, celui qu'elle appelait avec amour son *auguste abonné*. Elle le fit en des termes qui pouvaient immédiatement la ramener devant ces mêmes juges qui venaient généreusement de l'amnistier. Il n'en fut rien par bonheur ; mais la *Gazette de France* n'eut pas la même chance. Ce journal, qui était devenu, avec *la Mode* et *la Quotidienne*, la terreur des parquets, fut de nouveau poursuivi, et M. Plougoulm, avocat général, parvint à faire condamner son gérant à une peine énorme. Un journal satirique ayant osé dire que cet accusateur public s'était élevé « aux derniers transports d'idolâtrie en faveur de l'élu du 9 août, » *la Mode* s'écria : « Louis-Philippe est malade à force d'avoir respiré
» tout l'encens de M. Plougoulm. »

Nous n'insisterons pas sur les autres coups de boutoir de *la Mode* à l'adresse de ce même M. Plougoulm. Ce magistrat était devenu, en peu de temps, l'une de ses *bêtes noires* favorites ; mais comme les accusations qu'elle dirigeait contre lui avaient un caractère tout personnel, et qu'elles atteignaient M. Plougoulm dans le sanctuaire même de la famille, la charité chrétienne s'oppose à ce que nous les relevions ici.

D'ailleurs *la Mode* ne nous en laisserait pas le temps, car elle nous force à analyser à grands traits cette inconcevable tragédie du *Roi des Cucurbites*, — attribuée à M. Fulchiron, disait-elle, — qui parut alors dans ses colonnes, et qui était bien le plus sanglant assemblage de moqueries et d'insolence qui se puisse imaginer : jamais l'abus de la critique, appliquée aux actes d'un gouvernement, n'était allé plus loin, et la morale de la pièce avait une portée qui n'échappera à aucun de vos lecteurs, mon cher ami, lorsque surtout vous voudrez bien vous reporter aux temps où elle fut publiée.

Le roi des Cucurbites régnait sur un pays bien connu. Fatigué de mille ennuis, et s'adressant à son fils Rosolin, qu'il cherchait à convaincre, il lui disait :

> Mon fils, il faut qu'un roi de l'école moderne
> Gouverne à lui tout seul, ou bien on le gouverne.
> S'il ne fait que régner, il ne gouverne pas,
> Et, responsable ou non, il est bientôt à bas.
>
> . . . .
>
> Enfin, pour éviter des secousses sinistres,
> Qu'il prenne des laquais et non pas des ministres,
> Et, comme il faut prévoir les révolutions,
> Un roi fait toujours bien d'avoir des millions !

Le prince Rosolin écoutait son père avec patience; mais ce malheureux prince Rosolin, — dans la prétendue pièce de M. Fulchiron, — était atteint d'une idée fixe, celle de se marier. Or, comme personne ne voulait de lui, et que, dans une scène précédente, on venait de le voir honteusement repoussé par toutes les princesses des royaumes voisins, — même par la princesse de Lilliput, — il disait, non sans tristesse :

> Sire, dans vos États un chacun se marie,
> Moi seul reste garçon : c'est une moquerie ;
> Et que me sert d'aller à la postérité,
> S'il ne reste de moi nulle postérité ?
> A quoi bon tant d'exploits, de hauts faits, de campagnes,
> Si je ne puis trouver ni femmes ni compagnes,
> Pour leur conter le soir, au parfum du tabac,
> Les fatigues des camps, les plaisirs du bivac !
> Il serait raisonnable autant que légitime
> De forcer une fille, ayant commis un crime,
> D'épouser, en vertu d'un article pénal,
> Ou de force ou de gré, le prince dit royal !

Le roi, alors, embrassant son fils, — toujours dans la tragédie de M. Fulchiron, — disait avec cette expansion communicative, si bien connue des fidèles amis de M. Juillet :

> Je vais dès ce moment, pour vous être agréable,
> Faire de votre hymen ma *pensée immuable !*

Ces évidentes allusions à tous les mariages manqués de M. le duc d'Orléans donnaient à la publication de ces incroyables dialogues un à-propos inouï et un intérêt des plus piquants. *La Mode*, pour en faire d'autant mieux ressortir les finesses, offrait de faire représenter la tragédie qu'elle venait de publier, par « l'élite des personnages qui entouraient habituellement le roi ! » Les numéros contenant cette facétie se vendirent à plusieurs milliers d'exemplaires et eurent un succès fou. Du reste, le crayon venait en aide à la plume, dans les colonnes de *la Mode*, pour illustrer cette épopée d'un nouveau genre : une caricature très bien faite, représentant le prince Rosolin attaché à *une borne*, en face de cinq ou six princesses qui le fuyaient, accompagnait la livraison, et on lisait au bas de la gravure ces deux vers déchirants, attribués au jeune héritier du *roi des Cucurbites* :

> Princesses, à me fuir, quoi ! vous vous obstinez ?
> Je suis pourtant un prince à mener par le nez !

Mais cette bouffonnerie allait être suivie d'une réclamation de M. le général Bugeaud contre le fisc, qui, pour être plus sérieuse, n'en était, en vérité, ni moins plaisante ni moins extraordinaire. M. le général Bugeaud contestait au fisc le droit de lui faire payer l'impôt des portes et fenêtres de l'appartement qu'il avait occupé, à Blaye, dans la citadelle, pendant la captivité de Madame la duchesse de Berry. C'était à se demander si les gens qui faisaient ainsi parler d'eux, dans une aussi déplorable occurrence, avaient bien réfléchi aux conséquences que pouvaient avoir les débats d'un semblable procès. Le conseil de préfecture de la Gironde ayant maintenu les prétentions du fisc, M. le général Bugeaud saisit le conseil d'État de la question ; mais ce dernier confirma la décision du conseil de préfecture, et le percepteur dut faire valoir ses droits.

Il me semble, mon cher directeur, qu'en cette occasion M. le général Bugeaud en faisant ainsi parler lui de jouait bien évidemment à qui perd gagne, et *la Mode*, qui ne pouvait jamais s'empêcher, même dans les circonstances les plus graves, de lancer un brocard, s'écriait avec beaucoup de raison :

« Malgré sa colère contre l'*ordre de choses*, M. Bugeaud ne peut
» s'empêcher de le trouver *imposant !* »

XXXVII

Suite de l'année 1835. — La *Juive*. — *Farinelli*. — La *Nonne sanglante*. — Un jugement prophétique sur Victor Hugo. — Anecdote. — Condamnation de la *Quotidienne*. — Triple saisie de *la Mode*. — Trois ordonnances de non-lieu. — La brochure de Deutz. — Dans l'intérêt de qui paraît-elle? — Procès monstre des accusés d'avril. — Grande complainte. — Moralité de tout cela. — 28 juillet 1835. — Réflexions.

La représentation de la *Juive*, d'Halévy, eut lieu dans le courant du mois de février 1835 : Nourrit était admirable dans le fameux air : *Rachel, quand du Seigneur*, où Duprez seul l'a depuis égalé ; Mlle Falcon le secondait avec un grand talent, et l'ensemble de l'opéra ne laissait rien à désirer. Mlle Georges venait encore une fois de rentrer à l'Odéon, dans *Agrippine*. Pendant ce temps, le Palais-Royal donnait *Farinelli*, jolie création de ce joyeux Achard, qui est mort depuis hypocondre, dit-on, comme Grassot ; et la Porte-Saint-Martin inaugurait les cent et quelques représentations d'un drame absurde, qui eut les honneurs d'un grand succès : la *Nonne sanglante*.

La comédie, on le voit, ne se jouait pas seulement sur la scène officielle et dans les colonnes des journaux : les vrais théâtres rivalisaient d'efforts, concurremment avec les grands acteurs politiques, pour donner à la France des spectacles de plus d'un genre : c'était, ici et là, une noble émulation !

Une excellente étude critique sur Victor Hugo parut dans le numéro de *la Mode* du 31 mars 1835 : on la publierait aujourd'hui qu'elle semblerait nouvelle, et tous les honnêtes gens y applaudiraient. *La Mode*, en cette circonstance, avait réellement le don de prophétie ; pourtant les *Médiums*, et les *Hume*, n'existaient pas encore ! Qu'on lise cet article « à paraître dans un siècle ou deux, » — avait dit *la Mode*, — et qu'on dise s'il ne semble pas écrit d'hier. Nous n'en pouvons citer malheureusement que des extraits.

Donc, le 31 mars 1835,—notez-le bien, — *la Mode* disait :

« Il y eut en France, au xix⁰ siècle, deux écrivains homonymes
» à la fois par leur prénom et par leur nom de famille ; similitude
» d'autant plus singulière que le style et la manière de ces deux
» écrivains offrent le contraste le plus parfait. Quelques biographes,
» il est vrai, voudraient confondre en une seule ces deux existences:
» s'appuyant sur une homonymie si complète, ils prétendent que
» ces deux poëtes n'en font qu'un ; mais le style, les opinions, les
» sentiments de l'un diffèrent si essentiellement des opinions, des
» sentiments, du style de l'autre, que cette version nous paraît
» inadmissible.

» Ces deux poëtes s'appelaient Victor Hugo. Le premier a publié
» des odes qui sont peut-être les plus beaux morceaux lyriques qui
» existent dans la littérature française. L'esprit monarchique et religieux
» y parle une langue pure, puissante, énergique, colorée comme
» celle des grands poëtes, qui sont l'éternel honneur de la France. Victor
» Hugo, premier du nom, avait adopté la haute et belle mission de
» célébrer dans ses chants toutes les saintes et antiques croyances

» nationales. Il trouvait d'admirables accents pour chacune des gloi-
» res, des joies et des malheurs de sa patrie ;... telle était la sublime
» tâche que Victor Hugo, premier du nom, avait entrepris. Malheu-
» reusement sa carrière fut courte, à ce qu'il paraît : cette voix har-
» monieuse s'éteignit bientôt, en laissant les plus vifs regrets aux
» amis de la vraie poésie.

» L'apparition du second Victor Hugo fut peu faite pour les con-
» soler; car si cet écrivain rappelait à leur souvenir le nom du
» poëte aux nobles inspirations qu'ils avaient pleuré, le style et les
» opinions du nouveau venu protestaient formellement contre cette
» similitude fortuite. Ce que Victor Hugo premier avait adoré, Victor
» Hugo second le foula outrageusement sous ses pieds. L'un avait
» chanté les croyances de monarchie et de religion, il avait relevé
» de ses mains pieuses les croix abattues par le vent des révolutions ;
» l'autre se mit à la suite des hommes qui saccageaient les églises,
» déchiraient le glorieux drapeau de la vieille France et grattaient
» les fleurs de lys sur la façade de nos monuments. D'ailleurs, si le
» second Victor Hugo marcha dans une route différente de celle
» qu'avait suivie son prédécesseur, il parla aussi tout une autre
» langue. Aux accents purs et élégants de l'auteur des odes, il
» substitua un idiome à la fois trivial et boursouflé, plein d'images
» et de pensées qui n'inspirent que le dégoût. Le chemin qu'il avait
» choisi lui porta malheur, car, tandis que les vers de Victor Hugo
» premier avaient leur place dans toutes les bibliothèques, comme
» un des plus beaux monuments de la langue française, les
» amis de la poésie, qui sont aussi les amis de toutes les saintes
» croyances, se bornaient, en trouvant dans les œuvres de Victor
» Hugo second quelques parcelles d'or enfouies sous des amas de
» fange, à déplorer les incroyables aberrations de son talent. »

Que de vérité dans ce jugement, mon cher directeur, écrit il y a plus de vingt ans, alors que personne ne pouvait certainement prévoir qu'un Victor Hugo, troisième du nom, surgirait encore de nos jours, pour donner l'exemple d'une aberration poussée jusqu'aux dernières limites de la folie et de l'orgueil! Il est donc bien vrai que les hommes, même les mieux doués, une fois déviés du droit chemin, ne retrouvent plus leur voie, et qu'entraînés fatalement sur cette pente irrésistible de la révolution où les pousse la vanité, l'amour-propre et l'envie, ils descendent toujours jusqu'à ce degré suprême qui n'a plus pour limite que le ridicule et l'odieux.

Victor Hugo, le démocrate de nos jours, qui avait dit en 1822 :

> Guerriers, peuple, chantez! Bordeaux, lève la tête!
> Cité qui, la première, aux jours de la conquête,
> Rendue aux fleurs de lys, as proclamé ta foi.
> Et toi, que les martyrs aux combats ont guidée,
>   Sors de ta douleur, ô Vendée!
> Un roi naît pour la France, un soldat naît pour toi!

n'avait pas, à la veille de cette révolution de juillet 1830, qui devait faire de lui un Pair de France, une bien grande horreur pour les « hochets de la vanité » et les « lanières dorées que les tyrans » savent mettre aux mains des hommes, » puisque nous trouvons, dans *la Mode* de 1835, la copie d'une de ses lettres où il remercie humblement le ministre de l'intérieur de 1829 de la pension de 2,000 francs qu'il lui faisait sur les fonds littéraires de son département, — indépendamment d'une autre pension de 2,000 francs qu'il devait à la générosité particulière du roi, qui la lui donnait sur sa cassette, — et qu'on y lit cette phrase bonne à noter : « Quoi qu'il » advienne, monseigneur, il est inutile que je vous en renouvelle » l'assurance : *rien d'hostile ne viendra de moi.* Le roi ne doit at- » tendre de Victor Hugo (!!!) que des preuves de *fidélité,* de *loyauté* » et de *dévouement!* »

Ces rapprochements sont fort tristes, mais il faut bien les faire, ne fût-ce que pour montrer à ceux qui croient à la vertu de la révolution et à celle de ses grands prêtres, que ces derniers sont loin d'être insensibles aux places, aux honneurs et à l'argent ! Je sais bien qu'on me dira peut-être que personne en ce monde n'y est indifférent : soit ; mais du moins la plus simple convenance veut qu'on ne crie pas si haut contre des abus dont, en de meilleurs temps, on s'estimait heureux d'être le bénéficiaire.

Et avant de quitter Victor Hugo, terminons ce paragraphe rétrospectif par une anecdote qui le concerne : elle est racontée tout au long par *la Mode*, à qui nous en laissons la responsabilité, quoiqu'elle invoque à l'appui de ses dires le témoignage d'un homme que tous les partis ont appris à respecter et à croire, M. Théodore Anne.

C'était au commencement de 1831 : le ministère voulait rétablir la censure théâtrale, et les auteurs dramatiques s'étaient réunis pour protester. Au milieu du débat, M. Victor Hugo, en parlant du gouvernement de la Restauration, crut devoir employer le mot *infâme*.
« — Ah ! monsieur, s'écria M. Théodore Anne, en se levant brus» quement, avant de continuer sur ce ton, retirez du moins de votre » boutonnière le ruban que vous devez à la bonté du roi Charles X ! »
M. Victor Hugo rougit et se tut.

Le 25 mars 1835, *la Quotidienne* fut condamnée à la peine énorme de dix-huit mois de prison et de 15,000 francs d'amende, sans compter les frais : cet arrêt monstrueux, rendu toujours en vertu de la fameuse promesse royale du 7 août : « plus de procès à la presse ! » causa dans l'opinion une impression pénible : les écrivains sérieux et les hommes graves de toutes les nuances se trouvèrent d'accord pour réprouver une semblable sévérité, et tout le monde se disait que le gouvernement devait être bien peu sûr de son avenir pour employer, à l'égard de certaines feuilles, de semblables rigueurs. *La Mode* ouvrit immédiatement une souscription en faveur de sa sœur *la Quotidienne*, et le parti royaliste tint à honneur de ne pas laisser succomber à la peine un journal courageux, qui n'avait eu qu'un tort, celui de parler très haut. Le crime des journaux qui, sous tous les gouvernements, encourent des condamnations politiques, c'est de dire le plus souvent à haute voix ce que tout le monde pense tout bas.

Ce fut sur les conclusions de MM. Partarrieu-Lafosse et Plougoulm que la condamnation de *la Quotidienne* fut prononcée. *La Mode*, qui, dans ses *épingles*, ne laissait jamais passer l'occasion d'atteindre ses adversaires, disait : « Messieurs du parquet ont
» beau faire, *Lafosse* n'enterrera pas *la Quotidienne !* » Et encore :
« M. Plougoulm a dit que *la Quotidienne* fatiguait le gouverne-
» ment. Le gouvernement le rend bien aux abonnés de *la Quo-*
» *tidienne !* »

La Mode avait publié, dans sa livraison du 31 mars, une correspondance de Prague, donnant quelques détails sur l'arrivée en cette ville de M. le général de Saint-Chamans. Il n'en fallut pas plus pour motiver une nouvelle saisie du journal. C'était pour la septième fois que la Revue se voyait ainsi déférée à la justice ; toutefois la cour de Paris la déchargea de cette accusation. *La Mode* triomphante s'écria bien vite : « Pour la seconde fois depuis un mois
» la chambre du conseil vient d'absoudre notre Revue : décidément
» messieurs les gens du roi sont brouillés avec la justice ! »

Qu'allait-elle dire, notre chère et fidèle *Mode*, lorsque, à peu de temps de là, poursuivie et incriminée de nouveau par l'ombrageuse susceptibilité des parquets, à l'occasion de son numéro du 20 mai, contenant un article intitulé : *Le cauchemar de Chantilly,* elle vit encore une ordonnance de non-lieu intervenir en sa faveur, et la décharger, pour la troisième fois, de toutes poursuites?

« *La Mode* ne se laissera pas régenter par vous, messieurs du » parquet, — s'écriait avec une assurance toute de circonstance, la » feuille amnistiée : — elle gardera son allure franche et hardie, et sa » voix ne baissera pas d'un ton, parce qu'il vous déplaît de l'entendre; « c'est là son caprice, et elle y tient ! »

Quoi qu'il en soit, ces procès manqués n'étaient que partie remise, et vos lecteurs verront bientôt, mon cher directeur, avec quelle sévérité, quel acharnement et quelle persévérance *la Mode* fut frappée successivement d'amendes et de peines qui la mirent bientôt à deux doigts de sa perte : l'époque des lois de septembre approchait et les beaux jours de la presse allaient finir !

Cependant une brochure venait de paraître, qui était de nature à révolter tous les honnêtes gens : elle avait pour titre : *Ma justification,* et était signée SIMON DEUTZ ! Peut-être, mon cher directeur, n'aurait-on fait qu'une médiocre attention à cette publication, si son auteur n'avait pris soin de se faire donner un certificat de bonne conduite, signé Ad. Crémieux, et surtout s'il n'avait pas chargé d'imprimer son œuvre le propre frère de M. Fain, secrétaire du cabinet du roi Louis-Philippe.

Chose incroyable ! Deutz, le traître infâme, prenait plaisir à raconter, dans les plus grands détails, son abominable intrigue ; il citait même une anecdote qui montre à quel degré d'avilissement peuvent descendre certains cœurs : c'est le récit de sa dernière entrevue avec Madame.

« Le 6, disait-il, j'étais à quatre heures et demie auprès de
» Madame. En lui présentant mes deux lettres, dont l'une était dé-
» cachetée, je m'excusais de mon indiscrétion, lorsque, m'inter-
» rompant avec beaucoup d'obligeance :—« Je n'ai pas, me dit-elle,
» de secrets pour vous, je vais lire en votre présence. » Une de ces
» lettres était de M. Jauge ; il prévenait la princesse de se tenir sur
» ses gardes, parce qu'il savait de source certaine qu'un homme
» qui avait toute sa confiance l'avait trahie et vendue à M. Thiers
» pour un million. Madame jeta avec insouciance cette lettre sur une
» table où elle fut saisie une heure plus tard, et me regardant en
» souriant :—« Vous avez entendu, monsieur Deutz, c'est peut-être
» de vous qu'on veut parler ? » Et je lui répondis sur le même ton :
» —C'est possible... »

La Mode n'en prenait pas facilement son parti : « Le pamphlet
» de Deutz, s'écriait-elle, est certainement publié dans l'inté-
» rêt de quelqu'un, et ce qui nous paraît démontré, c'est que
» ce n'est pas dans l'intérêt de Deutz, qui sait bien que rien
» au monde ne peut le justifier : Judas ne se justifia pas, il se
» pendit. »

Le procès des accusés d'avril, dit *procès monstre*, se déroulait alors devant la chambre des pairs. Après avoir publié, dès le début de l'affaire, un article dans lequel elle trouvait bon de substituer tout simplement les accusés aux juges, *la Mode*, qui ne voyait dans les uns comme dans les autres que des *révolutionnaires*, imaginait de rédiger une grande complainte en trente couplets et une moralité, sur l'air de la *complainte de Fualdès*, laquelle parut dans un de ses numéros de juin 1835, et qui commençait ainsi :

> Tu sais, peuple bénévole,
> Qu'à Lyon, maints factieux
> Commirent un crime affreux,
> Sous le prétexte frivole,
> Qu'étant par hasard sans pain,
> Ils se trouvaient avoir faim.

Et la moralité disait, toujours sur le même ton :

> Ceci t'enseigne, ô Philippe !
> Que la révolution,
> Fill' de l'insurrection,
> Doit ménager son principe,
> Et, comme l'a dit un pair,
> Ne jamais cracher en l'air.

Hélas ! à quoi donc servent les vérités, puisque, on a beau les répéter, jamais elles n'arrêtent personne !

Cette complainte obtint une grande vogue : le numéro de *la Mode* qui la contenait fut vite épuisé, et l'innocente Revue put imprimer en toute sécurité cette boutade judicieuse : « La Chambre des pairs a » beau faire des procès, il y a longtemps qu'elle a perdu sa cause » devant l'opinion publique. »

Mais un événement bien autrement grave était à la veille de s'accomplir. Le 28 juillet 1835 approchait, et à l'occasion du cinquième anniversaire de la Révolution de 1830, l'abominable attentat de Fieschi allait ensanglanter la capitale, en même temps que jeter Paris et la France dans une inquiétude voisine de la terreur. Tout le monde comprenait, en effet, que la logique de cet événement était irréfutable : du moment qu'on avait récompensé, par une colonne triomphale, le dévouement des héros morts en juillet pour le triomphe des principes révolutionnaires, le dévouement d'autres héros à ces mêmes principes, exagéré par eux, pouvait bien aller jusqu'à l'assassinat, et braver toute fausse honte. Entre ces deux mots, le premier dit en 1830 : « L'insurrection est le plus saint des » devoirs, » et cet autre : « L'assassinat est de droit contre un tyran, » prononcé de nos jours par les descendants directs de Fieschi, les Orsini et les Milano, il n'y a que l'épaisseur d'une nuance. Si on ne veut pas comprendre cela, on a tort : nous trouvons, quant à nous, parfaitement logiques les scélérats qui proclament hautement le dernier principe, du moment que ceux qui se sont chargés de faire leur éducation politique acceptent le premier.

Nous verrons, mon cher directeur, dans un prochain chapitre, les conséquences qu'eurent pour notre pays l'exécrable attentat de Fieschi.

XXXVIII

Attentat du 28 juillet 1835. — Fieschi. — Réflexions de *la Mode*. — Elles lui valent une nouvelle saisie. — Les assassins politiques. — Les lois de septembre. — Épitaphe de la *Charte-Vérité*. — Conséquences des nouvelles lois sur la presse. — La *Gazette de Normandie*. — Le vicomte Walsh. — *La Mode* entre dans une nouvelle phase. — Elle passe des mains de M. Mennechet dans celles de M. Édouard Walsh.

L'assassinat politique a été de tous temps l'*ultima ratio* des révolutionnaires, l'argument sans réplique de ceux qui n'en ont pas.

A part de très rares exceptions, qui constituent pour ainsi dire ce qu'on peut nommer des cas de légitime défense ou d'inimitié personnelle, tous les assassins politiques n'ont fait qu'exécuter un mot d'ordre, et n'ont, en aucune façon, obéi à leur seule et propre initiative. Des fous, des rêveurs, de jeunes exaltés, ont pu se laisser aller d'eux-mêmes à l'idée de frapper des rois, mais jamais ils n'eussent exécuté leurs projets sans l'excitation obligée des partis.

Il a fallu des époques de crise, comme celles que nous traversons, pour qu'on osât soutenir, en plein xix siècle, que tel ou tel assassinat politique est un crime individuel. Cela est si peu vrai, qu'à Naples, on exalte aujourd'hui Agésilas Milano, et que le gouvernement sarde contre-signe l'ordonnance qui déclare cet assassin grand homme ! Est-ce que ce Milano, en frappant Ferdinand II, n'obéissait pas aux excitations d'un parti ? Est-ce que ce parti n'a pas triomphé depuis en Italie ? Est-ce que tous ceux qui le composent revendiqueraient ce malheureux pour un des leurs, s'ils n'avaient pas l'intime conviction d'avoir concouru moralement à l'accomplissement de son crime ? Orsini, lui aussi, était l'instrument des mêmes hommes, et nous défions les moins impartiaux d'oser prétendre que ceux qui approuvent les abominations qui se commettent aujourd'hui de l'autre côté des Alpes, et portent aux nues notamment Milano, ne se trouvent pas amenés forcément à comprendre, dans la même admiration, le sinistre organisateur du guet-apens de la rue Lepelletier !

Que les révolutionnaires de toutes les nuances se le tiennent pour dit, et surtout qu'ils en prennent leur parti; mais, qu'ils le veuillent ou non, leurs déclamations font plus pour engendrer des Milano que toutes les fautes du despotisme. Il est d'ailleurs avéré que tous nos modernes régicides avaient préalablement fait partie des ventes, des associations secrètes et des conciliabules clandestins : tout le monde sait aujourd'hui ce que valent ces écoles et ce qu'on y apprend. Nous faisons une grande différence entre les assassins stipendiés et ceux que poussent au crime d'abominables conseils : les premiers agissent sous l'influence des plus vils sentiments, ce sont des bravi; les seconds sont des instruments dont se servent de haineux sycophantes, pour commettre de sang-froid le plus grand des crimes. Les scélérats qui mirent à mort Louis XVI avaient du moins pour eux l'excuse de l'entraînement : la plupart des votes régicides du 20 janvier 1793 furent donnés, en France, par peur : beaucoup de ceux qui les émirent l'ont déclaré depuis, à leur lit de mort. Aujourd'hui tous les assassins politiques agissent avec une inconcevable préméditation, et nous sommes en droit de dire très haut que la responsabilité de leurs crimes remonte à d'autres qu'à eux. Dans un temps où les idées révolutionnaires partent d'en haut au lieu de venir d'en bas, cette conséquence n'a plus lieu d'étonner. Il est inutile d'aller chercher ailleurs la cause de tant et de si regrettables attentats.

Fieschi était un homme trop ordinaire pour avoir seul conçu son plan meurtrier. Lorsqu'on annonça son arrestation à M. Sébastiani, qui ne pouvait pardonner à l'assassin d'être du même pays que lui, c'est-à-dire Corse, il s'écria : « Nous tenons le bras, mais qui nous » livrera l'âme de la conspiration ? » Parole vraie, qui n'a pas été assez remarquée.

Fieschi était incapable d'un acte d'initiative. Il est mort, en emportant le secret de ceux qui l'avaient fait agir ; mais l'histoire, répétant le mot de M. Sébastiani, redira qu'on a pu atteindre le bras qui avait frappé, mais nullement la tête qui avait ordonné le crime. Ses dignes auxiliaires, Pepin et Morey, étaient eux-mêmes deux instruments dont les têtes sont tombées pour donner satisfaction à la vindicte publique, mais qui n'avaient, pas plus que Fieschi, conçu l'horrible idée d'assassiner le roi.

C'était le 28 juillet. Une foule immense remplissait les rues de Paris. Louis-Philippe, entouré de son état-major, de princes, de généraux, parcourait les boulevards : on fêtait le cinquième anniversaire des journées de néfaste mémoire, qui virent, en 1830, la chute d'une monarchie de dix siècles. Tout à coup, à la hauteur du boulevard du Temple, en face du numéro 50, qui fait hache sur la rue des Fossés-du-Temple et y porte le numéro 41, une horrible détonation se fait entendre : des cris déchirants s'élèvent de tous côtés : on vient de tirer sur le roi. Une foule de malheureux, cruellement atteints ou mortellement blessés par l'explosion d'une machine infernale, tombent aux côtés du roi, qui n'a rien ; mais, à sa droite, le maréchal Mortier, duc de Trévise, est frappé en pleine poitrine. Un désordre extrême se produit ; chacun se demande d'où sont parties ces balles meurtrières. On monte enfin au quatrième étage d'une maison de modeste apparence, et, derrière les persiennes fermées, on trouve la machine infernale. Fieschi est bientôt arrêté, sous le nom de Girard, qu'il se donne d'abord, au moment où, cherchant à s'échapper par une fenêtre de derrière, à l'aide d'une corde préparée à l'avance, il est surpris et jeté dans les fers.

L'émotion que produisit alors dans Paris et dans la France entière la nouvelle de cet attentat est impossible à décrire : une aussi lâche tentative révoltait toutes les consciences. Le parti démocratique fut le plus ardent à témoigner son horreur du crime de Fieschi : ses journaux firent entendre contre ce malheureux des paroles d'exécration. Pourquoi donc aujourd'hui ce même parti encense-t-il l'assassin du roi de Naples ?

Nous ne connaissons pas, quant à nous, de plus grande honte, pour l'Italie, que celle qui s'attache à la réhabilitation de Milano. Un dilemme dont il est difficile de sortir se présente, en effet, et nous l'offrons à la méditation des honnêtes gens, — même des républicains : — Ou bien Fieschi est, lui aussi, un grand homme, ou bien Milano est, comme lui, un vulgaire assassin. Pourquoi des couronnes à l'un et des outrages à l'autre ? La logique est la plus belle chose du monde : qu'elle vienne en aide à ceux qui voudraient répondre de bonne foi à la question que nous posons !

Admettons, pour un instant, que Fieschi ait réussi, et que la France atterrée, ou plutôt égarée, à la suite des tribuns révolutionnaires, ait déclaré sa mémoire trois fois sainte : que serait-il arrivé ? Pense-t-on qu'il se fût rencontré, dans le monde entier, un seul État pour ne pas refuser tout commerce avec une nation qui se serait déshonorée au point d'exalter un régicide ? N'aurait-on pas vu l'Europe indignée renouveler, vis-à-vis de la France, la coalition des rois, en 1793, contre les monstres altérés de sang qui siégeaient à la Convention ? Aujourd'hui la morale politique a donc bien changé ! La conscience publique y a-t-elle gagné ?

La Mode, qui voyait un enseignement dans l'attentat de Fieschi, commis « à deux pas de la colonne de la Bastille, élevée à l'insur» rection triomphante, l'année même de la démolition *par ordre* » du monument expiatoire du duc de Berri, » et le jour d'une fête qui rappelait la moins pure des révolutions, » ajoutait, avec une gravité qu'on ne saurait méconnaître, dans un article qui produisit la plus vive émotion : « Nous plaignons les familles de ceux qui sont » tombés, mais nous pleurons plus encore sur une autre victime frap» pée au cœur et qui se débat dans une longue agonie, la société !!! »

Le gouvernement répondit par une saisie à ces magnifiques paroles, empreintes d'un accent si vrai de haute moralité ; heureusement cette sorte d'intimidation morale n'avait aucune prise sur notre courageuse Revue, qui, reprenant immédiatement le même thème, imprimait, à quelques jours de là : « Oui, c'est la société tout entière » qui se meurt de ces coups terribles et répétés que lui porte, de» puis cinquante ans, ce vertige d'impiété et de révolution dont » Fieschi n'est qu'un misérable instrument : nous l'avons dit, et » on nous a accusés !... Si, contre notre attente et notre confiance » dans la justice des magistrats, nous avons à comparaître devant » nos concitoyens pour un pareil délit, notre cause sera grande et

» belle : c'est celle de l'ordre social ! Nous la défendrons avec la
» force de nos convictions et la puissance de la vérité, et si nous
» succombons dans une pareille lutte, notre condamnation sera un
» nouveau coup porté à cette société qui, pour se perdre plus sûre-
» ment, joindrait ainsi le suicide aux autres genres de mort dont
» elle est menacée. »

C'était avec de semblables et foudroyantes protestations que *la Mode*, s'élevant pour un moment au-dessus de vaines clameurs, dominait de toute la hauteur d'une conscience indignée et d'un dévouement inaltérable à tous les vrais principes d'ordre, les mesquines taquineries de magistrats instructeurs aux abois !

Une ordonnance de non-lieu vint, au surplus, décharger *la Mode* de ce nouveau procès : ce fut justice.

Mais l'époque de la promulgation des lois de septembre approchait, mon cher directeur, et le moment allait venir où le pouvoir, mis enfin et légalement en possession de nouvelles mesures restrictives de la liberté de la presse, pourrait prendre une éclatante revanche de tant d'humiliations et d'avanies subies par lui depuis cinq années, en expiation de la fameuse et imprudente parole d'août : « Plus de pro-
» cès à la presse ! »

« Il faut, avait dit un ministre, que nous ayons raison de la presse
» carliste et républicaine ! » L'attentat de Fieschi servit admirablement les vues du pouvoir. Aucune circonstance ne pouvait sembler plus favorable au gouvernement pour présenter des lois de rigueur, et les Chambres furent immédiatement saisies de ce qu'on a depuis nommé les lois de septembre. *La Mode*, à ce propos, faisait un curieux rapprochement : « Voyez, disait-elle, les conséquences d'une tenta-

» tive comme celle de Fieschi ! On a renversé le ministère de Char-
» les X pour un projet de loi bien autrement benin que celui que
» nos Chambres de 1835 vont être appelées à voter. Qu'on y réflé-
» chisse cependant : ces mesures justifient complétement la conduite
» de M. de Polignac. Si, en effet, l'attentat de Fieschi avait eu lieu
» en 1829, ceux qui ordonnent aujourd'hui les lois de septembre
» auraient certainement trouvé juste qu'on les édictât à cette épo-
» que ! Pourquoi ont-ils renversé ce gouvernement paternel de la
» Restauration, qui voulait en quelque sorte prévenir le mal, s'ils
» devaient plus tard approuver les mesures restrictives prises contre
» la presse par son successeur? Pourquoi se sont-ils élevés avec
» tant de colère contre des règlements plus doux et qui ne devaient
» d'ailleurs avoir force de loi que transitoirement ?... »

Hélas ! cette fois encore, *la Mode* avait raison, et la logique était de son côté ; mais que sert de porter la lumière devant des yeux qui ne veulent pas voir !

Les lois dites de septembre furent votées le 29 août 1835 et promulguées quelques jours après. Elles donnaient le plus complet démenti aux fameuses paroles royales : « La Charte sera désormais une vérité, » et mettaient aux mains du pouvoir tout un système de mesures draconiennes, qui annulaient pour ainsi dire la liberté de la presse.

Nous n'avons pas ici à discuter, mon cher ami, la question de savoir si la liberté de la presse, à l'époque actuelle, est oui ou non une bonne chose; mais nous avons le droit de nous demander si Louis-Philippe était bien inspiré en faisant décréter les lois de septembre. Non-seulement il justifiait ainsi la parole prophétique de Chateaubriand : « Née de la presse, la Révolution de juillet tuera sa mère ! » mais encore il forçait tous les hommes véritablement amis de la liberté à regretter le régime si honni, si calomnié de la Restauration. C'est un fait acquis à l'histoire et désormais incontestable, que de tous les gouvernements qui se sont succédé en France depuis 1789 celui de la Restauration aura été le plus libéral !

La Mode, qui ne voulait abandonner aucune de ses prérogatives satiriques, publiait, au lendemain du vote des Chambres, le 29 août 1835, la singulière épitaphe qu'on va lire :

CI-GIT LA NOMMÉE
CUNÉGONDE SCHOLASTIQUE ÉLASTIQUE CHARTE-VÉRITÉ,
Née le 7 août 1830 décédée le 29 août 1835
ELLE FUT BONNE FILLE, BONNE FEMME
Mais elle n'eut pas l'occasion d'être
BONNE MÈRE
Car elle n'a rien produit
DE PROFUNDIS

Et comme M. Persil passait, à bon droit, pour s'être frotté les mains en apprenant la promulgation des nouvelles ordonnances, notre chère Revue ajoutait, en guise de flèche lancée à la manière des Parthes à son adversaire triomphant : « On va peindre M. Persil » égorgeant la presse, avec cette inscription, imitée de l'*Antony* » de M. Dumas : « *Elle me résistait, je l'ai assassinée !* »

Quoi qu'il en soit, à partir de ce jour, le rôle de la presse opposante et surtout de la presse royaliste devint beaucoup plus difficile que par le passé. Les rédacteurs des feuilles politiques durent user d'une extrême prudence, et la discussion de certains actes du pouvoir devint impossible. Les moyens de rigueur que les parquets avaient entre les mains ne contribuèrent pas peu à rendre la lutte absolument inégale, et beaucoup de journaux dévoués à la cause légitimiste jugèrent inutile de continuer à la défendre, préférant cesser leur publication, plutôt que de la vouer à une mort certaine.

Du nombre de ces derniers fut l'excellente *Gazette de Normandie*, que dirigeaient alors, avec tant de courage, d'esprit et de cœur, MM. Walsh, qui bientôt allaient venir prêter à *la Mode* le concours de leur talent et de leur dévouement.

En effet, dans son numéro du 25 septembre 1835, *la Mode* annonçait à ses abonnés qu'elle changeait de mains, et que M. Mennechet venait de la céder à M. Édouard Walsh : c'était le beau-père de ce dernier, M. Gouge, qui l'avait, disait-on, achetée et lui en avait immédiatement transmis la propriété.

Une ère nouvelle allait commencer, mon cher ami, pour notre loyale et infatigable Revue, avec M. Édouard Walsh, dont le dévouement aux principes monarchiques était connu, et qui, après avoir été l'un des organisateurs du fameux voyage à Prague, lors de la majorité du duc de Bordeaux, occupait dans la presse militante un rang distingué. Avec lui, son père, le digne, excellent et si loyal vicomte Joseph Walsh, entrait à *la Mode*. Ce dernier avait nonseulement la réputation d'un des hommes les plus honnêtes on pût citer, mais encore celle d'un charmant conteur. L'auteur des *Lettres Vendéennes* et du *Tableau des Fêtes chrétiennes* était alors l'écrivain le plus aimé du faubourg Saint-Germain ; c'était l'enfant gâté de tous les salons aristocratiques ; on s'arrachait ses œuvres dans toutes les maisons chrétiennes, et les mères apprenaient à lire à leurs enfants dans ses livres. Ce que le vicomte Walsh aura fait pour le maintien de certaines idées monarchiques, dans beaucoup de cœurs, à notre époque, nul ne le saura jamais. C'était l'homme des temps antiques, à la nature élevée, chevaleresque, qui ne connaissait qu'une ligne, la ligne droite, qu'un chemin, celui de l'honneur; homme pieux et foncièrement bon, né quelques centaines d'années trop tard, et qui, au temps des dévouements antiques, fût devenu un Bayard ou un du Guesclin.

Jamais je n'ai connu personne qui m'ait été plus profondément sympathique que le vicomte Walsh : sa grâce était extrême; la franchise et la loyauté respiraient dans ses moindres paroles. Son abord était des plus séduisants. Il avait bien le type aujourd'hui perdu de ces gentilshommes d'autrefois, qui ne savaient pas forligner. Ce qu'il disait charmait l'oreille autant que le cœur, car il savait rendre sa pensée avec un art exquis. C'était enfin le preux des anciens temps recouvert de la gracieuse armure des temps modernes, l'esprit et le charme ; on l'écoutait sans jamais se lasser, et les heures passaient à ses côtés avec une extrême rapidité ; toujours il parlait avec le cœur : n'est-ce pas le langage ordinaire, qu'emploient seules les âmes d'élite?

Jusqu'à son dernier soupir, mon cher ami, le vicomte Walsh a lutté avec nous, à la *Mode nouvelle*, avec une ardeur et une bienveillance égales à son dévouement inaltérable. Vous vous rappelez encore la manière exquise avec laquelle il nous accueillit, quand nous allâmes lui offrir de reprendre à nos côtés, — à notre tête, veux-je dire, — le bâton de pèlerin et la plume des grands combats. Son gracieux sourire nous avait répondu avant que sa bouche se fût ouverte pour nous dire que, malgré son grand âge, il était à nous corps et âme. Je n'oublierai jamais ses bontés. Sa main, que j'ai été un des derniers à presser, s'était toujours étendue loyalement vers ceux qu'il savait penser comme lui. Ce patient confesseur de la foi monarchique et religieuse au XIXe siècle aura été la dernière grande figure en laquelle j'aurai vu s'incarner des vertus et un dévouement qui ne sont plus de notre temps. Que cet obscur témoignage d'admiration et de sympathie, donné aujourd'hui à sa mémoire par une humble main, soit accepté par vos lecteurs, mon cher ami, comme l'expression du sentiment le plus délicat et le plus vrai. Des hommes comme le vicomte Joseph Walsh ne se retrouveront plus !

Sa venue à *la Mode*, en 1835, annonçait une ère de succès et de prospérité : l'ancienne direction laissait d'ailleurs le journal à son fils, dans d'excellentes conditions. Le nombre des abonnés avait toujours été en augmentant ; l'espèce de haine avec laquelle le pouvoir de Juillet s'était acharné contre *la Mode* n'avait pas laissé que de lui valoir de nombreux soutiens, et le renom de la courageuse Revue n'avait fait que s'accroître. D'ailleurs *la Mode*, à cette époque, était essentiellement et avant tout le journal de la bonne compagnie : tous les châteaux la recevaient, et elle avait à l'étranger de nombreux souscripteurs.

C'est une douce consolation pour nous de penser, mon cher directeur, que dans une sphère plus modeste, — et que les circonstances ont rendue assurément plus étroite, — la *Mode nouvelle* continue, du moins sous ce rapport, les traditions polies de sa devancière. Il n'est pas un de vos lecteurs qui, en tenant compte de la position toute particulière qui nous est faite, en reconnaisse au moins notre entière bonne volonté et les efforts constants que nous faisons pour maintenir la nouvelle Revue à la hauteur de l'ancienne.

M. Mennechet faisait suivre la nouvelle de sa retraite de quelques lignes pleines d'à-propos, qui peuvent assurément trouver place ici. Il disait : « En quittant aujourd'hui la direction de *la Mode*, il me
» semble que je dois faire connaître à ses lecteurs les motifs d'une
» détermination que leur constante bienveillance à mon égard pourrait faire accuser d'ingratitude. Ces motifs sont tous dans la législation nouvelle de la presse, qui, à chaque phrase, à chaque
» mot, met en péril la fortune du propriétaire d'un journal et la
» liberté de son gérant. N'étant ni l'un ni l'autre, je n'ai pas osé me
» charger d'une aussi grave responsabilité. Depuis un an que la
» direction de *la Mode* m'a été confiée, ce journal, saisi quatre fois

» par les hommes du pouvoir, a quatre fois triomphé de leurs accu-
» sations devant la magistrature indépendante. Cette rigueur et
» cette justice prouvent à la fois que nous n'avons manqué ni de cou-
» rage ni de prudence, et j'ai la consolation de penser que ma di-
» rection n'a peut-être pas été sans quelque gloire, puisqu'elle ne
» fut pas sans quelque péril. J'avais succédé à un homme d'esprit et
» de cœur : un homme d'esprit et de cœur me succède. Je serais
» heureux de n'avoir pas trop fait regretter l'un et que l'autre ne
» me fît pas trop oublier. Placé entre M. Dufougerais et M. Édouard
» Walsh, c'est tout ce que je puis espérer. »

Nous allons voir, mon cher directeur, comment, sous l'intelligente direction de MM. Walsh, *la Mode* prospéra plus que jamais, et comment son renom grandissant, même en dépit des lois de septembre, acheva de la placer au premier rang des feuilles périodiques.

XXXIX

Élan que reçoit *la Mode* sous la direction de M. Édouard Walsh. — Le grand livre d'infamie. — M. de Cordoue — Les ministres à Fontainebleau. — Mort de Bellini. — Les théâtres en 1836. — *Don Juan d'Autriche.* — *Norma.* — *Esmeralda.* — *Les Huguenots.* — M. Alfred de Vigny. — *Servitude et Grandeur militaires.* — L'orgie de Grandvaux. — La *Messagère.*— Le duc d'Otrante. — Les grands procès.—Bruits du monde. — Fragment d'une lettre de MADAME. — M. Alfred Nettement. — Nouvelle saisie de *la Mode.*—Réception de M. Scribe à l'Académie française. — M. Dupaty.— *Jocelyn.* — Réflexions. — M. Thiers est nommé premier ministre. — Nina Lassave. — Nouveau procès de *la Mode.*

L'un des premiers soins de M. Édouard Walsh, en prenant la direction de *la Mode,* fut de rendre à la Revue son ancienne périodicité hebdomadaire; il entreprit aussi la publication d'articles pleins d'intérêt sur les anciens châteaux de France, et de jolies gravures, représentant des vues de ces châteaux, vinrent de temps à autre illustrer les pages de *la Mode* : des articles explicatifs, fort bien faits, et confiés à la plume expérimentée de M. le vicomte Walsh père, accompagnaient ordinairement l'envoi de ces dessins.

C'est ainsi que *la Mode* publia successivement des notices historiques, accompagnées de planches, sur les châteaux de Chenonceaux, de Maintenon, de Bagatelle, d'Auffay, du Plessis-aux-Tournelles, de la Meilleraye, de la Seilleraye, de Rambures, de Saint-Paër, de Valmont, de Saint-Point, de Villeneuve-l'Étang, de Pinterville, de Sautré, de Rosny, qui tous rappelaient à quelque titre d'intéressants souvenirs.

La vigoureuse impulsion que reçut alors *la Mode* mérite d'être signalée : avec une rare habileté, et une prudence extrême, MM. Walsh parvinrent d'abord à continuer sans encombre, et malgré les lois de septembre, la guerre acharnée que *la Mode* avait jurée au pouvoir de Juillet. Ces temps de grâce, disons-le cependant bien vite, eurent peu de durée et furent ensuite chèrement expiés.

M. Édouard Walsh avait eu l'heureuse idée d'ouvrir, dans les colonnes de *la Mode,* ce qu'il nommait « un grand livre d'infamie, » et il ne craignait pas d'y inscrire, en toutes lettres, les noms des royalistes félons qui se ralliaient de temps à autre au nouvel ordre de choses. Cette liste ne fut jamais longue : à bien y réfléchir, les recrues que put faire, dans les rangs du parti royaliste, pendant ses dix-huit années de règne, le gouvernement de Louis-Philippe, n'ont jamais été nombreuses, et si les légitimistes de France peuvent s'honorer d'une chose, c'est de leur immuabilité. Ne les a-t-on pas vus, en 1848, se retrouver, devant les menaces de l'émeute et de la République, aussi nombreux, aussi serrés, aussi inflexibles qu'en août 1830 ?

M. le marquis de Cordoue, qui devait tant à l'ancienne famille royale, fut un des principaux ralliés de 1835. *La Mode* eut soin d'en prévenir ses lecteurs, en les priant de ne pas confondre « certain pair, — il venait d'être élevé à la pairie, — avec Gonzalve de Cordoue. » Ce fut dans le même numéro que, racontant l'arrivée des ministres à Fontainebleau, elle publiait ce charmant coup d'*épingle* : « Il s'est vendu beaucoup de raisin, le jour de l'arrivée de la cohue doctrinaire à Fontainebleau : on entendait crier de tous côtés : *Chasselas! Chasselas!*

La mort de Bellini arriva vers cette époque; on lui fit à Paris des obsèques magnifiques ; le lendemain, toutes les femmes parurent en grand noir à la représentation des Bouffes: on jouait ce soir-là, je m'en souviens, cette immortelle *Somnambula*, qu'avaient chantée Rubini et Mme Pasta. L'émotion fut des plus vives.

Et puisque ce nom de Bellini nous ramène au théâtre, disons quelques mots des pièces alors en vogue. Au Théâtre-Français, on donnait une admirable création de Casimir Delavigne, *Don Juan d'Autriche*, où Firmin se montrait comédien de premier ordre; aux Italiens, on jouait *Norma*, dans laquelle Mme Grisi paraissait inimitable ; à l'Opéra, un assez pauvre ballet, *Esmeralda*, tenait l'affiche, et nous avons lieu d'être étonné que cette composition ait pu demeurer aussi longtemps au répertoire; heureusement, sur cette même scène lyrique, les *Huguenots* de Meyerbeer étaient à la veille d'être représentés.

Dans la littérature, le romantisme continuait à prendre ses ébats : M. Alfred de Vigny, l'un de ses derniers champions, venait de publier le livre de *Servitude et Grandeur militaires*. Le succès fut grand ; M. Alfred de Vigny n'a jamais fait mieux, et il ne fait plus rien aujourd'hui, sans doute pour ne pas être exposé à faire moins bien. Dans un genre tout différent, M. le vicomte d'Arlincourt publiait son *Double Règne*, dont tous les salons raffolaient.

La trop fameuse fête de Grandvaux, ordonnée par M. Vigier, et dans laquelle M. Thiers s'oublia, dit-on, au point de scandaliser même ses co-invités, fut donnée en septembre 1835. Il faut jeter un voile sur cet incident burlesque de la vie du plus petit de nos grands hommes. Les rieurs ne furent pas du côté de ceux qui avaient fêté trop largement ce jour-là Bacchus et ses treilles.

Par contre, la condamnation du si digne et si loyal comte de Kergorlay à quatre mois de prison et à 2,000 francs d'amende venait faire diversion au récit de l'orgie de Grandvaux. M. de Kergorlay, dans une lettre demeurée célèbre, avait pris la défense de quelques malheureux Vendéens, livrés à la justice pour crime de fidélité. Hélas! bien lui en prenait de choisir ainsi son temps, la veille même du jour où deux nouvelles têtes de paysans du Bocage allaient tomber, à Laval, sur un échafaud ! Ces deux victimes s'appelaient Marcadet et Francœur, — un beau nom, celui-là, pour un royaliste ! — ils furent décapités sur la place de Hercé, le 21 octobre 1835 !

pendant que *la Mode* offrait à ses abonnés cette romance délicieuse que nos mères ont chantée, et qui, sous ce titre : *la Messagère*, répétait ce doux refrain :

> Pars, charmante hirondelle,
> Et dis à nos amours
> Qu'ici l'on est fidèle
> Et qu'on attend toujours !

pendant qu'elle parodiait, à l'adresse de Marie-Christine d'Espagne, ces vers bien connus :

> Belle Christine, on désespère
> Alors qu'on espère toujours !

pendant qu'elle redisait le scandale du duc d'Otrante qui venait d'abandonner sa jeune femme, en emportant du logis conjugal l'argent, les bijoux, l'argenterie, tout, jusqu'aux robes de la duchesse, et que celle-ci devenait bien vite une des reines du monde parisien ; pendant qu'on s'entretenait, dans les salons, des boutades de M. de Rigny, qui se refusait à payer les funérailles de sa femme, et de celles de M. de Talleyrand, qui s'obstinait à ne pas vouloir porter le deuil de la sienne ; pendant que l'épouvantable incendie de la rue du Pot-de-Fer, l'un des plus terribles dont Paris ait gardé la mémoire, venait terrifier la ville ; pendant que les noms de Lacenaire, d'Avril, de Fieschi, rappelant tous d'horribles procès, étaient encore dans toutes les bouches, — l'année 1835 finissait.

C'était par des compliments ordinaires de bonne année que notre fidèle Revue débutait, souhaitant, dès les premiers jours de 1836, « aux exilés la patrie, à la vertu sa récompense, à M. de Talleyrand son repentir. » S'adressant ensuite et très vertement à M. Thiers, à M. Molé, à M. de Montalivet, elle ne leur épargnait pas non plus certains souhaits dont ils se fussent certainement passés !

Venait enfin un charmant article du vicomte Walsh : *La part des pauvres au gâteau des Rois*, qui restera comme un modèle de style et de pensées touchantes. Cet article était précédé d'une déclaration de M. Édouard Walsh, annonçant « qu'il allait relever M. de Nogent du poste d'honneur de la gérance, en prenant lui-même la signature de *la Mode*. » Dans le même numéro, se trouvait une lettre gracieuse de Mme la duchesse de Berry, annonçant au jeune directeur que son bienveillant concours restait comme par le passé assuré à *la Mode* : « Vous avez acquis, monsieur, disait l'auguste princesse,
» un nouveau titre à mon attention, et votre journal, qui m'apporte
» un parfum fugitif de la terre de nos regrets et de nos affections,
» laisse aussi dans mon âme l'empreinte plus solide de quelques
» douces consolations. »

C'était une première et bien douce récompense pour M. Édouard

Walsh, qui se trouvait ainsi, et dès les premiers jours, dédommagé et au delà de ses soins et de son dévouement : les princes ne savent pas assez tout le bonheur que causent, à des cœurs fidèles, des paroles tombées de leurs bouches !

Au commencement de février 1836, la collaboration de M. Alfred Nettement, notre ami toujours fidèle et si dévoué, fut acquise à *la Mode*. Elle ne contribua pas peu à donner à la Revue un plus grand relief littéraire, et à assurer définitivement sa vogue. Grâce aux remarquables acticles de ses collaborateurs habituels, le journal avait depuis longtemps assuré sa réputation politique : le talent de M. Alfred Nettement assura son renom littéraire. Ce gracieux talent, mon cher ami, aujourd'hui encore aussi jeune, aussi frais que par le passé, est un de ceux qui demeurent essentiellement sympathiques aux lecteurs de *la Mode*. Pendant près de quinze ans, le charmant écrivain a prêté à notre Revue le concours de sa plume élégante, fine, acérée, spirituelle, et si vous éprouvez un regret, aujourd'hui, mon cher ami, je le sais, c'est de ne plus voir au rang des collaborateurs ordinaires de *la Mode nouvelle*, cette plume vaillante qui lutte encore avec tant de succès et de charme, dans l'*Union* et la *Semaine des familles*. De nombreuses occupations, je le sais encore, empêchent M. Alfred Nettement de vous prêter aujourd'hui son concours actif; mais espérons qu'il n'en sera pas toujours ainsi ; espérons qu'après la publication des importants travaux historiques qu'il a entrepris, il voudra bien se rappeler que les luttes de sa jeunesse ont eu *la Mode* pour théâtre, et que votre recueil est digne d'être honoré de son bienveillant concours.

Mais un article publié dans le numéro du 22 janvier 1836, à propos des *Mémoires de Delaunay*, venait d'amener une saisie de *la Mode*, et MM. Walsh recevaient ainsi, sans s'en douter, des étrennes qui allaient les mener directement en cour d'assises. Malheureusement c'était le jour même où le nouveau directeur avait pris la signature du journal, et si MM. de la chambre des mises en accusation n'avaient pas jugé à propos de rendre une ordonnance de non-lieu, M. Édouard Walsh était exposé à faire beaucoup plus tôt connaissance avec les préaux de Sainte-Pélagie, qu'il ne devait, hélas! que trop vite et trop bien apprendre à explorer par la suite.

La réception de M. Scribe à l'Académie française eut lieu le 7 février : il remplaçait Arnault, et jamais deux hommes d'esprit n'eurent un talent plus disparate. On s'étonnait de trouver, dans le discours du nouvel élu, des phrases ultra-louangeuses pour le pouvoir nouveau, et bien des gens se montraient surpris d'entendre M. Scribe, qui devait tant à la Restauration, lancer contre elle des insinuations blessantes, qu'il eût été de bon goût, sinon de toute justice, de ne pas faire entendre. Mais tout le monde n'était pas Charles Nodier, comme le disait *la Mode*, qui, résumant le débat, annonçait dans ses *épingles* que : « le premier ouvrage de M. Scribe aurait pour titre : L'INGRATITUDE ! »

Cette même Académie française préférait, vers le même temps, M. Dupaty à M. Molé, et M. de Lamartine publiait *Jocelyn*. Tout a été dit sur ce poëme, une des plus ravissantes compositions de l'auteur des *Harmonies poétiques*. Loin de nous la pensée de laver cette œuvre des reproches qui lui ont été faits; quel que soit le côté répréhensible de *Jocelyn*, cependant les peintures y sont chastes et les détails amènent des larmes dans les yeux. A moins de condamner toute poésie, autre que la poésie sacrée, il faut savoir amnistier de pareils livres, sauf à ne pas les mettre dans toutes les mains. Ils charment autant qu'ils émeuvent. Où trouver une littérature de sentiment, si on condamne en même temps *Jocelyn*, *René* ou *Atala!*

D'ailleurs toute la justification de *Jocelyn* n'est-elle pas dans ces beaux vers, qu'il faut redire ici :

> S'il poursuivit ainsi son chemin jusqu'au terme,
> C'est qu'en ses saintes mains le bâton était ferme,
> C'est que sa tendre foi, qui n'avait plus qu'espoir,
> Dorait le but d'avance et le lui faisait voir :
> L'heure dont on est sûr de tant de confiance
> S'attend sans amertume et sans impatience ;
> Dans des chemins connus on marche à petits pas ;
> Et quand on sait le terme on est moins vite las.
> Et puis les demi-cœurs et les faibles natures
> Meurent du premier coup et des moindres blessures ;
> Mais les âmes que Dieu fit d'un acier plus fort,
> De l'ardeur du combat vivent jusqu'à la mort ;
> De leur sein déchiré leur sang en vain ruisselle,
> Plus il en a coulé, plus il s'en renouvelle,
> Et souvent leur blessure est la source de pleurs
> D'où le baume et l'encens distillent mieux qu'ailleurs.

Cependant M. Thiers venait d'être nommé premier ministre, et M. le baron Dudon lui adressait cette fameuse lettre, qui toujours est restée sans réponse, et où se trouvait cet accablant paragraphe : « Deux moyens s'offrent à vous, monsieur, pour repousser la qualité » de lâche et vil calomniateur : le premier, c'est d'articuler quelque » fait bien net, bien précis contre moi ; je vous dispense de la preuve » et me charge de démontrer que vous aurez menti ; le second » moyen est de convenir qu'avant juillet les gens de votre espèce » se croyaient tout permis contre les sectateurs de la monar- » chie, etc., etc. » Cette lettre, publiée par *la Mode*, reste acquise à l'histoire. On constate des faits de ce genre sans les expliquer.

Hélas ! ce temps était aussi celui où un limonadier parisien, M. Letourneau, exhibait dans son café, sous la protection de la police, la maîtresse de Fieschi, cette Nina Lassave, dont deux paroles avaient suffi pour faire tomber, dans un horrible procès, trois têtes au lieu d'une !

Le 31 mars 1836, *la Mode* fut citée directement devant la cour d'assises de la Seine pour le lundi 4 avril : elle n'était plus seulement accusée d'un *délit*, mais bien d'un *crime*, et, pour la première fois, on se servait contre elle de cette formidable artillerie des lois de septembre, qui prononçaient la peine énorme de cinq à vingt ans de détention, et de 10,000 à 50,000 francs d'amende, contre tout journal convaincu d'ATTENTAT CONTRE LA SURETÉ DE L'ÉTAT !

Quel attentat avait donc commis *la Mode*, et de quel si grand crime allait-elle être punie ? C'est ce que nous verrons, mon cher ami, dans un prochain chapitre, car ce déplorable procès n'était que le prélude d'une série inconcevable de poursuites et de condamnations qui allaient successivement atteindre et frapper notre Revue, et la mettre, hélas ! à deux doigts de sa perte.

XL

Suite de l'année 1836. — *Une fâcheuse ressemblance.* — Un mot de l'abbé Maury. — Encore un nouveau gérant. — M. Voillet de Saint-Philbert. — Double procès. — Double condamnation. — Sainte-Pélagie. — Les fleurs de lys de *la Mode.* — Réception à l'Académie française de M. de Salvandy. — Nomination de M. Guizot. — Mort de Sieyès, de Carnot, d'Ampère, de Rouget de l'Isle, du cardinal de Cheverus. — Alibaud. — Un singulier bilan. — Mort d'Armand Carrel — Son caractère. — M. de Rambuteau. — Parle-t-il français? — Les fiancés de juillet — Chute du ministère. — M. Guizot remplace M. Thiers. — Mise en liberté des ministres de Charles X. — Tentative du prince Louis-Napoléon Bonaparte à Strasbourg.

Sous ce titre en apparence insignifiant : *une fâcheuse ressemblance*, la Mode avait raconté les mésaventures d'un gentilhomme anglais, dont la ressemblance avec un personnage, — qu'elle ne désignait pas, — était telle que mille ennuis advenaient à cet insulaire, dans ses promenades à Paris, aussi bien aux Tuileries qu'aux Champs-Élysées et ailleurs. Partout cette ressemblance extraordinaire lui occasionnait mille désagréments, et, un soir notamment, notre homme allait se voir dévalisé par quatre mandrins déguisés, lorsque ceux-ci, après l'avoir examiné de plus près, s'écriaient : « Quelle boulette nous allions faire, ce n'est pas notre *vieux bla-*
» *gueur!* » et s'inclinant bien bas, nos coureurs d'aventures ajou-

taient : « Pardonnez-nous, monsieur, mais il faut convenir que vous
» avez là une fâcheuse ressemblance ! »

L'article en lui-même était inattaquable ; mais la forme sous laquelle il se produisait le rendait criminel. En y mettant quelque bonne volonté, il était facile de prouver que cet *outrage à la personne du roi* était en même temps un *attentat contre la sûreté de l'État*, et, vu l'élasticité de la loi, d'obtenir contre *la Mode* une condamnation sévère. Ce fut ce qui advint. Bien que Louis-Philippe ne fût pas nommé dans l'article, il y était assez clairement désigné, — malgré l'injurieuse qualification relevée plus haut, — pour que personne ne s'y trompât. Ce qui achevait d'ailleurs de rendre fort mauvaise la position du journal, c'est qu'un fond de vérité existait dans l'affaire : il était positif qu'un étranger, ressemblant à s'y méprendre au roi des Français, avait été pris pour lui, quelques jours auparavant, dans la rue, et avait même eu quelque peine à se soustraire aux regards ultra-protecteurs de la police.

Assurément, il eût été plus digne de la part du gouvernement de dédaigner ces attaques ; mais la guerre était déclarée entre les parquets et *la Mode*. On avait juré en haut lieu la mort de la fidèle Revue, — M. Plougoulm ne s'en était pas caché, — et tout devenait contre elle matière à poursuites et à condamnation : sa faiblesse apparente en faisait en quelque sorte une proie facile à étouffer, et la *Mode* ne s'y était pas trompée, le jour où, rappelant un mot de l'abbé Maury à la tribune de l'Assemblée constituante, elle l'avait appliqué au gouvernement en disant : « Il y avait un homme qui ne s'attaquait
» jamais à plus fort que lui, parce qu'il aurait été vaincu ; il ne s'at-
» taquait même jamais à quelqu'un de sa force, parce qu'il aurait
» eu à lutter ; il ne s'attaquait qu'au plus faible, parce qu'il était
» sûr de vaincre sans danger : cet homme s'appelait Pierre Mandrin ! »
Mais elle jouait fort gros jeu en cette circonstance, et son nouveau

gérant plus gros jeu qu'elle encore, puisqu'il ne s'agissait de rien moins pour ce dernier que d'encourir une condamnation sévère. Ce gérant était un brave cœur que MM. Walsh, les nouveaux directeurs de la Revue, étaient allés chercher au fond de sa Bretagne, pour le mettre, à *la Mode*, sur le premier plan, au poste de bataille ; c'était notre excellent et fidèle M. Voillet de Saint-Philbert, qui prête aujourd'hui encore à la *Mode nouvelle*, dans une sphère modeste, le concours de son dévouement, concours moins périlleux que par le passé, mais qui ne le fait pas moins estimer et aimer de tous ceux de nos amis avec lesquels il peut être en rapport, et qui lui vaut en maint lieu, où il se présente au nom de *la Mode*, le sobriquet de *vieux Chouan*, — dont il s'honore !

M. Voillet, en effet, n'a pas rendu de médiocres services à l'ancienne *Mode* : sa place, à la gérance, n'était évidemment pas une sinécure ; pour le prouver, il suffirait d'aller relever, sur les livres d'écrou de Sainte-Pélagie, l'état de ses services, se traduisant par un peu moins de six années de prison, faites par lui régulièrement et par intervalles de six à dix-huit mois, à Sainte-Pélagie, — et cela depuis 1836, jour de son entrée à la *Mode*, jusqu'au 25 juin 1855, époque où elle fut supprimée judiciairement. On parle de dévouements : celui-là en vaut bien un autre, et quand nous retrouvons toujours gai, serviable et dévoué, ce vétéran des luttes d'un autre temps, que ses longs services n'ont pas enrichi, — au contraire, — nous ne pouvons nous empêcher de reconnaître que, bien que tout soit pour le mieux dans le meilleur des mondes, il y a certaines choses qui pourraient y être mieux encore.

Quoi qu'il en soit, c'était sur ce nouveau gérant que toutes les rigueurs de la loi de 1836 allaient tomber dans le procès dont j'ai parlé, lequel fut immédiatement suivi d'une seconde poursuite, et bientôt d'une troisième : nous allons dire à quelle occasion.

Condamnée à 4,000 fr. d'amende et à six mois de prison, pour l'affaire de *la fâcheuse ressemblance*, *la Mode* n'avait imaginé rien de mieux, — pour éluder l'article de la nouvelle loi sur la presse, qui défendait aux journaux condamnés d'organiser des souscriptions en vue de faire payer leurs amendes par les abonnés, — que de faire tirer à part, sur un joli petit cahier qui pouvait bien valoir dix centimes, le compte rendu de son procès, et de l'annoncer à ses amis sous ce titre et ce prix affriolants : ***Procès de la Mode* : 2 fr. 50 c.** Immédiatement les abonnés comprirent cette innocente ruse, et, en moins de huit jours, des centaines de souscriptions au *Procès de la Mode* vinrent prouver à la fidèle Revue qu'elle n'avait pas compté en vain sur le dévouement de ses amis politiques. Mais elle commit l'imprudence de publier, non sans quelque ostentation, ces listes de souscription, où l'on voyait les plus grands noms de l'aristocratie, — à commencer par celui de Madame la duchesse de Berry, — figurer pour 10, 20, 50 et même 100 exemplaires. Or, quelque intérêt que présentât le fameux *compte rendu*, il était évident pour le parquet que *la Mode* avait voulu éluder la loi ; aussi fut-elle derechef poursuivie correctionnellement et condamnée pour ce fait à une nouvelle amende de 1,500 fr., — ce qui faisait 5,500, — et à trois nouveaux mois de prison, — ce qui faisait neuf, — pour ce pauvre M. Voillet.

Mais les choses n'en restèrent pas là : *la Mode* eut non-seulement la malheureuse idée d'interjeter appel de ce jugement, mais encore d'aggraver sa position vis-à-vis de la justice, en publiant imprudemment, dans ses colonnes, l'avis qu'on va lire :

« Une souscription n'est pas ouverte dans nos bureaux pour
» payer l'amende à laquelle *la Mode* vient d'être condamnée ; voici
» les noms des personnes qui ont bien voulu acheter le compte
» rendu de notre procès. »

Et une nouvelle et longue liste de noms dévoués s'étalait au grand jour de la publicité, dans les colonnes du journal. Cette plaisanterie fut encore moins du goût de M. Plougoulm que la première, et comme l'affaire de *la Mode* revenait en appel devant les juges de la cour, ce dernier parvint à faire prononcer contre elle une peine encore plus forte, en faisant porter son amende à 7,500 fr., — au lieu de 5,500, — et sa prison à onze mois, — au lieu de neuf, — toujours pour le pauvre M. Voillet.

Croirait-on que *la Mode* ne se tint pas pour battue, et qu'immédiatement, en vue de faire un nouvel appel à la générosité secrète de ses lecteurs, elle imprima ce nouvel avis sans aucun commentaire :

« Loi du 7 septembre 1835.

» Art. II. Il est défendu d'ouvrir ou d'annoncer publiquement
» des souscriptions ayant pour objet d'indemniser des amendes, frais,
» dommages et intérêts, prononcées par des condamnations judi-
» ciaires : cette infraction sera punie, etc., etc. »

MM. Persil, Plougoulm et Partarieu-Lafosse durent, cette fois, se le tenir pour dit, et comme aucune loi ne défendait aux journaux de publier le texte même de la loi, ils durent s'incliner devant l'habileté et la persévérance de *la Mode*, lesquelles furent très bien comprises de ses amis, qui vinrent généreusement lui apporter un tribut suffisant pour couvrir ses amendes.

Mais ce qui ne pouvait se remplacer, c'était la prison, et M. Voillet de Saint-Philbert, en digne et courageux descendant du porte-drapeau de Charette, entra le jour même de la Saint-Louis à Sainte-Pélagie, pour n'en sortir, hélas! qu'à l'expiration totale de sa peine.

On a trouvé plaisant de s'amuser aux dépens des pensionnaires de cette triste prison de Sainte-Pélagie. C'est à tort : écoutez la Mode, qui va nous donner une assez juste idée de cet attrayant séjour :

« Savez-vous ce que c'est que Sainte-Pélagie, lecteurs? Vous
» pour qui nous avons si souvent tracé la description riante
» d'une demeure habitée par la grâce et préparée par le bon goût,
» connaissez-vous celle que, pour l'amour de vous, nous avons
» acceptée? Savez-vous quelle est la vie qu'on mène dans ces
» lieux qu'habite la Mode aujourd'hui? Savez-vous à quel prix on
» porte haut la tête et le cœur dans les prisons, pour représenter
» l'opinion qui vous est chère? Savez-vous le sort réservé à ceux qui
» mettent leurs noms au bas de vos sentiments et qui contre-signent
» généreusement de leur liberté vos loyales et nobles pensées?
» Écoutez, il n'y a pas, je vous le jure, de roman aussi noir que
» l'histoire de Sainte-Pélagie!...

« Vivre dans un lieu où l'hiver ne connaît point de chaleur, l'été
» point d'ombre; échanger le climat d'Afrique contre celui de la
» Sibérie; passer la moitié de la journée sous les verrous, dans des
» espèces de dortoirs où l'on entasse les prisonniers, tant la police
» est prompte à remplir les places, l'autre moitié dans de longs
» corridors sans air, ou dans une cour brûlante, espèce d'Arabie-
» Pétrée jetée entre quatre bâtiments qui vous encadrent dans leurs
» murailles échauffées par le soleil ; n'obtenir la permission de voir
» ceux qui viennent visiter votre infortune qu'à travers deux grilles
» et un corridor, au milieu de la foule qui circule, à peu près à une
» distance pareille que celle qui sépare, au Jardin des Plantes, les
» bêtes féroces des promeneurs; ne pouvoir recevoir une lettre d'un
» ami, d'un parent, d'une femme, d'une mère, sans que la douane
» de la police en visite les expressions et en sonde la pensée ; être

» gratifié par la munificence du gouvernement d'une pitance un
» peu au-dessous de celle que les bureaux de charité distribuent aux
» pauvres, et souffrir ainsi du cœur, de l'esprit et du corps, dans sa
» liberté, dans ses affections, dans sa santé, dans son existence,
» voilà le régime de Sainte-Pélagie ! »

Ces procès successifs de *la Mode* firent grand bruit : l'acharnement du pouvoir contre la fidèle Revue n'était que trop apparent. On vit, aux diverses audiences, des femmes appartenant au plus grand monde, venir donner à M. Dufougerais, qui avait bien voulu, cette fois encore, prêter à *la Mode* le concours de son talent d'avocat, — et à MM. Walsh, qui comptaient de belles alliances dans le faubourg Saint-Germain, — des témoignages non équivoques d'encouragement et de sympathie. C'est ainsi qu'en face de M. Plougoulm, s'évertuant à prouver que *la Mode* avait commis un *crime*, ces charmantes femmes envoyaient aux accusés leurs plus gracieux sourires ; elles portaient d'ailleurs, non sans affectation, des robes de deuil, et les seuls bijoux qu'on vît sur elles étaient fleurdelisés !

A propos de fleurs de lys, je doit noter ici, mon cher directeur, la réapparition, vers cette même époque, du double écusson de France et de Naples,—armes de MADAME,— sur la couverture de *la Mode*. Vous n'ignorez pas que, depuis lors, défense a été faite, en 1851, de reproduire à la même place ces belles fleurs de lys qui sont, à tout prendre, beaucoup plutôt les armes de la France que celles d'une famille. *La Mode*, en 1836 (1), ne fut en aucune manière inquiétée pour les avoir reproduites; et cependant, sous le coup de la mauvaise humeur que lui causait sa triple condamnation, elle se permit, à l'égard de la famille d'Orléans, une outrageante boutade qui pouvait, — bien autrement que *la fâcheuse ressemblance*, —

---

(1) Ce ne fut qu'en 1852 que défense lui fut faite de reproduire sur sa couverture l'écusson fleurdelisé.

la faire incriminer, mais que personne heureusement ne releva. « La censure, — osa-t-elle dire, — vient de nous rendre les fleurs » de lys : c'est toujours un commencement. Il faut espérer qu'elle » ne refusera pas à la famille d'Orléans ce qu'elle vient d'accorder » à *la Mode*. »

Évidemment, cette fois, M. Plougoulm ne voulut pas comprendre; peut-être avait-il plus d'une raison pour agir ainsi !

Vers ce temps, l'Académie française procéda à la réception d'un nouveau membre, M. de Salvandy, qui obtint de *la Mode* un jugement des plus favorables; elle disait : « Nous devons remercier » M. de Salvandy de deux choses : dans son discours de réception, » il a parlé de Dieu que nous adorons, et n'a pas dit un mot de » ceux que nous n'aimons pas. »

M. de Salvandy, esprit fin, distingué, honnête homme, excellent cœur, méritait mieux que de servir un gouvernement comme celui qui eut tant de fois à se louer de son concours : il est mort dans des sentiments qui nous permettent de rendre à sa mémoire un hommage d'autant plus complet qu'il ne saurait être intéressé ; jamais nous n'avons eu l'honneur d'approcher M. de Salvandy.

La nomination de M. Guizot, à cette même Académie française, eut lieu le 28 avril, mais sa réception ne se fit que dans les derniers jours de 1836 : il remplaçait M. de Tracy. Une particularité bien flatteuse pour celui qui en était l'objet signala cette élection : sur vingt-neuf membres votants, M. Guizot obtint vingt-sept suffrages ; deux bulletins blancs seulement se trouvèrent dans l'urne, personne n'ayant osé se porter son concurrent.

Diverses morts d'hommes marquants eurent lieu dans le courant de 1836 : Sieyès, dont *la Mode* disait, en parodiant sa fameuse parôle à la Convention : « Nous annonçons la mort de Sieyès SANS PHRASES; » — Carnot, à qui Fouché avait dit un jour une parole qui restera comme un exemple de plus du cynisme dans l'apostasie (1): homme à réputation surfaite comme la Fayette et qui eut la malheureuse idée, n'en déplaise aux républicains, d'aller offrir la couronne de France, en haine des Bourbons, au roi de Hollande, en 1813 ; — Rouget de Lisle, l'auteur de la *Marseillaise*, récemment pensionné par la nouvelle liste civile; Ampère, le plus savant et le meilleur des hommes, aussi naïf que profond, aussi distrait qu'érudit; Mgr de Cheverus, archevêque de Bordeaux, le plus digne et le plus saint des prêtres, homme de hautes vertus dont la mémoire est encore vénérée dans la ville du 12 mars; M. de Tracy, philosophe et penseur, auquel succédait à l'Académie française M. Guizot. Quant à Alibaud, qui venait de renouveler la tentative de Fieschi, il avait porté sa tête sur l'échafaud, coupable comme ce dernier d'un crime que *la Mode* qualifiait avec énergie « la maladie du siècle, » sans songer qu'un jour cette maladie deviendrait épidémique !

Notre Revue n'en établissait pas moins, avec une rare impartialité, ce qu'elle nommait le bilan de la France : voici ce singulier travail :

COMPTE COURANT DE LA FRANCE AVEC JUILLET.

DOIT :	AVOIR :
Programme de l'Hôtel de Ville;	Charte-vérité;
Liberté de la presse;	Lois du 9 septembre;
Gouvernement à bon marché;	Budgets-monstres;
Honneur national;	Quadruple alliance;
Gloire militaire.	Zéro.

(1) C'était en 1814. — Traître, avait dit Carnot au duc d'Otrante, où dois-je me rendre? — Où tu voudras, imbécile! répondit Fouché.

RÉCAPITULATION

doit : — Alouettes toutes rôties.
avoir : — Un pied de nez.
Bénéfice net : — L'insolence de M. Thiers.

Mais nous touchons, mon cher directeur, à la mort d'Armand Carrel, et l'éloge de ce publiciste, dans notre bouche, sera d'autant moins suspect que toutes vos idées, comme les miennes, sont loin de ressembler à celles de l'ancien rédacteur du *National!*

Armand Carrel représentait une opinion qui n'est plus guère aujourd'hui défendue, du moins dans le journalisme, que par des disciples dégénérés, — car ces Messieurs du *Siècle* et de l'*Opinion nationale*, voire même de la *Presse*, ne peuvent espérer que nous leur fassions l'honneur de les tenir pour des républicains. — Armand Carrel, s'il revenait à la vie, sentirait le rouge de la honte lui monter au visage, en voyant où en sont arrivés ses anciens amis et ses élèves, les fougueux démocrates de 1836. Ce publiciste a droit à l'estime de tous les honnêtes gens, justement parce qu'il eut de sincères convictions, et que les convictions, quelque erronées soient-elles, sont toujours honorables ; mais son étonnement serait extrême s'il pouvait voir à l'aide de quelles évolutions les démagogues de la Restauration, compagnons de ses luttes de jeunesse, sont arrivés, de nos jours, au mât de cocagne des faveurs, des rubans et des places! Pauvre Armand Carrel! il avait bien le défaut capital des hommes de son temps, celui de vouloir arriver trop vite à la renommée ; mais cette renommée, ce n'était pas pour lui qu'il la voulait : c'était pour le parti qu'il représentait. Une querelle de journaliste l'amena sur le terrain, en face de M. de Girardin, qui eut le malheur de lui envoyer une balle mortelle. Personne n'honorait plus Armand

Carrel que les royalistes, auxquels il le rendait bien, parce qu'il aimait à reconnaître en eux ce qu'il savait être en lui, du dévouement.

Cependant les journées des 27, 28 et 29 juillet 1836 approchaient, et M. de Rambuteau, alors préfet de la Seine, n'avait imaginé rien de mieux, pour fêter cet anniversaire, que de faire doter, à cette occasion, soixante-quatre jeunes filles ou jeunes hommes, descendants mâles et femelles des héros des *Glorieuses*, dont, avec beaucoup de peine, il avait découvert les actes de naissance, dans les cartons poudreux des mairies parisiennes.

C'était une belle occasion pour *la Mode* de donner libre carrière à sa verve habituelle, et dans un article sanglant, commençant par ces mots : « Il est de notoriété publique que M. le préfet de la Seine » sait à peine signer son nom, etc., » elle mettait ce pauvre M. de Rambuteau sur la sellette. Armée du discours qu'il avait prononcé à l'Hôtel de Ville, à l'occasion des trente-deux mariages, elle servait ce discours en régal à ses abonnés, et soulignait certains passages dont nous n'avons garde de priver nos lecteurs. Voici, en effet, quelles avaient été les paroles de M. de Rambuteau :

« Jeunes fiancés !

» Un *glorieux souvenir* se rattache à la *cérémonie* qui nous réunit
» en ce lieu. *Elle* nous rappelle les *hommes généreux* qui ont combattu
» pour la défense des libertés publiques, et pour le maintien de l'ordre;
» qui, *soit sous* l'habit de citoyens, *soit sous* les couleurs de cette garde
» nationale, devenue le *palladium* de la France, ont donné tant de
» preuves de courage, *de raison* et de dévouement; la ville de Paris
» honore et récompense *en ce jour* leurs services *dans la personne de*
» *leurs filles et de leurs fils*. Elle voit avec *orgueil et espérance* ces
» alliances heureuses qui doivent *perpétuer dans son sein une race de*
» *citoyens honnêtes, utiles et dévoués*, etc., etc. »

Une pareille allocution a-t-elle besoin de commentaires? Au double point de vue de la morale politique et de la science grammaticale, elle est également répréhensible. Mais comment le gouvernement avait-il encore le courage de fêter les anniversaires de Juillet, un an après l'attentat de Fieschi?

A quelques jours de là, *la Mode*, toujours impitoyable, disait : « Une « belle enseigne toute neuve vient d'être inaugurée rue Thiroux, et « signale aux passants un *atelier de nettoyage de gants, breveté et pri-* « *vilégié par S. A. R. par Madame Adélaïde, sœur du roi des Français.* » Et elle en prenait occasion pour lancer à l'ordre de choses une de ces attaques à fond de train, comme elle n'en produisait que trop souvent, et qui la menaient directement devant « ses chers amis, Persil Plougoulm et Partarieu, » comme elle disait. Cette plaisanterie était accompagnée d'une page d'*épingles* des plus mordantes ; dans l'une d'elles, *la Mode* assurait « que pendant toute la journée du 29 « juillet, un orgue de Barbarie avait joué sous les fenêtres de « ces messieurs l'air connu de Grétry : *Ils sont passés ces jours* « *de fête.* »

Le jour de la Saint-Louis de 1836, qui avait vu l'entrée à Sainte-Pélagie de notre ami M. Voillet, vit s'accomplir dans l'État un bien autre événement, qui consola en quelque sorte notre Revue de ses malheurs judiciaires : je veux parler de la chute de M. Thiers, dont le ministère venait de tomber. « M. Thiers, s'écriait joyeusement *la Mode*, vient de rendre son portefeuille, mais il a gardé, dit-on, ce qui était dedans. »

Hélas! *la Mode* avait bien raison de se hâter pour se livrer à de joyeux ébats ! Huit jours ne s'étaient pas écoulés qu'une neuvième condamnation venait encore la frapper. Heureusement pour M. Edouard Walsh, — qui avait repris depuis la veille la signature du journal, — l'affaire se borna cette fois à une simple condamnation correctionnelle de 500 francs d'amende, et tout put s'arranger, grâce aux abonnés, qui se rappelèrent cette fameuse souscription au *Procès de la Mode,* « laquelle, on le sait, *n'était* pas ouverte, etc., etc. »

M. Guizot venait de rentrer au pouvoir, et l'un des premiers actes de son ministère, nous devons lui rendre cette justice, fut d'ouvrir les portes de la forteresse de Ham aux anciens ministres de Charles X : MM. de Chantelauze et de Peyronnet, de Polignac et de Guernon Ranville, lesquels furent mis en liberté, sans aucune de ces exigences qui donnent aux passions une satisfaction aussi inutile que grossière. Seul, en effet, M. de Polignac devait quitter la France et s'en trouvait banni pour vingt ans. La Providence, en 1848, se chargea de raccourcir le terme de ce long exil.

Sur ces entrefaites, la nouvelle arriva au ministère que, le 31 octobre au matin, le fils de l'ancien roi de Hollande, le prince Louis-Napoléon Bonaparte, venait de tenter un coup de main sur Strasbourg ; le télégraphe disait : « Ce matin, vers six heures, Louis
» Napoléon, fils de la duchesse de Saint-Leu, qui avait dans sa
» confidence le colonel d'artillerie Vaudrey, a parcouru les rues de
» Strasbourg avec une partie de... » Le mauvais temps avait intercepté le reste de la dépêche.

Qu'on juge de l'inquiétude dans laquelle jetait le gouvernement cette nouvelle tronquée ! Il y avait une descente d'un prétendant à Strasbourg : on en avait la certitude, mais les détails manquaient !
» Nous nous rendîmes sur-le-champ aux Tuileries, dit M. Guizot
» dans ses *Mémoires,* où peu de moments après tout le cabinet se
» trouva réuni : nous causions, nous conjecturions, nous pesions les
» chances, nous préparions des instructions éventuelles, nous discu-
» tions les mesures qui seraient à prendre dans les diverses hypothèses.

» M. le duc d'Orléans se disposait à partir. Nous passâmes là, auprès
» du roi, presque toute la nuit, attendant des nouvelles qui n'arri-
» vaient pas. La reine, Madame Adélaïde, les princes allaient et re-
» venaient, demandant si l'on savait quelque chose de plus ; on s'en-
» dormait de lassitude ; on se réveillait d'impatience. Je fus frappé
» de la tristesse du roi... »

L'événement était loin d'avoir la gravité qu'on supposait, d'ailleurs le prince Louis *n'avait pas réussi*, n'est-ce pas tout dire ? Aidé de quelques amis dévoués, parmi lesquels se trouvait M. de Persigny, le prince avait quitté la Suisse, dans la nuit du 30 octobre, et s'était présenté de grand matin à Strasbourg, à la caserne du 4e régiment d'artillerie, sans autre appui qu'un colonel et un chef de bataillon gagnés d'avance à sa cause. Il adressa quelques paroles aux soldats : le colonel Vaudrey les appuya chaudement et quelques cris de *Vive l'Empereur !* accueillirent cette première démonstration. On se rendit chez le préfet, chez le commandant de place ; on essaya de les séduire : quelques minutes plus tard, à la caserne Finckmatt, le prince voulut entraîner le 46e régiment de ligne ; mais son lieutenant-colonel, M. Tallandier, résista avec beaucoup d'énergie, et une heure ne s'était pas écoulée depuis l'arrivée de Louis-Napoléon à Strasbourg, que déjà il était arrêté et mis à la disposition du préfet. On nomma cette tentative une échauffourée : comment l'eût-on qualifiée si le prince Louis avait atteint son but ? Le gouvernement se montra d'ailleurs généreux à son égard. Le 10 novembre, il fut extrait de la citadelle de Strasbourg, amené en poste à Paris, où il passa quelques heures, sans recevoir d'autre visite que celle de M. Delessert, et fut dirigé immédiatement sur Lorient. C'est de ce port qu'il fut embarqué, le 15 novembre, pour l'Amérique, sur la frégate l'*Andromède*, qui devait le déposer à New-York.

XLI

Les journaux à 40 francs. — La *Presse* et le *Siècle*. — M. Émile de Girardin. — M. Dutacq. — Révolution dans le journalisme. — Conséquences de cette révolution. — Le feuilleton-roman. — *La Mode* veut devenir quotidienne. — Ce projet avorte. — Mort de Mme Malibran. — Mort de Charles X. — Goritz et les nouvelles Tuileries. — La famille d'Orléans ne prend pas le deuil. — Rapprochements. — Attentat de Meunier. — Fin de l'année 1836.

Vers ce temps, mon cher directeur, se place la création des journaux à quarante francs. MM. de Girardin et Dutacq fondèrent, le premier la *Presse*, et le second le *Siècle*, au mois de juillet 1836. C'est à tort que j'ai omis de vous parler plus tôt de cette innovation qui allait totalement changer les conditions d'existence des feuilles publiques en France, porter un coup fatal à leur influence, et avoir pour conséquence inévitable l'avilissement graduel et forcé de presque tous les grands organes de l'opinion, dans notre pays.

J'aurais dû aborder ce sujet en parlant à vos lecteurs d'Armand Carrel, dont la mort n'arriva qu'à la suite d'une provocation motivée par un article de la *Presse*, dans lequel ce publiciste s'était cru personnellement désigné et outragé. Est-il nécessaire d'ajouter que ce ne fut qu'à la dernière extrémité que M. de Girardin se décida à lancer cet article, et après avoir essuyé pendant un mois, et avec une longanimité sans pareille, les attaques incessantes du *National* et des autres écrivains de journaux de date plus ancienne.

Quoi qu'il en soit de ce duel funeste, qui coûta la vie à l'adversaire de M. de Girardin, les conséquences de la création des journaux à quarante francs sont trop graves, et le retentissement qu'eut alors en France l'apparition de feuilles publiques qui se donnaient au-dessous de leur prix de revient, c'est-à-dire à perte, fut trop grand, pour qu'il ne convienne pas de raconter, en quelques mots, l'origine de la *Presse* et du *Siècle*. Ces deux feuilles ont fait beaucoup de mal à la France; non-seulement elles ont singulièrement aidé à pervertir le sens moral des masses, à l'aide de leurs théories politiques, mais elles ont encore exercé une influence tout aussi pernicieuse sur les mœurs, en inaugurant le feuilleton-roman. Il nous sera permis de prouver qu'en abaissant le prix de souscription aux journaux, MM. de Girardin et Dutacq subordonnaient le rôle moral d'une feuille publique à ses bénéfices d'annonces, et conduisaient directement la presse à une situation sans indépendance comme sans dignité; or tel est aujourd'hui le caractère distinctif de beaucoup de nos journaux contemporains.

Rien ne saurait nous humilier davantage que le triste rôle attribué de nos jours aux grands organes de l'opinion publique en France. A part d'honorables exceptions, les journaux, qui se font gloire d'être les dispensateurs privilégiés de l'esprit public, manquent absolument de dignité : on les voit le lendemain insulter ce qu'ils avaient défendu la veille, et le rouge de la honte monte au visage de ceux qui tiennent honorablement une plume, lorsqu'ils assistent de sang-froid aux palinodies et aux abandons de principes dont ces journaux les rendent chaque jour témoins.

Nous vivons dans un temps où la doctrine du succès, — qui, dit-on, justifie tout, — fait la loi du journalisme. Ayez peu ou pas de conscience ; faites faire à vos convictions les plus étonnantes volte-faces ; ne craignez jamais de retourner vos propres arguments de la veille contre vous-mêmes le lendemain ; soyez hardis enfin, inconséquents et déloyaux, les abonnés n'en viendront pas moins s'inscrire en foule dans vos bureaux, parce que vous devez à vos annonces une vogue assurée. Soyez honnêtes, consciencieux et sincères, ne flattez jamais les mauvaises passions, dites la vérité à tous, gardez votre logique, montrez-vous inflexibles pour la félonie, tout le monde vous tournera le dos : n'êtes-vous pas hors des bonnes grâces de messieurs les annonciers de la place de la Bourse ? partant votre influence est nulle.

Cette triste situation est due quelque peu aux événements, beaucoup aux circonstances, et encore à cette déplorable fantaisie qu'eut, en 1836, M. Émile de Girardin, de faire servir les bureaux de rédaction d'un journal à l'exploitation d'une idée industrielle

M. de Girardin, en effet, avait le premier conçu ce beau plan. Il en fit part à un homme fort intelligent, M. Dutacq, qui s'entendit immédiatement avec lui pour mettre leur projet à exécution. Il ne s'agissait d'abord que de la création d'un seul journal qu'on devait appeler la *Presse*. Mais bientôt un désaccord survenu entre les deux associés occasionna une brouille qui les sépara. Il fut convenu que chacun resterait libre de donner suite à l'idée première, et pendant que M. de Girardin lançait seul les prospectus de la *Presse*, M. Dutacq inondait la France de ceux du *Siècle*, — nouvel organe qu'il avait résolu de créer, de son côté, à ses risques et périls.

Les deux journaux parurent le même jour, — 1er juillet 1836, — et bien que le *Siècle*, sans doute en raison de son parti pris systématique de dénigrement contre le clergé, ait obtenu dans les premiers temps un succès plus rapide, la *Presse*, au bout de six mois d'existence, n'en comptait pas moins 9,000 abonnés, chiffre énorme pour cette époque, et qui faisait présager un triomphe définitif. Au bout d'un an, en effet, ce chiffre d'abonnés avait augmenté de moitié, et partout où l'on ne voyait pas le *Siècle* sur la table d'un salon, on était à peu près certain d'y rencontrer la *Presse* : souvent même ces deux feuilles s'y trouvaient l'une et l'autre.

Avec elles entraient dans les familles un élément corrupteur dont bien des gens ne se méfièrent pas d'abord : je veux parler du feuilleton-roman qui, se glissant discrètement à la suite de l'article politique, pénétra bientôt dans l'intérieur de toutes nos maisons. Beaucoup de pères de famille, qui nourrissaient leur esprit des belles doctrines politiques des nouvelles feuilles, ne firent même pas attention aux singulières théories morales que les auteurs de *Lélia*, de *Mathilde*, ou des *Deux Cadavres*, développaient à loisir, devant leurs femmes et leurs filles, dans les colonnes du feuilleton : ces dernières allaient proclamant partout que ces feuilletons étaient des plus *amusants*, et les quittances d'abonnement étaient sans cesse renouvelées !

Un poison mortel se glissait ainsi dans nos demeures. « Ce n'est qu'un feuilleton, » disait-on ; et les productions les plus immorales arrivaient sur la table de travail d'une foule de jeunes femmes, ou de jeunes mères, qui saisissaient avec ardeur cette unique occasion qui leur était donnée de lire les compositions d'auteurs comme Mme George Sand, Eugène Sue et Frédéric Soulié, dont on leur avait fait de tous temps un épouvantail. Une seule préoccupation agitait tous les matins ces jeunes têtes, celle de la venue du facteur, et c'était avec une ardeur fébrile qu'on lui arrachait des mains le journal attendu, qui apportait la suite interminable des aventures merveilleuses de *Mathilde* ou de la *Reine Margot*.

Les colonnes du haut des journaux à quarante francs n'étaient guère mieux remplies que celles du bas. D'anciens saint-simoniens défroqués de Ménilmontant s'étaient surtout emparés des places de grands prêtres chargés de répandre la lumière dans la foule et de l'instruire de ses droits et de ses devoirs. Ces enseignements étaient déplorables, et ils allaient de pair avec la morale du feuilleton. On y apprenait à considérer comme surannés toutes les croyances et tous les principes sociaux. Ces prédications n'ont produit que trop de fruits : nous les recueillons aujourd'hui. Qu'on regarde autour de soi, et qu'on dise si les germes qu'elles ont laissés ne fructifient pas encore tous les jours ?

La Mode, comme tous les journaux honnêtes et dévoués à la défense des grands principes d'ordre, s'émut, à la fin de 1836, d'une innovation qui portait une atteinte aussi radicale au journalisme; elle voulut tenter, dans la mesure de ses forces, de lutter, sinon de bon marché, du moins à force de persévérance, de dévouement, d'esprit et de talent, avec les nouvelles feuilles à bas prix. Un jour, elle imagina de devenir quotidienne, et lança un prospectus destiné à faire connaître à ses amis son nouveau projet. Il s'agissait de réaliser un important fonds social, d'émettre de nouvelles actions et de donner au journal une extension considérable. Disons bien vite que ce projet ne fut jamais mis à exécution, et qu'il rencontra, dès l'abord, une opposition qui l'empêcha d'aboutir.

M. Alfred Nettement, dont les articles politiques avaient été, depuis quelque temps, fort remarqués, et qui ne se contentait plus de publier dans *la Mode* ces fines et spirituelles critiques littéraires qui lui valurent dès l'abord tant de renom, avait été l'un des principaux initiateurs de cette mesure. Il l'appuyait de toute la force de son dévouement à la cause royaliste. M. Alfred Nettement appartenait à cette jeune génération de 1830, à laquelle l'inaction politique commençait à peser, et qui avait hâte de venir se mesurer sur le terrain de la discussion avec des adversaires qu'elle jugeait plus hardis qu'habiles.

En moins de deux mois, plus de quatre cents actions avaient été souscrites, et tout faisait présager que les amis de *la Mode* ne tarderaient pas à réclamer les dernières, lorsque des considérations de diverses natures vinrent arrêter, dans leurs efforts, nos amis et nos maîtres. On insinua qu'un journal royaliste de plus ne pourrait faire aucun bien, en présence des luttes quotidiennes et incessantes d'autres feuilles dévouées, et que le pouvoir, qui tolérait déjà avec tant de peine l'existence de ces feuilles, ne souffrirait certainement pas qu'un journal agressif comme *la Mode* vint en grossir le nombre ; et puis, il fut allégué que *la Mode*, en tant que Revue hebdomadaire, produisait trop de bien, et avait su conquérir une trop excellente position, pour qu'on ne dût pas y regarder à deux fois avant de compromettre peut-être cette situation en la modifiant.

Toutes ces raisons, — et beaucoup d'autres encore, — décidèrent nos amis à abandonner leur projet. Je suis de ceux qui pensent, mon cher directeur, que ce fut pour le bien de *la Mode*. La position du journal était aussi bonne que possible, en tant que recueil périodique, chargé,—dans la lutte entreprise contre le pouvoir,—de faire la guerre d'avant-garde ; on pouvait tout compromettre en changeant le caractère de ces attaques. Un vieux proverbe nous le dit : « Qui trop embrasse mal étreint. » C'était l'écueil que devait alors redouter *la Mode*, et qu'elle sut éviter.

Mme Malibran mourut à Manchester, vers la fin de ce même été 1836. J'en parle ici, parce qu'il n'est pas certainement un des amis de l'ancienne *Mode* qui n'ait connu ce grand talent et qui ne se soit senti ému aux accents de cette voix inimitable. D'ailleurs la mort de la fille de Garcia fut un événement qui occupa les salons plus encore que l'attentat d'Alibaud et la chute du ministère, au mois d'octobre. Ce fut un deuil général dans le grand monde parisien, et jamais cantatrice ne sera regrettée comme l'a été Mme Malibran.

Jeune, elle avait désolé son père, Manuel Garcia, chanteur espagnol du théâtre de l'Impératrice, en refusant absolument d'apprendre le chant. Marietta pleurait, quand il lui fallait se mettre au clavecin; mais Garcia avait la conscience du talent de sa fille : il mit une insistance extraordinaire à lui donner des leçons de musique, et un jour il put s'écrier, comme Archimède : J'ai trouvé !

Mme Malibran aura été la plus complète incarnation du chant à notre époque. Ceux qui ont eu le bonheur de l'entendre n'oublieront jamais ses accents inspirés; elle avait le don puissant d'émouvoir; parfois aussi elle avait des larmes dans la voix, et ces larmes devenaient communicatives; c'était, en outre, la grâce et le charme personnifiés. Qui donc a jamais chanté comme elle la romance du *Saule*? qui donc la chantera comme elle ?

Jeune encore, très jeune même, elle avait épousé M. Malibran, riche Américain, à qui des désastres financiers avaient fait perdre sa fortune, et ce fut une raison pour elle de rester au théâtre. Pendant dix ans elle en fit la gloire; mais sa santé était profondément altérée. Un jour on lui dit qu'à Manchester un festival monstre allait réunir des chanteurs du monde entier; elle s'y rendit, ne voulant pas manquer à ce rendez-vous d'honneur, et aussi sachant bien qu'il s'agissait de faire une bonne œuvre, en chantant au profit des malheureux. La fièvre la prit; elle ne se releva plus. Ce fut après quelques jours de maladie qu'elle expira, sans que le théâtre se soit encore consolé de sa perte.

Mais une mort bien autrement grave, celle du roi Charles X, allait attrister tous les royalistes : elle arriva le 6 novembre, au lendemain de la Saint-Charles, à Goritz, où le vieux roi avait fixé sa nouvelle résidence.

Hélas! la vie, à Goritz, pour la famille royale, était des plus tristes. Ce n'était plus le majestueux Hradschin qui abritait alors les descendants de saint Louis; c'était une maison de modeste apparence qu'on appelait le Graffenberg. Charles X n'avait pas même la consolation d'habiter le même toit que Mgr le Dauphin et Mademoiselle, qui demeuraient à quelque distance du Graffenberg, à la Casa-Strassoldo. Quelle différence avec Versailles, et même avec ces royales Tuileries, où l'on avait connu, en si peu d'années, tant de bons et de mauvais jours! Goritz était la dernière étape de l'exil, fixée par Dieu, pour ce dernier descendant des rois très chrétiens! Or, pendant que ce chevaleresque monarque expirait à Goritz, majestueux et grand, drapé comme dans un manteau dans son malheur immérité, la foule dorée des serviteurs de la Révolution encombrait les antichambres du château de Neuilly, où trônait Louis-Philippe. Ah! combien il est triste de penser que la Providence permet ainsi que le mal, pour un temps, l'emporte aussi souvent sur le bien

On vit, en cette circonstance, les membres de la famille d'Orléans manquer une fois de plus aux plus simples convenances. Non-seulement Louis-Philippe ne fit célébrer aucun service funèbre pour le repos de l'âme de celui dont il avait pris la place, mais encore la cour s'abstint de porter le deuil du dernier roi de France!

Un mot sanglant de *la Mode* vint résumer le sentiment général qui se manifesta dans l'opinion, à propos de cet impardonnable oubli de la plus simple bienséance. Les princesses d'Orléans avaient été vues, le matin même, en chapeaux de couleur claire, et *la Mode*

disait, avec une amertume mal déguisée : « Si jamais la famille d'Or-
» léans est en deuil, la France n'oubliera pas les chapeaux roses de
» ses princesses ! »

Hélas! les temps sont aussi devenus mauvais pour les princes de cette maison. On les a vus quitter la France, sans que des larmes bien nombreuses aient été versées sur leurs pas; mais M. le comte de Chambord avait eu, par deux fois déjà, le temps de se venger noblement des dédains de ses parents de la branche cadette. Dieu avait permis qu'une première fois, lorsque fut enlevée cette gracieuse princesse Marie, type achevé de simplicité et de grâce, et, plus tard, en 1842, à la mort de M. le duc d'Orléans, l'occasion se présentât de se vêtir de noir, et non-seulement il le fit, mais encore il ordonna à tous les gens de sa maison de prendre le deuil. Il fit aussi demander des prières à Dieu pour ces deux morts.

Plus récemment encore, lorsque Louis-Philippe expirait sur la terre d'exil, le chef de la maison de Bourbon donnait l'exemple à tous ceux de sa race en faisant célébrer, à Frohsdorff, un service solennel, et en y conviant tous les Français qui pouvaient alors l'entourer.

Mais revenons à 1836.

Chacun a sa part dans les peines qu'il plaît à Dieu de dispenser à tous en ce bas monde. Si un voile de deuil s'étendait au-dessus de Goritz, sur la royale famille exilée, au lendemain de la mort de Charles X, la position du roi des Français, aux Tuileries, n'était pas fort enviable. Le successeur de fait du vainqueur d'Alger se voyait chaque jour en butte aux poignards des assassins et aux coups de pistolets des affidés des sociétés secrètes : après Fieschi était venu Alibaud, après Alibaud c'était Meunier qui venait de tenter un nouvel attentat contre sa personne, le 22 décembre 1836. C'était le jour même de l'ouverture des Chambres. Le roi se rendait au palais Bourbon, en voiture, accompagné des princes ses fils ; à la hauteur du pont tournant, une détonation se fit entendre, et la balle d'un pistolet effleura le visage de Louis-Philippe, en allant briser les vitres de la voiture, et en blessant même légèrement, par des éclats de verre, le duc de Nemours et le prince de Joinville. Un grand malheur fut épargné ; mais la vie du roi avait été sérieusement menacée, et les jours de bonheur semblaient finis pour cet élu de la nation, qui devait parfois jeter un regard bien amer sur le passé, en se rappelant ses heureuses journées du Palais-Royal, alors que la main dans celle d'une épouse dont il était adoré, il considérait avec orgueil cette princesse Amélie, entourée de beaux et gracieux enfants et faisant envie à toutes les mères!

Combien il expiait chèrement sa folle ambition! Mais Dieu lui réservait de bien autres épreuves : elles sont trop éloquentes pour que personne en méconnaisse la portée : n'insistons pas sur un sujet brûlant ; devant le malheur toutes les infortunes sont égales!

XLII

Année 1837. — Citations malencontreuses. — *La Mode* est de nouveau poursuivie. — Condamnation de M. de Nogent son gérant. — Élection de M. Mignet à l'Académie. — Bal masqué à la cour. — *La Mode* se charge d'habiller les danseurs. — Deux livres nouveaux. — Le Salon. — Les prédicateurs du carême. — Succès de Charles V en Espagne. — Mariage de M. le duc d'Orléans. — Réflexions. — Les États de Mecklembourg. — Duprez. — Rachel. — La grande conspiration carliste. — Arrestation de M. Édouard Walsh à Strasbourg. — Visites domiciliaires. — Un mot de M. de Montalivet.

Au lendemain de ce nouvel attentat, on vit, comme il arrive toujours en pareille circonstance, les courtisans faire assaut de protestations de dévouement et d'obséquiosité. C'était à l'occasion du premier jour de l'année 1837, qui commençait ainsi sous d'assez tristes auspices, et ce fut à qui, parmi les personnages de la gent officielle, donnerait, — en paroles, — les meilleurs preuves de son dévouement inaltérable à l'auguste dynastie de Juillet.

Malheureusement *la Mode* se souvenait, comme toujours, d'avoir entendu les mêmes paroles, dans les mêmes bouches, sous un autre règne. Armée du *Moniteur* de la Restauration, elle publiait de longs extraits de discours officiels prononcés, vers 1828, par les mêmes hommes qui venaient, en 1837, répéter les mêmes phrases devant un autre roi. Avec une habileté rare, qui dénotait chez elle autant au moins de méchanceté que de mémoire, elle arrangeait les choses de telle façon que c'étaient les anciens discours qui semblaient être les nouveaux ; et comme aucune signature ne manquait à ces importants documents, tout le monde pouvait y être facilement trompé et les croire parfaitement inédits. Certains noms au bas de ces dithyrambes ampoulés ne laissaient pas que de leur donner une signification piquante.

Cette fantaisie fut prise en mauvaise part par l'administration, qui ordonna immédiatement une nouvelle saisie de *la Mode*, suivie bientôt d'une citation en bonne forme, la déférant aux tribunaux « pour répondre, — disait l'exploit, — à six chefs d'accusation. » C'était cinq de trop évidemment, puisqu'un seul suffit à faire condamner son gérant, M. de Nogent, à un mois de prison et à trois mille francs d'amende. N'était-ce pas expier chèrement le fait d'avoir rappelé certains discours officiels? Du moins, en franchissant le seuil de Sainte-Pélagie, M. de Nogent allait avoir la consolation, — si c'en était une, — de retrouver son camarade et son émule dans la gérance de *la Mode*, M. Voillet de Saint-Philbert.

Je n'entreprendrai pas, mon cher directeur, de vous donner les détails de cette nouvelle affaire. C'étaient toujours les mêmes éternels reproches, « d'outrage aux membres de la famille royale, d'excitation » à la haine et au mépris du gouvernement, etc., etc., » et autres aménités dont les dossiers de MM. les procureurs de justice sont toujours amplement garnis. Toutefois ce grief d'outrage contre la famille royale avait lieu d'étonner dans la bouche d'un gouvernement qui laissait journellement insulter, de la manière la plus odieuse, dans des pamphlets ou des caricatures, l'ancienne famille royale. N'avait-on pas vu M. le vicomte Walsh se présenter tout récemment devant des magistrats, en proie à la plus vive indignation, leur dénonçant une ignoble caricature qui se vendait publiquement sur la place de la Concorde, avec l'accompagnement obligé de cris et d'insinuations outrageantes, et n'obtenir de ces représentants de la morale publique qu'une fin de non-recevoir, basée sur « ce qu'ils n'étaient pas armés de pouvoirs suffisants pour poursuivre de telles abominations (1). »

Une nouvelle élection académique venait d'avoir lieu, celle de M. Mignet. C'était la neuvième depuis 1830, et six au moins, sur ce nombre, appartenaient à la rédaction ou à l'entourage de ce venimeux *Constitutionnel* qui, pendant la Restauration, avait fait au clergé et à la monarchie une guerre si peu loyale. M. Viennet avait ouvert la marche, MM. Jay, Tissot, Dupin, Thiers et Mignet avaient suivi. Toutefois ce dernier n'était guère coupable que d'une assez médiocre *Histoire de la Révolution*, dont on peut dire qu'elle est en quelque sorte la table analytique des matières de celle de son fidèle ami, M. Thiers. Aussi *la Mode* imprimait-elle dans ses *épingles* cette sentencieuse vérité : « La différence de M. Mignet à M. Thiers, c'est que l'un a été
» nommé académicien pour ce qu'il doit faire, et l'autre malgré ce
» qu'il a fait. »

Le carnaval était dans tout son plein. La cour annonça à grand renfort de réclames, — et cela à quelques mois du jour de la mort de Charles X, — qu'un grand bal masqué allait être donné aux Tuileries : elle y conviait tous les personnages du monde officiel. Immédiatement, *la Mode* se mit en mesure de leur fournir des costumes. A M. Thiers elle conseillait le plus éblouissant *Robert-Macaire*, et son

---

(¹) Le fait eut lieu le jour même du mariage de M. le duc d'Orléans : on crut dans les rues de Paris, sous ce titre : *la Famille de Louis XVI*, une abominable caricature dont nous rougirions de donner ici l'explication. Ajoutons, toutefois, que sur des plaintes réitérées, cette planche fut enfin saisie.

ami, M. Mignet, devait naturellement l'accompagner à la fête des Tuileries, déguisé en *Bertrand;* à M. Dupin, elle offrait le costume de *Paillasse*, pendant que M. Persil paraîtrait en *Tristan l'Ermite;* M. Plougoulm ne pouvait faire autrement que de s'habiller en *ours blanc,* et de se laisser conduire, en laisse, par M. Franck-Carré en *Lageingole,* suivi de M. Partarieu-Lafosse en *Tristapatte;* M. Soult devait adopter avec succès le costume de *brocanteur de tableaux;* à la belle Mme Lehon, *la Mode* conseillait le costume de *Vénus de médicis,* et à son mari un habit dont il nous répugne de dire le nom; Mme Barthe ne pouvait être mieux qu'en *blanchisseuse,* et Mme Persil ferait une excellente *cuisinière;* quel magnifique effet ne produirait pas M. Martin du Nord en *Mercure?* et M. Pasquier en *Crispin?* et M. Séguier en *Jocrisse?* enfin il était de toute justice que Son Excellence Monseigneur Rosolin se montrât en *Grand Condé.*

A quelques semaines de là, parurent deux livres qui produisirent une grande sensation : l'*Histoire de France* de notre regrettable ami M. Lubis, — le meilleur historien de la Restauration que nous ayons — et les *Mémoires de Mme la duchesse de Berry,* par M. Alfred Nettement, — œuvre intéressante à plus d'un titre, et où respire le plus grand amour de la vérité, en même temps qu'un royalisme ardent.

Le Salon de 1837, qui venait d'ouvrir, accusait dans les arts un temps d'arrêt fatal qui ne s'est que trop prolongé et n'est pas à l'honneur de l'École française. A part quelques toiles de grande valeur, comme *Strafford marchant à l'échafaud,* et *Charles Ier insulté dans un corps de garde,* par Paul Delaroche, un *Christ,* par Scheffer, deux ravissants petits tableaux du même, *Rachel en prière,* et *la Plainte de la jeune fille,* et encore quelques jolis portraits de Dubuffe, l'exposition de 1837 ne présentait guère que des tableaux de second ou même de troisième ordre : on y eût en vain cherché ce qu'on nomme un chef-d'œuvre.

Par contre, les prédicateurs du carême obtenaient, cette même année, un succès des plus grands. Leur vogue était immense : toutes les jeunes femmes du meilleur monde tenaient à aller entendre, au sortir d'une matinée dansante ou d'un concert, et au pied de la chaire chrétienne, ces apôtres de la foi. M. l'abbé de Ravignan, qu'une immense douleur avait jeté dans les ordres,— comme bientôt M. de Genoude,—M. l'abbé Combalot, M. l'abbé Dupanloup,— aujourd'hui la gloire de l'épiscopat français, — M. l'abbé de Dreux-Brézé, le futur évêque de Moulins, d'autres encore, voyaient la foule la plus mondaine se presser chaque après-midi à leurs instructions, et on citait, dans le grand monde, les heureuses conversions que ces serviteurs de Dieu opéraient journellement.

La *Gazette de France* venait d'encourir une nouvelle condamnation, et peut-être le moment est-il arrivé, mon cher directeur, de payer un juste tribut d'éloge et d'admiration au publiciste éminent qui la dirigeait alors et dont le nom vient de revenir sous ma plume. M. de Genoude, né dans les dernières années du XVIIIe siècle, n'était entré dans la vie politique que dans la seconde partie de la Restauration : il avait d'abord collaboré au *Conservateur*, avec Chateaubriand Charles Nodier, Briffaut, etc., sans que son rare talent d'écrivain polémiste eût été remarqué ; il lui fallait une scène plus vaste, et surtout un organe quotidien pour y développer à son aise ses théories gouvernementales. Il imagina donc de créer l'*Étoile*, et ce journal fut le premier qui parut le soir à Paris, résumant en quelque sorte les nouvelles de la journée. Le succès en fut grand, à ce point qu'un numéro se vendait souvent *un franc*. Tous les salons politiques tenaient à honneur de se procurer cette feuille nouvelle. A la chute du ministère Villèle, M. de Genoude acheta de M. Pillet l'ancienne *Gazette de France*, qu'avait autrefois rédigée M. de Lourdoueix; il la fondit avec l'*Étoile* et en prit la direction, en s'adjoignant M. de Lourdoueix, qui venait de quitter la direction des Beaux-Arts, au ministère de l'intérieur. Ces deux éminents publicistes ont marché depuis avec persévérance dans la même voie, et de concert, jusqu'en 1849, époque de la mort de M. de Genoude.

Ce dernier, vers 1836, perdit sa femme, Mlle de Fleury, qu'il adorait, et son chagrin fut si profond qu'il le jeta dans les ordres. D'importants travaux religieux, des études approfondies des Pères de l'Eglise, une traduction de la Bible, l'avaient depuis longtemps prédisposé à la carrière ecclésiastique. Il n'en demeura pas moins le valeureux champion de toutes les nobles causes dans la *Gazette de France*, et l'on peut dire que ses plus grands succès dans sa carrière d'écrivain datent de son entrée dans le sacerdoce.

La *Gazette de France* était avec *la Mode*, à l'époque où je suis arrivé, mon cher ami, l'effroi de la cour de Louis-Philippe et de son entourage. La première tirait à boulets rouges au nom des principes et de l'inflexible logique, sur ce gouvernement issu des barricades, qui, maintenant le cens à 200 fr., se prétendait basé sur la souveraineté populaire; l'autre, *la Mode*, faisait à l'avant-garde, une guerre de tirailleurs, à ce système intermédiaire « qui n'était plus la monarchie,—comme l'avait dit un illustre écrivain,— et qui cependant était encore la monarchie. » Sous ce titre : *Lettres de la voisine*, la *Gazette de France*, dont les bureaux étaient alors situés dans cette vieille rue du Doyenné, qui faisait face sur la place du Carrousel aux fenêtres de la propre chambre du roi Louis-Philippe, aux Tuileries, publiait tous les samedis d'implacables articles qui faisaient bondir d'indignation les gouvernants de l'époque, mais qui obtenaient devant l'opinion, un succès extraordinaire. Dans les colonnes du haut, M. de Genoude et M. de Lourdoueix, défendaient avec un rare talent et une énergie plus rare encore, tout un système gouvernemental qui était la négation la plus absolue de la politique doctrinaire.

M. de Genoude n'était pas cependant ce que l'on nomme un écrivain ; il avait le travail difficile, et la main, chez lui, ne répondait pas toujours à la pensée. Mais il avait une vaste intelligence, une pénétration d'esprit extraordinaire, et une facilité de résumer ses arguments qui rendait sa logique implacable pour ses adversaires. Parfois, obligé de confier à d'autres rédacteurs de la *Gazette* la réplique que de nombreuses occupations ne lui laissaient pas le temps de manuscrire lui-même, il leur en indiquait en trois mots l'esprit et la portée, et laissait à leurs plumes habiles le soin de la rendre éloquente.

Nous connaissons un écrivain de talent et de cœur dont la modestie égale le mérite, qui a bien souvent tenu la plume à la *Gazette de France*, sous la pensée dirigeante de M. de Genoude, et qui pourrait, à bon droit, revendiquer une large part dans la renommée de ce publiciste éminent.

M. de Genoude est mort trop tôt assurément pour voir le triomphe de ses idées et la réalisation de ses principes ; mais la chute du gouvernement de Juillet, si souvent et si invinciblement prédite par lui, était un fait accompli, lorsque la maladie de poitrine qui le minait depuis longtemps et qui, hélas! a enlevé depuis si tristement et si fatalement ses deux fils, le conduisit au tombeau. On peut dire qu'une rare intelligence s'éteignit alors, et que la France perdit en ce jour un de ses plus illustres enfants : la cause de la liberté perdait aussi avec M. de Genoude un de ses plus ardents défenseurs.

Des événements graves signalèrent le cours de l'année 1837. C'était le temps où le roi d'Espagne, Charles V, obtenait en Catalogne et dans les provinces Basques, les succès les plus éclatants, et se voyait chaque jour à la veille d'arracher sa couronne aux mains de ceux qui la lui avaient prise. Mais le noble et valeureux descendant de Philippe V avait oublié, qu'à deux pas du sien, le trône de saint Louis avait aussi été ébranlé, et que la loyauté chevaleresque n'y siégeait plus comme aux temps de nos anciens rois ; tout au contraire, la félonie et la trahison l'attendaient là, comme à Vergara. Le moment n'est pas venu de retracer ce triste épisode de l'histoire contemporaine : bientôt la France allait intervenir, dans les affaires d'Espagne, de la façon la plus odieuse, et en détenant injustement à Bourges, au mépris du plus simple droit des gens, cette famille royale de don Carlos qui n'était entrée sur le territoire français qu'à la seule et expresse condition de pouvoir en sortir quand bon lui semblerait, le gouvernement de Juillet allait assumer une responsabilité terrible, qui dure encore !

Cette tache pèse à jamais sur le trône de Juillet : rien ne saurait l'effacer. C'est un de nos griefs les plus amers contre les hommes d'usurpation qui, au risque de compromettre à jamais les destinées de l'Espagne, se jetèrent alors à corps perdu, dans une voie qui devait aboutir au renversement d'un trône légitime de plus en Europe : —non sans ébranler tous les autres.

Mais l'événement qui préoccupait, outre mesure, l'attention publique en France, au printemps de 1837, c'était l'annonce officielle du mariage de M. le duc d'Orléans qui venait enfin de trouver une princesse disposée à l'épouser. Cette princesse, dont je serais le dernier à vouloir contester les vertus privées et la rare persévérance à défendre des principes qu'elle considérait comme un legs d'outre-tombe, de la part de son mari, n'en a pas moins eu sur les destinées de notre pays, dans des temps bien récents, une influence que nous ne pouvons nous empêcher de trouver désastreuse. Sa fin prématurée impose à nos jugements une réserve qui sera comprise. Dieu a permis, toutefois, qu'elle vécût d'assez longs jours pour voir à quelles conséquences pouvait conduire un déplorable système. Ses enfants devront-ils, ou non, lui savoir gré de son inflexibilité? C'est ce que le temps seul se chargera de décider.

Quoi qu'il en soit, lors de sa venue en France, en 1837, à l'époque de son mariage avec M. le duc d'Orléans, la princesse Hélène de Mecklembourg-Schwerin était loin d'être populaire. Sa qualité de protestante effrayait bien des gens. On se demandait si le pape ne refuserait pas les dispenses nécessaires à la validité d'une union qui allait faire monter, pour la première fois, sur le trône de France, une princesse de la religion réformée. Bien des familiers de la cour regardaient ce mariage comme une faute et se disaient que si Louis-Philippe avait bien pu se contenter pour l'aîné de sa race d'une alliance aussi mince, encore aurait-il dû chercher une belle-fille catholique et imbue de ces idées religieuses qui semblent en France faire partie des traditions d'une famille.

D'autres personnes estimaient que la princesse Hélène, fille d'un des plus obscurs principicules allemands, devait se trouver bien heureuse de voir l'héritier présomptif de la couronne, en France, l'élever jusqu'à lui. Combien ces derniers se trompaient! Le temps et les événements ne se sont-ils pas chargés de démontrer que si quelqu'un, en cette occasion, faisait ce que le monde nomme un beau mariage, ce n'était assurément pas la fille de l'honnête duc de Mecklembourg-Schwerin!

Les plaisanteries, on le pense bien, ne tarissaient pas dans les co-

lonnes de *la Mode*, sur ce mariage. « Si nous en croyons les détails
» qui nous parviennent, — disait la malicieuse Revue, — tous les
» sujets du grand-duc, père de la duchesse Hélène, avaient d'abord eu
» le projet de l'accompagner en France, pour assister aux fêtes du
» mariage, et M. de Montalivet avait même pris des arrangements
» avec deux diligences de Laffitte et Caillard, pour aller les chercher
» et les conduire à Paris. Mais M. Oëtherling, — le premier et l'uni-
» que ministre du duché, — a fait très judicieusement observer que
» S. A. le grand-duc ne pouvait pas rester six semaines sans sujets
» dans ses États, et on a renoncé à ce projet. »

Duprez, débuta cette même année à l'Opéra : il avait choisi le rôle d'Arnold de *Guillaume Tell*. Sa position était difficile : il arrivait à Paris, avec une réputation faite en Italie, à Milan, à Naples, à Bologne ; et Paris, qui fait d'ordinaire les réputations, ne se soucie que médiocrement d'avoir à ratifier le jugement d'autres contrées. Duprez en outre avait à faire oublier Nourrit. Son merveilleux talent, son grand art, sa belle voix triomphèrent de tous les obstacles.
« Duprez, disait *la Mode*, a reçu lundi ce baptême ineffaçable d'illustra-
» tion que viennent tour à tour chercher parmi nous toutes les trem-
» blantes renommées artistiques et que nous refusons quelquefois,
» mais que l'Europe reconnaît toujours de confiance quand nous l'a-
» vons donné : — l'Europe soumise à notre goût, dernière puissance
» qu'elle nous reconnaisse aujourd'hui, dernière considération que
» Juillet ne nous ait pas encore fait perdre à ses yeux ! »

Mais un autre début, d'un genre bien différent, allait avoir lieu sur la scène française : celui de Mlle Rachel. Le jour même où Duprez débutait à l'Opéra, la fille du *père Félix*, — comme on disait alors, — obtenait pour la première fois l'honneur d'un rôle dans une assez mauvaise pièce du Gymnase, la *Vendéenne*. Malheureusement pour elle la pièce n'eut aucun succès; mais un homme de goût et de tact, M. Jousselin de Lasalle, avait remarqué l'intonation juste et l'excellente tenue de la débutante : il en parla au directeur du Gymnase qui lui tourna le dos en haussant les épaules, quand il entendit son interlocuteur s'écrier que cette petite Rachel avait de l'avenir.

— J'en doute, dit-il.

— Eh bien! je la ferai débuter aux Français, dit M. Jousselin de Lasalle, et on verra ce qu'elle deviendra.

— Soit, dit l'autre, et puissiez-vous réussir !

Quelques mois plus tard, Rachel débutait aux Français dans la tragédie, et la prédiction de son protecteur inconnu se réalisait ; elle devenait la première comédienne de son temps : n'est-il pas à craindre, hélas ! qu'elle ne soit jamais remplacée?

Cependant les rigueurs contre les hommes notoirement réputés pour appartenir au parti légitimiste ne faisaient qu'augmenter. M. le vicomte Édouard Walsh ayant eu l'idée, vers le milieu de 1837, de se rendre auprès de la famille royale exilée, momentanément fixée à Kirshberg, fut arrêté à Strasbourg, au moment où il arrivait à l'hôtel. On fouilla ses malles, on s'empara de ses papiers, et — chose bien plus grave, — on envoya à M. de Montalivet, ministre de l'intérieur, toutes les lettres cachetées qu'il portait dans son portefeuille. « Nous prévenons nos amis, disait *la Mode*, au nom de M. Walsh, de vouloir bien agréer l'expression de ses regrets de n'avoir pu remettre, en mains propres, les lettres qu'ils avaient bien voulu lui confier : elles ne pouvaient pas être plus cruellement détournées de leur destination, puisqu'elles sont tombées dans les mains de M. de Montalivet! »

Un moment, il fut même question de saisir le fidèle *Stopp*, chien de grande race que M. le vicomte Walsh conduisait au jeune duc de Bordeaux, et sur le collier duquel se lisait cette belle devise : *Je sers qui j'aime !*

Quelques jours après, la police faisait une descente à Paris, chez M. Berryer et chez M. de Genoude, et saisissait également leurs papiers. Quant à M. Édouard Walsh, qui parcourait alors les routes d'Allemagne, — car on l'avait laissé libre, — il recevait une assignation à comparaître devant un juge d'instruction, chargé, paraît-il, de faire éclore la grande *conspiration carliste* dont on avait besoin pour réchauffer l'enthousiasme dynastique. Heureusement cette affaire n'aboutit pas. La police en fut pour ses frais d'intimidation, et M. de Montalivet pour ses nausées.

On se rappelle en effet le mot célèbre de ce ministre, à propos de certains dévouements royalistes : « Cela me fait mal au cœur, » avait-il dit. Aujourd'hui le ministre et son gouvernement sont tombés, mais le mot est resté.

XLIII

Fin de l'année 1837. — Nouvelle condamnation de *la Mode*. — Les maisons de jeu sont fermées. — Une aventure de M. de Talleyrand. — Premiers jours de 1838. — Onzième procès de *la Mode*. — Sa condamnation. — Elle est de nouveau saisie. — Procès-monstre. — Énorme condamnation. — On veut suspendre *la Mode*. — La loi est invoquée. — Les trois gérants insuffisants. — Belle lettre de M. Alfred Nettement. — Encore un nouveau gérant. — M. Aubert. — *La Mode* est sauvée.

L'année 1837 suivait son cours : les procès faits à *la Mode* suivaient aussi le leur. Pendant que les portes de Sainte-Pélagie s'ouvraient pour laisser sortir M. Voillet de Saint-Philbert, on instruisait, dans le cabinet du juge d'instruction, le nouveau procès de *la Mode*, qui venait d'être saisie, pour avoir publié, sans autorisation, un charmant portrait dans lequel les Argus du pouvoir prétendaient reconnaître « Henri V. »

Acquitté sur ce fait devant la police correctionnelle, M. Édouard Walsh, directeur de la Revue, se vit frapper en appel par une condamnation à un mois de prison et à 500 francs d'amende. En vain M. Hennequin, l'éloquent défenseur de *la Mode*, allégua-t-il que

« si la loi-Bricqueville avait banni des princes malheureux, elle » n'avait pas proscrit leur image, » l'arrêt n'en fut pas moins rendu, et, pour la dixième fois, *la Mode* vit figurer son nom, à titre onéreux, sur le registre de justice. Malheureusement pour M. Walsh, c'était lui, cette fois, qui devait expier les inconséquences de sa Revue : la place laissée vacante à Sainte-Pélagie par le fidèle gérant de *la Mode* ne devait pas tarder à être occupée par son directeur, dont la devise héréditaire se traduit par ces mots : *Partout et toujours fidèle!*

A la fin de 1837, les maisons de jeu furent définitivement fermées *La Mode* accueillait avec joie cette mesure invoquée depuis longtemps par la morale publique et en profitait pour s'écrier : « C'est le 31 dé- » cembre que les maisons de jeu seront irrévocablement fermées; » espérons que l'année 1838 nous délivrera de tous les fléaux du » Palais-Royal. »

La fermeture des maisons de jeu a eu certainement son côté utile, mais il est regrettable que, chaque année, des sommes considérables sortent de France pour être jetées en pâture, hors du pays, à l'insatiable avidité des roulettes et des trente-et-quarante des établissements des bords du Rhin. Et puis des maisons de jeu clandestines existent à Paris en grand nombre, même de nos jours. Malgré la surveillance active de la police, il ne se passe pas de soir, ou plutôt de nuit, sans que des tripots mal famés n'ouvrent leurs portes à de malheureuses dupes qui, autrefois du moins, perdaient leur argent, à la grande lumière, avec une espèce de sécurité, et en quelque sorte sous le regard de la police. Assurément le principe de la suppression des maisons de jeu est excellent; mais le remède à apporter aux incalculables désastres qu'occasionnent chaque jour les entraînements d'une fatale passion est encore à trouver, et le gouvernement offrirait, je crois, une belle prime à celui qui saurait le découvrir.

Dans les premiers jours de 1838, il advint à M. de Talleyrand une aventure dont *la Mode* garantit l'authenticité, mais dont nous n'entendons en aucune manière nous porter les garants, d'autant mieux qu'elle semble de celles que le proverbe italien : *non e vero, ma ben trovato*, paraît surtout avoir eu en vue.

M. de Talleyrand avait eu la velléité d'aller porter au roi ses compliments de bonne année. Le prince, dont l'heure suprême était à la veille de sonner, se trouvait alors dans un état de santé déplorable : le corps, en lui, était bien mort, la tête seule vivait encore; ce n'était qu'à force de soins et de précautions que les médecins parvenaient à prolonger cette existence factice. Tout le monde sait que la figure de l'ancien prince de Bénévent avait pris, dans les derniers temps de sa vie, l'expression d'une tête de mort. La voiture qui l'amenait aux Tuileries venait de s'arrêter devant le perron d'entrée, lorsque les laquais qui s'apprêtaient à baisser le marchepied furent interpelés par l'huissier de service :

— Vous vous trompez! dit ce dernier.

— Comment cela?

— Mais ce que vous apportez là est sans doute pour le Louvre.

— Pourquoi donc?

— Voyez la section des momies...

— Mais c'est le prince de Talleyrand!...

Heureusement ce dernier n'entendit rien : il était alors fort sourd, et s'occupait, pendant ce colloque, à se retirer de l'amas de coussins et de fourrures qui l'entouraient dans son carrosse. L'anecdote fut colportée : elle obtint un grand succès.

Pendant qu'au théâtre des Variétés une troupe d'acteurs choisis *ad hoc* représentait cette inimitable bouffonnerie des *Saltimbanques*, qui eut un succès sans pareil dans les fastes de ce théâtre, M. Alfred Nettement publiait un livre fort curieux, fort bien fait, fort instructif, dans lequel, mettant en scène d'autres comédiens, il racontait l'*Histoire du Journal des Débats*. La réputation de ce livre est aujourd'hui justifiée : elle est de celles qui grandissent d'ailleurs avec le temps, et cette publication jette un grand jour sur certains personnages et certains événements contemporains.

Mais le moment approchait où *la Mode*, poursuivie pour la onzième fois, allait voir son existence sérieusement menacée par une série de condamnations et une recrudescence de rigueurs qui passent, en vérité, toute croyance. Au risque de fatiguer vos lecteurs, je dois nécessairement, mon cher ami, vous parler de ce procès-monstre, qui fut l'objet d'un scandale inouï, et ne laissa que trop percer la haine inconcevable que les hommes du pouvoir avaient vouée à une Revue qu'ils entouraient de leurs rancunes.

Dans son numéro du 20 février 1838, *la Mode*, à l'occasion de l'anniversaire de l'assassinat de Mgr le duc de Berry, avait publié un article sanglant, qui servit de prétexte à une nouvelle saisie, suivie bientôt d'une condamnation à 4,000 francs d'amende et à six mois de prison. C'était déjà quelque chose, mais ce n'était point assez. A quelques jours de là, à propos d'une très belle gravure qu'elle offrait à ses abonnés, sous ce titre : le *Couronnement de Joas*, la Revue, ayant publié un article explicatif de cette planche, vit son numéro du 2 mars arrêté à la poste et déféré de rechef aux tribunaux.

Il serait difficile de s'expliquer aujourd'hui l'acharnement déployé en cette circonstance par les membres du parquet contre *la Mode* ; on ne s'en rendrait pas compte, si l'on n'entrevoyait dans cette affaire un malentendu évident, que le ministère public n'eut pas la bonne foi de reconnaître, mais qui sera facilement compris de vos lecteurs.

La Mode, par la publication du *Couronnement de Joas* et de l'article qui accompagnait l'envoi de cette planche, se trouvait non-seulement accusée, comme toujours, « d'excitation à la haine et au mépris du gouvernement, d'outrages envers la famille royale, etc., » mais encore « d'adhésion à une autre forme de gouvernement et d'attentat contre la sûreté de l'État. » C'était grave. Voyons ce que représentait cette gravure ? tout simplement la copie exacte du grand tableau de Coypel, qui se trouve au Louvre et qui représente le jeune Joas couronné, tandis que des lévites entraînent Athalie pour la livrer aux bêtes qui dévorent Jésabel.

Évidemment le juge d'instruction avait cru voir dans cette planche une œuvre nouvelle dirigée contre l'usurpation de Juillet, et ne s'était pas douté que ce tableau pût remonter au temps de Louis XIV, qui, vers 1660, l'avait commandé à Coypel, peintre ordinaire de Monsieur, son frère. Malheureusement les armes de la famille d'Orléans, — peut-être en raison de cette dernière particularité, mais évidemment aussi, aux yeux du parquet, pour une tout autre cause, — se trouvaient au bas de la gravure du *Couronnement de Joas*, offerte par *la Mode* à ses abonnés. Ce fut ce qui la perdit.

Une fois les poursuites commencées, le ministère public ne voulut pas en avoir le démenti. Il fut bien obligé de reconnaître que la reproduction, par la gravure, d'un tableau remontant à deux cents ans, n'était pas criminelle, mais il se rejeta sur l'article explicatif de *la Mode*, prétendit que l'intention de faire un rapprochement injurieux pour le chef de la famille royale était évidente, et que l'attentat contre la sûreté de l'État était par cela même prouvé.

C'était sévère; mais *la Mode* ne se faisait plus illusion : elle n'attendait pas que de nouvelles mesures rigoureuses fussent prises contre elle pour déclarer à ses lecteurs qu'on en voulait à sa vie. Aussi disait-elle, en tête de son numéro du 12 mars 1838 : « Depuis plu-
» sieurs mois nous entendions de vagues rumeurs annoncer l'orage qui
» nous frappe aujourd'hui. On disait, dans les régions du pouvoir,
» qu'il était temps d'en finir avec l'énergie et la franchise royaliste.
» On disait que les courtisans et les félons auraient raison de *la*
» *Mode*. On désignait d'avance l'espace de temps qui nous restait à
» vivre. A ces rumeurs, à ces menaces, à ces prophéties sinistres,
» nous avons répondu par le mépris. Nous avons dit que nous appar-
» tenions à une opinion forte, que les royalistes savaient leur devoir
» comme nous savions le nôtre, qu'un journal était une bannière, et
» que jamais les royalistes n'avaient vendu leur drapeau !... Roya-
» listes, c'est à vous dire si nous avons eu tort de parler ainsi ! »

Et après d'autres phrases empreintes d'une grande élévation, *la Mode* ajoutait :

» ..... C'est ici le moment de parler net et avec franchise. Les
» royalistes savent ce que c'est que *la Mode*. Si c'était la gazette des
» rubans et des fleurs, les annales de la grandeur et de la décadence
» d'une étoffe, certes ce n'est pas nous qui aurions jeté dans un
» pareil journal, quelques-uns leurs fortunes, tous notre temps,
» notre liberté, la pensée que Dieu nous a mise dans la tête, les sen-
» timents dont il a enflammé notre cœur ! *La Mode* est autre chose,
» vous le savez : c'est la pensée royaliste dans toute sa vivacité,

» dans toute son énergie, prenant toutes les formes pour parler à
» toutes les intelligences ; tantôt railleuse, tantôt logicienne, tantôt
» grave, tantôt sévère, s'introduisant par toutes les issues, s'adres-
» sant surtout aux hommes du monde, pénétrant dans les salons où
» le raisonnement seul ne serait point accueilli; *la Mode*, c'est la
» protestation de cette société d'élite que contient la France, venant
» chaque semaine se placer sur la table de tous les salons de l'Europe,
» entre les ambassadeurs du juste-milieu et les classes élevées de tous
» les pays. *La Mode*, c'est un appel persévérant, continuel, à la mé-
» moire, à la conscience de tous les hommes de cœur, contre les
» félons, les lâches et les renégats. *La Mode*, c'est le livre des gloi-
» res de la fidélité et des hontes de l'apostasie. C'est le journal qui
» punit et qui prévient les désertions ; puissant, parce qu'il persifle
» aussi souvent qu'il raisonne, parce que sa logique s'aiguise en
» railleries et en épigrammes, parce qu'il peint en caricatures les
» ridicules dont il est impossible de faire le portrait, parce qu'il
» parle tous les langages, parce qu'il se sert de toutes les armes.
» Voilà ce que c'est que *la Mode*, et voilà pourquoi, depuis huit ans,
» des hommes de dévouement et de loyauté se sont succédé pour
» porter le drapeau que nous vous demandons aujourd'hui de
» juger. »

Ce magnifique article, dont nous ne reproduisons ici que des extraits, était signé de MM. Édouard Walsh et Alfred Nettement. A une époque où la loi des signatures n'était pas en vigueur et où personne n'était obligé de signer ses œuvres dans les journaux, il pouvait y avoir quelque courage à tenir un langage aussi élevé, aussi digne, aussi ferme, en face surtout de l'arsenal des lois de septembre.

La Mode, annonçant sa condamnation, qui ne se fit pas long-temps attendre, disait :

« Nous avons été condamnés, il y a trois semaines, à 4,000 francs
» d'amende et à six mois de prison ; nous venons d'être condamnés,
» sauf pourvoi devant le jury, à VINGT MILLE francs d'amende, à UN
» AN de prison et à DEUX MOIS de suspension. Ainsi ce dernier arrêt,
» en calculant les frais accessoires qui se rattachent au principal,
» porte le chiffre des condamnations pécuniaires de *la Mode* à plus
» de TRENTE MILLE francs. Enfin, par une application sans exemple
» des lois sur la presse, on SUSPEND pour deux mois le journal sur
» lequel on a déjà accumulé le poids d'une année et demie de cap-
» tivité et de TRENTE MILLE francs d'amende. Nous allons en appeler
» devant le jury ! »

C'était, en effet, pour la première fois que, voulant interpréter
dans un sens favorable certains paragraphes des lois de septembre,
le gouvernement prétendait que la *suspension* d'un journal pouvait
être décidée dans certains cas. C'était une erreur : la loi, au contraire, malgré sa rigueur, était formelle, et ne donnait pas à des
juges le droit de porter une semblable atteinte à la liberté de la
presse et à la propriété individuelle. C'est ce qui fut victorieusement
démontré par *la Mode* devant la cour d'appel, et ce qui lui valut
gain de cause sur ce point. Malheureusement, elle se voyait encore
bien cruellement frappée, puisque la cour, amendant simplement
la décision des premiers juges sur la question de suspension, réduisait de 20,000 à 15,000 francs l'amende prononcée contre elle, et
maintenait le chiffre d'une année d'emprisonnement.

Jamais encore peine aussi sévère n'avait été prononcée contre aucun journal. L'opinion publique s'émut singulièrement de cette
implacable rigueur, et, pendant plusieurs jours, les bureaux de *la
Mode* furent littéralement envahis par une foule d'amis connus et
inconnus, qui venaient offrir leur concours à la rédaction du jour-

nal, en même temps qu'apporter à ses directeurs l'expression de leurs plus chaleureuses sympathies.

La Mode, toujours gaie, — même dans le malheur, — s'écriait, le lendemain de son inconcevable condamnation : « Nos amis et nos » adversaires s'apercevront que si *la Mode* est frappée d'une amende » énorme, d'un emprisonnement prolongé, du moins elle n'est pas » *suspendue !* » Cette déclaration promettait une recrudescence de verve de la part des rédacteurs de la Revue ; mais la première condition pour elle était, avant d'y donner un libre cours, de pouvoir paraître ; or, la question devenait fort délicate, car le gouvernement avait pris ses mesures pour que *la Mode*, non suspendue légalement, le fût de fait, et pour les raisons que nous allons dire.

La loi de 1835 disait formellement que tout gérant d'un journal incarcéré ne pouvait plus, dans cette situation, signer le journal : elle disait bien encore, à la vérité, qu'en cas d'empêchement *forcé* du gérant, un des rédacteurs ordinaires pouvait se déclarer gérant-responsable et prendre la signature ; mais cette faculté pouvait être enlevée du moment que le journal, au lieu d'un seul gérant, en avait préalablement désigné deux, — c'était le cas de *la Mode*, — et que ces deux gérants étaient l'un et l'autre arrêtés.

Au mépris de toutes les convenances et des règles habituelles qui, de tout temps, ont été mises en pratique à l'égard des écrivains politiques condamnés à la prison, M. Voillet de Saint-Philbert, gérant de *la Mode*, avait été arrêté dans la rue, le lendemain même de la condamnation de la Revue, au moment où il sortait de chez M. le vicomte Walsh, et sans qu'on lui eût laissé même le temps de mettre ordre à ses affaires et de se procurer des objets indispensables. On l'écroua à la préfecture de police, et il ne fut conduit que le lendemain à Sainte-Pélagie. Le but de cette mesure était facile à deviner : on s'était dit, au ministère de l'intérieur, que M. Édouard Walsh y regarderait sans doute à deux fois avant de reprendre la signature du journal, en présence des rigueurs excessives déployées contre *la Mode*, et on en avait tiré cette conclusion que *la Mode*, faute de gérant, cesserait nécessairement, au moins pour un temps, de paraître.

Mais M. de Montalivet avait compté sans le dévouement des deux vicomtes Walsh, car l'un et l'autre, en cette circonstance, tinrent à honneur de ne pas abandonner le terrain, malheureusement sans grand succès : voici comment. Dès le lendemain de l'arrestation de M. Voillet, M. Édouard Walsh, substituant sa propre signature à celle de ce dernier, sur le numéro du 24 mars, allait faire paraître ce numéro lorsque, sur un ordre du ministre lui-même, ordre signé dans la nuit, au retour de l'Opéra, un mandat d'amener décerné contre lui l'en empêcha. Malheureusement, M. Walsh n'avait pas encore purgé le mois de prison auquel il avait été condamné pour l'affaire « du portrait de Henri V. »

Appréhendé dans son domicile, à cinq heures du matin, avant même d'avoir pu communiquer avec aucun de ses rédacteurs, M. Édouard Walsh avait été immédiatement conduit à la préfecture de police. On l'y retint pendant un jour et une nuit, toujours en violation de la loi, qui ordonnait purement et simplement l'incarcération à Sainte-Pélagie des condamnés politiques.

La Mode allait donc, une fois encore se trouver sans gérant, et c'était ce qu'on désirait. Mais le digne vicomte Joseph Walsh, père de M. Édouard, invoquant le bénéfice de la loi, qui donnait à un rédacteur le droit de signer en l'absence du gérant, n'hésita pas à prendre lui-même la signature de *la Mode*, et faisant une courte adjonction au numéro prêt à partir, il signait le tout en disant :

« M. Voillet de Saint-Philbert, toujours ferme et fidèle à son poste,
» devait, comme de coutume, signer le numéro de ce jour. Ven-
» dredi, à cinq heures du soir, il a été arrêté. A sa place, M. Édouard
» Walsh, autre gérant de *la Mode*, allait y apposer son nom : ce matin,
» à six heures, il a été arrêté chez lui, arrêté avant d'avoir pu signer
» la minute déposée. *La Mode* ne pouvait donc plus paraître, car ses
» deux signataires sont en ce moment sous les verrous de la liberté
» telle que l'on nous l'a faite! Ainsi cette *suspension* dont on nous
» avait menacés, et que M. Nouguier et la cour ont fini par trouver
» illégale, aurait eu lieu de *fait*, grâce à l'incarcération simultanée
» des deux gérants; mais les hommes dévoués, quoi que le pouvoir
» puisse faire, ne manqueront point à *la Mode*, et si aujourd'hui
» nos lecteurs ne voient pas le nom d'Édouard Walsh, ils trouveront
» à sa place celui de son père.

» Vicomte Joseph WALSH. »

Malheureusement, ainsi que je l'ai dit encore, mon cher directeur, les hommes du pouvoir n'acceptèrent pas cette signature, alléguant que la faculté de signer un journal était enlevée à un de ses rédacteurs, du moment que ce journal avait épuisé la tolérance de la loi, en désignant deux gérants. Le numéro de *la Mode* fut donc forcément retardé et ne put paraître avec la signature du vicomte Joseph Walsh; seulement, comme l'avait dit ce dernier, les hommes de dévouement ne pouvaient pas manquer à *la Mode*, et, huit jours après, le fameux numéro paraissait avec cette note :

» Trois signatures ayant été effacées au bas du numéro du
» 24 mars, par les coups de jarnac de l'arbitraire, nous avons dû
» créer un nouveau cautionnement et constituer un nouveau gérant
» Le présent *post-scriptum* vient donc compléter ce numéro retardé,
» mais non pas retardataire, et la signature qu'on lit au bas, celle

» de M. Aubert, couvre de sa responsabilité tout l'ensemble de ses
» pages, pour lesquelles on n'a pas voulu accepter d'autres respon-
» sabilités qui s'offraient de si grand cœur. C'est encore un nom
» vendéen qui va figurer au bas de *la Mode ;* la province de tous les
» courages fournit aux exigences de toutes les situations! »

En effet, le journal paraissait enfin, après dix jours de retard, avec cette nouvelle signature : *Le gérant-responsable,* Aubert.

C'est alors que des insinuations furent dirigées, dans un certain monde, contre « ces hommes qui se mettaient à l'abri derrière une signature, et n'acceptaient pas la responsabilité de leurs paroles ». C'était une allusion évidente à M. Alfred Nettement, qui passait, à tort ou à raison, pour être l'auteur du fameux article sur le *Couronnement de Joas ;* mais ce dernier fit taire les médisants en adressant directement à M. Nouguier une lettre qui parut dans *la Mode,* et où se lisait cette phrase : « ... Je n'ai pu, monsieur, relever dans le
» procès de *la Mode* l'inexactitude d'une de vos paroles, qu'il m'im-
» porte de ne pas laisser subsister. Après m'avoir prodigué des
» compliments, que vous me permettrez de ne pas vous rendre, car
» je crois les luttes de la politique trop graves pour vouloir les faire
» descendre jusqu'à un de ces tournois de paroles, dans lesquels
» on couvre de fleurs le fer de la lance qu'on présente à l'ennemi,
» vous avez cru pouvoir dire que j'avais refusé d'accepter la culpa-
» bilité, la responsabilité d'un article incriminé par vous : cette
» assertion est inexacte, monsieur ; je n'ai eu rien à accepter, car
» on ne m'a rien proposé; rien à répondre, car on ne m'a pas inter-
» rogé. Je n'ai point reculé, j'ai attendu, et c'est le pouvoir, mon-
» sieur, qui, après s'être avancé sur le terrain des visites domici-
» liaires, a trouvé plus prudent de reculer... »

Le procès était jugé, *la Mode* pouvait bien continuer de paraître;

mais, outre que ses deux anciens gérants étaient encore sous les verrous, il lui restait une grave formalité à remplir, payer son amende, et ce n'était pas chose facile. Toutefois, le lundi 14 mai, à midi, le caissier de *la Mode* se présentait dans les bureaux du fisc pour acquitter la somme de 16,929 francs 80 centimes, montant de sa condamnation. Chose inouïe ! on trouva moyen d'aggraver encore cette situation, en alléguant que le paiement de cette amende ayant dû avoir lieu trois jours plus tôt, et *la Mode* ayant, dans cet intervalle, fait paraître un numéro, ce numéro avait paru sans cautionnement, et une nouvelle amende de 200 francs vint se joindre, pour ce fait, à toutes les précédentes, — sans parler d'un mois de prison que dut subir ultérieurement le nouveau gérant, M. Aubert, qui gagnait ainsi, et dès le premier jour, ses éperons de combat ; — ne fallait-il pas que tout le monde eût sa part des largesses de Juillet? M. Viennet passa pour être l'auteur de cette mordante épigramme qui courut alors les salons, à propos des amendes prononcées contre *la Mode* :

> Pour réprimer les écarts insolents
> De ce journal dont l'épingle est si dure,
> Vingt mille francs, morbleu ! vingt mille francs !
> Ce n'est pas un sou par piqûre !

C'était cependant bien cher ; mais *la Mode* avait plus d'une corde à son arc et les ressources ne lui manquaient pas dans le malheur ; si le dévouement de ses directeurs et rédacteurs ne faisait pas faute aux royalistes, les royalistes non plus ne faisaient pas faute à *la Mode*, en lui venant en aide dans toutes les circonstances calamiteuses.

« Nous venons, — disait *la Mode*, — de faire tirer mille exem-
» plaires de luxe du *Couronnement de Joas* : nous les céderons à nos
» amis au prix de 20 francs l'exemplaire. » Et les fidèles *amis* s'étant empressés de souscrire à ces belles planches, l'amende de *la*

Mode se trouva pour ainsi dire payée, sans que ses ressources personnelles eussent été par trop entamées.

On peut dire cependant que ce fut un rude coup que reçut alors *la Mode*. Sans le courage, la présence d'esprit et le dévouement de ses directeurs, sa perte, préparée avec autant d'habileté que d'adresse, était certaine, et si le fait fût advenu, l'histoire que nous écrivons finirait ici, — ce dont peut-être beaucoup de vos lecteurs seraient loin de se plaindre, mon cher ami.

XLIV

Suite de l'année 1838. — Mort de M. de Talleyrand. — Ses derniers moments. — Sa rétractation. — Opinion de *la Mode* sur son caractère. — La nôtre. — Curieux inventaire. — La devise des Talleyrand. — La fête de Sainte-Pélagie. — Les litanies de la sainte. — Mario de Candia. — Les acteurs et les théâtres. — La famille royale à Kirschberg. — Une Saint-Henri en 1838. — Henri de Bourbon et la reine Victoria. — Le prince Louis Bonaparte revient en Suisse. — Affaire de M. Laity. — *La Mode* et M. de Montebello. — Le dîner de Champlatreux. — *La Mode* fournit le menu.

M. de Talleyrand mourut au mois de mai 1838. *La Mode*, en racontant ses derniers moments, porte un jugement sévère sur l'ancien évêque d'Autun. La postérité ratifiera ce jugement.

« M. le prince de Talleyrand, dit-elle, a toujours été, et avant
» tout, durant sa longue carrière, l'homme des faits accomplis.
» Dans sa pensée, ils avaient tous la même valeur morale, et à
» chacun il prêtait son appui avec la même habileté, nous allions
» presque dire avec le même dévouement. Avec de pareils prin-
» cipes et une vie toute bigarrée de serments divers, M. de Talley-
» rand ne pouvait rencontrer en nous aucune sympathie ; aussi l'on

» nous a toujours rangé parmi ses plus ardents adversaires. C'était
» dans l'ordre, car nous avons constamment pensé et répété que
» l'honneur se faisait avec la fidélité, et la honte avec le parjure;
» mais aujourd'hui le drap mortuaire est jeté sur celui dont nous
» n'avons cessé de flétrir les doctrines : la religion a étendu la main
» sur ses derniers moments: silence ! »

Les particularités qui entourèrent la mort du prince de Talleyrand sont assez peu connues ; elles méritent de l'être.

M. l'abbé Dupanloup, aujourd'hui évêque d'Orléans, et que l'histoire appellera le Bossuet du XIXe siècle, avait eu quelques rapports avec l'ancien diplomate ; plusieurs fois l'occasion de se rendre chez lui s'était présentée, et il l'avait saisie, dans la persuasion où il était qu'au moment suprême M. de Talleyrand abjurerait les erreurs de sa vie, et qu'il était nécessaire qu'un prêtre, qui ne fût pas tout à fait pour lui un étranger, se trouvât là pour l'assister à ses derniers instants. Un jour, M. de Talleyrand ayant de lui-même abordé la question d'une rétractation, relativement à la part qu'il avait prise à la fameuse messe constitutionnelle célébrée au Champ de Mars le jour de la Fédération, en 1789, M. l'abbé Dupanloup lui en avait immédiatement fourni le modèle : « — Nous verrons cela plus tard ! » — dit le prince — qui, changeant de conversation, serra dans ses papiers la formule de rétractation.

Cependant ses jours semblaient comptés ; depuis quelques semaines son état de santé allait en s'affaiblissant ; il paraissait difficile aux personnes de son entourage que cette existence à demi éteinte pût se prolonger bien longtemps.

Parmi ces dernières se trouvait alors une charmante enfant de treize ou quatorze ans, sa nièce, aujourd'hui Mme la duchesse de

Dino, qui semblait préoccupée outre mesure de l'idée que son oncle pouvait mourir dans l'impénitence finale. Cette jeune fille avait plusieurs fois rappelé au vieillard que le vœu le plus ardent de son cœur serait rempli, si elle le voyait se rétracter. M. de Talleyrand, qui avait une affection toute particulière pour elle, et qui se rendait presque toujours à ses désirs, avait jusqu'alors répondu par des phrases évasives à ses instances, et toujours le mot : « plus tard ! » était l'unique réponse que sa nièce en avait obtenu ; mais la veille de la mort du prince, la jeune fille ayant réitéré ses prières avec des larmes dans la voix, M. de Talleyrand lui dit :

— Mais j'ai le temps encore, mon enfant ! cependant qu'on appelle mes médecins.

A midi, à la suite d'une consultation de ces derniers, il leur demanda de lui déclarer sans détour ce qu'ils pensaient de son état.

— Prince, il est grave, dit l'un d'eux.

— Je le sens, reprit le moribond ; mais, dites-moi, le danger est-il proche ?

— Nous le craignons.

— Ai-je encore vingt-quatre heures devant moi ?

— Oh ! prince, assurément.

— C'est bien.

Il les congédia ; fit appeler sa nièce, et dit à celle-ci :

— Fais venir l'abbé Dupanloup.

Ce dernier s'entendit avec lui sur les formalités à remplir pour donner de l'authenticité au fameux acte de rétractation qu'il devait signer. Au grand étonnement du prêtre, M. de Talleyrand le congédia sans avoir rien terminé : il mit sa rétractation sous son oreiller, et demanda qu'on le laissât seul avec sa nièce.

— Mon enfant, lui dit-il, demain, à six heures, je te promets que je signerai ce papier.

La jeune fille communiqua cette déclaration aux autres personnes qui entouraient le malade ; toutes se regardèrent, non sans un certain désappointement : il était évident que la plupart ne croyaient pas que M. de Talleyrand pût passer la nuit. La gangrène blanche s'était déclarée, et le prince semblait à toute extrémité.

L'anxiété peinte sur la figure de sa nièce n'échappa pas au malade, qui lui dit avec son impassibilité ordinaire :

— Je t'ai promis de signer demain ce papier et les médecins m'ont assuré que j'en avais encore pour vingt-quatre heures ; ainsi donc, à demain.

Et, se retournant sur ses oreillers, il s'endormit.

Le lendemain, au jour, la jeune fille était au chevet du lit du malade, et avec cette angélique douceur qui fait qu'un enfant obtient toujours facilement ce qu'il désire :

— Mon oncle, il est six heures, dit-elle.

— Pas encore, répondit le prince qui regarda sa montre.

Une demi-heure après, M. de Talleyrand entendit sonner la pendule ; il essaya de se mettre sur son séant, tira de la place où il l'avait mis la veille le fameux papier, et, s'adressant à sa nièce, que sa première réponse avait navrée :

— Une plume, dit-il.

Elle la lui tendit : il signa ; une heure après il était mort.

Cet événement causa une vive impression dans le monde officiel. *La Mode* raconte que, l'avant-veille, le roi Louis-Philippe et sa sœur étant venus faire une visite à M. de Talleyrand, — hommage particulier que, depuis plusieurs années, le chef de l'État n'avait rendu à personne, — Louis-Philippe avait paru vivement affecté en face de ce lit de douleur. La nouvelle de l'acte de contrition vis-à-vis de l'Église, solennellement formulé par le prince avant sa mort, devint, pendant plusieurs jours, l'objet de toutes les conversations aux Tuileries et ailleurs. « Attendons, — disait *la Mode*, — et s'il plait à » Dieu, nous verrons bien d'autres conversions ! »

Nous ne connaissons aucun caractère qui nous soit aussi peu sympathique que celui de M. de Talleyrand. Sans relever ici tous les griefs que l'histoire accumulera certainement contre lui, nous nous sentons sans pitié pour le renégat de toutes les causes et le politique sans conscience qui ne connut jamais la simple probité. Les hommes comme M. de Talleyrand peuvent être considérés à bon droit comme de mauvais génies pour les pays où ils naissent, et de dangereux conseillers pour les princes qu'ils servent. Avec une intelligence hors ligne et un esprit que personne ne lui a jamais contesté, M. de Talleyrand laisse une mémoire qu'aucun respect ne saurait entourer. De pareils hommes, à notre sens, sont la honte d'une époque.

La Mode faisait l'inventaire des objets trouvés, à la mort du prince, dans un coffret secret dont il avait seul la clef, et nous y relevons entre autres objets : « Trois douzaines de cocardes blanches et autant de cocardes tricolores ; » puis : « un aigle impérial, trois fleurs de lys, un coq gaulois, le tout renfermé dans un bonnet rouge, » et encore : « un surplis de prêtre, une carmagnole de républicain et un habit de grand chambellan ; » en outre : « une tabatière à musique jouant à volonté la *Marseillaise*, *Vive Henri IV*, la *Parisienne*, et même le *God save the king!* » et de plus : « 599 pièces qui sont les copies authentiques de tous les serments prêtés par le défunt, et 6,533 pièces qui sont les félicitations, congratulations et protestations de dévouement adressées à la République, au Directoire, au Consulat, à l'Empire, à la Restauration, aux Cent-Jours, à Louis XVIII, à Charles X, à la Révolution de juillet ; » sans parler « d'un dossier relatif au piége tendu à Mgr le duc d'Enghien pour amener le prince à venir se faire fusiller dans les fossés de Vincennes ! »

Chose singulière ! la devise des Talleyrand-Périgord, qu'on vit figurer aux obsèques du prince sur les écussons armoriés de son catafalque, porte ces seuls mots : Rɛ que Diou!

N'est-ce pas étrange ?

A quelque temps de là, la fête de Sainte-Pélagie, dont l'église célèbre la commémoration le 9 juin, fut dignement célébrée par *la Mode*, qui n'avait, hélas ! que trop de raisons pour intercéder auprès de la sainte, en faveur des malheureux détenus dans les murs de la prison placée sous son invocation. Si la plus folle gaîté ne régnait pas dans cette maison, en revanche y rencontrait-on vers ce temps-là la meilleure compagnie. Les noms de M. de Genoude, de M. le baron de Brian, de M. le vicomte de Conny, de M. le vicomte Édouard Walsh, de M. le comte de Nugent, de M. Charbonnier de la Guesnerie, de M. le vicomte Sosthènes de la Rochefoucauld, de M. Jauge, de M. le baron de Los Vallès, de M. de

Fleury, de M. le marquis de Montmaur, de M. le comte Florian de Kergorlay, de M. Dentu, de M. Kaufmann, de M. de Lisle, de M. de Berthier, de M. de Saint-Maurice, de M. Théodore Muret, de M. de Verteuil, de M. Dieudé, de M. Bacquet, enfin de notre brave M. Voillet de Saint-Philbert, se lisaient sur les registres d'écrou, s'y succédant les uns aux autres, au milieu d'autres noms appartenant à l'opinion républicaine. Par une galanterie, dont il faut savoir gré au directeur de la prison de Sainte-Pélagie, le pavillon de Saint-Louis semblait avoir été de tout temps réservé aux royalistes.

Donc, le 7 juin 1838, jour de sa fête, la sainte patronne de la prison fut invoquée par *la Mode* d'une façon toute particulière, et une sorte de litanie, rédigée en vue de la circonstance, parut dans ses colonnes ; on y lisait :

« Sainte Pélagie, protégez-nous contre les rigueurs du fisc !

» Sainte Pélagie, protégez-nous contre M. Barthe !

» Sainte Pélagie, protégez-nous contre les tribunaux de juillet !

» Sainte Pélagie, protégez-nous contre la mauvaise pensée de
» songer au roi Joas en lisant les vers d'*Athalie !*

» Sainte Pélagie, protégez-nous, priez pour nous, mais, de grâce,
» madame la sainte, ne nous logez plus si souvent, s'il vous plaît ! »

Vers le même temps on parlait beaucoup d'un jeune ténor italien, grand seigneur ruiné, disait-on, qui, profitant du don que la nature lui avait fait d'une voix magnifique, était entré au théâtre, à la Scala de Milan, et y faisait merveille, grâce à sa bonne mine, à son grand air, — et aussi à son immense talent. Son élégance et sa distinction en faisaient un acteur à part : la nouvelle venait de se répandre qu'il allait chanter à Paris, et on parlait de ses débuts comme d'une chose prochaine. Ce chanteur, qu'on nommait tout haut M. de Candia, c'était Mario, que nous applaudissons encore aujourd'hui, — et des deux mains, — sur la scène italienne, et qui semble avoir conservé, après vingt années, la même voix jeune, fraîche et sympathique.

Par contre, Mlle Mars venait de créer, au Théâtre-Français, un de ses derniers rôles, *Louise de Lignerolles*, et bientôt allaient venir le jour et l'heure où ce talent inimitable disparaîtrait de la scène. Qui a succédé à Mlle Mars ? personne ; qui succédera à Mario : le sait-on ?

Mlle Dejazet, Bocage, Frédérick Lemaître, Bouffé, Mme Dorval, Odry, étaient aussi, à cette époque, dans tout l'éclat de leurs talents si disparates, et les théâtres qui étaient assez heureux pour posséder des comédiens d'une aussi rare intelligence voyaient la vogue s'attacher aux pièces qu'ils représentaient. Brunet et Vernet jouaient encore de loin en loin ; Levassor, Grassot, Sainville, Alcide Toussez allaient bientôt les remplacer ; Mme Jenny Colon, Roger et Mme Anna Thillon faisaient les délices de l'Opéra-Comique ; Mme Doche allait prendre au Vaudeville une place que personne n'occupe plus aujourd'hui. Aux Français enfin, à côté de Mlle Mars, Firmin, Mlle Anaïs, Monrose père, tenaient les grands rôles du répertoire, pendant que Mlle Plessy, Samson, Régnier, Provost, voyaient leurs noms grandir et que Beauvallet et Ligier donnaient la réplique à Rachel.

La famille royale exilée habitait alors le château de Kirschberg, sa résidence d'été. Kirschberg, dans l'archiduché d'Autriche, presque en Bohême, est situé à une trentaine de lieues de Vienne, du côté de Zwettel : le pays est agreste, boisé. Cette résidence avait appartenu au comte d'Orsay : M. de Blacas la lui acheta au nom de la famille royale, qui en fit son séjour d'été pendant tout le temps de son exil à Goritz. C'est là qu'en 1841 M. le comte de Chambord devait avoir le fatal accident qui faillit lui coûter la vie. La Saint-Henri de 1838 y fut fêtée, le 15 juillet de cette même année, en présence de toute la famille réunie : Madame, duchesse de Berry s'y était rendue de Brunsée : un certain nombre de Français avaient eu l'honneur d'y être invités.

La Mode, à cette occasion, faisait un amer rapprochement entre la situation faite par les événements au descendant de saint Louis et celle que les circonstances donnaient à une jeune fille de son âge, descendante, elle aussi, d'une maison royale, la princesse Victoria, qui venait d'être couronnée reine d'Angleterre.

« Les fêtes de l'exil sont tristes et abandonnées comme l'exil,
» disait *la Mode;* mais au moins les cœurs qui les célèbrent sont des
» cœurs sincères ; mais au moins les bouches, qui s'ouvrent pour ex-
» primer des vœux aux grandeurs tombées et aux puissances pros-
» crites, peuvent être crues dans leurs paroles dictées par le dévoue-
» ment et non par l'intérêt. Nous avons besoin de nous consoler par
» cette pensée d'un contraste qui afflige aujourd'hui nos regards,
» lorsqu'ils se portent successivement sur deux jeunes têtes, séparées
» par la fortune et rapprochées par l'âge. Au moment où nous célé-
» brons la fête d'un exilé de dix-sept ans, les pompes du couronne-
» ment d'une reine de dix-huit ans s'achèvent ; au moment où nos
» cœurs sont remplis du souvenir de Henri de Bourbon, absent et pros-
» crit, les vents qui viennent de la Grande-Bretagne nous apportent
» le dernier retentissement des acclamations qui ont salué la reine
» Victoria, lorsque, triomphante, adorée, elle allait, environnée de
» toutes les splendeurs de la puissance, ceindre le diadème royal
» dans la gothique abbaye de Westminster ! »

Ces réflexions sont tristes, en effet : rien n'est amer comme certains rapprochements !

On parlait toujours beaucoup du prince Louis-Napoléon Bonaparte qui, disait-on, venait de quitter l'Amérique et était revenu en Suisse voir sa mère mourante. L'affaire de M. Laity, qui venait d'être déférée aux tribunaux, ramenait forcément l'attention du côté d'Arenemberg, où habitait la duchesse de Saint-Leu. La jalouse susceptibilité du gouvernement de juillet s'arrangeait assez peu de la présence, à deux pas de la frontière, d'un prince qui s'était posé comme un prétendant au trône, et qui n'avait peut-être dû qu'au prestige du nom de Bonaparte de n'être pas jugé avec toute la rigueur ordonnée par nos lois, le lendemain de sa tentative de Strasbourg.

Ce fut M. de Montebello, alors ministre du gouvernement de juillet, qui fut chargé d'échanger avec le gouvernement fédéral des notes assez vives au sujet de la présence du prince Louis, en Suisse. *La Mode* en prenait occasion pour faire un jeu de mots qui n'est peut-être pas du meilleur goût, mais qui ne manque pas d'une certaine éloquence brutale : « Le fils de l'ancien roi de Hollande, » disait-elle, reçoit en ce moment le coup de pied de *Lannes !* » Un peu plus loin elle ajoutait, toujours sur le même ton : « M. Lannes « demande que le prince Bonaparte soit expulsé de la Suisse ; si « jamais le grand homme revenait au pouvoir, comme il frotte- » rait les oreilles de *Lannes !...* »

Eh bien, non, le fait s'est réalisé, ou à peu près, et le neveu, sinon l'oncle, loin de *frotter* les oreilles de M. de Montebello, ancien ministre de Louis-Philippe, s'est contenté de le nommer son ambassadeur en Russie.

M. Laity n'en avait pas moins été condamné à cinq ans de détention, la veille même ou le lendemain du jour où le jeune duc d'Aumale perdait son fameux procès contre la Légion-d'Honneur, à propos du château d'Écouen et d'un legs du malheureux duc de Bourbon.

Nous croyons inutile de revenir sur ces deux affaires.

D'ailleurs une solennité mémorable se préparait au château de Champlatreux. Louis-Philippe allait dîner chez son premier ministre, M. Molé, et *la Mode*, prenant les devants, se permettait d'envoyer au maître queux de l'amphitryon, le menu suivant destiné à lui épargner la peine de composer son dîner d'apparat :

« Bouts de table : Coq gaulois en fricassée ; charte aux écrevisses.

» Entrées : Promesses de juillet sautées dans leur jus, — programme de l'Hôtel de Ville en capilotade, — lois du 9 septembre à la sauce piquante.

» Hors-d'oeuvre : La prospérité générale, la gloire nationale, l'ordre public, la liberté, accommodés selon la saison.

» Rots : La prérogative piquée, — la révolution bardée.

» Légumes : Bienfaits de la liste civile à la Rumfort, — choucroute à la Mecklembourgeoise.

» Entremets : Sergent de ville au sucre, — procès de presse au lait d'amandes, — visites domiciliaires meringuées, — arrestations préventives aux confitures.

» Dessert : Poire de lésine tapée — comme *plat du milieu*, — et aux deux bouts : des fromages glacés tricolores, panachés d'enthousiasme public. »

On le voit, tous les mots portaient, et cependant que pouvaient faire les hommes du gouvernement, en face de cette spirituelle boutade? En poursuivre les auteurs : ce n'était guère possible ; il faut savoir parfois ne pas trop se couvrir de ridicule. Se figure-t-on des jurés en face d'une accusation basée sur un *attentat* de ce genre? Les rieurs n'eussent évidemment pas été du côté des ministres : qui sait si les juges eux-mêmes eussent pu se défendre d'un immense éclat de rire? En France l'esprit a toujours ses droits. Nul procès ne fut donc intenté à *la Mode*, à l'occasion de son fameux menu ; M. Molé et ses invités,—hormis un seul peut-être,—se contentèrent d'en rire, et, parodiant le mot du vieil Horace, ils ne *moururent* pas au dîner de Champlatreux, *ils mangèrent!*

XLV

Fin de l'année 1838. — Naissance de M. le comte de Paris. — Bataille de Morella. — Histoire de Cabrera. — Les réfugiés espagnols. — *Ruy-Blas*. — M. Trognon. — Mort du duc de Fitz-James. — *Les Trois Châteaux*. — Le vicomte d'Arlincourt. — *Le jeu de la Reine*. — La comtesse Dash. — Premiers jours de 1839. — Mort de la princesse Marie. — Les jours de bonheur sont passés. — Un mot de Mlle Rachel. — Duprez. — Mario. — M. le duc de Coigny et les *serments* de M. Viennet. — Le Salon de 1839. — Les portraits *politiques*.

La seconde partie de l'année 1838 ne fut guère signalée que par la naissance de M. le comte de Paris, qui eut lieu un vendredi et le jour anniversaire de la Saint-Barthélemy, le 24 août. *La Mode* avait soin de faire remarquer cette coïncidence, et déclarait « qu'aucun des anciens rois de France n'était né un vendredi. »

La bataille de Morella, gagnée à quelques jours de là, en Espagne, par Cabrera et les fidèles soldats de Charles V, valut à ce combattant des bonnes causes, le surnom de Lion de Tortose : c'est peut-être ici le moment, mon cher directeur, d'esquisser en quelques lignes la vie surprenante et vraiment glorieuse du général Cabrera. Tous vos lecteurs ont applaudi dans le temps à ses succès.

Né dans une sphère modeste et d'une famille qui n'avait d'autre ambition que celle de servir la cause royale, Cabrera avait d'abord été destiné à l'état ecclésiastique. Il était au séminaire, lorsque le mouvement carliste prit un caractère général dans les provinces du nord de l'Espagne. Ce fut à Morella, que celui qui devait un jour voir son souverain lui conférer, avec le titre de comte, le nom de cette ville, vint s'engager sous les drapeaux de Charles V. Quelques jours après, la ville était prise par le général christinos Breton, et les carlistes, démoralisés, hésitaient à reconnaître leur nouveau chef, Marcoval, élu à la place du baron d'Herbès, lequel avait succombé dans la bataille.

Bientôt, en effet, la zizanie s'étant mise dans le camp des volontaires royaux, Cabrera resta seul avec quinze hommes, qui le proclamèrent général. C'est alors que commença pour lui cette vie de combats et d'aventures qui devait porter si haut la renommée du jeune chef : « Dans l'espace de vingt-quatre jours, — écrivit-il plus
» tard, — aucun ne s'est écoulé sans combat, et, dans tous, j'ai été
» vainqueur ; ce qui me semble devoir être toujours ; car je ne doute
» pas que les prières de ma mère ne s'élèvent sans cesse aux pieds
» du trône de l'Éternel pour le succès de notre cause !... »

Sa mère ! un général christinos n'avait-il pas eu l'infamie de la faire saisir, un jour, dans la retraite où elle vivait, de l'attacher à un arbre du chemin et de la faire fusiller ! Cet homme, ce général, qui déshonorait ainsi l'habit militaire, n'avait pu vaincre Cabrera ; il s'en vengeait, en faisant prendre pour point de mire aux fusils de ses soldats, la poitrine d'une pauvre vieille femme de soixante-dix ans ! c'était Noguerras ! Cabrera fit un serment solennel, celui de joindre, par tous les moyens en son pouvoir, un ennemi déloyal, sanguinaire, et de le tuer... de le tuer de sa main, si la Providence permettait que jamais il le rencontrât en face de lui. Aussi, lorsqu'en 1837, après des années de luttes et de succès, Cabrera signa cette fameuse convention Elliot, qui mettait un terme aux horreurs de la guerre civile, en forçant les chefs des deux camps à épargner, à l'avenir, la vie de leurs prisonniers respectifs, écrivit-il de sa main, en marge du texte : « Sont exclus de cette convention : don Augustin Noguerras, assassin de ma mère, et moi, vengeur de cet assassinat. »

Lorsque la trahison de Maroto, dont nous aurons à parler plus tard, eut fait perdre au roi Charles V le fruit d'une campagne de sept années, Cabrera essaya de lutter encore, à la tête des braves débris de l'armée royale, contre Espartero et les soldats de Christine. Il manquait de tout, de poudre, d'armes, d'argent ; il lutta cependant, jusqu'au dernier jour, avec un courage héroïque, indomptable, avec les Elio, les Balmaseda, les Villa-Real, les Casa-Eguia, les Borgès, d'autres encore dont l'histoire a pour jamais inscrit les noms au livre d'honneur. Enfin, vaincu par la maladie, il fut obligé de quitter le sol de l'Espagne et de gagner le territoire français. Comme son roi, il ne devait trouver sur ce sol, jadis hospitalier, qu'une injuste captivité : heureusement elle dura peu.

Après avoir traîné successivement Cabrera de la prison de Ham à celle de Lille, le gouvernement de juillet se décida à le laisser libre de se rendre à Hyères, dans le Midi, où sa santé, si profondément altérée, ne devait se rétablir qu'avec beaucoup de peine. Plus tard, il habita Lyon, où un grand nombre de nos amis l'ont connu dans un état voisin du dénûment. Les rois d'Europe, dès cette époque, laissaient mourir de besoin les fidèles serviteurs de leurs causes ! Sans la généreuse pitié des royalistes français, sans leur continuelle intervention en faveur de misères qui n'avaient d'autre origine que la fidélité à des serments, que seraient devenus les malheureux soldats de Charles V, au lendemain de la trahison de Vergara? Disons-le bien haut, à l'honneur de nos amis, ils furent alors les zélés protecteurs de tant et de si nobles misères. *La Mode* fut la première à prendre l'initiative d'une souscription organisée sur une large échelle. On ne saurait assez louer son honorable directeur de tous les soins qu'il prit alors pour assurer du pain à tant de nobles infortunes : rien ne lui coûta, ni les démarches incessantes, ni l'activité la plus persévérante, ni le feu roulant d'articles implacables publiés journellement par lui, dans *la Mode*, à l'adresse de certaines félonies. On le vit sur la brèche, pendant des mois, des années, tant que dura l'émigration carliste, pour stimuler le zèle de ses coreligionnaires politiques, et les engager à jeter l'obole de l'honneur dans les mains de la fidélité !

Mais que pouvait la charité publique en face des souffrances morales de tant de malheureux exilés, jetés sur la terre étrangère seuls et sans famille? La Providence, heureusement, sous les traits d'une jeune fille, à l'imagination romanesque et enthousiaste, se chargea de réparer le tort des rois vis-à-vis du comte de Morella : fille d'un riche Anglais, cette jeune personne s'était éprise de Cabrera, sur le seul récit de ses exploits et à son simple renom ; elle le vit, par hasard, et déclara à son père que jamais elle n'aurait d'autre époux que lui. L'honnête Anglais se récria : pour lui, comme pour tant d'autres, qui ne comprennent que le côté positif des choses de la vie, Cabrera était un rebelle, un fauteur de guerre civile, un vaincu enfin ! Mais la persévérance de la jeune fille ne se démentit pas : elle refusa de riches partis, et un jour, dans un bal, à Londres, un gentleman s'approchant du comte de Morella, qui venait de lui être présenté, lui dit à peu près ces paroles :

— Voyez-vous cette jeune fille qui danse en face de nous?

— Oui, monsieur.

— Comment la trouvez-vous?

— Mais, charmante...

— Eh bien ! général, c'est ma fille ; elle a vingt ans, deux millions, et veut vous épouser... Ce qu'elle éprouve pour vous est de l'enthousiasme, et me fait l'effet de devoir bientôt ressembler à de l'amour ! La voulez-vous pour femme?

Cabrera croyait rêver. Il prit la main de l'Anglais, et, pour toute réponse, le supplia de le présenter à sa fille. Il se souvenait alors sans doute, « des prières que sa pauvre mère avait toujours adressées pour lui à Dieu, » comme il le disait dans une lettre demeurée célèbre. Quelques mois après, son mariage était un fait accompli ; et malgré ses vingt-trois blessures, le comte de Morella eût été le plus heureux époux de toutes les Espagnes, si son vieux roi Charles V eût été à Madrid !

Mais cette digression, mon cher ami, nous a entraîné fort loin de l'histoire de *la Mode*, que nous avons quitté, fêtant, de plus ou moins bonne grâce, la naissance de M. le comte de Paris, à la fin de 1838; ce ne fut d'ailleurs qu'un peu plus tard, après la trahison de Maroto, qu'elle implora les secours de ses fidèles amis pour les réfugiés espagnols. D'autres événements se placent entre ces deux dates.

La représentation de *Ruy-Blas*, le nouveau drame de M. Victor Hugo, eut lieu en novembre 1838 : « Que dirons-nous, disait *la Mode*, » de cette débauche nouvelle d'un esprit puissant qui s'égare à » plaisir, qui force la nature, qui emboîte sa poésie dans les tenailles

» de la plus frivole et de la plus fausse combinaison dramatique?...
» Après avoir fait l'apothéose de la fille de joie, dans *Marion De-*
» *lorme,* du fou dans *le Roi s'amuse,* de l'espion dans *Angelo,* du
» bandit dans *Hernani;* après avoir divinisé le laid, réhabilité le
» difforme, dramatisé le vice; après avoir taché de sang et couvert
» d'ordures François Ier, le roi chevalier, Marie Tudor, la reine
» catholique, voici maintenant que M. Hugo vient réhabiliter le la-
» quais couvert de sa livrée... »

La Mode ajoutait, en forme de conclusion :

« Il y a cependant quelques beaux vers dans *Ruy-Blas*. Parmi ceux
» qui mériteraient le moins d'être applaudis, nous avons particuliè-
» rement remarqué ceux-ci :

> Cette vieille duègne, infâme *compagnone*,
> Dont le menton fleurit et dont le nez *trognone*.

» M. Trognon, qui assistait, derrière M. le duc de Nemours, à la représentation d'hier, s'est vivement récrié sur la beauté du nez qui
» *trognone*. »

Pauvre M. Trognon ! *la Mode* allait bien autrement le mettre sur la sellette, lorsqu'à peu d'années de là, à propos de l'éducation du jeune comte de Paris, qu'on devait lui confier, elle publia l'interminable et spirituelle série de ses *Entretiens de Neuilly*, autrement dits, de l'*Enfant terrible!* Mais n'anticipons pas sur les événements, ils se présenteront à leur date.

A la fin de novembre 1838, la France perdit le noble et chevaleresque duc de Fitz-James. C'était un grand cœur, une nature d'élite. *La Mode* fit en deux lignes son oraison funèbre ; elle était élo-

quente. « Nous avons entendu des hommes de 1830 dire : Le duc de
» Fitz-James a en lui quelque chose du grand seigneur qui nous
» froisse. Ces hommes se trompaient ; s'ils étaient froissés, c'est
» que la bassesse est toujours mal à l'aise devant la loyauté. »

A l'époque de l'insurrection de la Vendée, lors de la descente de
MADAME, en 1832, le duc de Fitz-James avait été incarcéré comme
accusé de participation à cet événement; il tomba malade; on craignit un instant que le choléra ne le saisît. Un mot atroce fut alors
prononcé : « — Je demande à ce que M. de Fitz-James soit transporté dans un hôpital ! » avait dit un de ses fidèles amis. — « Oui,
répondit un de ceux qui avaient été chargés de l'arrestation, lorsqu'il
sera devenu *bleu*. » Cet affreux jeu de mots ne donne-t-il pas le frisson, et ne suffirait-il pas à peindre une époque ?

Pendant ce temps, M. le vicomte d'Arlincourt, dont la réputation
littéraire grandissait encore et obtenait la vogue la plus surprenante,
publiait un nouveau livre : *les Trois Châteaux*, que tous les salons
s'arrachaient; et un gracieux talent, celui de Mme la comtesse Dash,
se révélait, par la publication d'un charmant ouvrage : *le Jeu de la
Reine*. Ce livre assurait la réputation de l'auteur, et n'était que le premier anneau d'une chaîne non interrompue de délicieux succès dus
à des nouvelles, publiées depuis dans *la Mode* et ailleurs, et toujours accueillies par le beau monde avec une faveur particulière.
L'espèce de mystère qui entoura d'abord le nom de la comtesse Dash,
les bruits du monde que des échos mal étouffés laissaient parvenir
des salons jusqu'aux officines des libraires, sur son origine, sa naissance, ses malheurs, sa vie éprouvée, semée d'incidents extraordinaires, sur ses folies, si l'on veut, tout concourait, avec son talent
hors ligne d'écrivain et de conteur, à faire rechercher ses livres, qui
resteront comme des modèles de causerie élégante et facile.

La comtesse Dash a eu ses détracteurs : sa vie privée a pu ne pas être exempte de reproches ; mais on peut dire d'elle ce qu'il n'est pas toujours permis d'affirmer de ceux qui, en ce monde, semblent le plus disposés à jeter la pierre aux autres, que son cœur est resté bon, dévoué, loyal, au milieu des plus étranges vicissitudes. Mme la comtesse Dash, — et l'on sait le nom très aristocratique qui se cache sous ce pseudonyme, — est une illustre *déclassée* de notre époque, — où il y en a tant, aussi bien dans les rangs infimes que dans les plus hautes sphères sociales, voire même dans les palais. — Une fois sur certaine pente, les plus forts sont forcés de la suivre : on ne refait pas sa destinée. Que la spirituelle et bienveillante comtesse Dash ne nous en veuille pas de notre franchise ; elle a trop de tact, de raison et d'esprit, pour ne pas reconnaître que nous avons dit vrai en portant ce jugement sur elle.

L'année 1839 s'ouvrit mal pour la famille d'Orléans : elle perdit, dès les premiers jours, cette gracieuse princesse Marie, qui emporta les regrets de tous ceux qui avaient pu l'approcher, et qui a laissé des œuvres d'art dignes de figurer dans nos musées, alors même que l'auteur ne les eût pas sculptées sur les marches d'un trône. *La Mode* fit, à l'occasion de cette mort, un article touchant, qui fut remarqué. On vit bien que l'acrimonieuse Revue ne voulait plus se rappeler la menace qu'elle avait faite aux d'Orléans, à propos du deuil non porté de Charles X, de se souvenir un jour « des chapeaux roses de ses princesses ! »

A partir de cette époque, les jours de bonheur semblèrent finis pour la famille de Louis-Philippe. La mort de la princesse Marie, bientôt suivie de celle de M. le duc d'Orléans, et plus tard, à la veille d'une catastrophe, de celle de Mlle Adélaïde, fut comme la première étape de cette course ascendante vers le malheur, qui, commencée en 1839, devait se terminer, dans les rues de Paris, le 24 février 1848. Aucun deuil, aucun revers, pour ainsi dire, n'avait arrêté le cours des prospérités de la famille d'Orléans depuis 1830 : les jours sombres arrivaient. La Révolution, qui avait pris un instant le bras de Louis-Philippe pour tenir son drapeau, allait amèrement lui faire sentir qu'il ne faut pas, lorsqu'on la sert, la servir à demi, et qu'à moins de plier devant ses volontés toutes-puissantes, ceux qu'elle élève un jour ne montent au Capitole que pour être mieux précipités du haut de la roche Tarpéienne. Combien sont à plaindre les rois dont se sert la Révolution ! ceux-là surtout, devraient toujours avoir présent à la pensée le vers fameux du poëte : « *Timeo Danaos et dona ferentes !* » Combien peu s'en souviennent de notre temps !

Le succès de Mlle Rachel n'avait alors d'égal que celui de Mario, dont nous avons parlé dans un précédent chapitre. Les salons raffolaient de ces deux artistes : là où l'on n'avait pas M. de Candia, il fallait absolument, au risque de compromettre la réputation de son salon, *avoir* Rachel. Un mot charmant fut dit par cette dernière à une soirée de Mme Récamier. M. de Chateaubriand, qui venait de l'entendre réciter des vers, témoignait la plus vive admiration.

— Quel dommage, dit-il, de voir naître un si beau talent au moment de mourir !

— Ah ! monsieur le vicomte, répondit Rachel, il y a des hommes qui ne meurent pas...

Une autre gloire artistique parvenait aussi à se faire jour : Duprez enchantait les habitués de l'Opéra avec *Guillaume Tell*, la *Juive*, les *Huguenots*, la *Muette*, voire même *Guido et Ginevra*, assez faible opéra d'Halévy, qu'on venait de monter récemment. Duprez n'avait pas eu, comme Mario, le bonheur de voir la vogue s'attacher de suite à son nom; il était d'ailleurs et de beaucoup l'aîné du beau Candia. Il lui avait fallu des efforts inouïs, un travail incessant, de longues stations dans les théâtres d'Italie, pour arriver à la réputation et à la gloire en France; son physique ingrat lui nuisait: son jeu, ses manières, laissaient à désirer; rien en lui n'était venu en aide au talent. Quels contrastes dans la carrière de ces deux artistes! que de roses sous les pieds de Mario, véritable enfant gâté du public! que d'épines le long du chemin qu'a dû suivre Duprez!

M. de Coigny était l'un des *ralliés* que *la Mode* semblait surtout avoir à cœur de mettre le plus souvent en scène. A propos de sa nomination à une sorte de place de surintendant des théâtres, en 1839, elle disait: « M. le duc de Coigny se fait justice; il a commencé sa
» carrière sur le champ de bataille, il la termine au théâtre. Chose
» singulière, on a remarqué que la première pièce sur la mise en
» scène de laquelle l'ancien aide de camp de Mgr le duc de Berry,
» aujourd'hui chevalier d'honneur de la princesse Hélène, a été ap-
» pelé à exprimer son avis, est la pièce de M. Viennet, la comédie
» des *Serments*. »

Il y a des noms qui ne devraient jamais encourir des reproches de ce genre; rien n'est triste comme l'oubli de certains souvenirs: n'est-ce pas à une demoiselle de Coigny que Chénier dédiait son ode ravissante de la *Jeune Captive*?

L'épi naissant mûrit de la faux respecté;
Sans crainte du pressoir, le pampre, tout l'été,
Boit les doux présents de l'aurore,
Et moi, comme lui, belle et jeune comme lui,
Quoique l'heure présente ait de trouble et d'ennui,
Je ne veux pas mourir encore!...

L'exposition de peinture de 1839 fut surtout remarquable par ce qu'on nomma les portraits *politiques*. Winterhalter, le peintre de toutes les grandeurs, — et dans tous les temps! — avait un magnifique portrait du roi au Musée. C'est assurément le meilleur portrait de Louis-Philippe qui ait jamais été fait : la ressemblance est frappante.

M. Jacqueminot avait tenu, lui aussi, à être exposé, et son portrait le représentait dans son habit d'officier général, drapé d'un manteau. Sur une table, à ses côtés, on apercevait une carte ouverte : « sans « doute la carte du pays, théâtre de sa gloire, » — disait *la Mode*, — et la malicieuse Revue ajoutait : « Nous avons eu beau nous hausser » sur la pointe des pieds pour déchiffrer le nom de ces contrées, » nous n'avons pu y arriver ! »

M. Barthe, M. Molé, M. de Montalivet avaient également leurs portraits à l'exposition de 1839, comme aussi M. le duc d'Orléans, — que *la Mode* s'obstinait toujours à nommer duc de Chartres. — A cet égard, un journal malicieux de l'opinion républicaine, lui ayant demandé comment elle ferait, à l'avenir, pour distinguer le père du fils, si, comme il en était question, on abandonnait le nom de comte de Paris pour rendre, au fils de la duchesse Hélène, celui qu'avaient toujours porté les aînés de sa race. — « Mais je le nommerai duc de Chartres second, dit *la Mode*, et je continuerai à appeler son père, duc de Chartres... premier ! »

C'était assurément le moindre de ses soucis, puisqu'à défaut de ces deux qualifications, il restait à la spirituelle Revue le surnom de prince Rosolin, sous lequel elle désignait le plus habituellement le fils aîné de Louis-Philippe. Ce nom de Rosolin n'était point un sobriquet : M. le duc d'Orléans le portait réellement. Né à Palerme, en 1810, il avait reçu au baptême ce prénom, parmi beaucoup d'autres, et avait été placé par sa mère sous la protection de la patronne par excellence de la ville, sainte Rosalie. Les pêcheurs du golfe, qui ont une vénération profonde pour cette sainte, appellent tous leurs garçons, Rosolin.

Un tableau représentant *Madame Lætitia*, mère de Napoléon, morte et couchée dans sa bière, obtint un grand succès à cette exposition. Qu'est devenue cette toile? Le vicomte Walsh affirme quelque part avoir vu, à Londres, chez le duc de Devonshire, une magnifique statue en marbre de Mme Lætitia, sculptée par Canova, que l'orgueilleux Anglais, par dédain, a placée au bas de son grand escalier, sur la première marche! Espérons qu'il n'en est point ainsi du portrait.

La *Prise de Constantine*, d'Horace Vernet, date aussi de 1839, et faisait présager d'autres chefs-d'œuvre du peintre qui a le plus contribué, de notre temps, à orner les galeries de Versailles.

Au moins, si les rois passent et si les dynasties changent, en notre siècle oublieux, lâche et ingrat, — comme le disait un jour le valeureux marquis de Brézé, — Versailles est là, pour leur servir de nécropole. Quel étrange cours d'histoire ne peut-on aller faire à Versailles, si l'on veut apprendre à bien connaître les vicissitudes de nos soixante dernières années?

XLVI

Suite de l'année 1839. — La trahison de Maroto. — La cause de Charles V est compromise en Espagne. — Ordres du jour de *la Mode*. — Intérêt qu'excitent en France les réfugiés espagnols. — Mot d'un ambassadeur. — Voyage de Monsieur le comte de Chambord à Rome. — Mort de M. de Quélen. — Mariage de M. le duc de Nemours. — M. de Genoude se rend à Rome. — Son double but. — 1840. — Le centre gauche aux affaires. — Les fortifications de Paris. — On projette de ramener en France les cendres de l'empereur. — Tentative du prince Louis Bonaparte à Boulogne.

Dans son numéro du 6 septembre 1839, *la Mode* insérait, en tête de ses colonnes, la lettre suivante, adressée à son directeur :

Frontière d'Espagne, 3 septembre.

« Mon ami,

« Le cœur profondément ulcéré, je vous communique les détails
» suivants qui sont officiels. Maroto, avec huit bataillons Guipus-
» coans, huit bataillons Biscaïens, quatre bataillons Castillans, et
» quelques cavaliers entraînés par les généraux Simon de la Torre,
» Isturriaga et Urbizondo, ont passé à Christine et ont juré la consti-
» tution de 1833. Espartero occupe les deux provinces ; le roi, en-

» touré d'amis fidèles, est à Lanz ; le brave Elio, avec dix bataillons
» Navarrais, et le brigadier Alzaa, avec huit bataillons Alavais, sont
» restés fidèles à Charles V et sont avec le roi.... Les troupes entraî-
» nées par Maroto ont été gagnées à force d'argent : il y a à
» Bayonne, dans ce moment, *cinq millions*, déposés pour être parta-
» gés entre Maroto et Espartero. »

La publication de cette lettre produisit, en France, dans l'opinion royaliste, une douleur immense. On s'attendait, d'un moment à l'autre, à voir triompher en Espagne la cause royale, et voilà qu'au moment où la situation semblait le plus favorable, un traître la compromettait à jamais, en vendant son roi, comme jadis Judas avait vendu son Dieu.

Vos lecteurs n'attendent pas de moi, mon cher ami, que je leur raconte les phases diverses de cette lutte héroïque des Espagnols fidèles à leur roi, avant et après la trahison de Vergara. Ce fut dans cette dernière ville, située aux pieds des Pyrénées, qu'un odieux marché, de nature à priver le roi Charles V des deux tiers de son armée, fut signé, et celui qui ne craignit pas d'y apposer son nom, Maroto, vouait ainsi, et pour jamais, ce nom à la honte et à l'exécration publique.

Pendant quelques semaines, Charles V essaya bien de lutter encore : on le vit, avec son héroïque compagne, la princesse de Beira, disputer pied à pied, aux Christinos, le terrain que ses troupes occupaient en Biscaye. Mais bientôt, acculé contre les Pyrénées, en butte aux attaques incessantes d'adversaires dont les forces étaient dix fois supérieures aux siennes, il dut franchir la frontière, après avoir fait demander au gouvernement français quelle situation lui serait faite, s'il pénétrait en France, et comment on l'y recevrait. — « En roi malheureux, » répondit le sous-préfet de Bayonne, qui avait immédiatement fait jouer le télégraphe. Il n'en fut rien, hélas ! Une fois sur le sol qui avait appartenu à son ancêtre Louis XIV, don Carlos et sa famille furent dirigés sur Bourges, et nous l'avons dit déjà, le rouge de la honte nous monte au visage, lorsque nous songeons qu'au mépris de la parole donnée, en violation de tout droit et de toute justice, la connivence ou la jalouse susceptibilité du gouvernement de juillet firent retenir prisonnier dans cette ville, et pendant de longues années, un prince qui avait d'autant plus de droits aux égards et à la stricte inviolabilité de sa personne qu'il était malheureux.

Il serait difficile de se rendre un compte bien exact de la violence avec laquelle *la Mode* prit alors parti pour les princes espagnols. En présence de cette outrageante violation du droit des gens, on la vit traîner au pilori de l'indignation publique le traître Maroto, au nom duquel elle accolait, dans chacun de ses numéros, les qualifications les plus injurieuses, et il est même permis de se demander comment un officier général eut le courage de continuer à porter ses épaulettes, après les lettres de défi et d'injures qui lui furent alors adressées par tous les journaux royalistes; mais les cœurs bas et vils ne connaissent pas le langage de l'honneur ! De nos jours, en Italie, nous voyons des généraux piémontais, insultés chaque jour de la façon la plus outrageante, par de valeureux champions de la cause catholique et royale, à Rome, à Naples, à Florence, à Modène et à Parme, se taire et boire jusqu'à la lie ce calice de toutes les amertumes : Dieu le permet sans doute, pour l'édification de leurs futurs historiens !

Les manifestations de la sympathie royaliste éclatèrent partout en France, à l'occasion de la trahison de Vergara. *La Mode*, donnant l'élan, ouvrit des souscriptions, organisa des comités, publia des listes de bienfaiteurs ; toutes les femmes de la société tinrent à honneur de travailler de leurs mains à des ouvrages destinés aux pauvres réfugiés carlistes.

Pendant que les noms les plus illustres de notre aristocratie prenaient part à ces souscriptions, en envoyant leurs dons en argent, les plus grandes dames de l'ancienne cour organisaient des bals, des concerts, des fêtes, des loteries, pour venir en aide à de si intéressantes misères. A Bourges, où se trouvait la famille royale, ce fut, pendant plusieurs mois, un défilé continuel de tous les plus grands noms de l'ancienne aristocratie française : tout le monde tenait à venir s'incliner devant cette majesté tombée. Charles V d'Espagne, plus malheureux que son homonyme de France Charles VII, — à qui du moins une ville restait, Bourges, — recevait ces hommages avec une dignité chevaleresque, en digne petit-fils de Louis XIV et de Henri IV !

Ce n'était point assez que ces hommages permanents et ces hautes marques de sympathie. *La Mode*, dans son numéro du 15 septembre 1839, publiait ce sanglant ORDRE DU JOUR :

« Tout royaliste français ou espagnol, en état, non pas de porter
» les armes, mais de souffleter un traître, est tenu, dès la publica-
» tion des présentes, de rechercher partout où elles peuvent se
» trouver les deux joues du sieur Maroto, à l'effet de leur appliquer
» immédiatement la juste récompense qui leur est due. »

Et comme elle apprenait, à quelques jours de là, que le ruban de la Légion d'honneur venait d'être envoyé par le gouvernement français au général Espartero, elle publiait, le 2 octobre, ce nouvel ORDRE DU JOUR, plus sanglant encore peut-être que le premier :

« Après avoir mis à prix les deux joues du sieur Maroto, *la Mode*
» croirait manquer à ses devoirs si elle n'appelait immédiatement
» l'attention de tout citoyen français ou espagnol en état de cra-
» cher sur le morceau de ruban rouge dont, par la grâce du juste-
» milieu, vient d'être décoré le sieur Espartero... »

Un ambassadeur étranger ayant, vers ce même temps, laissé tomber cette parole malheureuse : « Mais pourquoi plaindre autant don Carlos, » n'est-il pas mieux à Bourges qu'il n'a jamais été en Espagne ? » le roi, à qui ce propos fut répété, s'écria : « C'est parler en diplomate ; » moi, je pense en roi, et je trouve que le roi d'Espagne ne saurait » être bien qu'en Espagne ! »

Pour l'honneur du pays qu'il représentait, nous tairons le nom de ce diplomate à l'eau de rose, qui n'avait certainement pas songé à la dureté de ses paroles. L'ambassadrice, une ravissante femme, en diminua la portée en se faisant, avec ou sans l'assentiment de son mari, dame quêteuse au profit des Espagnols : on la vit donner l'exemple, prendre elle-même une bourse dans ses mains, et faire le tour de ses salons, un jour de réception, en faveur des fidèles soldats de Charles V.

Chose triste à dire, *la Mode* ayant eu, vers ce temps, l'idée de donner à ses abonnés un portrait lithographié de ce prince, un commissaire de police vint en opérer la saisie, pendant qu'à deux pas de là, dans tous les magasins d'estampes du boulevard, on laissait vendre et exposer le portrait de Maroto.

« On le sait, disait *la Mode*, ce n'est pas un homme que le » juste-milieu retient captif à Bourges, c'est un principe : que les » rois ne l'oublient pas ! » Ils l'oublièrent, hélas ! Pourtant, rien n'était digne de leur intérêt comme la situation faite par les événements au roi Charles V; rien n'était sacré comme ses droits.

Un de ses frères, l'infant don François de Paule, ayant été, comme on sait, l'un des premiers à l'abandonner, aperçut un jour un illustre personnage qui revenait de Bourges, « — Eh bien, lui dit-il, vous avez vu mon frère : comment est-il... bien abattu sans doute? » — « Abattu!... monseigneur, il porte la tête plus haut que vous ! »

Mais un événement d'une tout autre nature attirait, vers le même temps, l'attention des royalistes et aussi celle des hommes du pouvoir : c'était le voyage du jeune duc de Bordeaux en Italie. Le prince, qui voyageait sous le nom de comte de Chambord, — titre qu'il prenait pour la première fois, en souvenir du don que lui avait fait la France du magnifique domaine de ce nom, — venait d'arriver à Rome, et les respects, les égards, l'attention universelle dont il était l'objet, n'étaient pas sans causer quelques soucis au nouveau ministère.

Depuis longtemps, le jeune héritier du roi Charles X avait formé le projet de se rendre en Italie. Des difficultés s'étant élevées au moment de la délivrance des passe-ports qui lui étaient nécessaires pour quitter l'Autriche, le petit-fils de Henri IV n'avait pu supporter ces lenteurs, et comme il lui répugnait d'avoir à demander une faveur, il était un jour parti, sans en demander la permission à personne, accompagné du seul M. de Lévis. On apprit presque en même temps son départ et son arrivée à Rome, vers la fin du mois d'octobre 1839.

L'effet de ce voyage fut considérable : partout le descendant des rois de France obtint un accueil enthousiaste, et ce fut en cette cir-

constance que M. de Flahaut, ambassadeur de France à Rome, écrivit à son gouvernement : « Le jour où j'ai vu Monseigneur le comte
» de Chambord à Saint-Pierre de Rome, j'ai été frappé de deux
» choses remarquables en sa personne, son air de grandeur et sa
» prédestination. » Rien n'est plus vrai : nul ne peut approcher l'héritier de nos rois, sans se sentir ému et dominé par je ne sais quelle fascination que son grand regard bleu et clair exerce sur tous !

Mgr de Quélen, le digne et saint archevêque de Paris, mourut le 31 décembre 1839. La société catholique de France perdait en lui plus qu'un homme, un exemple. « Les temps calamiteux qu'il a
» traversés, disait *la Mode*, les amertumes dont il a été abreuvé, les
» ingratitudes qu'il a vues, les fausses paroles qu'il a entendues, les
» instances dont il a été obsédé, les affections qu'il avait gardées, les
» regrets qu'il avait amassés en son âme, l'ont tué avant le temps. »

Pendant toute sa vie, Mgr de Quélen avait donné à tous, et surtout à son clergé, le plus noble exemple de la dignité dans l'indépendance. Sa mort fut celle d'un saint : il est au ciel, puisse-t-il maintenant prier Dieu pour la France !

Le comte de Paris n'était pas baptisé : on avait toujours supposé que les répugnances de la cour de 1830 à invoquer, pour cette circonstance, le ministère de M. de Quélen, disparaîtraient avec la mort de ce prélat. Il n'en fut rien : de longs mois devaient s'écouler encore avant que la cérémonie de ce baptême pût s'accomplir. Il est vrai que certains bruits couraient alors relativement à des projets de sacre, qu'on voulait faire cadrer avec ce baptême ; mais cette idée, si elle a jamais sérieusement germé dans certains esprits, fut vite abandonnée.

Par contre, le mariage de M. le duc de Nemours, avec une princesse de Cobourg-Cohary, était à la veille de s'accomplir ; le projet de dotation présenté aux Chambres, qui en était la conséquence, devint l'objet de débats irritants entre la presse dite de l'opposition et les journaux du pouvoir. Sur la question du mariage en lui-même, les feuilles qui avaient trouvé convenable l'alliance de l'héritier présomptif de la couronne, avec la fille du duc de Mecklembourg, ne s'étonnaient pas de celle du second fils de Louis-Philippe avec une autre princesse de la Confédération Germanique; mais sur la question de dotation, les journaux étaient unanimes, dans le camp de l'opposition, pour prétendre, non sans raison, qu'après avoir fait entendre, sous la Restauration, tant de doléances sur les apanages princiers, on était mal venu à grever le trésor d'une charge nouvelle, alors que le roi Louis-Philippe n'avait pas, en prenant la couronne, comme les anciens rois de France, abandonné à l'État sa fortune personnelle.

La Mode ne se faisait pas faute de lancer, elle aussi, ses brocards à l'occasion de ce mariage ; mais elle trouvait juste que le gouvernement opposât à ses adversaires cet unique argument: « Quand on prend des millions, on n'en saurait trop prendre. » Cette maxime, aussi vieille que le monde, n'a-t-elle pas été pratiquée de tous temps, et par tous les pouvoirs nouveaux?

Celle qui allait, en 1840, devenir la compagne de M. le duc de Nemours, était, d'ailleurs, une princesse accomplie : elle aussi est morte avant l'heure, comme Madame la duchesse d'Orléans, rappelée par Dieu, avant que l'exil de son mari ait pris fin. Nous nous sommes inclinés devant cette tombe : les sentiments de M. le duc de Nemours ont trop souvent différé de ceux d'autres membres de sa famille, pour que nous ne nous soyons pas associés du fond de l'âme à sa douleur lorsqu'il perdit, avec une rapidité foudroyante, la plus aimable des femmes. S'il est triste de voir certaines affections brisées, c'est surtout dans l'exil !

M. de Genoude se rendit à Rome au mois de février 1840. Deux motifs l'avaient déterminé à faire ce voyage : le désir qu'il avait de voir et de connaître M. le comte de Chambord, et aussi l'intention, bien nettement formulée par lui, de soumettre au Saint-Père un projet de reconstitution de l'ordre des Oratoriens en France. Royaliste, il allait saluer son Roi; prêtre, il se rendait à Rome pour demander l'agrément du Saint-Père au rétablissement d'un ordre célèbre, destiné à régénérer l'enseignement et à le sortir des voies déplorables où le conduisait le gouvernement de Juillet. Ce projet échoua pour bien des raisons que nous ne pouvons rapporter ici, car elles nous entraîneraient hors de notre sujet; mais du moins la *Gazette de France* publia, de ce voyage de l'abbé de Genoude à Rome, en 1840, une relation remarquable à plus d'un titre, et qui montrait sous un jour vrai l'esprit, le caractère et les tendances vraiment libérales et françaises du petit-fils de saint Louis.

L'année 1840 était grosse d'événements qui allaient porter un coup fatal au gouvernement de Juillet. C'était le temps où le traité de la quadruple alliance, signé envers et contre la France, semblait devoir abaisser encore le prestige déjà si amoindri de notre pays en Europe. C'était le temps où M. Thiers, à bout d'expédients, allait avoir la fâcheuse idée d'embastiller Paris, et l'idée plus fâcheuse encore, au point de vue dynastique, de ramener en France les cendres de Napoléon. C'était enfin l'année qu'allait choisir le prince Louis Bonaparte pour faire, contre le gouvernement, une seconde tentative, à Boulogne, laquelle ne réussirait pas mieux que la première, mais qui lui serait comme une seconde étape vers le trône qu'il revendiquait.

D'un autre côté, la France allait faire une triste épreuve de nouveaux gouvernants ; elle allait voir à l'œuvre ces hommes impuissants du centre gauche, qui ne surent jamais que déblatérer contre tous les ministres du jour, sans jamais pouvoir, une fois arrivés aux affaires, faire mieux ou même différemment qu'eux : triste expérience que devait faire notre pays ! Le moment était venu, en effet, pour les grands hommes d'État de la nuance de MM. Thiers, Chambolle, Odilon Barrot, de montrer au pays leur savoir-faire. Avaient-ils assez décrié les ministres précédents ? s'étaient-ils assez permis de railleries sur l'impuissance gouvernementale de certains hommes? Leur propre impuissance allait apparaître sous un jour plus déplorable encore. Chargés de conduire à grandes guides le char de l'État, on les vit suer à la peine, sans avoir pu faire décréter une seule mesure dont la France puisse se montrer fière. L'amour-propre national souffre encore de leur passage aux affaires et des conséquences de leur pouvoir transitoire. Se figure-t-on les hommes du *Siècle*, de nos jours, ministres ou conseillers dirigeants ? Ce fut la position de la France en 1840 : il lui fallut subir la triste infériorité d'hommes pétris de vanité, que leur orgueil rendait plus insupportables encore que leurs devanciers.

« Tenez, s'écriait *la Mode*, — qui venait de récapituler un à un
» tous les griefs de l'ancienne opposition contre les ministères précé-
» dents, en prouvant que le ministère du jour faisait pis encore, —
» vous n'êtes que des comédiens ; la France commence à vous com-
» prendre ! Vous ne voulez pas des fonds secrets, quand d'autres que
» vous les reçoivent et les dépensent ! Quand vous ne pouviez point
» aspirer aux fonctions publiques, vous ne vouliez point de députés
» fonctionnaires ; mais maintenant que le champ des emplois s'ou-
» vre devant vous, vous voulez y brouter. »

L'idée d'élever, autour de Paris, des forts détachés et une enceinte

continue de fortifications, germait depuis longtemps dans l'esprit de
M. Thiers. Au sens de cet homme d'État, deux avantages semblaient
devoir résulter de cet embastillement de la capitale de la France :
d'abord la satisfaction donnée aux badauds, à qui on faisait croire
qu'on élevait ces casemates en haine de l'étranger et pour l'empêcher de jamais entrer dans Paris, si la fantaisie lui prenait de venir
l'assiéger, et ensuite la certitude pour le gouvernement, en cas
d'une insurrection populaire, de pouvoir la maîtriser, en mitraillant
au besoin la ville et les faubourgs. Le projet fut voté, les fortifications s'élevèrent, mais aucun des deux buts de M. Thiers ne fut
atteint : personne ne crut à des fortifications élevées en vue de
défendre une ville de quinze cent mille âmes, que l'ennemi,
— si ce qu'à Dieu ne plaise jamais, il revenait sur les hauteurs de
Saint-Cloud, — affamerait en huit jours; et lorsqu'en 1848 sonna
l'heure de la justice de Dieu, ni forts, ni bastions, ni casemates
n'empêchèrent le peuple de 1830 de soulever de nouveau les pavés
de la rue pour y exalter cette fois, non plus *la meilleure des r.*
publiques, selon l'expression de la Fayette, mais la république elle-
même!

Quant au projet de ramener en France les cendres de l'empereur, il présentait évidemment un côté dangereux que personne
mieux que les princes de la maison d'Orléans n'a dû comprendre
depuis. De la part d'un gouvernement dont l'origine était contestée, c'était plus qu'une faute. N'y avait-il pas une rare imprudence à
passionner ainsi l'opinion à propos de ce grand nom de Napoléon, qui,
pour le peuple, est légendaire? Eh quoi! c'était au lendemain de la
descente du prince Louis à Strasbourg, à la veille d'une seconde tentative de sa part, — qu'on ne pouvait prévoir à la vérité, mais dont il
était inutile de lui donner la pensée;—au moment où la France humi-
liée baissait la tête devant les exigences de l'étranger, en face du mé-

contentement général, que le gouvernement songeait à ramener à Paris les cendres du vainqueur d'Austerlitz et de Wagram, — beaucoup mieux placées, après tout, — ainsi que l'a dit un poëte, — sur leur rocher de Sainte-Hélène que sous le dôme mesquin pour elles du palais des Invalides, — et cela au risque de réveiller dans les esprits certains éléments d'opposition bonapartiste, qui déjà, à plusieurs reprises, et notamment lors de l'affaire Laity, s'étaient manifestés de manière à donner à réfléchir aux moins imprévoyants !

Beaucoup de membres de l'opposition, non pas de celle des Chambres, mais de celle du pays, s'étaient jetés, en effet, depuis l'affaire de Strasbourg, dans une sorte de nuance mi-partie radicale et chauvine, mi-partie bonapartiste, qui toujours en France ralliera la haute intelligence politique des piliers de cafés et des habitués d'estaminets, forcément dirigés, dans notre pays, contre ce qui est, quel que soit d'ailleurs le gouvernement qui tienne en main le pouvoir,

L'annonce de la translation des cendres de Napoléon fut un lien tout trouvé pour réunir ces hommes d'oppositions diverses. Un mot d'ordre parut en un instant donné pour exalter le souvenir de l'Empire, au détriment du système politique d'alors. Ce sentiment eut l'occasion de se manifester d'une manière bien autrement sensible, lorsque la nouvelle se répandit, le 6 août, que le prince Louis-Napoléon Bonaparte venait de débarquer inopinément à Boulogne, et, entouré de quelques amis, s'était écrié en touchant le sol français : « Vive l'Empereur ! »

XLVII

Fin de l'année 1840. — Jugement des journaux sur l'affaire de Boulogne. — *La Mode* interpelle MM. les pairs. — M. Berryer accepte la défense du prince Louis. — Ce dernier est condamné. — La forteresse de Ham. — Attentat de Darmès. — Chute du ministère du 1er mars. — La comtesse Demidoff. — Mme Lafarge. — Les soirées de l'hôtel Castellane. — Translation des cendres de Napoléon à Paris, le 15 décembre. — Mort de Mme de Feuchères. — *La Mode* au 1er janvier 1841. — Double procès des lettres de la *Gazette de France* et de *la France*. — Réflexions. — MM. Victor Hugo et Ancelot à l'Académie française. — Les *lionnes* et les *lions*. — La polka. — Condamnation du *National*. — Les prédicateurs. — Complainte des fortifications. — Le marquis de Dreux-Brézé et Henri de France. — Les grands artistes. — Baptême du comte de Paris.

La nouvelle de la descente du prince Louis à Boulogne fut bientôt l'objet de tous les commentaires; dans les salons et dans les journaux, il ne fut question que de cet événement.

Il faut lire, dans *la Mode*, l'amusante comparaison qu'il lui plut d'établir, à cette occasion, entre le langage tenu par certains organes officiels et celui *qu'ils auraient tenu*, si le prince Louis avait réussi. Pour prouver à nos lecteurs à quel point le discernement de *la Mode* était grand, nous n'aurions qu'à citer les articles publiés par ces mêmes journaux en 1851, au lendemain des événements du 2 décembre : on y retrouve presque textuellement les paroles que *la Mode* prêtait à certaines feuilles publiques le 8 août 1840, *pour le cas d'un succès* de Louis-Napoléon Bonaparte. C'est à croire vraiment que notre chère *Mode* avait le don de seconde vue.

Pourtant ce langage était loin d'être celui que tenait notamment le *Constitutionnel*, qui devait, à quelques années de là, emboucher sur un ton suraigu la trompette du dithyrambe. Voici, au dire de la *Mode*, comment se serait exprimé cet austère *Constitutionnel*, si l'affaire de Boulogne avait été couronnée de succès : « S. M. l'Empereur a fait son entrée ce matin à Paris, au milieu d'un immense concours de peuple affamé de voir les traits du neveu du grand homme. Jamais la capitale n'avait offert un aspect plus joyeux et plus animé. La garde nationale tout entière était sous les armes et semblait rivaliser d'enthousiasme avec la troupe de ligne pour saluer le jeune empereur, que le vœu national vient d'appeler au trône de Napoléon le Grand. »

Malheureusement, ce n'était pas ainsi que s'exprimait le *Constitutionnel* de 1840; il devait réserver ces belles phrases pour des temps plus prospères. Ce qu'il disait le lendemain de l'échauffourée de Boulogne, le voici, et n'en déplaise aux pseudo-libéraux, ceci est de l'histoire : « Dans cette misérable affaire, l'odieux le dispute au ridicule. Le chef de cette sotte conspiration excite tout à la fois l'indignation et la pitié. Louis Bonaparte aura la honte de n'être qu'un criminel grotesque ... »

Que d'enseignements dans ce peu de mots !

Quoi qu'il en soit, cette tentative manquée de Boulogne, allait jeter le gouvernement dans un extrême embarras. Devant quelle juridiction passerait le prince Louis? Qui se chargerait de le condamner? Telles étaient les deux questions qui se dressaient devant les ministres de 1840, et aucun d'eux ne voulait prendre sur lui de les résoudre. On avait bien la ressource de la Chambre des pairs, qui déjà une première fois, lors de l'échauffourée de Strasbourg, avait été constituée en cour de justice ; mais les circonstances n'étaient plus les mêmes : entre les deux tentatives, un fait s'était produit qui changeait singulièrement la situation du prince Louis. A l'occasion du projet de loi relatif à la translation des cendres de Napoléon, un ministre avait dit « que le gouvernement impérial avait été parfaitement légitime. » Or, c'était en qualité d'héritier de son oncle que le prince Louis était venu se poser à Boulogne : partout où il y a des héritiers légitimes, l'héritage leur appartient. La parole même d'un ministre deviendrait, pour l'avocat du prince Louis, l'objet d'un sérieux argument. D'un autre côté, il y avait eu du sang versé, ce sang demandait une réparation, et la Chambre des pairs se résignerait-elle facilement à appliquer, contre un Bonaparte, toutes les sévérités de la loi ?

La *Mode*, saisissant cette occasion de faire un article à la fois sérieux et goguenard, défiait individuellement tous les pairs de condamner le prince Louis : « Est-ce vous qui le jugerez ? » —disait-elle
» à tous, en les prenant individuellement à partie. — Est-ce vous,
» monsieur Pasquier? son oncle vous a fait baron, sénateur, comman-
» deur de la Légion d'honneur, préfet de police !... Monsieur Daru,
» est-ce vous qui le jugerez ? c'est par son oncle que vous êtes riche,
» que vous êtes noble, que vous êtes sénateur, parce que votre père
» l'était !..... Monsieur le comte Portalis, est-ce vous qui le jugerez ?
» vous, le fils de Portalis l'ancien, qui dut sa fortune et son porte-
» feuille des cultes à son oncle !... Duc de Plaisance, pour le juger,
» il vous faudrait oublier de qui vous tenez votre duché !.. Baron Sé-
» guier, est-ce vous qui le jugerez ! vous qui aviez juré une éter-
» nelle fidélité à la dynastie impériale, vous qui pourriez vous com-
» promettre, en criant en pleine séance de justice, par habitude ou
» par intérêt : Vive l'empereur !..., Général Petit, est-ce vous qui le
» jugerez, vous à qui son oncle remit ses aigles à Fontainebleau ?...

» Baron de Cambacérès, est-ce vous qui le jugerez, vous le fils de
» l'archi-chancelier de l'Empire?... Comte Pajol, comte Philippe de
» Ségur, comte Dejean, duc Decazes, comte de Flahaut, maréchal Gé-
» rard, baron Mounier, général Excelmans, comte Mollien, etc., etc.,
» est-ce vous, répondez, qui le jugerez?...

Il y en avait ainsi cinq colonnes, et chaque pair, ancien serviteur ou fils de serviteur de la dynastie impériale, se voyait interpellé par la *Mode*, avec une impitoyable ironie et une accablante vérité. Ah! cher directeur, qu'on est heureux dans sa vie de n'avoir jamais adoré qu'un même Dieu, et que la fidélité aux principes est une belle chose!

M. Berryer avait accepté la défense du prince Louis. Toute son argumentation se réduisait à ceci : « Le prince Bonaparte a tout autant de droit à revendiquer la couronne que le roi élu le 9 août 1830, par quelques députés sans mandat, peut en avoir à la conserver. » Les accents de cette parole éloquente galvanisèrent pour ainsi dire les cœurs sans entrailles de tous ces vieux demeurants de l'infidélité politique, qui composaient alors la pairie. On vit le moment où un acquittement allait être prononcé ; mais ce qui empêcha beaucoup de membres de la Chambre haute de se montrer indulgents, ce fut cette argumentation du ministère public : « Qui nous garantira, qu'amnistié de nouveau, le prince Louis ne fera pas une troisième tentative? »

Le verdict de la Chambre fut la détention perpétuelle. Immédiatement, il fut signifié au prince, qui sourit, dit-on, de pitié, en entendant prononcer ce mot : perpétuel ! La vérité est, qu'alors même qu'il ne fût pas parvenu à s'évader quelques années plus tard, la Révolution de février serait venue bien vite lui ouvrir les portes de sa prison. Cette prison était la forteresse de Ham, qu'avaient occupée tout dernièrement les anciens ministres de Charles X. La chambre de M. de Polignac devenait le lieu d'habitation du fils de la reine

Hortense. Toutefois, le jour de la condamnation du prince Bonaparte, il s'y trouvait un hôte qu'il fallut déloger, pour qu'il lui laissât la place libre ; cet hôte, c'était Cabrera.

Quelle destinée, mon cher ami, que celle d'une prison qui, dans le court espace de dix années, a pu voir successivement dans ses murs, le prince de Polignac, le comte de Morella, le prince Louis-Napoléon Bonaparte !

L'attentat de Darmès, contre la personne de Louis-Philippe, se place au mois d'octobre 1840 : c'était pour la sixième fois que le chef de l'État voyait sa vie menacée depuis son avénement au trône. Nous avons exposé trop longuement, dans un précédent chapitre, notre manière de voir sur l'assassinat politique, pour qu'il soit nécessaire d'y revenir : « Grâce à des doctrines funestes corrompant le principe d'où elles émanent, — s'écriait M. Portalis, — chaque individu se transforme, de notre temps, en juge souverain des autorités et des lois ! » Et de nos jours donc, on fait bien mieux encore, puisque certains gouvernements poussent la folie jusqu'à récompenser les assassins politiques !

La Mode, qui n'abandonnait jamais son droit de réplique, répondait d'ailleurs à M. Portalis : « Vous savez de quelle époque datent ces doctrines et qui a contre-signé la souveraineté de la raison individuelle et de la force brutale sur les lois, les droits et les autorités ! »

Rappelant un horrible propos de l'assassin Darmès, *la Mode* ajoutait : « Darmès s'est écrié, quand l'instrument du meurtre a éclaté
» dans sa main mutilée : « Maudite espingole, je l'avais trop chargée ! »
« Nous en dirons autant à M. Thiers et à tous les hommes qui, comme
» lui, excitent les passions révolutionnaires. La révolution aussi est une

» arme maudite : que ceux qui la chargent contre les monarchies eu-
» ropéennes au dehors, et contre le principe d'autorité au dedans,
» s'attendent, d'un moment à l'autre, à la voir éclater dans leurs
» mains ! » Ces paroles n'étaient-elles pas prophétiques, et 1848 ne
s'est-il pas chargé de réaliser ces prédictions sinistres?

La chute du ministère du 1ᵉʳ mars et l'avénement du ministère du 30 octobre se placent à cette dernière époque : M. Guizot rentrait aux affaires : il semble que le gouvernement de juillet ait été condamné à tourner dans un cercle vicieux, retombant de M. Guizot à M. Molé, de M. Molé à M. Thiers, et de M. Thiers à M. Guizot. Le premier acte du nouveau ministère fut d'octroyer le bâton de maréchal de France à M. le général Sébastiani. Nous sommes encore à nous demander pourquoi ?

Dans les salons, il n'était bruit que de l'entrée dans le monde de la belle princesse Mathilde Bonaparte, fille de Jérôme, qui venait d'épouser le comte Demidoff. Sa rare beauté faisait impression, et son esprit, sa gaîté, ses grâces naturelles, — que rehaussaient encore deux millions de pierreries dont les avaient ornées le comte Demidoff, — achevaient de la rendre fort à la mode. On racontait sur la jeune épousée une anecdote qui, depuis, si elle est vraie, a dû faire souvent l'objet des réflexions de la fille de Jérôme. Sa famille l'avait fiancée au prince Louis, son cousin. Lorsqu'en quittant la Forêt-Noire, en 1838, pour se rendre à Strasbourg, ce dernier lui avait fait ses adieux, il s'était écrié : — « Mathilde, ne m'oubliez pas, vous serez impératrice de France !... » Si le fait ne se trouvait pas consigné dans *la Mode* de 1841, on pourrait croire que nous l'avons inventé à plaisir.

L'affaire de Mme Lafarge occupait aussi, vers le même temps, l'attention publique. Tout a été dit sur l'héroïne du Glandier;

un drame horrible s'est assurément passé sous les voûtes délabrées de cet ancien monastère ; mais si le crime a été grand, l'expiation a été plus grande encore : coupable ou non, Mme Lafarge a chèrement expié sa triste renommée.

C'était aussi le beau temps où l'hôtel Castellane, à Paris, voyait la société la plus élégante, la plus aristocratique et la plus lettrée, venir applaudir, chez un véritable Mécène, les débuts de charmants talents que nous avons revus depuis, sur d'autres scènes, et qui se nommaient alors Mlle Planat, Mlle Naptal, etc.

La date fixée pour la translation des cendres de Napoléon aux Invalides approchait : c'était le 15 décembre que la cérémonie devait avoir lieu. Je me rappelle, comme tant d'autres, mon cher directeur, avoir assisté à ce lugubre défilé qui, de Neuilly à la place des Invalides, formait le plus morne cortége. Il faisait un froid excessif, et, sans doute à cause de cela, l'enthousiasme était des plus modérés : les cœurs comme la nature semblaient de glace. Les réflexions que m'arrachèrent la vue de ce spectacle ne sauraient trouver place ici ; mais quelle folle exagération pousse donc les hommes à faire des héros, dans ce monde, de ceux qui semblent plutôt envoyés par Dieu pour les punir ? Ceux que les peuples, de tous les temps, ont le plus exaltés, sont les conquérants, et les conquérants n'ont jamais soutenu leur sombre renommée qu'à l'aide de cette chose affreuse qui semble, à nos yeux, le fléau de l'humanité : la guerre !

Napoléon, le vainqueur de l'Europe, le combattant de Wagram, d'Austerlitz et d'Iéna, mais aussi l'ordonnateur de la guerre d'Espagne et de la désastreuse campagne de Russie, a son tombeau aux Invalides, tandis que les restes du vieux roi Charles X, le plus doux et le plus honnête homme de son royaume, attendent, à Goritz, qu'on les ramène sur la dernière marche des caveaux de Saint-Denis !

Il serait difficile d'imaginer un plus magnifique article que celui que publia M. Alfred Nettement dans *la Mode*, sous ce titre : *La nuit du 14 décembre*, la veille du jour de la translation des cendres de Napoléon à Paris. On ne peut lire ces belles pages sans frissonner ; c'est un des morceaux épisodiques qui font le plus honneur au grand talent du nouvel historien de la Restauration.

Madame de Feuchères mourut à la fin de décembre. Sa famille s'honora en refusant sa succession : par acte notarié, dressé à Nimes le 27 février 1841, M. de Feuchères abandonnait aux hôpitaux tout ce qui pouvait lui en revenir.

La nomination de M. le comte Molé à l'Académie française fut suivie d'un très-beau discours de réception, que prononça l'ancien ministre, au commencement de janvier 1841 ; il remplaçait le vertueux M. de Quélen, et l'éloge qu'il fit du saint prélat, avec une indépendance et une dignité rares, lui valurent l'unanime approbation de tous les gens de goût.

La Mode n'avait pas attendu le 1er janvier pour faire paraître son premier numéro de 1841 : elle le publiait dès la veille, jour de Saint-Sylvestre, et le faisait précéder de cet avis qui lui donnait l'occasion d'écrire une méchanceté : « Empressés que nous sommes,
» à l'occasion de la nouvelle année, d'aller féliciter le château sur la
» glorieuse attitude de la France vis-à-vis de l'étranger, et sur le
» gouvernement à bon marché de la Révolution, nous avons cru
» devoir devancer de vingt-quatre heures la publication du présent
» numéro. »

Le double procès des lettres, publiées par la *Gazette de France* et par la *France*, se place dans les premiers mois de 1841. *La Mode* y prit un si grand intérêt qu'il nous faut bien relater ici, mon cher directeur, les phases diverses de ce procès scandaleux. Voici ce qui l'avait motivé.

La *Gazette de France*, dans ses numéros des 10 et 12 janvier 1841, avait publié des correspondances de Louis-Philippe, alors duc d'Orléans, datées de Palerme, le 17 avril 1808, et de Cagliari le 20 mai 1809. On y lisait notamment ce passage : « Je suis prince » français et cependant je suis Anglais, d'abord par besoin, parce » que nul ne sait mieux que moi que l'Angleterre est la seule puis- » sance qui veuille et qui puisse me protéger ; je le suis par prin- » cipe, par opinion et par toutes mes habitudes... » (*Lettre de Palerme.*) Et encore celle-ci : « Si l'Angleterre ne veut pas penser à » moi, j'en suis tout consolé et je chercherai fortune ailleurs, mais » je crois vraiment que cela pourrait aller... C'est sur la rivière » de Gênes qu'il faut porter la grande expédition anglaise : il faut » prendre le roi de Sardaigne en passant, et si on veut me prendre » avec, cela me fera grand plaisir. Le Piémont se soulèvera, on y en- » verra des troupes, et j'espère que la retraite des troupes fran- » çaises d'Italie se trouvera absolument interceptée. » (*Autre lettre de Palerme.*) Enfin celui-ci : « Il y a en Espagne, à Naples, en Dal- » matie, des armées françaises qui vont se trouver, je l'espère au » moins, dans des conditions désastreuses... Il paraît que Soult se » trouve dans une situation fâcheuse : j'espère qu'ils vont être écra- » sés en Espagne. » (*Lettre de Cagliari.*)

L'immense scandale qui résulta de la publication de ces lettres, qui prouvaient jusqu'à l'évidence que le duc d'Orléans n'avait pas toujours eu pour « l'étranger, » l'antipathie que ses partisans lui prê- taient en toute occasion, prouva que la *Gazette* avait été bien inspi- rée, le jour où elle avait mis en évidence, dans l'intérêt du parti légiti- miste, les précieux autographes. Ces lettres, malheureusement pour e roi, étaient authentiques : certaines feuilles de la gauche essayèrent bien de contester leur origine et de les déclarer apocryphes, mais à toutes les interpellations le ministère ne répondit rien, et on sait qu'en France, comme ailleurs, le vieil axiome est vrai : « qui ne dit mot, consent ; » d'ailleurs la *Gazette de France* ne fut pas poursuivie pour la publication de ces lettres.

Il en fut tout autrement pour celles qu'à quelques jours de là, la *France*, autre journal royaliste, publié alors sous la direction de notre regrettable ami M. Lubis, inséra dans ses colonnes, sous la rubrique de Londres. Six autres feuilles parisiennes ayant immédiatement reproduit ces malencontreuses lettres, elles furent simultanément poursuivies pour outrage envers la personne du roi. *La Mode*, contre son habitude, échappa à toutes poursuites ; la raison en est simple : la publication des lettres de la *France*, ayant eu lieu le lendemain du jour où *la Mode* avait paru, et les poursuites ayant été commencées avant l'expiration de la huitaine, le temps avait matériellement manqué à notre chère Revue pour exploiter cette nouvelle mine, et elle n'avait reproduit aucune lettre : partant, elle ne pouvait être poursuivie pour leur reproduction.

Nous n'insisterons pas, mon cher ami, sur cette triste affaire. Les lettres de la *France* ont été contestées ; celles de la *Gazette de France* ne pouvaient l'être. Pourquoi ? C'est que les originaux de ces dernières étaient déposés entre des mains sûres, tandis que la minute des premières passe pour avoir été volée à M. Lubis. Il y a dans toute cette affaire un secret qui ne sera jamais bien éclairci, et on chercha à insinuer dans l'opinion que les fameuses lettres avaient été fabriquées par cette Ida, dite la *Contemporaine*, dont il a été question dans les premiers chapitres de cette histoire. La *France* fut cependant acquittée par le jury.

Mais le gouvernement, qui n'avait pu atteindre la *Gazette de France* pour la publication de ses propres lettres, voulut du moins se venger du journal de M. de Genoude, en lui faisant un procès pour « compte rendu inexact du procès de la *France*, de nature à déverser le blâme et l'injure sur la personne du roi des Français. » Une condamnation à 5,000 fr. d'amende en fut la conséquence ; mais si le journal perdait son procès devant des juges, il le gagnait dans l'opinion.

M. Victor Hugo venait enfin d'arriver à l'Académie française. Son concurrent, M. Ancelot,—qui devait bientôt, lui aussi, voir s'ouvrir pour lui les portes de l'Institut,—avait eu quinze voix, et M. Victor Hugo dix-huit. *La Mode*, à cette occasion, adressait de sages conseils au nouvel élu : « Parvenu, — disait-elle, — où tout homme qui s'est voué aux lettres veut arriver, nous ne vous demandons qu'une chose, ce n'est pas d'avoir plus de verve, plus de beautés, plus de génie ; nous ne voulons pas l'impossible, nous ne voulons que plus de sagesse. Assis, parmi ceux qui passent leur vie à faire le Dictionnaire, ne dédaignez pas trop leurs arrêts. Ils vous ont ouvert leurs rangs ; par égard pour eux, descendez à leur hauteur et parlez leur langue : Bossuet et Racine l'ont parlée ! »

La réception de M. Victor Hugo, qui n'eut lieu qu'à quelques mois de là, fut l'occasion d'un grand scandale : on le vit encenser également les gloires de l'Empire et celles du juste milieu. Il alla jusqu'à revendiquer pour la Convention les grandes victoires de nos armées, et tout son discours ne fut qu'un long et fastidieux hommage à la politique doctrinaire et à la justification des faits accomplis. On peut dire que toute la vie de M. Victor Hugo se sera passée à encenser : n'ayant plus rien à prôner aujourd'hui, il s'encense lui-même.

M. Ancelot remplaça, quelque temps après, l'illustre M. de Bonald. Tout au contraire de M. Victor Hugo, il sut, dans son discours de réception, s'élever aux plus grandes hauteurs ; et si l'on s'étonna d'une chose, ce fut de voir un si bel éloge du grand philosophe chrétien dans la bouche d'un écrivain que de simples succès dramatiques avaient conduit au fauteuil académique.

La qualification de *lionnes*, donnée aux jeunes femmes du monde qui cherchaient à se singulariser par quelque excentricité, remonte à 1841. Ce ne fut qu'ensuite qu'on appela *lions* les jeunes gens qui s'étaient successivement appelés des muscadins, des mirliflores, des fashionables, des beaux, des incroyables, des dandys et enfin des lions, aux diverses époques de la République, du Directoire, du Consulat de l'Empire, de la Restauration et du régime de Juillet ; aujourd'hui ils s'appellent des daims.

Cette qualification de *lions* et de *lionnes* s'appliquait, dans le principe, aux seules personnes de la société : ce ne fut que plus tard, lors de la création des *lorettes*, que le surnom de lionnes fut indifféremment donné aux femmes du grand, du moyen et du petit monde.

La polka, l'insipide polka, date de cette même année 1841. Elle fut importée dans nos salons par des étrangers qui déjà y avaient naturalisé la valse à deux temps, et nous offraient aussi la mazurka, — danse nationale au moins, celle-là, — dont le nom seul fait palpiter d'aise toutes les jolies poitrines polonaises. Pendant longtemps on fit cercle, dans beaucoup de salons, pour voir exécuter cette polka ridicule, danse entièrement dépourvue de charme et qui fait ressembler ceux qui la sautent à autant de petits mannequins à ressort. Les mères défendirent d'abord à leurs filles de danser la polka ; mais le même embargo qui avait été mis sur la valse à deux temps dut bientôt cesser. C'était condamner toutes les jeunes filles à un désœuvrement forcé, car bientôt, dans les bals, on ne voulut plus entendre parler que de polka et de valse à deux temps. Aujourd'hui tout le monde accepte les danses nouvelles : ne faut-il pas être de son temps ? évidemment, mais si les mères n'avaient pas tort en 1841, ont-elles pour cela raison de nos jours ?

Du bal à l'église, il y a souvent moins loin qu'on ne pense. Les charmantes danseuses de la veille allaient le lendemain entendre à Notre-Dame, à Saint-Roch, à Saint-Thomas-d'Aquin, les prédicateurs du carême : M. de Genoude prêchait dans cette dernière église ; l'abbé de l'Étang faisait ses instructions à Notre-Dame-de-Lorette ; l'abbé Deplace, l'abbé de Guerry attiraient la foule à Saint-Sulpice et à l'Assomption, — qui alors formait paroisse ; — quant à l'abbé de Ravignan, c'était à Notre-Dame qu'il conviait chaque dimanche une assistance d'élite à ses conférences, et l'émotion visible de son auditoire, à chaque nouvelle instruction, prouvait assez que sa parole éloquente produisait un grand bien.

Le *National*, condamné, en 1829, à 1,500 francs d'amende pour provocation à la haine et au mépris du gouvernement du roi Charles X, se vit, en 1841, après une révolution faite en vue d'assurer la liberté de la presse, condamné par la Chambre des pairs à 10,000 francs d'amende, pour avoir dit à peu près la même chose contre le gouvernement de Louis-Philippe Ier. *La Mode* prouvait par A plus B au *National* qu'évidemment il avait perdu au change, et qu'il eût mieux valu pour lui ne pas aider au renversement du doux Charles X.

Cette même Chambre des pairs venait de voter, à peu près sans discussion, l'embastillement de Paris. C'était une trop belle occasion pour *la Mode*, de donner carrière à sa verve malicieuse, pour qu'elle ne la saisît pas. Une complainte interminable, sur l'air de la *Complainte de Fualdès*, parut alors dans ses colonnes. Nous n'en citerons que quelques strophes :

O vous qui de la Bastille
Gardez l'affreux souvenir,
Donnez-vous la peine d'ouïr
Comment, de fil en aiguille,
Un autre embastillement
Nous arrive en ce moment.

L'euss's-tu cru, ville héroïque,
Capitale de Juillet,
Qu'un beau jour on oserait,
Te faire à ce point la nique,
En t'entourant de remparts,
Et cela de toutes parts?

Des Français, donc, le monarque,
Dit un matin à Trognon :
« Mon ami, j'ai du guignon,
» Car déjà, je le remarque,
» Paris, d'un tendre retour,
» Ne paie plus mon amour. »

Monsieur Trognon lui dit : « Sire,
» A cela j'ai bien rêvé,
» Et je crois avoir trouvé
» Un moyen qui doit suffire
» Pour enchaîner dans vos liens
» Les volages Parisiens.

» Oui, si de la bonne ville
» Les naturels maintenant
» N'ont aucun attachement,
» A vot' trône, c'est facile,
» Quarante forts détachés
» Les rendront fort attachés. »

L'idée au roi parut bonne;
Mais, chose étrange vraiment,
Dedans tout le Parlement
On ne rencontra personne,
Si ce n'est monsieur Vatout,
Qui la trouvât de son goût.

Il nous serait impossible de prolonger ces citations, et nous renvoyons nos lecteurs au numéro de *la Mode* du 24 avril 1841, qui contenait dans son entier la fameuse complainte ; il est bon cependant que nous transcrivions encore ici la moralité de cette pièce ; elle est fort nette et concluante ; la voici :

> « Je ne veux de citadelles,
> » Disait le Béarnais,
> » Qu' dans le cœur de mes sujets !... »
> Ces paroles sont fort belles,
> Mais, hélas ! il est des gens
> Qui n' logent pas là dedans !

Ce fut en cette même année 1841 que M. Persil, ayant incidemment fait allusion au jeune chef de la maison de Bourbon, « qui, disait-il, pactiserait avec l'étranger, » — et cela au lendemain de la publication des fameuses lettres, — fut interrompu par le marquis de Dreux-Brézé, qui s'écria : « qu'il répondait d'Henri de France, corps pour corps, cœur pour cœur. » M. Pasquier l'interrompit à son tour avec une grande véhémence, en déclarant qu'on ne pouvait, « sans troubler l'ordre, prononcer ce nom de Henri de France à la tribune du Luxembourg. » Nous ne dirons pas dans quels termes *la Mode*, elle aussi, appréciait ces diverses interruptions ; mais rien ne nous empêchera de rapporter, qu'ayant immédiatement ouvert une souscription pour faire exécuter par un artiste éminent le portrait du généreux défenseur de l'exilé, cette souscription fut en peu de jours couverte de nombreuses signatures, à la tête desquelles se lisaient les plus grands noms de l'opinion légitimiste.

Listz, Batta, Vieuxtemps, Seligmann, les sœurs Milanollo, donnaient alors des concerts qui faisaient fureur. Les grands artistes, plus heureux que les gouvernements devant lesquels ils sont appelés à jouer, n'ont guère à craindre les révolutions ; leurs talents grandissent comme leurs renommées, avec l'âge, et la gloire ne leur fait jamais défaut. Cette pléiade de grands artistes, d'éminents écrivains, de poëtes, de littérateurs, qui avaient grandi sous les années heureuses de la Restauration, ne se retrouvera sans doute plus dans notre siècle. Les temps que nous venons de traverser ont connu trop d'agitation politique pour que les arts, la littérature et le talent aient pu germer à leur aise. Aux uns comme aux autres, il faut la douce quiétude d'un temps calme et exempt d'orages.

Le baptême du jeune comte de Paris put enfin avoir lieu à la fin d'avril. L'enfant avait près de trois ans, et bien des gens s'étonnaient des continuels retards que souffrait l'accomplissement de cette cérémonie, d'autant mieux que le jeune fils de M. le duc d'Orléans avait été ondoyé par un pasteur protestant, M. le baron Cuvier.

Ce fut Mgr Affre, le futur archevêque-martyr, qui administra les saintes eaux du baptême au petit-fils de Louis-Philippe. On fit grand bruit de cette solennité. A combien de vos lecteurs, mon cher ami, ne rappela-t-elle pas le merveilleux enthousiasme qui avait signalé, vingt années auparavant, le baptême du duc de Bordeaux !

XLVIII

Suite de l'année 1841. — Accident de M. le comte de Chambord à Kirschberg. — Émotion que cette nouvelle produit. — Le prince est sauvé. — Ouverture de la salle Ventadour. — Les théâtres en 1841. — M. Crétineau-Joly et la *Gazette du Dauphiné*. — Réunion des journaux. — Recrudescence de rigueurs contre la presse. — Quatre procès en un mois. — Particularités du procès de *la Mode* — Double condamnation. — 1842. — Le secret des lettres violé. — Condamnation de M. Walsh, de M. Voillet de Saint-Philbert et de M. Proux, imprimeur. — Catastrophe du chemin de fer de Versailles. — Mort de M. le duc d'Orléans, le 13 juillet 1842.

Le 28 juillet 1841, jour anniversaire de cette révolution de 1830, qui avait enlevé un trône à sa famille, M. le comte de Chambord éprouva un grave accident. Il était sorti pour faire une promenade dans les environs de Kirschberg. Le cheval qu'il montait était ombrageux. Arrivé au détour d'une route, ce cheval se trouva subitement en face d'une de ces voitures de petits marchands, recouvertes de toile, qu'on rencontre partout en Allemagne ; il eut peur, se jeta vivement de côté, en se cabrant, et désarçonna le prince, qui fit une chute horrible. M. le comte de Chambord passait pourtant, dès cette époque, pour un excellent cavalier.

La nouvelle de cet accident, portée par le télégraphe à toutes les chancelleries de l'Europe, et notamment à Paris, causa la plus vive émotion dans toutes les classes de la société ; elle se répandit comme un coup de foudre dans la France entière. M. Édouard Walsh, directeur de *la Mode*, partit immédiatement pour l'Allemagne, afin de s'assurer par lui-même de la vérité et de connaître exactement l'état de l'auguste malade.

Le bruit de sa mort s'était, en effet, répandu à la Bourse de Paris, et certains salons ministériels voyaient la foule assiéger leurs portes, sans vouloir ou pouvoir donner aucun renseignement précis sur le plus ou moins de gravité de l'événement. Disons-le bien vite, les jours du prince avaient été menacés ; mais le péril fut heureusement conjuré par des soins habiles. Dieu, qui avait si providentiellement amené la naissance de M. le comte de Chambord, ne voulait pas que le descendant de nos soixante-huit rois mourût obscurément dans une bourgade de Bohême. Les souffrances continuelles que le prince eut à endurer, pendant de longues semaines, furent supportées par lui avec un courage surhumain : il montra bien alors, qu'il était véritablement fils de saint Louis.

La Mode, renseignée par les lettres de son directeur, publia chaque semaine de longs bulletins de la santé du jeune prince. On se disputait les numéros qui contenaient ces lettres, écrites d'Allemagne sous l'impression d'une émotion vive et d'une profonde douleur. En effet, la convalescence du prince fut longue ; mais les soins empressés dont il fut entouré par le fidèle docteur Bougon, aidèrent puissamment à sa guérison. Hélas ! moins heureux que son cousin de la branche aînée, M. le duc d'Orléans, devait trouver bientôt, à Paris, une mort horrible à la suite d'un accident semblable, à un an de là et presque jour pour jour, sur le chemin de la Révolte !

M. Odilon Barrot, celui-là même qui avait conduit le grand-père à Cherbourg, prononça, à la nouvelle de l'accident et de la mort probable du petit-fils, une parole qui mérite d'être conservée, sortant d'une pareille bouche : « C'est une chance de bonheur de moins pour le pays, » dit-il.

D'autres personnages politiques furent loin d'observer la même réserve : on les entendit prononcer certaines phrases qui dévoilaient un contentement secret. Il y eut des journaux qui versèrent des larmes apparentes sur le trépas présumé de M. le comte de Chambord, tout en laissant deviner leur joie hypocrite. Nous serions en droit de reproduire ici l'accablante apostrophe que lança *la Mode* en réponse à un journal qui, après avoir froidement calculé les conséquences de la mort de M. le comte de Chambord, présentait, avec toutes les réserves imaginables, cette éventualité comme un bonheur pour la France. Notre courageuse Revue s'éleva, ce jour-là, à la hauteur de langage qu'on pouvait attendre de son dévouement et de sa franchise ; mais il est des paroles qui, redites à quelques années de distance, semblent par trop amères, surtout quand ceux à qui elles s'adressent sont tombés ; vous ne trouverez donc pas mauvais que j'agisse sagement, mon cher directeur, en ne les reproduisant pas ici.

Cet article ne fut l'objet d'aucune poursuite : le récent acquittement du *National*, devant la cour d'assises de la Seine, avait rendu prudents les membres du parquet. Le *National* avait insinué, à propos de l'affaire des fameuses *lettres*, que « la France entière connaissait bien le vrai coupable ; » il fut renvoyé de la plainte. Pourtant, M. Partarrieu-Lafosse avait dit fort imprudemment dans son réquisitoire : « Un acquittement serait un cri de démolition parti de cette enceinte même !... » Dans une précédente affaire, ce même

M. Partarrieu avait encore dit, toujours à propos des mêmes *lettres* : « Celui qui les aurait écrites serait un homme abominable! » Le jury avait encore rendu un verdict d'acquittement. Aussi *la Mode* disait-elle avec malice : « Qui donc, grand Dieu! va défendre le pouvoir contre les défenses de messire Partarrieu? »

Mais ce qui exaspéra les hommes du gouvernement contre *la Mode*, et ce qui devint l'objet d'une recrudescence de rigueurs sans pareilles contre ses articles ultérieurs, ce fut la malencontreuse idée qu'eurent ses directeurs de publier, en tête de leurs colonnes et dans tous leurs numéros sans exception, pendant près de six mois, ces deux questions, qui apparaissaient en vedette et en gros caractères, sous cette rubrique : QUESTIONS STÉRÉOTYPÉES :

« 1° Le château avoue-t-il, oui ou non, les lettres écrites en 1808 et 1809 ?

» 2° Quant aux lettres de 1830, le château se décide-t-il enfin à poursuivre les faussaires? »

Nous verrons bientôt, mon cher directeur, que cinq à six procès successifs furent la conséquence non avouée de cette muette et incessante argumentation.

Ce fut vers ce temps, au commencement d'octobre 1841, qu'eut lieu l'inauguration de la nouvelle salle Ventadour, qu'occupent encore aujourd'hui les Italiens. Cette salle Ventadour avait précédemment servi à des représentations dramatiques; un théâtre, inauguré sous le titre de théâtre de la Renaissance, avait, pendant plusieurs années, occupé la salle. Dans l'origine, cette salle avait été construite pour pouvoir donner aux Parisiens des représentations d'un nouveau genre, le genre nautique. Cette tentative ayant échoué,

M. Anténor Joly avait été nommé directeur du nouveau théâtre de la Renaissance, dans lequel nous avons vu briller Mme Moreau-Sainti.

On y donna, de 1833 à 1837, des bals masqués, qui contrebalancèrent un instant l'immense vogue des folles nuits de l'Opéra. C'était au théâtre de la Renaissance que se donnaient rendez-vous les jeunes gens du monde, qui s'oubliaient au point de prendre part à ces burlesques saturnales. Cette vogue dura peu. Vers 1839, des arrangements furent pris avec les propriétaires de la salle pour l'exploitation du privilége de la scène italienne, et bientôt les ouvriers s'en emparèrent pour la transformer complétement et en faire ce qu'elle est aujourd'hui. Cette salle a peu changé : nous la croyons admirablement disposée pour l'effet acoustique. Sa décoration sombre contribue, à la grande lumière, à la rendre extrêmement favorable aux toilettes élégantes. C'est, à notre avis, la plus jolie salle de théâtre qui soit à Paris.

Arbogaste, de M. Viennet, eut son unique représentation au Théâtre-Français, le 20 novembre 1841. Le ridicule avait frappé cette tragédie avant même qu'elle eût vu le jour de la rampe : quelques vers cependant sont fort beaux. Arnal, vers la même époque, faisait rire aux larmes les habitués du Vaudeville, avec sa charmante création d'*un Monsieur et une Dame*, dans laquelle Mlle Fargeuil lui donnait la réplique. Les Variétés avaient imaginé de mettre en scène un grand garçon, qu'on nommait Hyacinthe, et qui, dans le rôle de Désiré Faucheux, du *Maître d'école*, excitait dans la salle entière des fous-rires interminables : l'excellent Levassor faisait le maître d'école. A l'Opéra-Comique, on venait de monter le *Domino noir*, et les beaux jours de *Fra Diavolo* et de la *Dame blanche* semblaient revenus. Enfin, le Cirque-Olympique, dans une pièce à grand spectacle, représentait l'épopée de la vie de Murat. « Mme Demidoff, la nièce du héros, — disait *la Mode* en rendant compte de la première représentation, — est restée jusqu'à la fin du spectacle dans une loge d'avant-scène ; elle a voulu tout voir de près, oui, tout... jusqu'à la trahison, et jusqu'à la mort du traître inclusivement. » Un acteur, qu'on n'a pas remplacé, et qui excellait dans les rôles dits à panaches, rendait merveilleusement le personnage de Murat.

M. Crétineau-Joly dirigeait alors, avec un rare talent, l'excellente *Gazette du Dauphiné*. A propos du sanglant épisode qui coûta la vie à Didier, ce journal avait publié des assertions qui ne furent en aucune façon du goût de M. Decazes, car la saisie du journal fut immédiatement ordonnée ; le scandale qui résulta de cette affaire eut à peu près le même retentissement que celui qui avait eu lieu pour le procès des lettres. Chose digne de remarque, la *Gazette du Dauphiné* fut d'abord acquittée ; mais on la poursuivit sur un autre chef, et son directeur fut condamné à six mois de prison et à 500 francs d'amende. M. Crétineau-Joly s'en consola en publiant, à peu de temps de là, son beau livre de la *Vendée militaire*, véritable monument historique élevé à l'honneur et à la fidélité de toute une contrée.

Vers la fin de 1841, les journaux dits indépendants, de la nuance républicaine et royaliste, se réunirent pour décider : « qu'en exécution des promesses de la Charte, tout Français avait le droit de publier et faire imprimer ses opinions, en se conformant aux lois ; » et encore : « qu'au vœu de l'article 69 de la même Charte, le jugement des délits de presse devait exclusivement appartenir au jury ; » enfin : « que nul ne pouvait être poursuivi, à raison des écrits qu'il a publiés, si ce n'est pour provocation directe à la désobéissance aux lois. » La prochaine question de la réforme allait sortir de cette réunion, et on sait qu'elle coûta la vie au gouvernement de Juillet.

La Mode, la *Quotidienne*, la *France*, l'*Écho français*, la *Gazette de*

France, le *National,* le *Temps,* le *Courrier français*, le *Charivari,* le *Corsaire*, le *Siècle*, etc., contre-signèrent cette déclaration. Le gouvernement répondit immédiatement à cette sorte de défi par quatre procès intentés à plusieurs de ces journaux, et suivis bientôt de quatre condamnations. La *Gazette de France*, pour sa part, encourut une amende de quatre mille francs et une année de prison ; le *Charivari* n'en fut pas quitte à moins de deux ans de prison et quatre mille francs d'amende, — sans parler de son imprimeur, M. Lévy, qui fut également frappé d'une peine de six mois de prison et de deux mille francs d'amende. Le *Siècle* n'avait, à la vérité, qu'un mois de prison ; mais, en revanche, son amende était portée au chiffre énorme de dix mille francs !

Quant au quatrième journal incriminé, est-il besoin de dire que c'était naturellement notre chère *Mode*, qui fut, en cette occasion, frappée avec une rigueur exceptionnelle, puisque son gérant, M. Voillet de Saint-Philbert, encourait une condamnation à deux années de prison et une amende de six mille francs ! On ne se contenta pas de cette peine énorme : on incrimina également l'imprimeur de *la Mode*, l'excellent M. Proux, et la condamnation à trois mois de prison et à deux mille francs d'amende qu'il encourut alors fut l'objet de graves dissentiments ultérieurs entre M. Walsh et lui, car il se crut en droit de lui refuser ses presses, et *la Mode* se vit un jour dans l'impossibilité de paraître, faute d'un imprimeur qui voulût bien courir la chance de lui prêter ses ouvriers. Ces énormes condamnations, prononcées simultanément à quelques jours de distance, dans le seul mois de janvier 1841, faisaient de fort belles étrennes pour le fisc, et les gardiens de Sainte-Pélagie allaient, eux aussi, trouver leur compte à la rentrée de tous ces *pistoliers*, puisque leurs diverses peines réunies assuraient au moins à la pistole un pensionnaire pendant six ans !

La manière dont *la Mode* avait été incriminée, saisie, jugée et condamnée, fut l'objet de nombreux commentaires. Le grand grief articulé contre la Revue était : « le vœu et l'espoir exprimé par elle de la destruction de l'ordre monarchique et de la restauration de la dynastie déchue. » M. Hébert, qui prit la parole en cette occasion, s'écria que *la Mode* était : « *un journal détestable;* » que : « ce journal ne cachait jamais ses sentiments; » que : « ce journal était toujours à l'avant-garde et au premier rang pour la défense de ses principes. »

La Mode profitait de toutes ces assertions pour répondre gravement à l'honnête procureur général : « Mais que dirions-nous donc de
» plus à nos amis, que M. Hébert ne leur ait dit plus éloquemment
» que nous? *La Mode* est un journal détestable, autant que détesté,
» parmi les doctrinaires; *la Mode* est un journal d'avant-garde qu'on
» retrouve toujours au premier rang; *la Mode* ne cache point ses
» sentiments... Mais tout cela est vrai, nous n'avons jamais dit autre
» chose ! »

Il est évident que M. Hébert, en cette circonstance, faisait, mon cher ami, la plus magnifique réclame en faveur du journal qu'il était chargé de poursuivre, et que, s'il y avait bien réfléchi, il n'eût certainement pas prononcé cette phrase malencontreuse où il affirmait : « que *la Mode* ne cachait point ses sentiments. » Depuis quand en France la dissimulation était-elle devenue un mérite ?

Notre pauvre *Mode* n'allait pas en être quitte pour si peu ; une poursuite nouvelle, accompagnée de circonstances extraordinaires, lui fut bientôt intentée, et nous sommes encore obligé de raconter dans quelle circonstance le fait se produisit, bien qu'il puisse paraître fastidieux à beaucoup de vos lecteurs, mon cher ami, de voir incessamment reproduites les mêmes accusations et les mêmes condamnations contre le journal dont j'écris l'histoire.

La Mode avait voulu, comme à l'époque de la fameuse affaire du *Couronnement de Joas*, mettre ses fidèles amis à même de l'aider à solder ses amendes, et elle avait annoncé qu'elle mettait en vente, dans ses bureaux, un compte rendu détaillé de son récent procès, au prix de cinq francs. Chose inouïe, sur cette simple annonce d'un livre que son éditeur était bien libre, après tout, de vendre le prix qui lui convenait, une poursuite fut dirigée contre *la Mode*, et chose encore plus extraordinaire, il se trouva des juges, en police correctionnelle, pour déclarer : « qu'attendu que ce journal mettait en vente au prix de 5 francs une brochure qui pouvait valoir au plus 50 centimes, et cela dans le but évident d'éluder l'art. 9 des lois de septembre, qui défend aux journaux condamnés de s'adresser à leurs souscripteurs pour solder leurs amendes, » une condamnation devait intervenir. Elle intervint, en effet, et ce procès fut assurément le plus injuste de tous ceux qu'eut à subir *la Mode;* d'autant mieux qu'au mépris de la plus simple équité, qui rendait le gérant seul responsable des méfaits de son journal, on ne se contenta pas d'incriminer M. Voillet de Saint-Philbert, mais encore M. Édouard Walsh, qui fut cité directement devant le juge d'instruction. Ce dernier lui présenta deux de ses lettres, saisies dans des bureaux de poste de province, dont il l'engageait à prendre connaissance, attendu : « qu'elles devaient contenir une circulaire émanant des bureaux de *la Mode* et faisant appel au zèle des royalistes, pour venir en aide à la Revue. » M. Édouard Walsh se récria contre cette énormité ; il protesta contre cette violation anticipée du secret des lettres, et refusa de les décacheter. Le ministère public ne se tint pas pour battu : il eut le courage de faire appeler dans le cabinet du juge d'instruction le caissier de *la Mode*, M. Castan, pour lui demander ce qu'il savait de la prétendue circulaire ; M. Castan répondit qu'il ignorait ce que voulait dire M. le juge d'instruction, et déclara qu'il était étranger à la confection de cette circulaire, qu'on ne reproduisait d'ailleurs pas. Toutes ces réponses, si concluantes et si simples, échouèrent devant ce que nous sommes bien obligés de nommer un parti pris de poursuivre la *Mode*, et cette dernière, en tête de son numéro du 12 mars, insérait cette note :

« Le jugement du tribunal de la police correctionnelle a été pro-
» noncé ce matin : M. le vicomte Edouard Walsh est condamné à
» trois mois de prison et à trois mille francs d'amende, comme *au-
» teur principal* du compte rendu du procès de *la Mode* ; M. Voillet
» de Saint-Philbert est condamné, comme complice de M. Walsh,
» à deux mois de prison et à deux mille francs d'amende, en tout
» cinq mois de prison et cinq mille francs d'amende. Ce jugement
» échappe à notre intelligence. Le procès intenté à M. Walsh était
» tout entier fondé sur une circulaire qui lui était attribuée ; notre
» compte rendu n'avait pas été incriminé par le juge d'instruction ;
» il avait au contraire formellement déclaré à M. Walsh, lors de son
» interrogatoire, qu'il n'y avait de poursuivi que la circulaire. Le
» jugement reconnaît qu'il n'y a pas de preuve acquise que la cir-
» culaire soit de M. Walsh, — on avait été jusque dans les cartons
» de l'imprimerie pour en chercher les traces, — et, changeant com-
» plétement l'état de la cause, il le condamne cependant pour le
» compte rendu qui n'avait pas été incriminé dans l'instruction,
» et ordonne la saisie de la brochure. Ce compte rendu du procès
» de *la Mode*, c'est *la Mode* qui l'a publié, et on veut que ce soit
» M. Walsh qui, légalement parlant, n'est rien dans *la Mode*, qui
» soit l'auteur principal du délit ; et on le condamne, ce qui n'em-
» pêche pas de condamner M. Voillet de Saint-Philbert, le seul re-
» présentant légal de *la Mode*. Voilà tout le jugement, nous en
» laissons l'appréciation à l'opinion publique. »

Ce procès, en effet, reste encore inexpliqué, et le jugement qui le suivit, inexplicable, est soumis aux réflexions des commentateurs futurs de la législation sur la presse en France, en l'an de grâce 1842.

La situation des journaux était vraiment intolérable : il fallait bien du courage, de la persévérance et de l'ardeur pour continuer à lutter contre un gouvernement qui avait entre les mains tous les éléments nécessaires pour tuer, à force de prison et d'amendes, les feuilles les plus déterminées. Disons-le cependant, à la gloire de nos journaux royalistes, ils ne faillirent pas à l'honneur de combattre un système qui ne pouvait se soutenir qu'en reniant perpétuellement son origine ; la nouvelle prétention que venait d'élever le gouvernement à l'égard des imprimeurs, qu'il voulait rendre solidaires d'écrits qu'il leur était matériellement impossible de connaître avant leur impression, prouvait à quel point l'article de la loi qui lui accordait ce droit exorbitant ne restait pas une lettre morte entre ses mains.

M. Proux, en effet, refusait d'imprimer certains articles de *la Mode* : c'était la censure rétablie, et la plus triste des censures, celle que l'intérêt mercantile d'un industriel, souvent illettré, lui commande. Louis-Philippe l'avait dit pourtant, au lendemain de 1830 : « La censure ne pourra être jamais rétablie. » Mais, comme l'avait dit *la Mode*, à propos du dîner de Champlatreux, les promesses de juillet avaient été servies ce jour-là *en capilotade*, aux invités : il n'y fallait plus songer que pour mémoire.

Il y aurait lieu de revenir, mon cher ami, sur la décision des tribunaux, à propos de cette grave question de la responsabilité des imprimeurs, aujourd'hui encore assez peu définie ; mais l'examen de cette thèse nous entraînerait trop loin. La *Quotidienne* avait joint sa plainte à celle de *la Mode* pour forcer M. Proux, leur commun imprimeur, à exécuter les clauses de leurs traités respectifs, lesquelles obligeaient cet industriel à imprimer tous les articles que lui présenteraient les gérants des deux feuilles. Le tribunal de commerce de la Seine s'étant déclaré incompétent, ce ne fut que beaucoup plus tard que l'affaire revint au civil et fut plaidée devant des juges ordinaires.

Deux événements d'une extrême gravité, le dernier surtout, qui devait porter un coup fatal à la dynastie de Juillet, étaient à la veille de s'accomplir : je veux parler de l'horrible accident du 8 mai, sur le chemin de fer de Versailles, qui coûta la vie à tant de malheureuses victimes, et la mort de M. le duc d'Orléans, qui advint le 13 juillet 1842.

Les chemins de fer, en 1841, n'étaient pas encore fort communs en France; il n'en existait guère que dans la banlieue de Paris et dans divers centres métallurgiques du Midi. L'accident du 8 mai reste encore inexpliqué; mais ce qui acheva d'en faire une catastrophe épouvantable, ce fut l'incendie des wagons qui, venant se joindre aux horreurs du déraillement, tripla vraisemblablement le nombre des victimes. Les nouvelles lignes de fer, qui sillonnent aujourd'hui dans tous les sens la France entière, ont toutes, les unes après les autres, payé depuis leur tribut à cette vapeur qui rend de si grands services qu'on ne saurait vraiment s'étonner de son côté dangereux ; mais aucun accident, en y comprenant même celui de Fampoux, sur la ligne du Nord, n'a jamais présenté un caractère de gravité, comme la catastrophe de Versailles. Paris, la France entière en furent atterrés pendant des mois. On est encore aujourd'hui à se demander si le nombre des victimes a jamais été bien connu.

Le 13 juillet, vers midi, M. le duc d'Orléans, qui devait partir le jour même pour le camp de Saint-Omer, se rendait à Neuilly pour prendre congé de ses parents. Il avait quitté les Tuileries fort gaîment, et, se voyant en retard, avait ordonné au postillon, qui le conduisait à la daumont, de presser ses chevaux. Il était dans une voiture découverte assez légère, et semblait surtout préoccupé de l'idée d'arriver promptement à Neuilly. Au tournant de l'avenue de la Porte-Maillot et du chemin de la Révolte, les chevaux s'emportèrent ; le prince eut la malheureuse idée de se soulever pour envisager le danger qu'il pouvait courir. Fut-il alors précipité hors de la voiture par un brusque cahot, ou voulut-il sauter pour échapper à un accident plus grave ? c'est ce que nul ne saura jamais. Le malheureux jeune homme fit une chute horrible et se brisa le crâne contre le pavé de la route. Des passants accoururent, et on le transporta dans la boutique d'un épicier, voisin du lieu de l'accident. Bientôt le roi et tous les membres de la famille royale, prévenus par un exprès, arrivèrent sur le lieu de l'événement. Ce fut un spectacle navrant : le prince expira quelques heures après, sans avoir pu donner d'autres signes de vie ou même de connaissance, que des gémissements inarticulés qui arrachèrent des larmes à tous les assistants.

Cette mort avait la portée d'un événement immense ; au seul point de vue politique, aucune autre catastrophe ne pouvait être plus préjudiciable aux intérêts de la maison d'Orléans. Louis-Philippe, à partir de ce jour, dut avoir la ferme persuasion que son trône était ébranlé. Tous les hommes sensés le comprirent alors comme lui : toutefois on se tromperait, si l'on pouvait supposer que la seule mort de M. le duc d'Orléans fut la cause principale qui fit sombrer, en 1848, la barque mal assurée du gouvernement de 1830. Ce qui lui nuisit avant tout, et ce qui devait fatalement le perdre, c'était son origine : il y avait là, pour la dynastie d'Orléans, une tache originelle qui devait forcément, à un moment donné, la livrer à la révolution d'où elle était sortie.

M. le duc d'Orléans né à Palerme en 1810, avait à peine trente-deux ans, lorsque l'horrible accident du chemin de la Révolte mit fin à ses jours : il était le fils aîné du roi qui occupait alors le plus beau trône du monde, celui de France. Adoré d'une femme qu'il aimait, il se voyait déjà père de deux charmants enfants : rien ne semblait devoir manquer à son bonheur ; il suffit de quelques heures à peine pour que tout ce bel avenir fût brisé. La Providence, dans ses impénétrables desseins, frappe parfois des coups bien terribles !

XLIX

Suite de l'année 1842. — M. Ballanche. — Encore Sainte-Pélagie. — Les *Mystères de Paris*. — Distribution de prix par *la Mode*. — Organisation d'une société contre « les chances de la trahison. » — Le vicomte d'Arlincourt. — Tous les salons en raffolent. — Une lecture. — Jenny Colon. — Gérard de Nerval. — Les sept amis de la rue du Doyenné. — Ce qu'on devient. — Une idée de M. Édouard Walsh. — Le monument de Saint-Leu.

M. Ballanche venait d'être élu membre de l'Académie française : son élection était due à l'influence de la coterie qui avait pour centre le salon de Mme Récamier, et où trônait Chateaubriand, alors sur le déclin de l'âge, mais non de la pensée, de l'intelligence et du cœur.

M. Ballanche remplaçait Alexandre Duval. Il se trouva que le jour de son élection, un académicien, peu satisfait sans doute du choix de ses collègues, laissa tomber de sa plume ces deux vers méchants qui coururent les salons :

> Il faut qu'après Pasquier Ballanche soit élu,
> L'un n'a jamais écrit, l'autre n'est jamais lu.

L'épigramme était vraie, mais elle n'atteignit même pas le cœur d'or de Ballanche. La bonté d'âme de ce littérateur était extrême. N'est-ce pas lui qui, chargé d'accompagner un ami qu'une immense douleur venait de frapper, ne cessa, durant un long voyage, de l'entourer de consolations et de soins, et ne s'aperçut qu'en arrivant à Lyon qu'il avait, en partant, oublié son chapeau à Paris? D'ailleurs les mérites littéraires de l'auteur de la *Palingénésie sociale*, pour n'être appréciés que du petit nombre, n'en sont pas moins réels, et la place de M. Ballanche était après tout à l'Académie.

Le jour de sa réception fut marqué par un incident touchant. Il avait, avec une rare délicatesse, ménagé dans son discours un compliment qui venait du cœur pour son illustre ami, l'auteur des *Martyrs*. La salle entière éclata en applaudissements, quand on entendit le nouvel académicien payer, avec modestie, un double tribut d'éloges au caractère comme au génie de celui qui, après avoir averti la monarchie à l'époque de ses grandeurs, lui restait fidèle au lendemain de sa chute.

Ce fut le 1er septembre 1842 que M. Édouard Walsh dut entrer à la prison de Sainte-Pélagie, dont il franchissait le seuil pour la cinquième fois depuis 1830. Il allait y retrouver son fidèle gérant, M. Voillet de Saint-Philbert, qui avait en quelque sorte un domicile attitré à Sainte-Pélagie : toutefois, avant de quitter le bureau de la rue du Helder, M. Walsh avait pu désigner un nouveau signataire, responsable des méfaits futurs de *la Mode*, M. Yves de Kergau.

Pendant ce temps, le *Journal des Débats*, jaloux sans doute des lauriers que cueillaient certains écrivains en renom, dans les colonnes du feuilleton de la *Presse* et du *Siècle*, s'entendait avec M. Eugène Sue pour la publication des fameux *Mystères de Paris*. On s'étonne aujourd'hui de la déplorable tendance qu'ont nos modernes feuilletonistes à viser surtout dans leurs œuvres au scandale : le mal vient de l'époque dont je parle. Quand on songe qu'un journal bien posé, comme était alors le *Journal des Débats*, feuille à la fois politique et littéraire, où avaient écrit les Geoffroy, les Hoffmann, les Feletz, ne craignit pas de publier cette dégoûtante odyssée de nos mœurs modernes, on n'a plus lieu d'être surpris des conséquences que devait avoir un pareil oubli de toutes les convenances morales et littéraires. M. Eugène Sue, qui avait écrit *Mathilde* pour la *Presse*, ne devait pas s'en tenir au succès des *Mystères de Paris*, dans les *Débats*; le temps allait venir où il voudrait se surpasser encore en écrivant pour le *Constitutionnel* l'histoire nauséabonde du *Juif Errant*. Ces trois livres sont solidaires en quelque sorte de leur commune renommée ; mais qui aurait le courage de les lire aujourd'hui ? Ainsi passent les gloires apocryphes et les succès de mauvais aloi, — en littérature comme en politique !

Le mal produit par la publication de ces œuvres malsaines était immense : on s'arrachait littéralement les feuilletons de cette littérature de mauvais lieu ; nul ne s'abordait dans les salons sans demander des nouvelles de la Goualeuse, du Chourineur ou du prince de Gerolstein. Comme ces livres annonçaient bien le grand bouleversement social de 1848 ! Est-ce qu'on se joue impunément, dans les hautes sphères du pouvoir, — et le *Journal des Débats*, qu'on ne l'oublie pas, était alors l'organe à peu près avoué du gouvernement, — de tous les grands principes qui forment les fondements d'une société ? Quand vous voyez un système gouvernemental préconiser en quelque sorte le vice et se faire lui-même révolutionnaire dans la mauvaise acception du mot, en corrompant jusque dans ses sentiments les plus intimes la pudeur des masses, soyez assuré que la réparation est proche, et que de tristes événements se préparent !

La Mode ne s'y trompait pas, et, dès 1842, appréciant, ainsi qu'elle

méritait de l'être, cette littérature à la Vidocq, qui devait avoir sur la seconde partie de notre XIXᵉ siècle une si désastreuse influence, elle disait : « Les *Débats* ont voulu avoir leur part de fortune ; il fal-
» lait du nouveau pour tenir en haleine de honteuses lectures, les dé-
» pravations protégées par le cynisme de toutes les palinodies : M. Sue
» a inventé les *Mystères de Paris*. A ce nom seul, placé en tête d'un
» roman, une mère de famille, un jeune homme bien élevé, ne
» seraient jamais venus, affriandés par la promesse des scandales de
» tous genres contenus dans le titre, disputer au courtaud de ma-
» gasin ou à la femme de chambre la primeur de ces saturnales;
» mais depuis que le journal s'est fait éditeur et qu'il a mis sa po-
» litique au rabais pour exhausser le piédestal du feuilleton, vous
» n'avez même plus le droit de détourner la tête de pareilles immon-
» dices. Le *Journal des Débats* et la *Presse* pénètrent dans les familles,
» sous la garantie de la probité la plus vulgaire. Vous partagez leurs
» opinions politiques, ou vous consentez à les recevoir pour avoir un
» journal de chaque nuance, et aussitôt, sur la table de vos salons,
» le roman fait irruption. Vous vous abonnez à de mauvaises doc-
» trines politiques, cela pouvait être sans conséquence pour vous,
» et surtout pour vos enfants ; mais vous ne vous condamniez pas,
» par le fait, au boulet des *Mystères de Paris*, et aux turpitudes nais-
» santes de l'*Hôtel Lambert*. Vous demandiez une littérature plus
» honnête que la politique, des feuilletons au moins en harmonie
» avec les douccreuses hypocrisies de la grande colonne, et ce mar-
» ché, contracté devant la pudeur publique, n'est même pas tenu,
» car voici ce que sert à ses lecteurs le *Journal des Débats*... »

Et alors suivait une sorte d'analyse des premiers chapitres de ces hideux *Mystères de Paris*, qui engendrèrent, on peut le dire, cette abominable littérature d'estaminets et de lupanars qu'on voit outrageusement s'étaler, avec ou sans l'estampille de l'autorité, dans ces publications à quatre sous qui inondent nos ateliers, nos ouvroirs, et pénètrent jusque dans les veillées de nos campagnes.

Hélas! à combien de journaux de notre époque pourraient s'adresser les réflexions si justes de *la Mode* de 1842, sur les écarts du feuilleton-roman !

A l'occasion de la distribution solennelle des prix de vertu, qui venait d'avoir lieu à l'Académie, *la Mode* imagina, dans un de ses numéros de septembre, de donner, elle aussi, des prix d'encouragement aux grands acrobates politiques du temps ; et dans un long article, qui ne comprenait pas moins de trois pages, elle se plaisait à énumérer en détail toutes les récompenses qu'avaient méritées, depuis douze ans, « les vieux élèves » qu'elle couronnait. Cette bouffonnerie est de l'histoire.

Prix d'honneur : MM. Decazes, Deutz, Maroto et de Coigny.

Prix de vertu : MM. Thiers et Robert-Macaire.

Prix de mémoire : MM. Pasquier, Portalis et Séguier.

Prix d'orthographe : MM. Soult et de Rambuteau.

Prix d'escamotage : MM. Thiers (*déjà nommé*), et Philippe (du boulevard Bonne-Nouvelle). — On sait qu'un habile prestidigitateur de ce nom attirait alors la foule dans une des salles de ce boulevard.

Venaient ensuite des prix de sagesse, de belles-lettres, d'arithmétique, de bonne tenue, de religion, d'économie non politique, etc., etc.; et chacun, mon cher directeur, obtenait, dans cette grande tombola d'un nouveau genre, un lot qui ne convenait que trop à son individualité. Ces attaques et ces insinuations n'ont plus aujourd'hui le même sel qu'à l'époque où elles parurent ; mais que de gens, eux aussi, mériteraient, de notre temps, des prix de vertu !

La Mode allait bien autrement casser les vitres, en publiant, au lendemain de cette distribution fictive de prix et de récompenses, les statuts d'une société impossible, qui venait de se constituer, disait-elle, *contre les chances de la trahison.*

« Art. 1ᵉʳ. Il est formé une société d'assurance mutuelle entre tous
» les citoyens français susceptibles de trahir ou d'avoir trahi n'im-
» porte quel prince ou quel gouvernement.....

», Art. 3. Les cinq membres de la société, qui auront violé le plus
» de serments, seront de plein droit administrateurs de la compagnie.
» A ce titre, jusqu'à nouvel ordre, MM. Pasquier, Soult, Deca-
» zes, Portalis et Séguier rempliront les fonctions d'administra-
» teurs....

» Art. 6. Pour mieux concilier à ses membres l'estime des hon-
» nêtes gens, la société n'admettra dans son sein aucun traître ou
» félon qui ne soit décoré de la Légion d'honneur. Elle se char-
» gera de faire obtenir cette haute distinction aux postulants qui
» ne l'auraient pas encore obtenue.....

» Art. 8. En cas de changement de gouvernement, chaque socié-
» taire est tenu de profiter de l'occasion pour changer d'opinion.....

» Art. 13. Chaque sociétaire, en entrant dans la société, prêtera
» serment de n'en tenir aucun.

» *S'adresser, pour obtenir de plus amples renseignements et pour*
» *faire valoir ses droits à être admis dans la société, à M. de Coigny,*
» *secrétaire général. Les serments violés et autres titres parjures de-*
» *vront être déposés entre les mains de M. Maroto, caissier.* »

On se rend parfaitement compte, mon cher directeur, en lisant des personnalités de ce genre, de l'espèce d'horreur instinctive qu'éprouvaient, à l'égard des écrivains de *la Mode*, les hommes du pouvoir; mais ce qu'il est plus difficile de s'expliquer, c'est le mutisme de la plupart de ces hommes, traînés ignominieusement aux gémonies de la flétrissure et de la moquerie, et dont pas un n'avait l'idée,—en France, — d'aller regarder en face, pour lui demander raison de ses articles, tel ou tel rédacteur de notre courageuse Revue.

Malheureusement pour les renégats de toutes les causes, *la Mode* frappait si bien, si juste et si fort, qu'elle leur enlevait jusqu'au désir de venir lui demander de loyales explications : on comprend, en tous cas, sur le simple échantillon que nous venons de citer, le mot de M. Hébert : « *La Mode* est un journal détestable ! »

Certaines violences de langage en politique sont évidemment, et dans beaucoup de circonstances, regrettables; mais en face de la déloyauté, il est bon, toujours, que le franc-parler puisse se produire. A tout prendre, et pour les gouvernements comme pour les hommes, mieux vaut, croyons-nous, un ennemi acharné, franchement hostile, ne se cachant jamais, ayant toujours le courage de son opinion, qu'un serviteur plat et vil, qui rampe et qui ment, et toujours semble prêt à accomplir les formalités du fameux article 8 de la société dont parlait *la Mode* : « trahir. »

Le renom qu'avait su s'attirer, par la publication de ses œuvres, notre ami de regrettable mémoire, le vicomte d'Arlincourt, était vers ce temps à son apogée. On ne voudra jamais croire que les romans de M. d'Arlincourt aient pu à ce point occuper l'attention. Rien n'est plus vrai cependant; leur vogue était immense, et ils contre-balançaient, dans un certain monde, la renommée de mauvais aloi des livres de MM. Eugène Sue, Frédéric Soulié et Alexandre Dumas.

L'auteur du *Solitaire* accomplissait, à la fin de 1842, un voyage à travers les cours du Nord, que je ne puis faire autrement que de nommer triomphal. Toutes les plus grandes dames de l'aristocratie russe, scandinave et danoise, se disputaient la présence du chevaleresque vicomte : c'était un engouement extraordinaire qu'éprouvaient pour lui ces nobles étrangères ; elles ne faisaient en cela qu'imiter les belles dames de Paris. A Stockholm, à Copenhague, à Berlin, à Saint-Pétersbourg, M. d'Arlincourt fut reçu en prince.

C'était assurément un noble cœur ; mais sa réputation littéraire a été surfaite. Comme homme, M. le vicomte d'Arlincourt doit être placé au plus haut rang dans l'estime des honnêtes gens ; car c'était l'ami le plus sûr, le cœur le plus dévoué, l'âme la plus généreuse qui fût jamais ; joignez à cela des instincts chevaleresques, une grandeur d'âme innée qui ne l'eût jamais fait reculer devant un obstacle ou un danger, une exquise amabilité, beaucoup de formes, un grand ton, des manières, un respect pour les femmes poussé aux dernières limites de la courtoisie. Mais en littérature, c'est un écrivain de second ordre, ou plutôt d'un ordre à part, dont le style comme la forme ont vieilli, — si jamais ils furent jeunes, — et qui n'eut qu'un seul côté vraiment grand : son culte ardent de la vertu et de l'honneur.

M. le vicomte d'Arlincourt, dans ses livres, avait su se créer un genre à lui, qui résumait le romantisme dans ce qu'il peut avoir de plus exagéré et de plus faux ; mais la vogue immense qui s'attachait à chaque nouvel ouvrage sorti de sa plume lui donnait le droit de supposer de très bonne foi qu'il était un grand génie. Peu d'hommes auront été entourés de plus d'hommages et de flatteries littéraires que l'auteur de l'*Étoile polaire*. Lorsque son premier livre parut, *le Solitaire*, on vit se produire un fait jusqu'alors inusité en librairie : à mesure que les éditions paraissaient, on les voyait disparaître en moins de quelques jours, et la médisance alla jusqu'à dire qu'une illustre amitié de femme poussait le dévouement et l'affection au point d'accaparer, pour elle seule, plusieurs milliers d'exemplaires de ce soporifique *Solitaire*.

Quoi qu'il en soit, les écrits de M. le vicomte d'Arlincourt sont loin d'être sans mérites. Ces livres, à tort ou à raison, étaient écrits dans un esprit qui convenait au temps : ils servirent de lien de transition entre la littérature de l'Empire et celle d'une époque plus récente. Si certaines œuvres de grand renom littéraire valent mieux, de nos jours, pour la forme, que les compositions de M. d'Arlincourt, assurément elles valent moins pour le fond.

Les lectures qu'il faisait souvent dans les salons du plus grand monde avaient le don d'attirer la foule : chacun voulait être admis à l'honneur de l'entendre ; c'était à qui, dans les plus nobles maisons de l'aristocratique faubourg Saint-Germain, se verrait assuré d'être prié à ces grandes solennités. C'était là que se faisait en quelque sorte la réputation des livres de M. d'Arlincourt ; il en lisait d'intéressants extraits devant une foule attentive, et de jeunes femmes enthousiastes allaient ensuite colporter, de salons en salons, les merveilles d'*Ida*, de l'*Herbagère* et de dix autres œuvres.

Permettez-moi, mon cher directeur, de vous raconter, à propos de ces lectures, une anecdote qui m'a été redite par la spirituelle comtesse Dash, appelée à jouer dans la circonstance un rôle bien involontaire. C'était un soir de grande lecture chez le vicomte d'Arlincourt : il y avait ban et arrière-ban d'auditeurs enthousiastes. Malheureusement, quelques faux frères, indignes du sanctuaire, s'étaient glissés dans l'assistance : on leur avait promis je ne sais quelle fin de soirée dansante, et ces *indignes* attendaient, non sans un ennui réel, la fin de la lecture. Seul, assis devant une petite table et bien en vue, le vicomte d'Arlincourt, dans une attitude byronienne, se détachait comme une ombre inspirée au milieu d'un cercle gracieux de jeunes femmes, élégamment parées de toilettes de bal. De ce nombre était la comtesse Dash, qui occupait au premier rang, au milieu d'autres jeunes folles, un fauteuil à roulettes. Un assez grand espace restait libre entre le vicomte d'Arlincourt et l'assistance : le dieu tenait à avoir la liberté de ses mouvements, et il se soulevait souvent, interrompant sa lecture, dans les moments pathétiques, pour plonger sur ses auditeurs un regard satisfait.

Ce soir-là, par un fâcheux hasard, le sujet choisi par le vicomte d'Arlincourt n'amusait personne. Tout à coup, au milieu d'une narration pathétique, un incident se produit qui jette le lecteur dans une situation burlesque : un voisin de la comtesse Dash, — elle me l'a nommé, c'était un grand poëte, un Polonais, et il est mort depuis, — désireux d'interrompre cette interminable lecture, pousse du bout du pied le fauteuil de la jeune femme, qui se trouve en un instant, par la puissance des roulettes de cette montagne russe d'un nouveau genre, amenée nez à nez en face de M. d'Arlincourt stupéfait. Qu'on juge des fous rires qui en résultèrent; la lecture était bien finie ; c'était, après tout, ce qu'avaient voulu les machinateurs de cette ruse. Le noble vicomte prit lui-même le parti d'en rire : — « Ce qui m'a fait connaître la bonté d'âme du vicomte d'Arlincourt, me disait la comtesse Dash, en me racontant cette histoire, c'est que jamais il ne m'en a voulu, ni à celui qui m'avait mise dans cette fausse position : pourtant son amour-propre dut cruellement souffrir ce jour-là. »

Jenny Colon, une charmante chanteuse, mourut le jour même où une autre cantatrice de grand avenir, la sœur de la Malibran, celle qui se nomme aujourd'hui Mme Pauline Viardot-Garcia, débutait aux Italiens, dans le rôle d'Arsace de *Sémiramide*. Le nom de Gérard de

Nerval est étroitement lié à celui de Jenny Colon : son fol amour pour elle, que l'actrice ne connut jamais,—au dire de certaines gens,—ou qu'elle dédaigna, — ainsi que d'autres l'affirment, — mit le trouble dans cette tête bizarrement organisée pour un monde évidemment fort différent du nôtre. Qui n'a lu les délicieuses pages de *Sylvie*? Cette cantatrice dont parle le poëte, c'est Jenny Colon, qui ressemblait, paraît-il, à s'y méprendre, au plus ardent de ses amours d'enfance. Était-ce l'objet de cet amour lui-même ou bien son ombre que poursuivait ainsi le pauvre rêveur? nul ne l'a su : à quoi bon chercher à soulever les mystères du cœur? Gérard de Nerval a été, de tous nos poëtes modernes, — avec Mürger, — celui qui a su le mieux faire vibrer les cordes du sentiment. Pauvre Gérard ! Dieu lui aura-t-il pardonné les folles journées de sa vie de jeunesse ?

Ils étaient sept, vers 1833, qui menaient à Paris, dans une vieille maison de l'impasse du Doyenné, aujourd'hui démolie et remplacée par le nouveau Louvre, la vie la plus insoucieuse, la plus bizarre, la moins régulière qui se puisse voir, à deux pas de cette autre maison à teinte jaune qui abritait les bureaux de la redoutable *voisine* des Tuileries, la *Gazette de France*. Les habitants de cette maison se nommaient Gérard de Nerval, Théophile Gautier, Arsène Houssaye, Édouard Ourliac, Camille Roqueplan, Marilhac et Célestin Nanteuil, sans compter quelques amis qui y faisaient de fréquentes stations, entre autres M. Labiche, le plus spirituel de nos vaudevillistes ; — on dit aussi que M. Louis Veuillot la fréquenta, à son retour de Rouen, et avant d'aller rédiger un autre journal ministériel à Périgueux, sous la direction préfectorale de M. Romieu, cet ex-roi des viveurs.— Deux sont morts depuis lors : Gérard de Nerval, bien tristement, dans cette affreuse rue de la Vieille-Lanterne, qu'il a suffi à illustrer, à la veille même de sa disparition du sol du vieux Paris ; l'autre, Édouard Ourliac, a fini saintement, au lendemain, en quelque sorte, de son mariage avec une pieuse demoiselle. Les autres vivent encore, et vous savez que leur vie, à chacun, n'a pas été moins diverse et moins féconde en contrastes.

Cependant, M. Édouard Walsh, de la prison de Sainte-Pélagie, où il était toujours écroué, adressait à ses fidèles amis de *la Mode*, une lettre où se lisait ceci :

« C'est à tous les chrétiens, c'est à tous les royalistes, c'est à
» tous les honnêtes gens de France, que je viens m'adresser pour
» leur proposer un acte digne d'eux. Depuis douze ans, le dernier
» héritier d'une race de gloire a cessé de vivre : cette branche il-
» lustre des Condé, qu'on appelait la branche de laurier de la maison
» royale, a été tranchée sans retour, et pas un monument, pas une
» chapelle funéraire, pas un signe de deuil, ne s'élève pour attester
» notre douleur, et pour envoyer à la prière ceux qui passent de-
» vant le lieu où périt le père de cet infortuné duc d'Enghien,
» qui tomba victime d'un assassinat juridique, dans le fossé de
» Vincennes!... Cet oubli ou cet abandon ne peuvent se prolonger plus
» longtemps, sans accuser nos sentiments français et notre piété
» religieuse, et c'est pourquoi je viens mettre tous les royalistes à
» même d'élever un monument funéraire, une simple croix, que
» sais-je ? un signe de deuil, à Saint-Leu, au lieu et place même où,
» comme il appert de l'acte dont suit la teneur, le 26 août 1830, fut
» trouvé pendu le duc de Bourbon, prince de Condé, dernier des
» Condé. »

Suivait un acte en bonne forme, passé devant M⁰ Bonnaux, notaire à Paris, par lequel un sieur Morisset, propriétaire, vendait, à M. le vicomte Édouard Walsh, un terrain de la contenance de 34 arcs 19 centiares, à prendre dans le parc de Saint-Leu, sur

L'EMPLACEMENT MÊME OU S'ÉLEVAIT LA PARTIE DU CHATEAU CONTENANT LA CHAMBRE OU S. A. R. Mgr LE PRINCE DE CONDÉ AVAIT ÉTÉ TROUVÉ MORT.

M. Walsh déclarait ensuite qu'une souscription était ouverte dans les bureaux de *la Mode*, à l'effet d'élever sur ce terrain un monument funéraire à la mémoire du dernier des Condé.

Immédiatement la liste de souscription se couvrit des noms les plus illustres de l'opinion légitimiste. On y vit figurer, dès le premier jour, ceux de M. le vicomte de Chateaubriand, de M. le vicomte de Saint-Priest, de M. Berryer, de M. le duc de Doudeauville, de M. le marquis de Valory, de M. le général Cadoudal, de M. le duc de Fitz-James, de M. le vicomte de Conny, de M. le marquis d'Espinay-Saint-Luc, de M. le comte de Mac-Carthy, de M. le marquis de Lubersac, de M. le duc de Valmy, de M. Charbonnier de la Guesnerie, de M. le général Coutard, de M. le vicomte de Baulny, de M. le vicomte de Mengin-Fondragon, de M. le chevalier d'Auvial, de M. le marquis de Falletare, de M. le comte d'Hoffelise, de M. le comte du Lau, de M. le chevalier de Berbis, de M. le marquis de Courtivron, etc., etc.; les noms de presque tous les écrivains royalistes de l'époque y avaient place. Dès le premier jour, le montant de la souscription atteignait 6,000 francs; la semaine d'ensuite elle dépassait 12,000 francs; au bout de quelques jours, elle montait à 17,000 francs; c'était avec un élan sans pareil qu'on s'inscrivait de tous les points de la France, et pour les sommes les plus minimes; un mois environ après son ouverture, la souscription était fermée, produisant un total de plus de 44,000 francs!

Une commission nommée par les sommités du parti royaliste décida que, pour répondre à la généreuse initiative de M. le vicomte Walsh, une simple croix d'une assez grande élévation serait élevée sur l'emplacement même de la **chambre du duc de Bourbon**, à Saint-

Leu : une inscription funèbre redirait l'origine de cette croix, et trois messes annuelles seraient fondées à perpétuité, pour être célébrées aux trois dates anniversaires des morts du prince de Condé, du duc d'Enghien et du duc de Bourbon.

Cette croix, élevée à quelques mois de là, par les soins pieux de la commission du monument de Saint-Leu, existe encore aujourd'hui : nul, en 1848, n'a osé porter sur elle une main sacrilége ; elle se dresse dans une imposante solitude, pour rappeler à ceux qui l'oublieraient qu'un grand crime fut commis à cette place, dans la nuit fatale du 26 août 1830 !

Chaque année, lorsque revient le funèbre anniversaire, on voit se diriger vers la croix de Saint-Leu quelques vieux débris de l'ancienne armée de Condé, et aussi de fidèles serviteurs de cette noble maison, qui n'est plus aujourd'hui représentée. Ces vétérans de la fidélité et de l'honneur, s'acheminent religieusement vers ce lieu solitaire, et si on leur demande où ils vont, ils répondent qu'ils se rendent à Saint-Leu, prier pour leur ancien maître !

L

Année 1843. — Les *Burgraves*. — *Charles VI*. — Le 1er avril et M. Eugène Sue. — Nouvelle saisie de *la Mode*. — Condamnation de M. Yves de Kergau, son gérant. — M. Le Clerc. — *La Mode* prend une grande importance littéraire. — M. le comte de Pontmartin. — Mort de Mlle Lenormand. — Voyage de la reine d'Angleterre à Eu. — Une réponse de M. de Montalivet. — M. de Chateaubriand. — M. le comte de Chambord se rend à Londres. — Les pèlerins de Belgrave-Square. — Lettres et discours. — Effets de ce voyage. — *Les flétris*. — Nouvelles rigueurs contre les journaux de la Droite. — Réélection des cinq députés flétris. — Réflexions. — Mort de Casimir Delavigne.

Cependant l'année 1843 venait de commencer, et deux œuvres dramatiques d'un genre bien différent, les *Burgraves*, de Victor Hugo, et l'opéra de *Charles VI*, d'Halévy, se partageaient la vogue au Théâtre-Français et à l'Académie royale de musique.

Tout a été dit sur la fameuse trilogie de M. Victor Hugo, la plus faible assurément de ses compositions scéniques : les vers en sont beaux, mais il est probable que cette pièce ne sera jamais remise à la scène. Quant à l'opéra d'Halévy, il dut son succès au chœur fameux : *Jamais en France, jamais l'Anglais ne régnera!* Et l'enthousiasme qui se produisit à toutes les représentations de *Charles VI* ne prouvait que trop combien le public, en général, sympathisait peu avec l'*entente cordiale* alors si préconisée. Dans cette pièce, Baroilhet jouait le roi, Mme Dorus-Gras, Isabeau, et Mme Stoltz, Odette de Champdivers. Ce fut un immense succès. Malheureusement, aujourd'hui encore, cet opéra subit un ostracisme que nous ne pouvons nous expliquer. Croit-on que les Français, qui, par nature, ont une méfiance traditionnelle de l'Angleterre, puissent facilement oublier cette rancune héréditaire, qui provient de l'époque même de l'infortuné Charles VI? Tous les gouvernements qui se sont succédé en France, depuis 1843, ont mis le même embargo sur les représentations de l'opéra d'Halévy ; en province même, les directions obtiennent difficilement la permission de le monter.

La Mode, comme toujours, à la veille du 1er avril, offrait à ses lecteurs des nouvelles invraisemblables qu'elle leur présentait avec le plus grand sérieux : la date seule du numéro pouvait les éclairer sur le degré de confiance qu'il fallait leur accorder. Parmi celles publiées le 1er avril 1843, nous relèverons celle-ci, qui était bien la critique la plus éloquente des œuvres de M. Eugène Sue, de son style, de sa littérature et de son genre. — « M. Eugène Sue, — disait la Revue, — vient d'obtenir, sur sa demande, l'autorisation de passer une année au bagne de Toulon. Ce jeune auteur des *Mystères de Paris* a senti la nécessité de se perfectionner dans la science de l'argot, et, pour y parvenir, il n'a trouvé rien de mieux que d'aller prendre des leçons de cette langue au lieu où on la parle avec le plus de pureté. »

Dans le courant de 1845, *la Mode* fut encore saisie et condamnée à six mois de prison et à trois mille francs d'amende. Il fallait bien que son dernier gérant nommé, M. Yves de Kergau, payât, lui aussi, son tribut aux préaux de Sainte-Pélagie. Il est certain qu'une des principales sources de recettes extraordinaires pour le budget, pendant le règne de Louis-Philippe, furent les amendes énormes encourues par les journaux. D'après un relevé officiel, publié par *la Mode* en 1843, douze ans après une révolution faite au nom de la presse et pour assurer sa liberté, le chiffre de ces amendes s'élevait à la somme fabuleuse de un million cinq cent vingt mille francs : de quoi bâtir une ville!

Quel nouveau méfait avait donc commis *la Mode*? Elle s'était permis quelques plaisanteries à propos du mariage d'une des filles du roi, la princesse Clémentine, qui, elle aussi, épousait un Cobourg : « Les Cobourg père et fils, — disait méchamment *la Mode*, — ont dîné hier au château : une heure après, on les voyait souper en tête-à-tête chez Véry. » Malheureusement, notre chère Revue ne s'en était pas tenue là, et, prenant à partie « M. Martin, se disant du Nord, et, qui plus est, ministre de la justice, » elle accumulait contre ce haut fonctionnaire une série de quolibets blessants. Pour toutes ces raisons et pour beaucoup d'autres encore, M. Yves de Kergau dut céder la place à un nouveau gérant, M. le Clerc, qui signa *la Mode* à partir du jour de l'incarcération de son prédécesseur à Sainte-Pélagie.

Ce fut vers ce temps qu'un écrivain charmant, qui prête trop rarement à *la Mode nouvelle* le concours de son talent, M. le comte Armand de Pontmartin, vint prendre rang parmi les collaborateurs de *la Mode*, et y publia successivement de ravissantes nouvelles, qui parurent sous ces titres divers : le *Bouquet de Marguerite*, les *Trois Veuves*, *Napoléon Potard*, les *Mémoires d'un notaire*, etc., etc.

Sous le pseudonyme de Calixte Ermel, M. de Pontmartin avait fait paraître dans *la Mode* de spirituelles causeries littéraires, qui l'avaient vite placé au premier rang des critiques contemporains. Son style châtié, sa rare délicatesse d'esprit, ses appréciations toujours fines, spirituelles et polies, firent avidement rechercher les jugements impartiaux portés sur les œuvres nouvelles par l'auteur des *Causeries littéraires*.

D'autres littérateurs, dont la réputation date aussi de cette époque, s'adjoignirent, vers 1843, au directeur de *la Mode*, pour faire de son recueil un des mieux partagés dans la faveur des écrivains les plus en renom. On vit paraître dans la Revue des articles intéressants, des études, des portraits, des nouvelles, des romans, signés des noms aimés, de M. Crétineau-Joly, de M. Roger de Beauvoir, de Mme la comtesse Dash, de Mme Anna des Essarts, de M. Alfred des Essarts, de M. de la Landelle, de M. Jules Sandeau — qui obtint dans *la Mode* son plus gracieux succès : *Catherine*. La seule publication de cette ravissante nouvelle mit les sceau à la réputation de ce charmant écrivain et elle valut, en moins de deux mois, à *la Mode*, plus de quatre cents abonnés nouveaux.

Mlle Lenormand mourut au mois de juin 1843 : elle laissait une fortune de plus de cinq cent mille francs. On se ferait difficilement une idée de la réputation qu'avait su s'attirer la célèbre devineresse. Mlle Lenormand avait dû sa grande vogue à l'impératrice Joséphine et aux personnes de son entourage ; Napoléon lui-même était venu la consulter un jour, et tous les hommes politiques du temps, M. de Talleyrand, Murat, le prince Eugène, Bernadotte avaient, eux aussi, franchi le seuil de la sibylle. L'impératrice Joséphine passait pour avoir de bonnes raisons de croire en la parole des pythonisses : une vieille négresse, en voyant Mlle Tascher de la Pagerie s'embarquer pour le continent, avait dit, de manière à être entendue de tout l'équipage : « Voyez bien petite blanche-là, sera reine de France ! »

Chaque jour, pendant un laps de plus de cinquante années, une foule de curieux et plutôt encore de curieuses, est venue consulter Mlle Lenormand : son salon était une des curiosités du Paris de la

Restauration, et beaucoup de ceux qui me lisent auront sans doute été frapper à la porte du numéro 5 de la rue de Tournon. Le *grand jeu* coûtait cent francs, le *petit jeu* vingt : même à ce dernier prix les profits étaient encore considérables.

La reine d'Angleterre vint à Eu au mois d'octobre de cette même année 1843 : jeune, insoucieuse, peu habituée aux choses de la politique, elle obéissait alors aux désirs de ses ministres. Une question fort inopportune, qu'elle adressa sans malice à M. de Montalivet, lui valut, de la part de ce dernier, une réponse qu'il est bon de noter. La reine Victoria ne voulait pas quitter la France sans avoir vu la plupart de nos illustrations contemporaines : M. de Montalivet lui en avait déjà présenté un grand nombre : — « Montrez-moi donc, dit la reine, M. de Chateaubriand. » — « Madame, fut obligé de répondre le ministre de l'intérieur, nous ne recevons pas M. de Chateaubriand. »

Cette réponse fut, pour *la Mode*, l'objet d'un article sanglant qu'elle publia sous ce titre : *Ils ne reçoivent pas M. de Chateaubriand !* Jamais de plus dures vérités n'avaient été dites à un ministre responsable. Mais la reine Victoire allait, à quelques semaines de là, se trouver à même de rencontrer l'auteur du *Génie du Christianisme*, non plus à Eu, mais à Londres, où il se rendrait pour saluer un prince que la cour des Tuileries « ne recevait pas non plus, » mais qui s'honorerait, quant à lui, de recevoir M. de Chateaubriand, — le comte de Chambord !

Le mémorable voyage que ce prince fit en Angleterre, à la fin de 1843, était en effet à la veille de s'accomplir. On sait tout le succès de cette entrevue, que M. le comte de Chambord eut à Belgrave-Square, avec l'élite de ses partisans en France. Bien qu'on fût au mois de novembre, et que la saison se prêtât peu à un voyage d'agrément, un nombre considérable de Français se rendit à Londres pour y saluer l'héritier de nos rois : les Chateaubriand, les Fitz-James, les Coislin, les Montmorency, les Civrac, les Juigné, les Levis, les Rohan, figurèrent à ce grand rendez-vous de la fidélité : cinq membres de la Chambre des députés, MM. Berryer, de Valmy, de la Rochejaquelein, Blin de Bourdon et de Larcy, ne craignirent pas de s'y rendre, et on sait tout le scandale qui en résulta par suite du vote de *la flétrissure !*

Le 29 novembre 1843, les Français qui, la veille, avaient eu l'honneur de saluer le petit-fils de Henri IV se rendirent dans les appartements de M. de Chateaubriand pour le complimenter : « ils saluaient en lui, disaient-ils, la royauté de l'intelligence, après s'être inclinés devant la royauté du malheur. » M. de Chateaubriand allait répondre avec effusion à de si nobles paroles, lorsque la porte, en s'ouvrant, livra passage à Monsieur le comte de Chambord, qui prit la parole avec une émotion mal dissimulée :

« Messieurs, dit-il, j'ai appris que vous étiez réunis dans les appartements de M. de Chateaubriand, et j'ai voulu venir ici vous rendre votre visite. Je suis si heureux de me trouver au milieu des Français ! J'aime la France, parce que la France est ma patrie, et si jamais mes pensées se sont dirigées vers le trône de mes ancêtres, ce n'a été que dans l'espoir qu'il me serait possible de servir mon pays avec ces principes et ces sentiments, si glorieusement proclamés par M. de Chateaubriand, et qui s'honorent encore de tant et de si nobles défenseurs dans notre terre natale ! »

On se rappelle que ce fut au lendemain de cette entrevue que M. de Chateaubriand s'écria, les larmes dans les yeux : « qu'il entrevoyait un avenir nouveau pour la France ! »

Je ne transcrirai point ici, mon cher ami, les lettres admirables et empreintes d'un sentiment si élevé, que M. le comte de Chambord et M. de Chateaubriand échangèrent en cette circonstance, avant de quitter l'Angleterre. Toute la France a lu ces lettres que *la Mode* insérait avec orgueil en tête de ses colonnes.

Le succès de ce voyage causa dans le monde du pouvoir la plus pénible impression : on vit bien que la France en avait ressenti une vive émotion; le bruit de cette excursion d'un si grand nombre de Français à Londres eut un immense retentissement. Malheureusement une recrudescence de rigueurs contre les journaux de la droite en fut la conséquence immédiate de la part des parquets, et en moins d'un mois la *France*, la *Gazette de France* et la *Quotidienne* encoururent de sévères condamnations. *La Mode*, chose digne de remarque, fut cette fois épargnée.

Mais le projet d'adresse que la Chambre des députés était dans l'habitude de présenter au roi, à l'ouverture de chaque nouvelle session, allait devenir l'occasion d'une lutte bien autrement vive : le fameux vote dit *de la flétrissure*, allait, hélas ! faire une tache de plus, dans les dix-huit années du règne de ce monarque de Juillet qui n'avait pas compris, en 1830, le magnifique rôle que semblait lui réserver la Providence, et qui n'aurait pas la sagesse d'arrêter ses ministres, lorsque ce mot si grave : « flétrissure » viendrait trouver place, à leur requête, et à l'adresse d'hommes dont le seul crime était leur fidélité, dans un document officiel.

J'ai dit, et tous vos lecteurs se le rappellent, que cinq députés, MM. le duc de Valmy, Berryer, le marquis de la Rochejaquelein, Blin de Bourdon et le baron de Larcy avaient été, à Londres, rendre leurs hommages à M. le comte de Chambord. Les ministres voulurent qu'un blâme sévère de cette conduite fût inséré dans l'adresse, et ils le formulèrent par cette parole énergique : « La conscience publique flétrit de coupables manifestations!... »

C'était trop ou trop peu : trop, si les pèlerins de Londres, ne relevant que de leur propre conscience, n'entendaient accorder à personne le droit de les blâmer ; trop peu, si ces mêmes députés, ayant forfait à la loi, se trouvaient dans le cas d'être frappés par elle. Le gouvernement, qui n'osa les frapper, voulut du moins les flétrir : la honte d'un pareil acte est retombée sur lui seul.

En effet, les députés *flétris* ayant immédiatement donné leur démission, en appelèrent aux électeurs, de cette *flétrissure* que venaient leur jeter au visage des hommes qui avaient dix fois abandonné leurs serments : ils furent tous réélus : les électeurs de Marseille, de Toulouse, de Montpellier, de Ploërmel, de Doullens firent justice de cette inqualifiable injure, jetée par toute une Chambre à des hommes qui avaient été honorés de leurs mandats.

Je dis toute une Chambre, et je me trompe, deux cent dix-neuf députés seulement, sur quatre cent quarante-neuf, dont se composait l'Assemblée, émirent ce vote regrettable : beaucoup s'abstinrent de voter et notamment les vingt-huit députés notoirement connus pour appartenir à l'opinion légitimiste. Ces derniers avaient en effet déclaré, dès le premier jour de la discussion, qu'ils faisaient cause commune avec leurs collègues, et qu'ils étaient prêts, si la Chambre le croyait convenable, à encourir la même *flétrissure* qu'eux !

Un des hommes qui s'honorèrent le plus, en votant ce jour-là contre le gouvernement, fut M. de Salvandy, ancien ministre, qui ne voulut jamais assumer la responsabilité d'un pareil acte.

Le jour même du vote de la *flétrissure*, avait lieu le bal annuel donné en faveur des anciens pensionnaires de la liste civile du roi Charles X : toutes les femmes du monde affectèrent de s'y montrer avec un bouquet de fleurs flétries à la main.

Quelque temps auparavant, Casimir Delavigne était mort, laissant des œuvres dramatiques qui, heureusement pour sa mémoire, vivront plus que cette triste *Parisienne*, aujourd'hui oubliée, qu'il avait composée dans un moment d'erreur. Les *Enfants d'Édouard*, les *Comédiens*, l'*École des Vieillards*, sont autant de titres beaucoup plus sérieux que les *Messéniennes* à la mémoire de la postérité.

Personne moins que Casimir Delavigne n'était révolutionnaire : bien que fort lié avec le roi Louis-Philippe, qui avait pour lui beaucoup d'amitié, le grand poëte aimait surtout le calme, et sa vie s'écoula modeste et tranquille.

Une anecdote racontée par *la Mode*, et qui remonte aux premières années de la jeunesse de Casimir Delavigne, prouve que s'il était patriote, il ne l'était pas à la manière de ceux qui brûlent d'un saint désir de donner leur vie pour le pays. C'était en 1810 ou en 1811, le jeune Delavigne était encore au Lycée : Napoléon, parcourant un jour les classes, demanda à voir les jeunes gens qui présentaient les plus belles espérances : on lui amena Casimir Delavigne qui venait de composer une ode *sur la naissance du Roi de Rome*.

« — C'est bien, dit le grand homme, j'entends vous accorder une faveur; laquelle voulez-vous?

— Sire, je voudrais être exempt de la conscription. »

Napoléon lui tourna le dos.

Vos lecteurs n'attendent pas de moi, mon cher ami, que je leur raconte avec de grands détails les événements qui signalèrent le cours des années 1844 et suivantes : ces événements sont trop près de nous pour que personne puisse les ignorer, et l'histoire de *la Mode*, pendant ces récentes années, quelque intéressante soit-elle, ne saurait être retracée avec les mêmes développements que j'ai cru devoir employer pour peindre les luttes de ce journal pendant les quinze premières années du gouvernement de 1830.

D'ailleurs il est un principe qu'un auteur doit, plus que tout autre, savoir mettre en pratique, et je serais coupable vis-à-vis de vos lecteurs,—qui ont bien voulu, jusqu'à présent, me suivre avec tant de bienveillance, dans mes pérégrinations rétrospectives à travers le passé de *la Mode*, — si je ne me rappelais cette maxime très sage qui proclame : « qu'en tout il faut savoir se borner. » Aussi bien il me tarde de ne pas abuser plus longtemps de leur indulgence, et s'ils veulent bien encore me prêter quelque attention, je terminerai, non sans marcher à grands pas, l'histoire très véridique des dernières luttes de cette courageuse *Mode*, qui devait, hélas! payer de sa tête son dévouement à ses principes, et mourir à la peine, par un beau jour de juin de l'année 1855 !

LI

Année 1844. — Événements divers. — Mort de Mgr le Dauphin. — Morts de Bernadotte; de M. de Bricqueville; du général Pajol. — La cour prend le deuil. — Le roi de Prusse. — Les événements se succèdent. — Inauguration du monument de Saint-Leu. — Madame la Dauphine et Monsieur le comte de Chambord quittent Goritz. — Frohsdorff. — Souvenirs. — Année 1845. — Les théâtres. — Abdication du roi Charles V. — L'*Époque*. — Mariage de *Mademoiselle*. — Réflexions sur la vie de cette princesse. — Mort du marquis de Dreux-Brézé. — Lss Brougham. — La Réforme. L'orage se prépare.

La mort de Monseigneur le Dauphin fut un des événements les plus tristes qui signalèrent l'année 1844. L'histoire se montrera juste pour le duc d'Angoulême, en proclamant très haut qu'il eut toutes les qualités d'un Bourbon, le courage, le sang-froid, l'amour de la patrie. Sa rare modestie nuisait en beaucoup d'occasions au fils du roi Charles X : c'était dans l'intimité qu'il réussissait le plus à plaire. Sa réserve exquise constituait alors un de ses plus grands charmes ; avec une adorable simplicité, il savait engager une conversation, ou éclairer une discussion par un mot spirituel ou un trait piquant. Il n'y avait guère que ceux qui avaient l'honneur de l'approcher dans une sorte d'intimité qui pouvaient apprécier à sa valeur ce rare caractère de prince ; son cœur était excellent, son âme chevaleresque ; c'est assurément le plus bel éloge qu'on puisse faire de lui, que de dire qu'il n'est pas une seule action de sa vie qui ait mérité le blâme. Les princes, hélas ! sont pourtant plus que d'autres exposés à la critique jalouse de la haine et de l'envie !

M. le duc d'Angoulême, dont la santé était altérée depuis longtemps, et qui, depuis plusieurs mois, endurait de vives souffrances, mourut à Goritz, le 3 juin 1844 : Comme son vénérable père, il n'avait pu vivre d'assez longs jours, pour revoir la terre natale : comme lui aussi, il dut être inhumé sur le sol étranger.

Louis-Antoine de France repose à Goritz, dans le couvent des Franciscains, aux côtés du roi Charles X : une nouvelle tombe, hélas ! s'est refermée depuis dans ce caveau solitaire, celle d'une princesse dont on a pu dire qu'elle était la douleur faite femme dans notre monde, Madame la Dauphine, fille des martyrs du Temple ! Chose digne de remarque, la chapelle funèbre où les restes de ces trois Bourbons sont déposés appartient aux comtes de Thunn, et la devise de cette famille, gravée au cimier de ses armes, ne contient qu'un seul mot : TRANQUILLITÉ !

N'est-ce pas aux morts de Goritz, dont la vie a été semée de tant de tristesses et d'agitation, que convient surtout ce mot suprême, emblème succinct du repos éternel ?

D'autres morts signalèrent encore le courant de l'année 1844 : la Mode les relève à leur date en indiquant avec soin les réflexions qu'elles peuvent suggérer. Bernadotte, devenu roi de Suède, à la suite de circonstances dont l'histoire ne présente guère un second exemple, ne précéda que de peu de semaines dans la tombe M. de Bricqueville, l'auteur de la proposition qui bannissait à perpétuité les Bourbons de la terre de France, et M. le général Pajol, qui avait eu le triste courage de se mettre à la tête de la populace en délire pour intimider, en 1830, le vieux roi démissionnaire de sa couronne en faveur de son petit-fils, et le forcer à quitter Rambouillet. Dieu, dans sa suprême justice, aura depuis entendu les uns et les autres.

La cour des Tuileries, qui, on se le rappelle, n'avait pas porté le deuil de Charles X, se ravisa au moment de la mort de Monsieur le duc d'Angoulême, et fit annoncer dans le *Moniteur* qu'elle prendrait le noir à cette occasion. La mort avait aussi frappé au seuil des nouvelles Tuileries depuis 1836, et rien ne rapproche souvent comme l'ombre d'un cercueil ! La cour de Prusse donna le rare exemple de la plus haute convenance et de la dignité, à tous les souverains d'Europe, en portant le deuil de Louis-Antoine, comme elle aurait fait pour une tête couronnée.

Mais d'autres faits préoccupaient l'attention publique. Pendant que les discussions de la nouvelle loi d'enseignement avaient lieu à la Chambre, pendant que M. Sainte-Beuve arrivait à l'Académie française, pendant que la fameuse Lola-Montès faisait tourner toutes les têtes à Paris, pendant que M. le duc de la Rochefoucauld-Doudeauville faisait condamner, sans le vouloir, la *Gazette de France* à 8,000 fr. d'amende et la *Nation* à 6,000 fr., pour avoir inséré une lettre de lui sans qu'on osât mettre en cause un si parfait honnête homme, pendant que Chateaubriand publiait la *Vie de Rancé*, que M. Eugène Sue donnait un digne pendant à ses *Mystères de Paris* en écrivant le *Juif errant*, pendant que les débats de l'affaire Pritchard passionnaient l'opinion, et que *la Mode* ouvrait une souscription destinée à offrir une épée d'honneur à l'amiral Dupetit-Thouars, le moment arrivait où la commission nommée pour procéder à l'érection de la croix de Saint-Leu allait solennellement inaugurer ce monument élevé par des mains pieuses à la mémoire du dernier des Condé.

Cette solennité eut lieu le 27 juin 1844, au milieu d'une affluence énorme et sous les auspices des plus grands noms de l'ancienne aristocratie française. Ce monument, ainsi que je crois avoir eu l'occasion de le dire, consistait en une simple croix de pierre d'une grande hauteur; sur le socle on distinguait trois mots : Rocroy! Vincennes! Saint-Leu! Le jour de l'inauguration, des messes furent dites pendant toute la matinée pour le repos de l'âme du duc de Bourbon : la première fut célébrée par l'ancien aumônier du prince, l'abbé Pellier, celui-là même qui avait dit sur le cercueil de son vieux maître : « Monseigneur est innocent du crime qu'on lui impute! »

A quelque temps de là, Monsieur le comte de Chambord et Madame la Dauphine, à qui le séjour de Goritz était devenu insupportable, quittèrent cette résidence, qui ne leur rappelait que de trop pénibles souvenirs, pour aller habiter Frohsdorff; M. le duc de Blacas avait eu l'idée de se rendre acquéreur de ce château, et il s'était empressé de le céder à Madame la duchesse d'Angoulême, qui devait, hélas! à dix années de là, y terminer elle-même ses jours semés de tant de souffrances et d'amertumes!

« Frohsdorff, — écrivait au directeur de *la Mode* l'aimable M. Merle, qui fut, vers ce temps, l'un des premiers pèlerins de ce nouveau lieu d'exil pour la famille royale, — est à deux heures de Neustadt, ville distante de Vienne d'une heure environ par chemin de fer. Ce n'est pas une résidence princière, mais c'est une habitation fort agréable, dans une charmante situation, au milieu d'une belle vallée, entourée de coteaux et de montagnes boisées qui offrent de grandes ressources pour la chasse. »

La veuve de Murat a habité Frohsdorff à l'époque de la Restauration ; ce château appartenait alors au comte Yermolof, qui le tenait d'un comte Czernin, dont la famille était originaire de ce pays ; ce comte Czernin passe pour le restaurateur du château actuel, qui rappelle plutôt une ancienne abbaye qu'un manoir seigneurial.

Nous avons eu l'honneur d'être abrité par ce toit hospitalier, qui sert de demeure à la plus grande infortune des temps modernes. Ce qu'on va voir à Froshdorff, ce ne sont pas les beaux sites des environs, ni le sauvage aspect des horizons de la Hongrie, qui commence à quelques lieues de là ; non, c'est le descendant des rois très chrétiens, le petit-fils de saint Louis, de Henri IV, de Louis XIV, le neveu de Louis XVI, le prince le plus digne de respect et d'estime qui soit en Europe, puisque, condamné à l'exil dès ses plus tendres années, jamais il n'a été au-dessous, — même une heure, — de la grande destinée qu'il a plu à la Providence de lui faire, dans une vie toute de tristesse !

La publication de l'histoire si remarquable de la *Compagnie de Jésus*, par M. Crétineau-Joly, date des derniers mois de 1844, comme aussi la condamnation de M. le prince de Montmorency-Robecq à un mois de prison, pour distribution illégale de petits bustes à l'effigie de Monsieur le comte de Chambord. Il convenait au gouvernement de Juillet, après avoir *flétri* les demeurants de la fidélité, de trainer sur les bancs de la police correctionnelle le grand nom de Montmorency : Richelieu du moins, lorsqu'il se prenait à eux, faisait tomber leurs têtes !

Le Salon de 1845 vit le fameux tableau d'Horace Vernet, *la Smala d'Abd-el-Kader*. Abd-el-Kader lui-même était aussi, au dire de *la Mode*, l'un des personnages dont on s'occupait le plus, dans le monde politique, vers le temps où nous sommes arrivés. La mort de

MM. Étienne et Soumet, qui laissaient deux fauteuils vacants à l'Académie, celle, si malheureuse, de M. Dujarrier qui périt, comme on sait, dans un duel avec M. de Beauvallon, devinrent également, au printemps de 1845, l'objet de toutes les conversations. Les théâtres pendant ce temps, attiraient la foule avec les gracieux talents de Rose Chéri, au Gymnase, de Carlotta Grisi à l'Opéra, de Mlle Anaïs, aux Français, de l'inimitable Dejazet au Palais-Royal : déjà l'on annonçait, vers cette époque, la retraite probable de Frétillon, qui devait quitter le théâtre : que diraient-ils, aujourd'hui, ces prophètes de mauvais augure, en la revoyant, sur la scène qui porte son nom, plus jeune, plus frétillante, plus vive, plus spirituelle que jamais ? Mlle Dejazet a certainement hérité de la fiole de Cagliostro !

Les grands noms d'artistes des frères Batta, de Thalberg, de Chopin, de Mme Pleyel, de Listz, de Mme Stolz, faisaient merveille dans les concerts et les fêtes privées. Par contre, le Théâtre-Français perdait Firmin, — son dernier marquis, — et les badauds de l'Europe entière pouvaient aller admirer à leur aise les formes lilliputiennes d'un petit monstre qu'on appelait le général Tom Pouce !

Ce fut dans le courant de l'année 1845 que le *Journal des Débats*, mieux que jamais nommé « le journal des palinodies, » osa s'écrier, à propos de la politique de M. Guizot, qu'il avait naguère encensé : « Vous aurez peut-être encore notre concours, jamais notre estime ! » Nous ne savons si, au moment où le *Journal des Débats* formulait cette sentence ridicule, M. Guizot tenait beaucoup au concours ou à l'estime de la feuille de M. Bertin ; mais ce qui est positif, c'est qu'aujourd'hui, l'ancien ministre de Louis-Philippe n'accorde plus au *Journal des Débats* ni son concours, ni surtout son estime.

L'abdication du roi Charles V d'Espagne, en faveur de son fils, le prince des Asturies, se place au mois de mai 1845.

« Mon très cher fils, —disait l'héroïque don Carlos, —déterminé à
» me retirer des affaires publiques, j'ai pris la résolution de re-
» noncer en ta faveur à mes droits à la couronne et de te les trans-
» mettre. En conséquence, je te remets l'acte de ma renonciation
» que tu pourras faire valoir, quand tu le croiras opportun. Je prie
» le Tout-Puissant de t'accorder le bonheur de rétablir la paix et
» l'union dans notre malheureuse patrie, et d'assurer ainsi la félicité
» de tous les Espagnols.

» Bourges, 18 mai 1845

» *Signé :* CHARLES. »

L'histoire dira que cette abdication du roi Charles V lui fut arrachée par la vue des souffrances de la reine, que le climat de Bourges faisait mourir à petit feu. Pour recouvrer sa liberté et celle de la princesse de Beira, don Carlos n'hésita pas à transmettre à son fils ses droits à la couronne. Ce dernier prit immédiatement le titre de comte de Montemolin, qu'il devait garder, hélas ! jusqu'à l'époque de sa mort, arrivée si inopinément, il y a quelques mois à peine. La jalouse susceptibilité du gouvernement de Juillet, qui n'avait plus de raison pour garder prisonnier à Bourges le roi abdicataire et sa royale épouse, n'en continua pas moins à détenir sous les verrous de l'hôtel Panette le nouveau jeune roi, que l'abdication de son père venait d'appeler à la couronne. Heureusement, comme le prince Louis-Bonaparte, le comte de Montemolin devait, à peu de temps de là, parvenir à s'échapper, et laisser aux ministres du temps la responsabilité honteuse d'une détention aussi arbitraire qu'injuste !

L'*Époque*, ce fameux journal monstre, qui devait écraser en peu de temps toutes les autres feuilles parisiennes, parut le 1ᵉʳ octo-

bre 1845. *La Mode* ne lui épargnait pas ses plaisanteries en disant :
« Cette colossale publication nous paraît tout à fait à la hauteur des
» grands hommes qui nous gouvernent. C'est une belle feuille de
» papier qui, disposée en cornet, envelopperait M. Thiers tout entier,
» des pieds à la tête.» Cette pauvre *Époque*, malgré son titre, ses écrivains, ses affiches et ses réclames, ne put vivre que quelques numéros ; elle disparut avant même d'avoir pu réaliser toutes ses belles
promesses : le ridicule l'avait tuée avant le temps.

Un événement d'une haute importance, qui allait faire luire pour
un jour un rayon de bonheur sur la colonie de Frohsdorff, signala
le mois de novembre de l'année 1845 : ce fut le mariage de MADEMOISELLE, qui venait de voir son sort uni à celui du futur duc de
Parme, infant d'Espagne, prince de Lucques.

Le cœur nous saigne en inscrivant ici le nom de Louise de France,
innocente victime de tant de bouleversements politiques, et dont les
malheurs égaleront bientôt, si Dieu n'y prend garde, les infortunes imméritées de l'orpheline du Temple. Qu'on jette, en effet,
un regard interrogateur sur la vie de cette admirable princesse,
dont les mérites, les vertus, la grandeur d'âme, le noble caractère
ont été à la hauteur de toutes les circonstances, et qu'on dise s'il est
beaucoup de femmes, d'épouses, de princesses, de mères, qui aient
eu à souffrir tout ce qu'elle a dû déjà supporter !

Elle n'était qu'une enfant, à peine sortie de ses langes, que déjà
son père, le duc de Berry, tombait sous le poignard de l'assassin Louvel. Lorsqu'elle apprit à lire, il fallut bien qu'on lui fît connaître l'histoire de ceux de sa race, et qu'elle connût comment la France ingrate,
oublieuse et parjure, avait fait monter sur un échafaud son grand-oncle
Louis XVI, la reine sa tante, et la vertueuse Madame Élisabeth !
Plus tard, dans l'adolescence, elle eut toujours en face d'elle cette

grande figure de la duchesse d'Angoulême, qui parfois détournait les yeux pour lui cacher ses larmes ! Son premier souvenir, en quelque sorte, date du dernier enterrement royal qu'on ait vu à Saint-Denis, celui du roi Louis XVIII, son oncle. A douze ans, la voici condamnée à l'exil avec tous ceux de sa race : elle quitte les marches de ce trône illustré par tant de rois et maintenant usurpé par un parent ambitieux, où semble devoir monter un jour ce jeune duc d'Orléans à qui, dit-on, ses parents l'ont fiancée, dans un jour de confiance, d'espoir et de bonheur ! La voici qui erre en Angleterre, de Lulworth à Holyrood, d'où il lui faut suivre la fortune de Charles X, à Prague, à Goritz ! Là se ferme devant elle le cercueil de son aïeul, et comme elle a grandi, comme elle n'est plus une enfant, et qu'elle sait maintenant la valeur d'une larme, elle en verse de bien amères sur la tombe de ce vénéré Charles X, qui avait pour elle l'affection d'un père !

On unit son sort, à Frohsdorff, à celui d'un jeune prince descendant comme elle du sang de Louis XIV. Une lueur d'espérance semble devoir se faire jour dans cette triste existence de jeune fille, qui n'a eu jamais que l'exil pour témoin de ses aspirations et de ses rêves de bonheur ; mais elle n'est pas plutôt mariée, hélas ! que la Révolution, qui a juré haine et mort à ceux de sa race, — parce qu'ils représentent sur terre ce qui est bien, ce qui est noble, ce qui est grand, ce qui est juste, — fait assassiner son époux et la force à venir relever son cadavre dans une des rues de Parme. Ah ! la noble et malheureuse femme ! de quel courage, de quelle grandeur d'âme n'a-t-elle pas fait preuve ? Mais il fallait avant tout songer à l'avenir de ses chers enfants ; et se souvenant qu'elle était mère, régente, pendant cinq années, ce qu'elle a fait à Parme, pour le bien de ce pays, pour l'amélioration des misères publiques, pour l'instruction des masses, pour la justice, l'ordre, le bien-être, la liberté des citoyens, nul en France ne le saura jamais, parce que de haineux détracteurs et d'abominables journaux, stipendiés par les coryphées de la Révolution se sont plu à jeter comme un voile sur la conduite publique et privée de Louise de Bourbon, duchesse de Parme!

Toutefois l'histoire dira et proclamera bien haut que de toutes les victimes de la révolution italienne, la duchesse Louise, fille de France, aura été la plus innocente et la plus injustement frappée : l'avenir n'aura pas assez de louanges pour honorer sa mémoire!

Eh quoi! elle avait rétabli les finances dans son duché, elle avait amélioré toutes les branches de l'administration, elle avait donné nos codes, nos lois, nos règlements aux sujets de son fils Robert ; elle avait doté ce petit coin de terre de plus de libertés qu'on n'en avait alors en France ; elle n'avait reculé devant aucun sacrifice pour faire le bonheur de ce pays de Parme ; et voilà qu'on envahit son territoire, qu'au mépris de la parole donnée, on viole ouvertement les traités, qu'on ne tient compte en aucune façon de cette qualité de neutre qu'elle invoque dans une guerre où le simple sentiment de sa dignité suffit pour lui défendre de se mêler. Elle proteste, elle en appelle à la justice européenne, au droit des gens, à l'honneur!... Est-ce que tout cela sert encore de quelque chose dans un temps où le seul droit de la force domine et triomphe? La voici donc exilée de nouveau; et, serrant contre son cœur ses chers enfants qu'elle élève avec tant d'amour, elle gagne les cantons hospitaliers de la Suisse, qui la gardent aujourd'hui, jusqu'au jour où la justice de Dieu s'appesantira sur un parent félon et sur ceux qui lui ont ravi le trône de son fils.

Oh! madame, quoi qu'il arrive, vos enfants n'auront jamais rien à vous reprocher ; vous avez été l'exemple des mères, comme le modèle des épouses et des princesses !

Mais je crains, mon cher directeur, que cette digression ne m'ait entraîné bien loin de mon sujet : que vos lecteurs me la pardonnent. S'il en est un parmi eux, — un seul — qui ne soit prêt à se lever pour affirmer la vérité de mes paroles, je consens à reconnaître que je n'ai pas jugé sainement la duchesse régente de Parme !

La mort du marquis de Dreux-Brézé se place à la fin de 1845. *La Mode* publiait un magnifique article à cette occasion, et ne craignait pas de dire : « que le marquis de Dreux-Brézé devait surtout être loué pour la fidélité à ses principes, dans un temps où l'honneur semble compter pour si peu. »

Les petits coupés circulèrent dans Paris vers ce temps : c'était lord Brougham qui le premier avait eu l'idée de ces voitures basses, — aussi disgracieuses que commodes — qui dans le principe portèrent son nom. Ces petits *Brougham* sont aujourd'hui devenus d'un usage général.

Dès cette époque aussi, des bruits d'opposition grave contre le gouvernement, en matière de réforme électorale, commençaient à se manifester; l'opposition avait enfin trouvé la grande machine de guerre qu'elle devait diriger avec succès contre les hommes et les choses de Juillet. Ce mot de réforme, d'abord prononcé à voix basse, puis répandu dans les foules, allait bientôt devenir en quelque sorte le mot de ralliement qui, répété de bouches en bouches, amènerait, en 1848, la chute du trône de Louis-Philippe d'Orléans.

Cette simple strophe détachée d'une chanson que publiait *la Mode*, à la fin de 1845, sous ce titre : *la Réforme*, prouvera que la question électorale menaçait alors sérieusement, et dès cette époque, les hommes qui avaient osé, en 1830, se dire les représentants de la France et disposer d'un trône qui n'était pas vacant; la violence des sentiments exprimés dans les autres strophes de cette pièce nous empêche de la publier en entier :

> Pourquoi trembler de la sorte,
> Messieurs du gouvernement ?
> Il est vrai qu'à votre porte
> On frappe assez rudement !
> Écoutons !... faites silence !...
> Dieu me pardonne, je crois
> Reconnaître de la France
> La noble et puissante voix.
> Halte-là ! halte-là !
> Messieurs, la Réforme est là !

Ce cri, mon cher directeur, nous le retrouverons bientôt poussé sous les fenêtres des Tuileries, — non plus par les hommes graves de ce centre-gauche, ambitieux qui voulaient bien de la réforme pour renverser un ministère, mais qui n'en auraient plus voulu le lendemain, s'ils avaient triomphé, — mais par la populace, avide de prendre, au 24 février 1848, la revanche des journées de juillet 1830. Le peuple avait été joué ce jour-là : il ne voulut plus l'être en 1848. Hélas ! est-il bien certain qu'il ne le fut pas, et plus que jamais ?...

LII

Année 1846. — M. le duc de Guiche se rallie. — Déclaration des journaux réformistes de la droite. — Les événements marchent. — Les optimistes et les exaltés. — Réflexions sur les révolutions et les optimistes. — M. Alfred de Vigny. — Les Français sincères. — Les grenouilles qui demandent un roi. — Donizetti. — Nouvel attentat contre les jours de Louis-Philippe. — Lecomte. — La complicité morale. — Les régicides. — Le Jardin d'hiver. — Ses beaux jours et sa fin. — Évasion du prince Louis-Bonaparte. — La Chambre est dissoute. — Complainte. — *Les Leçons de Neuilly.* — Les élections. — Tout le monde triomphe. — Mort de Grégoire XVI. — Élection de Pie IX. — Évasion de M. le comte de Montemolin de Bourges. — Mariage de M. le comte de Chambord.

Ce fut au mois de janvier 1846 que M. le duc de Guiche, aujourd'hui duc de Grammont, ami particulier de M. le comte de Chambord, son camarade d'enfance, son ancien condisciple, celui de tous les jeunes hommes de son entourage que le prince honorait de l'affection la plus particulière, se rallia au gouvernement de juillet ; le fait eut lieu dans des circonstances qu'il ne nous convient pas de rapporter, mais qui ne firent honneur ni à l'esprit ni au cœur du futur diplomate. M. de Guiche avait été un des pèlerins de Belgrave-Square : il est vrai que le prince qu'il était allé saluer à Londres ne disposait d'aucunes faveurs.

La Mode, se montra très verte dans ses appréciations, à l'égard de cette défection qui lui était particulièrement sensible. Je n'apprendrai rien à aucun de vos amis, mon cher directeur, en ajoutant que l'opinion fut encore plus sévère que *la Mode* pour M. le duc de Guiche.

Cette année 1846 devait être marquée par la réunion solennelle de tous les journaux de la droite, qui allaient tout simplement prononcer l'arrêt de mort du gouvernement de Juillet, en proclamant les grands principes qu'on trouve consignés dans leur déclaration demeurée fameuse, et qui se résumait dans deux articles : 1° Tout Français payant l'impôt doit être électeur : 2° toute élection doit être à deux degrés, dont le premier placé dans la commune.

C'était le système royaliste dans son sens vraiment libéral et ses conséquences les plus rationnelles. Par deux fois déjà, depuis 1789, la France eût été sauvée, si on l'eût appliqué : une première fois sous la Restauration, et plus tard au lendemain de 1848. Cette question de la réforme électorale allait se dresser devant le gouvernement de 1830 et les hommes du monopole, comme le spectre de Banco, venant terrifier les ministres et les députés : tout le monde comprenait, hormis dans les rangs de ceux qu'on allait bientôt nommer les *satisfaits*, les conséquences terribles, logiques, irrémédiables d'un franc appel au pays, virtuellement tracé dans tout projet de réforme électorale. Les hommes de la gauche et du centre gauche allaient bien jusqu'à l'adjonction des capacités ; mais, à aucun prix, ils ne voulaient de cette grande égalité électorale qui est la base même du vote universel; et ces messieurs ont beau reprocher, aujourd'hui, à l'ancien parti royaliste, ce qu'ils nomment ses idées rétrogrades, ils ne peuvent faire autrement, — au *Siècle* aussi bien qu'à la *Presse* et au *Constitutionnel*, — de reconnaître qu'en 1846, — comme en 1816, comme en 1789, — les amis de la légitimité étaient plus largement libéraux qu'eux ; c'est notre orgueil à nous de pouvoir le rappeler : il leur reste, à eux, la honte de ne pouvoir nous démentir.

Bien des gens prétendent aujourd'hui que personne, en 1846 et en 1847, ne prévoyait la chute du gouvernement de Juillet : c'est une erreur. Les gens à idées optimistes, qui, par crainte de l'avenir, se contentent toujours de ce qu'ils ont en fait de gouvernement, ne veulent à aucun prix qu'on vienne troubler leur quiétude, en leur parlant de catastrophes possibles ou probables : ne voyant à leurs côtés, dans les sphères du pouvoir, ou dans les rangs des *trembleurs,* que des hommes contents de leur sort, de leurs faveurs ou de leurs places, — ou des gens à courtes vues qui ne veulent jamais voir la conséquence naturelle des choses, — ils se récrient quand on leur dit : « Prenez garde, vous allez à l'abîme ! » ils vous traitent de visionnaire, de songe creux, tout au moins de trouble-fête. Un beau jour, la catastrophe arrive, l'orage éclate, le bâtiment sombre, et savez-vous ce que vous disent ces mêmes hommes qui ne vous pardonnaient pas de voir les choses en noir : « — C'est étrange ! voyez donc : quelle révolution ! personne ne la prévoyait ! »

Celui qui écrit ces lignes, mon cher directeur, eut, en votre présence, vous devez vous le rappeler, — et quoiqu'il fût alors dans un âge où l'expérience des hommes et des choses politiques n'est pas encore complètement acquise, — une discussion bien vive avec des amis du gouvernement, à l'époque de cette fièvre de réforme électorale qui partageait l'opinion en deux camps. — « Le ministère aura raison de tout cela ! » lui disait dédaigneusement son interlocuteur. — « Prenez garde, s'écria-t-il, que *tout cela* ne fasse tomber non-seulement le ministère, mais aussi le trône de votre roi. »

Je me rappelle qu'en sortant de cette maison, deux personnes, qui ne partageaient guère ma manière de voir, haussaient en quelque sorte les épaules, en se rappelant mes arguments. Il ne me revint qu'un mot de leur conversation, mais ce mot exprimait beaucoup : « C'est un exalté, » avait dit l'un de mes adversaires, — honnête et très haut employé du ministère de la marine.

Hélas! oui, mon cher directeur, on est « un exalté, » quand, en ce monde, on maintient haut et ferme les principes, quand on envisage l'avenir, et qu'apercevant les conséquences forcées des choses, on se permet de crier gare. Combien serait-il à désirer que tous les timides, les tièdes, les poltrons, les faiseurs de concessions, — et aussi les niais, qui, après tout forment le plus grand nombre, en France comme ailleurs, et finissent toujours par payer les pots cassés, — fussent dignes de ce nom « d'exalté, » qui, loin d'être une injure, devient souvent un honneur.

La réception académique de M. de Vigny eut lieu au mois de février 1846 : il succédait à M. Étienne qui, en littérature, avait assurément suivi une voie toute différente de celle de l'auteur de *Chatterton*. M. le comte Alfred de Vigny est encore un de ces académiciens qui, depuis qu'ils sont membres du docte corps, se croient absolument dispensés de faire parler d'eux. Il est vrai, croyons-nous, que l'écrivain est aujourd'hui sénateur, et ses graves occupations politiques l'empêchent sans doute d'écrire un nouveau *Cinq-Mars*.

On a dit bien souvent que rien n'était nouveau sous le soleil : quoi de plus vrai ! Tout le monde sait que, de notre temps, un écrivain distingué, qui a eu le tort de ne pas signer de son nom une brochure trop fameuse : *Le Pape et le Congrès*, s'est proclamé dans cet écrit, « catholique *sincère*; » et depuis toute la presse qui marche dans certaines eaux, a répété sur tous les tons: «Nous sommes des catholiques sincères! » Le mot est vieux ; il est de M. Guizot. Nous le trouvons dans *la Mode* de 1846. Dans le feu de la discussion d'un amendement présenté par M. Berryer et tendant à déclarer : « que dans le cas où la guerre éclaterait entre la France et l'Angleterre, la France entendait réserver toute sa liberté d'action, » M. Guizot, qui repoussait l'amendement, s'écria : « Je suis Français avant tout, Français *sincère*. » On le voit, l'époque seule est changée, le mot est le même.

Une des plus jolies boutades qu'ait jamais publiées *la Mode* parut dans le courant de cette même année 1846; elle a pour titre : *Les Grenouilles qui demandent un système*. Je ne puis résister, mon cher ami, au désir de la citer; elle se chante sur l'air mémorable du *tra la la*, que tout le monde, y compris les orgues de Barbarie, répétait alors, non sans un préjudice grave pour beaucoup d'oreilles.

Les grenouilles, un jour, par un brûlant soleil,
Se dirent : « Not' sort a-t-il rien de pareil ?
» Nous n'avons jamais d' vin, nous n' buvons que de l'eau,
» Pour mieux vivre, il nous faut un système nouveau,

    » Sur l'air du tra la la la,
    » Sur l'air du tra la la la.
    » Sur l'air du tra déri déra, la la la !

Pour apaiser leurs cris, soudain se présenta
Un superbe poisson dont la voix les flatta :
« Grenouilles, leur dit-il, par l'effet de mon art,
« Je vais vous régaler du plus parfait nectar !

    » Sur l'air du tra la la la, etc.

» Vous ferez désormais au moins quatre repas,
» Entremêlés toujours et de maigre et de gras ;
» Car je suis, voyez-vous, un poisson très humain,
» Qui permet à chacun d' lui manger dans la main.

    » Sur l'air du tra la la la, etc.

» De plus, en vot' faveur, j'ai tantôt déniché
» Un système nouveau, vraiment à bon marché,

» En vivant sous ses lois, vous aurez le bonheur
» De ne jamais compter avec le percepteur !

» Sur l'air du tra la la la, etc.

» Grenouilles, vous avez enfin la faculté
» D'écrire et de parler en toute liberté ;
» Oui, j' veux être pendu, si l'on vous fait jamais
» Pour cette chose-là, le plus petit procès.

» Sur l'air du tra la la la, etc. »

Les grenouilles ouvrant, à ces mots de grands yeux,
Tombèrent à genoux, en remerciant les dieux ;
Et puis aux cris bruyants de Vive le Roà,
Ell's s' mirent aussitôt à danser la polka !

Sur l'air du tra la la la, etc.

Pendant qu'ell's dansaient bien, voilà que maints crapauds
Parurent dans le bal déguisés en héros :
« Grenouilles, firent-ils, nous manquons de *quibus*,
» Donnez-nous donc de quoi payer un *omnibus*.

» Sur l'air du tra la la la, etc. »

« Héros, nos bons amis, que nous demandez-vous ?
» Quelque malentendu, sans doute, est là-dessous ;
» Connaissez mieux l' système, il n'est pas assez grec
» Pour avoir le projet déjà d' nous mettre à sec ?

» Sur l'air du tra la la la, etc. »

« Oui, nous savons fort bien que l'on vous a promis
» Avec la poule au pot, du bon vin de Chablis ;
» Mais pour vous allécher, ce n'était qu'un panneau,
» Croyez-donc ça, grenouill's, et puis buvez de l'eau.

» Sur l'air du tra la la la, etc. »

Les grenouilles alors virent très clairement,
Qu'on les faisait au même, et cela proprement ;
Ell's voulurent crier, mais au nom de la loi,
Messieurs les crapauds les firent tenir coi,

Sur l'air du tra la la la, etc.

Bref, du mois de juillet, le soleil libéral
Finit par dessécher leur beau pays natal ;
De sorte qu'aujourd'hui, ce bon peuple, dit-on,
Patauge dans la boue, hélas ! jusqu'au menton.

    Sur l'air du tra la la la, etc.

        MORALITÉ.

Des grenouilles pleurons le cruel châtiment,
Mais sachons en tirer cet avertissement,
C'est que, même en juillet, on peut, non sans péril,
Avaler quelquefois un vrai poisson d'avril.

    Sur l'air du tra la la la,
    Sur l'air du tra la la la,
Sur l'air du tra déri déra la la la !

Donizetti devint fou, vers ce temps, et tout le monde s'intéressa au triste sort de cet exquis mélodiste qui n'avait d'autre idée fixe que celle de se croire mort. Vous étiez de ses amis, vous l'alliez voir, il vous menait silencieusement auprès de son piano, s'y asseyait, en tirait des sons sans harmonie, et vous disait, avec des larmes dans la voix : « Pauvre Donizetti; il est mort ! »

C'était navrant; tout le monde aimait Donizetti, même ses rivaux, ses émules, ses maîtres, Halévy, Meyerbeer, Rossini. *Parisina*, *Lucia di Lammermoor*, *Anna Bolena*, *l'Elisire d'Amore*, sont autant de chefs-d'œuvre qui illustreront à jamais la scène italienne : à l'Opéra français Donizetti n'a-t-il pas donné la *Favorite ?*

Pendant ce temps, les sociétés secrètes ne chômaient pas, et un nouvel assassin venait encore, à Fontainebleau, de diriger une arme meurtrière contre la personne de Louis-Philippe. Cette fois, c'était en plein jour, à la promenade, alors qu'entouré de sa famille, il faisait en char-à-banc, une excursion printanière dans la forêt, que le roi avait été menacé par le coup de fusil de Lecomte. De maladroits amis du gouvernement voulurent en quelque sorte rendre les feuilles de l'opposition responsables de cet attentat : hélas! ce n'était pas dans les journaux du temps que Lecomte avait puisé les doctrines qui armaient son bras, c'était ailleurs. Les hommes de 1830 n'ont jamais voulu comprendre que, du moment qu'ils acceptaient comme un principe cette parole sacrilége : « l'insurrection est le plus saint des devoirs, » tout homme à idée radicale et sanguinaire pouvait pousser plus loin l'application de ce principe, et dire : « L'assassinat politique est le plus saint des devoirs ! » Est-ce que nous n'avons pas vu, de nos jours, des hommes pour le dire — et le faire — en Italie ?

La Mode fit un article énergique contre cette espèce de complicité morale, que les hommes du gouvernement, et notamment le *Journal des Débats*, voulaient étendre jusqu'aux écrivains de la presse opposante : « En vain, s'écriait-elle, le ministère essaie de se faire une
» arme de la carabine de Lecomte contre ce qui nous reste de libertés
» publiques! L'horreur du régicide est un sentiment fort louable,
» mais, comme le disait dernièrement un noble étranger, il semble
» que le mot *régicide* devrait être rayé du dictionnaire de certaines
» gens ! »

C'était dur. M. Thiers fit mieux encore : comme il était évidemment un de ceux que désignaient à la vindicte publique les feuilles *satisfaites*, en prétendant que certains hommes d'opposition poussaient au régicide, *la Mode* lui prêtait un mot sévère que nous sommes loin de garantir : « Régicide tant qu'ils voudront, — se serait écrié le chef du ministère évincé du 1ᵉʳ mars, — ils ne pourront faire cependant que mon père l'ait été. »

Le Jardin d'Hiver, des Champs-Élysées, qui ne devait avoir qu'une si courte existence, fut créé en 1846. « A l'audience des criées du tribunal de la Seine, — dit *la Mode*, — ont été adjugées, moyennant 160,000 fr. à laquelle il faut ajouter 200,000 fr. de frais de saisie, d'expropriation, etc., — ce qui est curieux à noter, — 263 toises de terrain, près du rond-point des Champs-Élysées, destinés à voir s'élever un magnifique jardin d'hiver. » Aujourd'hui, après de nombreuses vicissitudes, ces terrains, de nouveau mis en vente, après la destruction du Jardin d'Hiver, se vendent au mètre et sur le pied de 300 fr. : ils forment cette belle rue de Marignan, qui s'achève au moment où j'écris ces lignes.

Les premières années du Jardin d'Hiver furent des plus brillantes : le beau monde avait adopté ces après-midi musicales, qui se donnaient au milieu des fleurs et de la verdure, alors qu'au dehors la neige et le froid rendaient Paris sombre et triste. Cet établissement ne formait alors qu'un jardin assez peu vaste qui, chaque jour, voyait Strauss et son orchestre venir occuper ses galeries. Cette vogue dura deux ans. Les entrepreneurs voulurent faire mieux, mais ils avaient compté sans la révolution de Février, qui vint détourner l'attention des Parisiens de leur magnifique Palais de Cristal, et à mesure que leurs frais, leurs dépenses, l'entretien de leur jardin augmentaient, la foule se retirait, et les visiteurs devenaient plus rares. Bientôt il fallut avoir recours à des moyens extraordinaires pour se procurer des recettes : les concerts ne suffisant plus à attirer les curieux, on offrit des bals. Le premier donné au Jardin d'Hiver le fut au profit des pensionnaires de l'ancienne liste civile ; il produisit, tous frais payés, 53,000 fr. Dans la suite, ces bals du Jardin d'Hiver dégénérèrent en saturnales, masquées ou non, qui ressemblaient trop aux fêtes cyniques de l'Opéra, de Mabille et de Valentino, pour que le moindre attrait pût leur être conservé ; aussi tombèrent-ils sous l'indifférence publique, et le Jardin d'Hiver des Champs-Élysées disparut avec tant d'autres élégants hôtels qui, dans ce quartier aujourd'hui privilégié, font place à de grandes maisons à cinq étages, beaucoup moins pittoresques, mais assurément plus productives.

Le prince Louis-Napoléon Bonaparte s'échappa de la prison de Ham dans les derniers jours du mois de mai : sa correspondance prouve qu'on aurait voulu lui faire acheter très cher sa liberté. Les détails de cette évasion, qui couvraient de ridicule les ministres du roi Louis-Philippe, sont trop connus pour que nous les rapportions : c'est sous les habits d'un maçon et avec une planche sur le dos, que le futur président de la République française, une à la vérité, mais tout à fait divisible, — l'événement l'a bien prouvé, — parvint à gagner la campagne et de là le sol étranger. Le docteur Conneau entra pour beaucoup dans le succès de cette évasion.

Cependant Louis-Philippe, malgré, dit-on, l'avis de ses ministres, venait de dissoudre la Chambre ; de nouvelles élections se préparaient. On peut dire que la dynastie d'Orléans jouait alors sa dernière carte, et que les conséquences de ce renvoi de la Chambre de 1846 lui furent des plus fatales. Comme l'avait dit Chateaubriand, la Révolution allait renverser ce que la Révolution avait élevé.

La Mode, qui avait en main, grâce à l'esprit et à la verve de ses rédacteurs, des armes de toute espèce contre un pouvoir qu'elle détestait, publia à cette occasion une nouvelle complainte qu'il ne nous est guère possible de citer dans son entier, mais dont nous voulons au moins reproduire la moralité.

> Sur un tombeau, point d'esclandre ;
> Si les méchants, par hasard,
> Disaient que cette chambre à part,
> De son vivant, fut à vendre,
> Morte, ils doivent avouer
> Qu'elle n'est pas à louer !

Sans attendre que les résultats des nouvelles élections fussent connus, *la Mode*, dans son numéro du 15 juillet 1846, — daté du jour de Saint-Henri, — commençait la publication de ces fameuses *Leçons de Neuilly*, qui obtinrent tant de vogue dans la suite, sous ce second titre : *l'Enfant terrible*.

Le jeune comte de Paris et son précepteur, M. Trognon, étaient mis en scène, dans ces entretiens, de la façon la plus spirituelle et aussi la plus mordante. Il était impossible de garder son sérieux en face des boutades et des propos ingénieux de l'enfant, qui avait réponse et aussi question à tout, lorsque son précepteur voulait adroitement détourner la conversation de certains sujets. L'éternelle demande du jeune prince : « Pourquoi donc, Trognon, bon papa a succédé à Charles X, s'il n'en était pas le fils?... » se dressait toujours nette, railleuse, implacable, dans tous les entretiens. Tantôt, l'enfant, — qui toujours commençait ses phrases par cet éternel refrain : « Dis donc, Trognon, pourquoi telle ou telle chose ? » — demandait à son précepteur : « pourquoi il y avait tant de soldats dans le jardin de son bon papa. » Une autre fois : « pourquoi on appelait *glorieuses* les journées où on avait renversé le prédécesseur de son bon papa. » Dans une autre occasion : « pourquoi on nommait *conservateurs* les députés qui, d'après une parole imprudente de M. Trognon lui-même ne conservaient guère, en général, que leurs places. » Un autre jour encore : « pourquoi il avait entendu dire la veille, à *tonton* Montpensier, — son oncle, — qu'on envoyait tous les jours des héros de Juillet au Mont Saint-Michel. » Une autre fois, enfin : « pourquoi, si son bon papa avait un cousin espagnol à Bourges, il ne l'invitait pas au mariage du même *tonton* Montpensier, » qui, on le sait, allait épouser la sœur d'Isabelle.

L'immense succès de ces entretiens fit, pendant de longs mois, les beaux jours de *la Mode :* on les commentait en maints lieux, aux Tuileries comme ailleurs. Malheureusement pour M. Trognon et aussi pour le père de son élève, l'auteur de ces articles impitoyables savait allier la plus grande réserve à la plus singulière hardiesse, et le ministère public était bien obligé de s'avouer qu'au seul point de vue légal ces proverbes étaient inattaquables. Leur auteur n'a jamais été bien connu ; on les attribua d'abord à l'excellent M. Merle : c'était à tort. Celui qui rédigeait les *Entretiens de Neuilly* occupe aujourd'hui encore une position modeste dans l'administration des domaines ; nous ne voulons pas le désigner autrement. Étranger maintenant à tout ce qui a trait à la politique, il nous en voudrait peut-être de trahir un incognito que peu de personnes ont été à même de divulguer.

Les élections eurent lieu au mois de juillet ; le gouvernement fit de nombreuses pertes parmi ses députés les plus dévoués. M. Baude, M. Decazes, M. Alphonse Périer, M. de Saint-Aulaire, M. Jacques Lefebvre, M. Lebobe, M. Michel Chevalier, M. de Montesquiou ne furent pas réélus ; en revanche, et si l'opposition de droite faisait aussi quelques pertes sensibles, elle voyait arriver à la Chambre M. de Genoude, M. le comte de Falloux, M. de Quatrebarbes. Chacun célébra sa victoire, car les hommes du pouvoir, aussi bien que ceux de l'opposition, prétendirent avoir eu le dessus dans ces élections. Le pouvoir devait se tromper, puisque c'était cette nouvelle Chambre qui devait laisser sonner le glas de la quasi-monarchie de 1830 !

M. le vicomte Édouard Walsh, directeur de *la Mode*, n'avait échoué que de quelques voix à Muzillac : il en avait réuni 106 ; son compétiteur, M. Bernard (de Rennes), en avait obtenu 118. Le hasard avait ainsi amené, sur le même terrain électoral, le magistrat instructeur qui avait fait l'enquête de Saint-Leu, et le royaliste ardent qui avait fait élever le monument du prince de Bourbon!

La non-réélection de M. Jacques Lefebvre fut une des plus sensibles aux Tuileries. *La Mode* prêtait, à ce propos, un mot à M. Trognon : — « Qui donc, se serait écrié ce dernier, criera désormais : Vive le Roi ! à l'ouverture et à la clôture des sessions ? » *La Mode* avait tort, mon cher ami, et M. Trognon aussi, si tant est qu'il ait tenu ce propos : il y a toujours des hommes pour crier : Vive le Roi, ne fût-ce que ceux qui criaient la veille : Vive la République ! et qui, le lendemain, crieront : Vive l'Empereur !

Grégoire XVI venait de mourir. Ce saint pape laissait à son successeur un rôle bien difficile; mais quelque triste que Mauro Capellari ait pu prévoir ce rôle, jamais assurément il ne dut l'envisager tel que les événements l'ont fait à Pie IX.

Le nouveau pontife, de son nom d'homme Mastaï-Ferotti, était l'un des cardinaux-prêtres les plus jeunes du Sacré Collége. Né à Sinigaglia en 1792, il n'avait guère alors plus de cinquante ans. Nul ne pensait à lui pour en faire un pape, si ce n'est Dieu, qui l'avait sans doute désigné pour en faire un martyr. Son élection au pontificat eut lieu en août 1846; nous ne pouvions laisser passer cette date sans nous incliner. Ce ne serait ici ni le lieu, ni l'occasion, mon cher directeur, de développer nos idées sur la situation faite au Saint-Père, par les ennemis de l'Église, dans des circonstances qui, hélas! durent encore.

M. le comte de Montemolin parvint à s'échapper, lui aussi, de Bourges, au mois de septembre 1846, comme avait fait, de la forteresse de Ham, le prince Bonaparte. Ce fut une double déconvenue pour les hommes du juste milieu. Avant de quitter l'hôtel Panetta, le noble fils de don Carlos, faisant un appel à tous les Espagnols, les conviait de venir à son aide pour faire le bonheur de leur commune patrie, et laissait pressentir une prochaine descente sur le sol d'Espagne. Son manifeste, signé : CHARLES VI, roi, est publié dans son entier dans un des numéros de la *Mode*.

La manière dont le prince avait pu recouvrer sa liberté est au moins surprenante. Bien que libre d'aller et de venir, dans Bourges et ses environs, avec une escorte de gendarmes derrière sa voiture, il était surveillé avec une extrême attention. Le matin du jour où il réussit à s'évader, il se dit malade et déclara que sa promenade serait plus courte que d'habitude. A l'heure ordinaire, une voiture l'attendait dans la cour de l'hôtel; il y monta. Un de ses fidèles Espagnols, compagnon de sa captivité, l'accompagnait seul. Le jeune prince, comme toujours, portait un berret catalan en guise de coiffure. Les chevaux partirent : quatre gendarmes escortaient la voiture.

A quelque distance de la ville, la route fait un coude ; un bouquet de bois se présente : c'est là que le prince devait recouvrer sa liberté. Un de ses fidèles amis avait pris les devants, et, caché dans les buissons de la route, attendait l'arrivée de la voiture. On avait recommandé au cocher de presser vivement les chevaux. En un instant ceux-ci avaient eu deux ou trois minutes d'avance sur les gendarmes, qui tous les jours, accompagnant à la promenade M. le comte de Montemolin, ne soupçonnaient nullement ses intentions. Ces deux minutes suffirent à assurer le salut du prince : en moins de temps qu'il n'en faut pour le raconter, la voiture s'est arrêtée, le fils de don Carlos saute à terre, celui qui l'attendait le remplace dans la voiture ; il saisit le berret et le manteau du prince ; il s'en enveloppe, il s'en couvre, pendant que son roi disparaît dans les taillis. Les gendarmes rejoignent la voiture, qui a repris son pas accoutumé. Ils aperçoivent, comme toujours, le berret du jeune prince, qui leur tourne le dos ; rien ne les étonne; ils ne soupçonnent aucune ruse.

Pendant ce temps, un royaliste français attendait derrière le petit bois M. le comte de Montemolin, le faisait monter sur un cheval frais qu'il tenait en laisse pour lui, et, le revêtant d'un habit fort ample et d'un chapeau à larges bords, le conduisait, par des chemins connus, vers le château d'un de ses amis. Les chevaux et la voiture de ce dernier attendaient les deux fugitifs : cette voiture les reçut, et nul ne s'étonna, dans le pays, de la voir suivre la grande route. Au premier relais on prit la poste, et en payant force guides, au bout de quarante heures, on avait passé la frontière.

Ce ne fut toutefois que le lendemain que la nouvelle de cette évasion fut connue à Bourges. La promenade ne s'était pas prolongée ; la voiture était seulement revenue au pas, ramenant l'Espagnol qui avait pris la place du comte de Montemolin, et son aide de camp. A peine arrivés dans la cour de l'hôtel Panette, ces messieurs descendirent, et comme le prince s'était dit malade, nul ne s'étonna de voir celui qui le représentait, se draper soigneusement dans son manteau. Une fois dans les appartements royaux, le faux prince fit naturellement défendre sa porte, et ce ne fut que le lendemain que la fraude fut découverte. Le préfet du Cher avait ordre de ne pas laisser passer un seul jour sans visiter son prisonnier. Il se présenta trois fois, dans la première journée, sans être reçu ; mais le lendemain, alléguant enfin des ordres formels, dont il ne pouvait, disait-il, se départir, il fit signifier au prince que, malade ou non, il devait l'admettre en sa présence : « Allez donc le trouver en Espagne ! » s'écria le généreux serviteur, qui, se découvrant, non sans un sourire de satisfaction, montra au préfet ébahi qu'il n'était pas le roi d'Espagne.

Les rieurs, je le répète, ne furent pas, cette fois encore, du côté des hommes du gouvernement. Cette évasion les couvrait de ridicule.

Mais l'événement qui allait clore l'année 1846 était bien autrement de nature à forcer les ministres du roi Louis-Philippe à se mordre les doigts et à pousser le fameux cri d'Odry, dans les *Saltimbanques* : « Où allons-nous, mon Dieu ! où allons-nous !

Cet événement, c'était le mariage de Monsieur le comte de Chambord, arrangé, décidé et accompli envers et contre la volonté de la cour des Tuileries, — laquelle, paraît-il, avait fait du mariage du prince un cas de guerre avec certaines puissances. Malheureusement pour le gouvernement français, jamais il n'avait été reconnu par le feu duc de Modène, père de la princesse qu'épousait Monsieur le comte de Chambord, ni par son frère le duc régnant, et nul diplomate n'avait été appelé à donner son avis sur cette union désirée.

La princesse que la Providence avait destinée au descendant de tant de rois appartenait à l'antique maison d'Este, — la plus ancienne de toutes les maisons princières d'Europe, après celle des Bourbons. Elle n'était connue à Modène que par sa grâce, sa générosité, sa bienfaisance : tous ceux qui ont eu l'honneur d'approcher depuis Madame la comtesse de Chambord, savent si sa réputation de vertu, de douceur et de bonté, était exagérée. Dieu, qui, dans ses desseins impénétrables, a refusé à Monsieur le comte de Chambord de monter sur le trône de ses pères, et de rentrer sur le sol de France, objet de ses incessants désirs, a du moins permis que le fils du duc de Berry trouvât, dans une épouse accomplie, tout le bonheur d'intérieur que sait donner une femme, aussi bien dans les rangs infimes de la société que sur les marches d'un trône.

LIII

Année 1847. — Publication de l'*Histoire des Girondins*. — M. le comte de Paris se rend pour la première fois au théâtre. — Mort de Mlle Mars. — Anecdotes. — L'*Union monarchique*. — Le Salon de 1847. — La Révolution approche. — Indices révélateurs. — Jugement de M. de Chateaubriand sur l'époque de Juillet. — Prédictions. — *La Mode* prévoit les événements. — Citations. — Les scandales de la fin de 1847. — Assassinat de la duchesse de Praslin. — 24 février 1848.

L'année 1847 commençait plus mal encore que sa devancière pour le gouvernement du roi Louis-Philippe : M. de Lamartine venait de publier l'*Histoire des Girondins*, et l'immense retentissement qu'obtint ce travail est encore présent à l'esprit de tous ceux qui se rappellent l'époque où il parut. Les jugements les plus sévères furent portés sur ce livre qui contient, au milieu de pages écrites dans un style admirable, quelques appréciations marquées au coin de la plus déplorable complaisance pour des noms, des hommes et des actes, qu'il suffisait de s'appeler Alphonse de Lamartine pour ne jamais avoir à apprécier autrement que pour les flétrir. L'auteur de l'*Histoire des Girondins* nous a fait récemment sa confession à propos de ce livre : laissons au public le soin d'apprécier si les explications qu'il nous donne aujourd'hui amnistient ou non sa publication en 1847. Constatons seulement un fait, c'est que M. de Lamartine affirme, — et nous sommes de ceux qui aiment à croire en sa parole, — qu'en écrivant les *Girondins*, il était de bonne foi.

Quoi qu'il en soit, les partisans du gouvernement tombé en 1848 auraient tort de prétendre, comme ils le font souvent, que la publication du grand ouvrage de M. de Lamartine a eu la plus grande part à la Révolution de février : il n'en est rien. L'heure de la chute de ce gouvernement de Juillet, qui ne devait qu'aux éléments révolutionnaires son triomphe momentané, était marquée par la Providence sur la grande horloge de la destinée. Un fait en apparence insignifiant suffirait à prouver que, moins que jamais, les hommes des Tuileries reniaient à ce moment leur origine : n'avait-on pas vu Madame la duchesse d'Orléans conduire, pour la première fois, dans un théâtre le jeune comte de Paris, alors âgé de huit ans, et choisir pour spectacle celui de : *La Révolution française*, pièce du Cirque, où les mêmes hommes qu'avait sinon loués du moins cherché à excuser M. de Lamartine dans ses *Girondins*, se trouvaient exaltés et mis en quelque sorte sur un piédestal ?

Cette circonstance était relevée par *la Mode*, à propos d'une lettre de M. Bois-Milon, secrétaire du jeune prince, qui écrivait : « que ce n'était point à une représentation de la *Reine Margot* que M. le comte de Paris avait été conduit, — on l'avait dit d'abord, — — mais bien à une représentation de *la Révolution française*. » Le fait seul de cette rectification n'a-t-il pas d'ailleurs son importance et ne porte-t-il pas son enseignement ?

Mlle Mars mourut dans le courant du mois qui porte son nom, en 1847. Depuis plusieurs années, elle vivait retirée de la scène. Sa grande réputation l'avait engagée à y demeurer peut-être plus longtemps qu'il n'eût fallu ; mais son organe était resté si frais, si doux, son geste si gracieux, que nul ne s'apercevait des années de cette charmante femme qui n'est pas aujourd'hui remplacée, et qui peut-être ne le sera jamais. Mlle Mars avait, comme tant d'autres femmes, — au théâtre et hors du théâtre,—la faiblesse, ou si l'on aime mieux la coquetterie, — de vouloir paraître beaucoup plus jeune qu'elle n'était en réalité. Un jour, dans un procès, elle fut obligée de décliner son âge : elle pouvait alors avoir cinquante ans :

— Je suis obligé de vous demander votre âge, mademoiselle, lui dit le président.

—Trente-deux ans, Monsieur, répondit la voix délicieuse de celle qui jouait si admirablement l'*École des Vieillards*.

Le magistrat s'inclina galamment. Mais il arriva qu'à cinq ou six années de là, à propos d'un vol de bijoux dont elle avait été victime, Mlle Mars comparaissant encore devant ce même président, se vit adresser la même demande.

—Toujours trente-deux ans ! répondit l'illustre jeune première.

Mlle Mars, — c'est *la Mode* qui nous raconte cette anecdote, — avait le don de la réplique, et un jour, un acteur aujourd'hui fameux, chargé des rôles de valets, lui ayant dit, non sans une certaine impatience, qu'elle était en retard pour la répétition, et qu'après tout les acteurs de la Comédie-Française n'étaient pas ses valets :

— Je le sais, monsieur, dit Mlle Mars ; depuis la mort de Dugazon, il n'y a plus, en effet, de valets à la Comédie-Française.

Mlle Mars, fille de l'acteur Monval, était née en 1776 et avait commencé sa carrière dramatique, encore enfant, au théâtre de la Montansier. Elle y joua cinq cents fois de suite le rôle du frère de Jocrisse, dans la pièce du *Désespoir de Jocrisse*, l'un des succès les plus prodigieux qui soit au théâtre. Son père donna dans la Révolution et s'oublia un jour au point de monter en chaire dans l'église Saint-Roch, convertie en club, et de s'y proclamer athée. Le soir il demanda à sa fille ce qu'elle pensait du rôle qu'il avait joué le matin à Saint-Roch.

— Ah ! dit Mlle Mars, combien je vous aime mieux dans l'*Amant bourru*.

La fusion des trois grands journaux royalistes, la *Quotidienne*, la *France*, l'*Écho français*, en un seul, qui prit ce titre : l'*Union monarchique*, date des premiers mois de 1847. L'*Union monarchique* n'est autre que l'*Union* d'aujourd'hui, dirigée avec tant de talent, d'intelligence et de cœur, par M. Henry de Riancey et d'autres collaborateurs dévoués. Les services que l'*Union*, autrefois *Union monarchique*, a rendus, avant et depuis la Révolution de février, à la cause sacrée de la religion et des principes sociaux, ne sauraient être assez rappelés dans l'histoire d'un journal qui s'honora toujours de suivre les mêmes errements religieux, moraux, politiques et littéraires ; vos lecteurs, mon cher ami, ne s'étonneront certainement pas de trouver dans ma bouche cet éloge mérité d'écrivains distingués, qui forcent leurs propres adversaires à s'incliner devant eux, et sont assurément l'honneur du journalisme contemporain.

Le Salon de 1847 vit le fameux tableau de Couture, l'*Orgie romaine*, la *Judith* d'Horace Vernet et le *Rêve de Jacob* de M. Ziégler. Un peintre alors inconnu, M. Jalabert, exposait avec succès un *Virgile chez Mécène*, tableau qui fut des plus remarqués. Diaz,

Leleux, Decaisne, Delacroix, Corot — qui s'était vu pendant quinze ans refuser les portes du Salon, — Roqueplan, etc., avaient tous à cette exposition de fort belles toiles qui, sans être des chefs-d'œuvre, attirèrent l'attention.

Dans le même numéro où *la Mode* annonçait, au printemps de 1847, le mariage de M. le lieutenant général de Lamoricière avec Mlle d'Auberville, se trouvait une notice nécrologique destinée à honorer la mémoire de M. le général de Rarecourt de la Vallée de Pimodan, père de Georges de Pimodan. Ces deux noms, à quinze années de là, devaient encore se trouver rapprochés, mais hélas ! en Italie et sur un autre terrain, le jour du désastre de Castelfidardo !

Cependant les indices révélateurs d'une grande crise sociale plutôt encore que politique, se manifestaient de tous côtés : la Révolution était dans l'air ; ses émanations se trahissaient par une série de faits scandaleux, exorbitants, pleins d'enseignements. L'affaire du privilège du Théâtre-Lyrique, celle de M. Despans-Cubières, celle de M. Teste, celle d'un général familier du château surpris trichant au jeu, celle du pupille de M. Mérilhou lui tirant un coup de pistolet à bout portant, celle de Donon-Cadot, celle du duc de Praslin, se succédaient avec une désolante rapidité, et ne prouvaient que trop à quel degré d'immoralité, de scandale, de violence, en était arrivée la société.

M. de Chateaubriand, dans ses *Mémoires*, à la page 320 du dixième volume, tracée au lendemain des journées de juillet, prononce sur l'avenir de notre pays des paroles en quelque sorte prophétiques :

« Le mouvement de juillet, — dit-il, — ne tient point à la poli-
» tique proprement dite ; il tient à la révolution sociale qui agit sans

» cesse par l'enchaînement de cette Révolution générale : 1830
» n'est que la suite forcée du 21 janvier 1793 !... Le 21 janvier
» ayant appris qu'on pouvait disposer de la tête d'un roi, le 29
» juillet a montré qu'on peut disposer d'une couronne. Or, toute
» vérité, bonne ou mauvaise, qui se manifeste, demeure acquise à
» la foule. Un changement cesse d'être inouï, extraordinaire ; il ne
» se présente plus comme impie à l'esprit et à la conscience.

» ... Ne pensons pas que l'œuvre de Juillet soit la superfétation
» d'un jour; ne nous figurons pas que la légitimité va venir rétablir
» incontinent la succession par droit de primogéniture ; n'allons
» pas non plus nous persuader que Juillet mourra tout à coup de
» sa belle mort. Sans doute la branche d'Orléans ne prendra pas
» racine; ce ne sera pas pour ce résultat que tant de sang, de ca-
» lamité et de génie aura été dépensé depuis un demi-siècle ! Mais
» Juillet, s'il n'amène pas LA DESTRUCTION FINALE DE LA FRANCE AVEC
» L'ANÉANTISSEMENT DE TOUTES LES LIBERTÉS, JUILLET PORTERA SON
» FRUIT NATUREL : CE FRUIT EST LA DÉMOCRATIE !

» Les conséquences de la Révolution de juillet seront mémorables.
» Cette révolution a prononcé un arrêt de mort contre tous les
» trônes; les rois ne pourront régner aujourd'hui que par la vio-
» lence des armes ; moyen assuré pour un moment, mais qui ne
» saurait durer : L'ÉPOQUE DES JANISSAIRES SUCCESSIFS EST FINIE !

» ... Je l'ai déjà dit, et je ne saurais trop le répéter, toutes les
» royautés mourront avec la royauté française. En effet, l'idée mo-
» narchique manque au moment même où manque le monarque ; on
» ne trouve plus autour de soi que l'idée démocratique. Mon jeune roi
» emportera dans ses bras la monarchie du monde : c'est bien fini! »

Ces admirables jugements ne sont-ils pas dignes d'être longuement médités ? Les écrivains comme M. de Chateaubriand semblent
des oracles qu'il plaît à la Providence de déléguer sur terre pour

avertir les hommes. Malheureusement, à certaines époques, les enseignements de ces clairvoyants ne sont plus acceptés : inutiles Cassandres, ils évoquent en vain la raison, la justice, le droit ; les nations, poussées vers l'abîme, semblent violemment entraînées hors de leurs voies, et ce n'est qu'au lendemain des catastrophes qu'elles se rappellent ou s'aperçoivent qu'on les avait averties !

Hélas ! à quoi servent les événements, sinistres avant-coureurs des grands bouleversements sociaux ! N'est-ce pas à la veille de 1848, que la Chambre, sur la proposition de M. de Morny, se déclara solennellement *satisfaite* ? le mot est resté ; mais la Chambre, aussi bien que le trône qu'elle soutenait, ont disparu. Seuls quelques hommes satisfaits la veille, le sont encore le lendemain.

Il m'est impossible, mon cher ami, de suivre *la Mode* dans la guerre acharnée qu'elle ne cessa de faire au pouvoir de Juillet, dans les derniers mois de son existence : c'était, avec une impitoyable logique, qu'elle résumait, dans des articles admirablement écrits, sa politique d'opposition contre le gouvernement. Elle aussi prédisait aux hommes de juillet une chute prochaine, et les titres seuls de ses articles, publiés dans le courant de 1847, prouveraient assez que sa conviction sur ce point était profonde : *Le ministère impossible et inévitable ! — Tout s'en va ! — La Société de Juillet. — Un gouvernement, s'il vous plaît ? — Qu'avez-vous fait de la France ? — Pauvres conservateurs, il faut mourir ! — Les pressentiments ! — Festinantes ! — La débâcle !* tels étaient les titres de ces articles. Nous ne citerons que pour mémoire les premières lignes d'un de ces entrefilets prophétiques :

« Depuis quelque temps, il se manifeste dans tous les esprits et
» dans le sentiment public des signes étranges, sinistres et mysté-
» rieux. L'inquiétude est générale : les nouvelles et les confidences

» qui viennent des divers points de la France, sont comme les émo-
» tions de Paris, pleines d'inquiétude et d'angoisses. On dirait, à voir
» ce malaise universel, que le corps social est attaqué par une affection
» morbide, qui le mine et le ronge, et dont chacun porte en soi le
» germe funeste et douloureux. Le mal s'accroît et envahit tout :
» chaque jour a son mécompte, sa faute et son scandale. Les indi-
» gnités se multiplient sous toutes les formes; on contemple avec
» effroi les opprobres qui sont au fond de ce qui se dit et de ce
» qui se fait. On ose à peine se souvenir du passé rempli de décep-
» tions, regarder le présent si affligé et si avili, et penser à l'avenir
» si redoutable!.... »

Et c'était le journal qui écrivait ces choses, à la veille même du 24 février 1848, que les champions de la politique conservatrice désignaient plus que jamais à la vindicte publique, en traitant ses rédacteurs de factieux et de mauvais prophètes!

Quelques jours après, *la Mode*, plus explicite encore, disait à ses lecteurs : « Nous invitons fermement nos amis et tous les hommes
» de cœur et de sens à bien réfléchir à la situation de la France, et
» à se conduire de manière à ne pas être surpris par les événements.
» L'annonce de l'arrivée de M. Bugeaud et de son entrée aux affaires,
» le camp de Compiègne, celui de Lunéville, l'irritation que cause au
» ministère le banquet du 12 juillet, celui de Mâcon, l'armement des
» bastilles, la présence à Paris d'une garnison de 70,000 hommes,
» forment un ensemble de faits très graves et qui doit faire craindre
» quelque choc violent. Quand les nuages s'amoncellent à l'horizon,
» le devoir des vigies, est d'annoncer l'imminence d'un orage. Ce
» devoir nous le remplissons. »

Qui oserait dire encore, mon cher directeur, après avoir lu ces lignes, que personne, en 1847, ne prévoyait la Révolution de février?

D'ailleurs M. Despans-Cubières, lieutenant général, pair de France, ancien ministre de Louis-Philippe, ne s'était-il pas récemment écrié : « Souvenez-vous que le pouvoir est entre des mains avides et corrompues ? » et le *Constitutionnel* du 7 août ne contenait-il pas cette inconcevable annonce, véritable signe du temps : « A vendre, dans le Haut-Rhin, une propriété d'un revenu de quatre pour cent : *Certitude* pour l'acquéreur d'être député, *s'il le veut* ? »

Je ne redirai pas non plus, mon cher ami, l'immense scandale qui résulta de l'horrible assassinat de Mme la duchesse de Praslin, lâchement égorgée par son mari, chevalier d'honneur de Madame la duchesse d'Orléans et pair de France ! La société de juillet n'était pas seule ébranlée par cet abominable forfait : une tache indélébile en rejaillissait sur la noblesse de France, à laquelle appartenait le duc de Praslin. C'était donc vrai : tous les mondes, toutes les castes, toutes les idées subissaient le contre-coup de cette grande perturbation sociale, fille de la Révolution, que, depuis des années, *la Mode* et les hommes de son parti signalaient à la conscience publique !

L'heure de la formidable expiation allait sonner. De toutes parts le monde de juillet croulait sous les cris incessamment répétés de : Vive la réforme ! C'était la main de Dieu qui s'étendait enfin sur les fauteurs de la Révolution de 1830 : à leur tour, ils allaient être écrasés sous les pavés de la rue !

Le 24 février, à midi, une voiture de louage attendait sur la place de la Concorde, entourée seulement de quelques gardes nationaux, un voyageur qui n'arrivait pas. C'était à la petite porte du jardin des Tuileries, dite du Pont-Tournant. Cette porte s'ouvrit enfin et livra passage à un homme âgé, profondément abattu, que sa famille entourait, et qui monta furtivement dans le fiacre qu'étaient allés chercher deux personnages dont l'un, futur ministre du lendemain, appartenait à l'opposition de gauche la plus avancée, et dont l'autre, Vendéen et Breton, était un royaliste ardent.

L'homme ne fut pas plutôt monté dans cette voiture que le royaliste en referma la porte avec un empressement singulier. Et comme le vieillard lui prenait les mains, en lui donnant toutes les marques de la plus vive reconnaissance :

— Oh! ne me remerciez pas, s'écria l'autre, voilà dix-sept ans que j'attends ce moment-là.

La voiture partit. L'homme qu'elle emmenait sur la terre d'exil était Louis-Philippe d'Orléans, ex-roi des Français, naguère encore l'ancre de salut, à laquelle des imprudents ou des téméraires avaient cru pouvoir rattacher la fortune de la France ; — celui-là même qui avait refusé, en 1830, le rôle admirable que lui offrait la Providence, le jour où, parent rebelle autant que sujet ingrat, il avait dédaigné cette lieutenance générale du royaume que lui confiait, au nom d'un enfant, le roi Charles X, et s'était mis sur la tête une couronne qui ne lui appartenait pas!

LIV

CONCLUSION

La Mode après 1848. — Aperçu général. — La situation est changée. — Toujours Sainte-Pélagie. — Réflexions. — *La Mode* est supprimée par arrêt.

Me voici arrivé, mon cher directeur, au terme de cette trop longue étude. Depuis bien longtemps, vos lecteurs, avec une indulgence dont je ne saurais assez les remercier, prêtent à mes récits une favorable attention. Autant pour ne pas abuser d'eux, que pour éviter des sujets brûlants qu'il me serait difficile de ne pas aborder, si je voulais suivre *la Mode* dans ses luttes ultérieures contre les différents systèmes qui se sont succédé en France depuis 1848, je crois devoir m'abstenir de pousser plus loin mes appréciations rétrospectives; d'ailleurs tout le monde connaît ces événements qui datent d'hier ; vos amis y ont tous pris part, ils ne peuvent encore les avoir oubliés.

C'est, en effet, de l'histoire contemporaine que celle dont je parle ; loin de moi la pensée de me hasarder sur un terrain brûlant ; on y glisse et on y tombe.

D'un autre côté, l'époque de 1848 m'est tellement antipathique,

que je m'épargne un véritable ennui, en m'abstenant de raconter l'histoire de la Mode, après la chute du roi Louis-Philippe. Quel temps, mon cher directeur, que celui où l'on voyait des hommes qui passaient la veille pour être les plus fidèles amis du pouvoir, l'abandonner le lendemain et le trahir! Nous sommes loin d'être suspect quand nous parlons des membres de la famille d'Orléans; mais enfin il est impossible de nier que les jeunes princes fils de Louis-Philippe avaient dans l'armée de profondes sympathies; ils avaient vaillamment combattu à ses côtés, dans ses rangs : que devint cette sympathie au lendemain de la Révolution de 1848? combien d'officiers généraux se levèrent pour protester contre la République? combien d'épées sortirent du fourreau pour la défense d'une dynastie qui comptait dans son sein les jeunes combattants de Constantine, de l'Isly et de toutes les batailles livrées sur le sol d'Afrique? Ah! s'il y eut pour les princes de la maison d'Orléans un sentiment de profond découragement à éprouver, en même temps que d'amère déception, au lendemain de cette révolution de Février qui emportait le trône de leur père, ce fut quand ils se virent ainsi abandonnés de tous ceux qu'ils avaient comblés : quelle leçon et quel exemple!

M. Bugeaud fut le premier maréchal de France qui reconnût la République! M. Dupin, le premier, ne craignit pas de demander qu'à l'avenir la justice fût rendue : « au nom du peuple français! » Quant à M. Séguier, il continua à rester sur son siége de premier magistrat du royaume, et il n'y eut pas jusqu'à M. Vatout qui, au dire de la Mode, ne se crut obligé d'illuminer le second étage du numéro 5 de la rue des Saussaies qu'il habitait, le jour de la proclamation de la République!

Oui, cette époque était bien triste, mon cher directeur, et le niveau moral de la France dut alors considérablement baisser. Le pays de

Suger, de Sully, de Colbert, était à la merci de personnages remuants, ambitieux, inhabiles, qui, comme Louis Blanc, Flocon, Ledru-Rollin, Caussidière, se posaient en organisateurs du pouvoir, et, au nom du peuple qu'ils ne daignaient pas même consulter, décrétaient mesures sur mesures, à commencer par une forme de gouvernement antipathique à la France. Un seul homme de bien se trouva fourvoyé dans cette comédie, M. de Lamartine. Ne soyons pas ingrats, comme tant d'autres l'ont été envers lui : c'est lui seul qui, dans les premiers jours de 1848, empêcha la comédie de tourner au drame. Mais encore une fois, quel temps, que celui où Blanqui et Barbès étaient proclamés des héros, Blanqui, à qui l'un de ses amis, révolutionnaire comme lui, disait un jour : « Je ne veux pas discuter avec toi, je n'ai pas de pistolets dans ma poche ! »

Pour suivre *la Mode* dans les phases diverses qu'elle eut à traverser depuis 1848 jusqu'au 2 décembre et plus tard encore, il nous faudrait, je le répète, faire l'histoire de nos dernières années, et le courage me manque pour entreprendre ces récits, en même temps que la prudence me fait une loi de les éviter. Ce ne sera pas toutefois sans payer un juste tribut d'éloges aux écrivains éminents qui se succédèrent, dans la rédaction de *la Mode*, durant les dernières années de son existence.

M. Alfred Nettement, qui avait succédé à M. Édouard Walsh dans la direction politique de la Revue, au lendemain même de février, — non pas que M. Walsh désertât le combat, mais parce qu'il briguait l'honneur d'aller combattre sur un théâtre plus vaste, — déploya, pendant deux années le plus grand courage et le talent qu'on lui sait, en faveur d'une cause qu'il avait toujours servie loyalement. Bientôt honoré du mandat législatif, en 1849, il ne cessa, dans l'*Opinion publique*, qu'il venait de fonder, aussi bien que dans *la Mode*, de combattre avec ardeur pour les principes de sa vie entière. Disons-le bien haut, à l'honneur de M. Alfred Nettement, il donnait alors un exemple que beaucoup d'autres auraient dû suivre : ni le temps, ni les veilles, ni l'énergie, ni l'argent ne lui coûtèrent pour faire triompher ses idées ; les circonstances seules, — et aussi peut-être le dévouement de certains de ses amis politiques,—lui firent défaut.

Notre brave M. Voillet, que la Révolution de février avait arraché aux geôles de Sainte-Pélagie, ne devait, hélas ! que trop tôt les retrouver, sous le gouvernement généreux et profondément libéral de très haute et puissante dame la République de 1848 ! Sous la direction de M. Nettement, M. Voillet avait, en effet, repris la signature de *la Mode*, toujours fidèle à son poste, comme ces vieux soldats qui ne désertent jamais leur drapeau ! Malheureusement la vieille inimitié des parquets contre lui semblait n'être pas morte avec le système doctrinaire, et il lui fallut de nouveau aller manger le pain amer de la prison, sous un gouvernement qui, plus encore que celui de Louis-Philippe, avait déclaré la presse à jamais libre.

Divers écrivains succédèrent à M. Nettement, dans la direction de *la Mode*; elle fut ensuite acquise par M. le vicomte d'Arlincourt, qui en confia d'abord la rédaction en chef à un brave cœur, qu'on ne sut pas assez apprécier, Alexandre Remy, qui mourut à la peine et valait à lui seul dix combattants des bons combats. Ce fut encore, dans ce laps de temps, que M. d'Arlincourt publia ses magnifiques brochures, qui eurent alors un si immense retentissement : *Dieu le veut!* et *Place au droit!*

Le vote du 10 décembre avait encore modifié la situation politique de la France. Le rôle d'un journal d'avant-garde comme *la Mode* n'était plus guère possible. Après une suspension de trois mois, et deux procès successifs, sa ruine semblait imminente; en effet, la législation sur la presse, de jour en jour plus sévère, permettait au pouvoir exécutif de supprimer les journaux ; d'ailleurs elle ne tolérait plus la discussion des actes du gouvernement.

Ce fut dans ces circonstances, et sous la direction de notre ami si dévoué, le jeune comte de Vanssay, que s'était adjoint M. d'Arlincourt, que, traduite de nouveau, au mois de juin 1855, devant le tribunal de la Seine, *la Mode* se vit condamner à trois mois de prison et à une amende insignifiante qui entraînait son arrêt de mort ; le jugement décidait, en effet : « que *la Mode* cesserait de paraître. »

J'ai depuis demandé à l'excellent M. Voillet, — qui dut encore purger ces trois derniers mois de prison, — sous quel régime le séjour de Sainte-Pélagie lui avait paru le moins dur : « — Ah! sous ce rapport, — m'a-t-il répondu, — il faut être juste : c'est incontestablement sous la République ! »

Six mois après, vous eûtes l'idée, mon cher ami, de reconstituer *la Mode* en tant que journal littéraire voué à la défense des grands principes religieux et moraux.

La Mode nouvelle vit alors se rallier autour d'elle beaucoup d'anciens collaborateurs de *la Mode*, sa devancière de courageuse et spirituelle mémoire. L'aimable et si dévoué vicomte Joseph Walsh fut un des premiers à vous prêter le concours de sa plume : hélas ! depuis, la tombe s'est refermée sur lui, comme sur tant d'autres nobles cœurs qui ont cessé de battre depuis 1848 : Chateaubriand, Genoude, la sainte qui est au ciel et qui se nommait sur terre la duchesse d'Angoulême, le général Latour-Maubourg, Hyde de

Neuville, le comte Florian de Kergorlay (1), d'autres encore dont la liste serait trop longue !

Puisse votre Revue obtenir les mêmes jours longs et honorés, qui firent la réputation de *la Mode* et lui assuraient une place à part dans le journalisme parisien. Toujours sur la brèche, pour la défense des grands principes sociaux, l'ancienne *Mode,* on peut le dire, ne *forligna* jamais, — s'il nous est permis de nous servir d'un vieux mot qui semble aujourd'hui plus vieux que jamais. — Sa tâche était rude, elle mourut à la peine. Espérons que *la Mode nouvelle,* qui compte déjà six années d'existence, rendra quelques services à la saine littérature, qu'elle semble avoir à cœur de faire surtout honorer : le mal qui se fait aujourd'hui à la société, par les mauvais livres, est incalculable ; si certains journaux honnêtes ne se levaient pour arrêter la contagion, le danger deviendrait bientôt irrémédiable.

A ce point de vue, comme à bien d'autres encore, *la Mode nouvelle,* mon cher ami, peut produire un grand bien : vous savez si nous vous sommes, tous, dévoués dans cette entreprise : puissent vos amis du dehors vous soutenir dans la tâche que vous avez entreprise, et vous aider à marcher dans la voie que vous suivez !

(1) C'est par erreur que nous avons dit ailleurs que le comte Florian de Kergorlay était pair de Charles X : il devait son élévation à la pairie au roi Louis XVIII, qui, en le nommant, avait dit : « qu'il était bien aise de nommer un de ses cousins. » On sait, en effet, que l'antique maison de Kergorlay revendique l'honneur d'avoir donné une cinquième aïeule au roi Henri IV.

FIN.

Paris. — Imprimerie de H. Carion, rue Bonaparte, 64.

www.ingramcontent.com/pod-product-compliance
Lightning Source LLC
Chambersburg PA
CBHW051320230426
43668CB00010B/1087